과학자의 철학노트

철학이 난감한 이들에게

과학자의 철학노트

곽영직 지음

서문 : 산이 거기 있어 산에 오른다

　　　　　　세계에서 가장 높은 에베레스트 산을 오르기 위해
세 번을 도전했지만 1924년 6월 8일 에베레스트의 정상으로부터 불
과 245m 떨어진 지점에서 실종되었다가 75년이 지난 1999년 5월 1
일에 시신으로 발견된 영국의 등산가, 조지 맬러리(George Mallory)는
수필을 쓰는 작가이기도 했다. 등산을 유난히 좋아했던 맬러리에게
어떤 사람이 왜 산을 오르느냐고 묻자 그는 "산이 거기 있기 때문입
니다(Because it's there)." 라고 답했다. 이 말은 이제 등산과 관련된 이야
기를 할 때 많은 사람들이 즐겨 인용하는 유명한 말이 되었다. 세계
최초로 에베레스트 산에 오르는 데 성공한 사람은 뉴질랜드 사람으
로 영국 탐험대의 일원이었던 에드먼드 힐러리(Edmand Hillary)와 그의
셰르파였던 텐징 노르가이(Tenzing Norgay)였다. 그들은 온갖 역경을 딛

고 1953년 5월 29일 에베레스트 산 정상에 올라 등산 역사에 한 획을 그었다.

에베레스트처럼 험난한 산이 아니라면 산을 오르는 이유를 찾는 것은 그리 어려운 일이 아니다. 산을 오르는 것은 매우 즐거운 일이고 건강에도 큰 도움을 주기 때문이다. 그러나 에베레스트와 같이 험난한 산을 오르는 이유를 즐거움이나 건강에서 찾을 수는 없을 것이다. 숨을 쉬기조차 힘든 높은 산을 오르는 것은 엄청난 고통이 따를 뿐만 아니라 건강을 해칠 가능성도 크기 때문이다. 이런 높은 산을 오르는 이유는 성취감이나 도전정신과 같이 좀 더 추상적인 것에서 찾아야 한다.

그러나 험난한 산을 오르는 사람들의 심리 상태를 한 마디로 짚어내기는 쉽지 않다. 산을 오르는 사람마다 다른 동기와 목적을 가지고 산을 오르기 때문이다. 그러나 한 가지 확실한 것은 조지 멜러리나 에드먼드 힐러리 같은 사람들은 산을 오르지 않고는 견디지 못하는 사람들이라는 것이다. 험한 산을 오르는 사람들은 성취감이 되었든 도전정신이 되었든 산을 올라갈 때 비로소 살아가는 의미를 느끼는 사람들이다. 조지 멜러리는 그런 사람들의 마음을 "산이 거기 있으니까" 라는 한 마디로 표현한 것이다.

과학을 공부하는 사람이 과학에 대한 글을 쓰는 것은 매우 자연스러운 일이어서 그 이유를 설명할 필요가 없다. 그러나 과학과 관련이 없는 다른 분야에 관한 글을 쓴다면 왜 그런 글을 쓰게 되었는지를 설명할 필요를 느낀다. 과학자가 과학과 관련이 없는 분야의 글을 쓰는 이유가 등산가가 산을 오르는 이유와 별반 다르지 않다면 쉽게 납득할 수 있을까? 그러나 과학과는 관련이 없는 철학 이야기를 왜

하게 되었는지를 묻는 물음에 "철학이 거기 있기 때문이다." 라는 대답보다 더 나은 대답을 찾아낼 수 없다.

과학자들이 남들과 조금 다른 한 가지는 호기심이 많다는 것이다. 필자가 과학을 전공으로 선택한 것도 호기심이 많았던 것이 가장 큰 이유였을 것이다. 요즈음에는 과학과 공학을 구별하는 것이 매우 어렵다. 과학 실험실이나 공학 실험실에서 하는 일들이 똑같기 때문이다. 그러나 아주 차이가 없는 것은 아니다. 공학은 사람들이 편리하게 살아가는 방법을 연구하고 과학은 자연현상을 설명하는 설명체계를 만들기 위해 노력한다. 따라서 공학 연구에는 많은 연구비가 지원되지만 과학 연구에는 아주 적은 금액만 지원되고 있다. 그럼에도 과학자들이 공학이 아니라 과학을 공부하는 것은 경제성보다 지식 자체에 더 큰 관심이 있기 때문이다.

보통 사람들보다 호기심이 많은 과학자들은 자신의 전공 분야가 아닌 다른 분야에도 관심을 가지고 있는 사람들이 많다. 산이 있으면 오르지 않고 견디지 못하는 등산가들처럼 과학자들은 궁금한 것이 있으면 그것을 공부하지 않고는 견디지 못하는 사람들이다. 특히 과학의 역사나 과학 철학에 관심이 있는 과학자들에게 철학은 꼭 올라가 보지 않고는 견디기 힘든 또 다른 산이다.

평생 과학만을 공부해온 과학자들이 철학이라는 산을 오르는 것은 에베레스트 산을 오르는 것만큼이나 어려운 일이다. 언젠가는 올라가 보고 싶다고 생각하면서도 실제로 에베레스트를 올라가는 사람은 많지 않은 것처럼, 다른 분야에 관심을 가지고 있지만 자신에게 익숙하지 않은 다른 산을 실제로 올라가는 과학자들은 그리 많지 않다. 더구나 그런 산을 올라갔던 이야기를 글로 쓰는 과학자는 거의 없다.

과학자가 다른 직업보다 좋은 이유 중 한 가지는 다른 사람과 다툴 필요가 없다는 것이다. 과학에서는 실험을 통해 스승이나 선배가 밝혀낸 과학적 사실이 틀렸다는 것을 증명하는 것을 오히려 칭찬한다. 객관적 자료를 바탕으로 기존의 이론이 틀렸다는 것을 증명하는 것은 스승이나 선배에게 실례가 되는 것이 아니라 오히려 스승이나 선배에게 자랑스런 후배가 되는 일이다. 과학 글의 경우에도 마찬가지이다. 과학 글은 다른 사람의 생각이나 주장이 틀렸다는 것을 이야기하기 위해 쓴 글이 아니라 있는 사실을 그대로 쓴 글이어서 과학 글로 인해 다른 사람이 기분 나빠할 일이 거의 없다.

　　그러나 과학 옆에 있는 다른 산들은 과학과는 다르다. 그곳에는 객관적으로 증명할 수 없는 여러 가지 생각과 주장이 함정처럼 도사리고 있다. 따라서 어떤 생각이나 주장도 다른 사람들의 비판의 대상이 될 수 있다. 이런 일에 익숙하지 않은 과학자에게 철학이라는 산 주변을 산책하는 것만도 만만한 일이 아니다. 더구나 철학이라는 산에 대해 글을 쓴다는 것은 더욱 어려운 일이다. 다른 사람들의 비판으로 마음을 상하게 되는 일이 있을지도 모른다는 걱정이 앞서기도 했다.

　　그럼에도 과학자가 그런 일을 하려는 것은 그 산이 거기 있기 때문이다. 그러나 어린 시절부터 언젠가 한 번은 올라가 보고 싶었던, 그리고 과학 관련 글들을 쓰면서 언젠가는 꼭 한 번 올라보아야 하겠다고 결심했던 철학이라는 산을 실제로 오르고 그것에 대한 이야기를 쓰려고 하니 준비 단계부터 어려움이 많았다. 철학 관련 서적이나 자료들은 주변에서 쉽게 구할 수 있었지만 읽어도 무슨 이야기인지 감이 잡히지 않았다. 우리나라 말로 쓰여 있는데 외국어로 쓴 글을 읽는 것 같았다. 그 때마다 과학자는 철학이라는 산에 오르는 일을 다음으로 미뤘다. 그러나 철학이라는 산 주변을 산책하는 일마저 포기할 수는 없었다. 철학이라는 산이 거기 있었기 때문이다. 시간이 날 때마다 철학이라는 산 주변을 산책하던 과학자는 어느 날부터 철학이라는 산에 관한 글을 쓰기 시작했다. 다른 사람이 아니라 그 자신을 위해서였다. 산을 올라갔다 와서 그 산의 지도를 그려 보면 그 산을 훨씬 더 잘 알 수 있는 것처럼 철학이라는 산 주변을 산책하면서 본 것들을 정리해 놓으면 언젠가 이 산을 오를 때 도움이 될 것이라는 생각 때문이었다.

자신을 위한 글이라고 생각하니 마음이 편해졌다. 철학과 관련된 인물들과 그들의 생각을 써나갔다. 언젠가는 잘 정리할 기회가 있을 것이라고 생각하면서 순서도 없이 다양한 이야기들을 모았다. 그런데 언제부터인가 철학이라는 산의 전체 모습이 눈앞에 그려지기 시작했다. 본격적으로 산을 오른 것이 아니고 주변만을 맴돌았는데도 산 전체 모습이 눈에 들어오는 것 같았다. 어쩌면 산 주변을 산책하며 산을 멀리서만 바라보았기 때문에 산 전체 모습을 더 잘 볼 수 있었는지도 모른다.

산 전체의 모습이 눈에 들어오고 나니 커다란 능선들이 보였다. 아니 보이는 것 같았다. 그것은 본격적으로 철학을 공부한 사람들이 느끼는 즐거움과는 또 다른 즐거움이었다. 과학자는 이것도 철학을 하는 즐거움이라고 생각하게 되었다. 철학의 큰 모습과 큰 흐름을 알게 되었다는 것만으로 평생의 숙제를 마친 기분이 들었다. 그 동안 정리해왔던 글들도 차츰 형태를 갖추어가기 시작했다. '과학자가 쓴 글'다운 철학 이야기라는 생각이 들었다. 세상에 대한 그리고 인간에 대한 철학자라는 사람들의 생각이 어떻게 변해 왔는지를 제3자의 입장에서 바라보고 정리한 글이 만들어진 것이다.

얼마 전 MID에서 과학자 자신을 위해 쓴 이 글을 독자들과 만나게 해주겠다고 전해주었다. 이 글이 책으로 만들어져 독자들과 만나게 되는 것은 즐거운 일이지만 그렇게 되지 못해도 아쉽지 않을 것이라는 생각을 했다. 산이 거기 있어 산을 오르는 사람에게는 산에 올라갔었다는 사실 자체로 가장 큰 보람을 이미 맛보았기 때문이다. 그러나 철학이라는 산 주변을 산책하는 즐거움을 다른 사람과 나눌 수 있다면 과학자의 즐거움이 배가될 것이다.

2018년 봄
저자 곽영직

"세상 만물은 물로 이루어졌으며, 지구는 물 위에 떠있는 원반이다."
- 탈레스 (Thales)

"세상의 근원은 형체가 없고 무한한 아페이론(apeiron)이다."
- 아낙시만더 (Anaximander)

"세상 만물은 공기의 농축과 희박을 통해 만들어진다."
- 아낙시메네스(Anaximenes)

"이 세상을 만드는 기본 원리는 눈에 보이는 물질에 있는 것이 아니라 수와 수의
비례에 있다. 음악에도 수의 조화가 들어 있다. 천체의 운행은 조화를 이룬 음계
에 따라 이루어진다. 따라서 수의 성질을 연구하는 것이 신에게 다가가는 방법
이다."
- 피타고라스(Pythagoras)

"만물은 유전(流傳)한다. 항상 변하고 있는 것이 세상의 변하지 않는 모습이다.
우리는 존재하기도 하고 존재하지 않기도 한다."
- 헤라클레이토스(Heraclitus)

"있는 것은 생겨나지도 않으며 없어지지도 않는다. 있는 것은 있으며, 없는 것은
없다. 따라서 없는 것을 생각하는 것은 무의미하다."
- 파르메니데스(Parmenides)

"세상은 물, 공기, 불, 흙의 4원소로 이루어져 있다. 4원소는 사랑과 미움의 작용
으로 결합과 분리 과정을 거쳐 만물을 만든다."
- 엠페도클레스(Empedocles)

"세상은 더이상 분리할 수 없는 원자와 진공으로 이루어져 있다. 원자들이 결합
과 분리를 거듭하면서 우리 눈에 보이는 변화를 만들어낸다."
- 데모크리토스(Democritus)

1장.

고대 그리스에서 생각이 열리다

로마 건설 753 BC

탈레스 624~545 BC
밀레토스학파

아낙시메네스 585~525 BC
밀레토스학파

파르메니데스 515~445 BC
엘레아학파

아낙시만더 610~546 BC
밀레토스학파

피타고라스 570~495 BC
피타고라스학파

헤라클레이토스 535~475 BC

엠페도클레스 490~430 BC

데모크리토스 460~370 BC

서양 문명의 요람이 된 고대 그리스 문명

       고대 그리스 문명은 서양 철학과 과학의 뿌리라고 할 수 있다. 서양 문명은 철학, 과학, 교육학, 윤리학, 정치학, 문학 등 거의 모든 분야에서 고대 그리스의 영향을 많이 받았다. 그리스는 어떤 나라였고, 그리스인은 어떤 사람들이었기에 이런 일을 할 수 있었을까? 크레타 섬, 키클라데스 제도, 그리스 본토의 남부, 소아시아 서해안 등을 포함한 에게해 주변 지역에서 발전한 고대 그리스 문명은 크레타로 대표되는 남방계의 도서 문명(미노아 문명)과 미케네로 대표되는 북방계의 본토 문명(미케네 문명)으로 나눌 수 있다.[1]

       그리스 본토의 테살리아, 크레타 섬, 소아시아 서해안 등지에서 신석기 유물이 발굴되고 있는 것으로 보아 신석기 시대부터 그리스 지역에 사람들이 살기 시작한 것으로 보인다. 에게해 주변 지역에서는 기원전 2000년경에 중부 유럽에서 시작된 민족 이동의 여파로 원주민을 중심으로 한 초기 청동기 문명이 붕괴되고, 크레타 섬을 중심으로 하는 중기 청동기 문명 시대가 시작되었다. 기원전 2000년경에는 크노소스의 미노스 왕이 왕권을 강화해 크레타 섬 전체를 지배하게 되었다. 크레타 섬을 중심으로 한 문명을 미노스 문명이라고 부르는 것은 미노스 왕의 이름에서 유래한 것이다. 미노스 왕 때부터 크레타는 정치, 군사, 예술 분야에서 급속한 발전이 이루어져 동부 지중해의 교역을 독점하였다. 기원전 1700년경에 대지진과 화산폭발에 의하여 커다란 재해를 당했지만 곧 대규모의 새 궁전을 다시 건축하였고, 그 뒤 약 2세기 동안 크레타 문명이 절정기를 이루었다. 기원전 1400년경에 천재지변에 이은 그리스 본토인의 침입으로 크노소스를 비롯한 각지의 궁전이 파괴되었고, 주민은 사방으로 흩어졌다. 이후 에게 문명의 중심은 크레타 섬에서 그리스 본토로 옮겨가게 되었다.

기원전 2000년을 전후하여 그리스 남부에 미케네, 티린스, 오르코메노스, 필로스 등 여러 개의 소왕국이 수립되었다. 이 왕국들은 선진문화를 흡수하여 군사력과 경제력을 확장하고 본토에서의 지위를 확실하게 다져 기원전 1600년경부터는 크레타에 대항할 수 있을 정도로 강력해졌다. 그 중에서도 가장 강력했던 미케네는 본토의 중심 세력이 되었으며, 크레타가 붕괴된 후에는 지중해 각 지역과의 교류를 주도했다. 그러나 기원전 1200년경부터 남하해 온 도리아인들을 막아내지 못함으로써 기원전 1100년경에 미케네를 비롯하여 여러 도시가 붕괴되었고, 미케네 문명은 종말을 고하게 되었다.

그리스 역사에서는 미케네 문명이 붕괴된 기원전 1100년부터 그리스에 최초의 도시 국가가 세워지고 전설적인 시인 호메로스

(Homeres)가 서사시 일리아드(Iliad)와 오디세이(Odyssey)를 썼다고 알려진 기원전 8세기경까지를 암흑 시대라고 부른다. 계속적으로 전쟁에 시달렸던 암흑 시대에 무기는 청동기에서 철기로 발전했지만, 문화는 오히려 퇴보하여 고대 그리스에서 사용하던 글자는 더 이상 사용되지 않았다. 기원전 8세기경부터 그리스는 암흑 시대에서 빠져나오기 시작했다. 그리스인들은 페니키아 알파벳을 배운 후 이를 바탕으로 그리스 알파벳을 만들었다. 기원전 8세기 말에서 7세기 초에 호메로스가 쓴 서사시들은 그리스 알파벳으로 기록된 위대한 작품들이었다. 그러나 이 서사시들이 호메로스 한 사람의 작품인지 아니면 많은 사람들의 수정을 거쳐 만들어진 작품인지는 확실하지 않다. 그리스 알파벳으로 쓴 작품이 등장하면서 유럽 역사에 큰 영향을 끼친, 일반적으로 말하는 '고대 그리스' 문명이 시작되었다.

고대 그리스 문명의 상한선과 하한선에 대해서는 여러 가지 다른 의견들이 있어 일반적으로 단정 짓기 어렵지만 암흑 시대가 끝난 기원전 800년경부터 알렉산더 대왕이 죽은 기원전 323년까지를 고대 그리스 문명기라고 보는 것이 일반적이다. 과거에는 제1회 올림픽이 열렸던 기원전 776년을 고대 그리스 문명이 시작된 해로 보았지만, 현재는 그보다 이른 시기를 고대 그리스의 시작점으로 잡는 사람들이 많다.

고대 그리스에서 기본적인 정치 단위는 '도시국가'라고도 번역되는 '폴리스'였다. 정치를 뜻하는 "politics"라는 단어는 폴리스에서 이루어지는 일들을 뜻했다. 고대 그리스는 자치권을 가진 많은 도시국가들로 이루어져 있었다. 고대 그리스가 독립적인 여러 개의 도시국가들로 이루어졌던 것은 바다로 고립된 섬들과 산맥과 골짜기에 의해 여러 지역으로 분리된 지형 때문이었다. 그러나 도시국가들이 모두 같은 자치권을 가지고 있었던 것은 아니다. 세력이 약한 도시나 식민지로 개척된 도시들은 세력이 큰 도시의 통제를 받기도 했다. 그리스 도시국가들은 에게해 연안 지역은 물론 이탈리아 반도의 남부와 시칠리아 섬에까지 많은 도시국가를 건설하여 지중해 동부 지역에 크게 세력을 넓혔다.

그러나 그리스의 세력 확장을 못마땅하게 생각했던 페르시아의 다리우스 1세(Darius I)가 그리스를 침공한 1차 침공을 시작으로 다리우스의 후계자였던 아들 크세륵세스 1세(Xerxes I)가 그리스를 침공한 3차 침공까지 세 차례에 걸친 페르시아 전쟁이 벌어졌다. 기원전 492년에 시작하여 기원전 449년까지 43년 동안 계속된 페르시아 전쟁은 아테네를 중심으로 한 그리스 도시국가 연합의 승리로 끝났다. 이 때 있었던 전투 중에는 마라톤 전쟁과 살라미스 해전이 가장 유명하다.

아직 페르시아와의 전쟁이 완전히 끝나지 않았던 기원전 458년에 도시국가들이 두 그룹으로 나뉘어 내전을 시작했다. 그러나 어느 쪽도 일방적 우세를 보이지 못했던 이 내전은 페르시아의 침입을 막아내기 위해 기원전 447년에 그리스 도시국가들이 델로스 동맹을 맺음으로써 끝났다. 델로스 동맹에서 아테네가 다른 도시국가들보다 우월한 지위를 누리고 있었기 때문에 이 시기를 아테네 제국이라고 부르는 사람들도 있다. 델로스 동맹에 의한 평화는 기원전 431년 아테네가 주도하는 도시국가들과 스파르타를 중심으로 한 도시국가들 사이에 벌어진 펠로폰네소스 전쟁이 일어날 때까지 16년 동안만 지속되었다. 기원전 431년에 시작되어 기원전 404년까지 약 27년 동안 계속된 펠로폰네소스 전쟁은 스파르타의 승리로 끝났지만 양쪽 모두 많은 피해를 입었기 때문에 승자가 없는 전쟁이었다.

서양 철학과 과학을 태동시킨 고대 그리스가 막을 내린 것은 그리스는 물론 지중해 연안과 이집트, 중동지방, 그리고 인도 접경 지역에 이르기까지 넓은 지역을 정복한 마케도니아의 알렉산더 대왕의 원정에 의해서였다. 알렉산더가 이집트를 정복한 기원전 330년 이후를 헬레니즘 시대라고 하여 고대 그리스와 구분하는 학자들이 많다. 그러나 학자들 중에는 헬레니즘 시대를 고대 그리스의 일부로 보고 로마가 기독교를 받아드린 4세기까지를 고대 그리스에 포함시켜야 한다고 주장하는 사람들도 있다.

고대 그리스 철학과 아르케

철학과 과학을 시작한 사람들이 가장 처음 관심을 가지고 있었던 것은 만물을 이루는 근본 물질, 또는 근본 원리인 '아르케(arche)'를 찾는 것이었다. 아르케라는 말을 처음 사용한 사람은 자연철학자의 한 사람인 아낙시만더(Anaximader, c.610~c.546 BC)였다. 아르케는 처음에는 시작, 근원, 원인 등의 뜻으로 사용되었지만 후에는 제1원리, 원소, 지식의 원리라는 의미로도 사용되었다. 아르케를 찾으려고 했던 사람들에게 있어 아르케는 세상의 존재를 가능하게 한 원인이며, 세상을 만든 기본적인 질료였으므로 세상의 원인, 또는 세상의 근거라고 할 수 있었다. 아르케라는 말은 정부, 제국, 영역, 권위를 나타내는 말로도 사용되었다. 아르케라는 말은 현재 사용하고 있는 영어 단어에도 남아 있는데 무정부 상태를 의미하는 아나키(anarchy)는 아르케가 없는 상태라는 뜻이고, 군주제를 의미하는 모나키(monarchy)는 아르케가 하나라는 뜻이다.

세상의 아르케를 찾는 것은 세상을 통일적으로 이해하기 위한 첫 번째 단계였다. 세상의 근원인 아르케에 관심을 가지고 있었던 것은 철학자들뿐만이 아니었다. 신화나 종교에서도 아르케에 대한 설명은 매우 중요하게 다루어졌다. 대부분의 신화와 종교에서는 신이 개입하기 이전의 상태를 설정하고 여기에 신이 개입하여 현재 우리가 살고 있는 세상을 만들어가는 과정을 설명하고 있다. 일례로 고대 그리스의 시인 헤시오드(Hesiod)는 세상의 기원은 카오스라고 설명하고 여기에서 모든 것이 나타났다고 설명했다. 카오스는 흔히 혼돈이라고 번역되지만 헤시오드가 생각한 카오스는 땅과 하늘 사이에 있는 공간을 뜻했다. 또한 중동 지방의 창조 신화에서는 세상이 창조되기 전에는 우주가 물로 가득 찬 깊은 구덩이였다고 했으며, 바빌론의 창조 신화에서는 세상이 창조되기 전에는 물로 이루어진 공간이 있었다고 했다. 구약성경의 창세기에서도 이와 비슷하게 "땅이 혼돈하고 공허하며 흑암이 깊음 위에 있고, 하나님의 신은 수면에 운행하시더라." 라고 창조 이전의 상태를 설명하고 있다. 인도의 창조 신화에서는 세상이 만들어지기 전에는 아무 것도 존재하지 않던 어둠 속에서 스스로 존재하는 절대자가 모든 것의 원료가 되는 물을 창조한 다음 그곳에 자신의 씨앗을 두어 모든 것을 만들어냈다고 설명했다.

아르케에 대한 종교나 신화에서의 설명 방법은 철학에서의 설명 방법과는 달랐다. 신화와 종교는 개인의 생각이 아니라 사회 구성원 집단이 만들어낸 것으로 상징이나 비유를 이용하여 아르케를 설명하려고 했다. 따라서 신화의 내용은 다양하고 풍부하지만 의미가 명확하지 않고 모호했다. 그러나 철학에서는 개인이 언어를 이용하여 아르케를 설명하려고 했다. 따라서 철학에서의 아르케에 대한 설명은 보다 논리적이고 합리적이었다. 어떤 면에서 보면 철학은 합리적인 신화라고 할 수 있다.

밀레토스학파의 자연철학

세상은 무엇으로
이루어졌는가?

지금의 터키에 해당하는 지역이었던 이오니아 지방의 밀레토스(Miletus)에서 자연철학자들이 활동을 시작한 것은 기원전 600년경이었다. 자연철학자들은 자연과 자연현상의 원인을 자연 자체에서 찾으려고 했던 사람들로 지적 탐구를 통해 세상을 통일적으로 이해하려고 시도했다는 점에서 서양 철학을 시작한 사람들이라고 할 수 있다.

철학의 아버지라고 불리는 탈레스(Thales, c.624~c.545 BC)는 모든 물질의 제1원리는 물이라고 주장했다. 그는 물을 운동과 변화를 포함하고 있는 물질이라고 생각했다. 그의 이런 생각은 중동 지방에 전해 내려오던 신화에서 영향을 받았을 것이다. 땅을 물 위에 떠 있는 원반이라고 주장한 것도 같은 맥락이라고 할 수 있다. 물은 상온에서 고체,

액체, 기체 상태로 존재할 수 있고, 쉽게 상태를 변화할 수 있으며, 특히 수증기는 어디에나 존재하는 것이 그런 주장의 바탕이 되었을 것이다. 탈레스는 우리가 마실 수 있는 물질인 물이 가지고 있는 성질을 바탕으로 세상을 만드는 근본적인 물질인 물을 생각해 냈던 것이다.

그러나 탈레스의 제자로 아르케라는 말을 처음 사용했던 아낙시만더는 물에서는 불이 나올 수 없기 때문에 물은 만물의 근원인 아르케가 될 수 없다고 주장했다. 그는 또한 흙이나 공기도 같은 이유로 아르케가 될 수 없다고 주장하고 세상의 근원은 형체가 없고 무한한 '아페이론(apeiron)'이라고 설명했다. 아페이론은 종류를 정할 수 없으며, 공간적으로 무한하고 시간적으로 영원히 존재하는 것으로, 모든 것이 이로부터 시작되고 끝난다고 했다. 아낙시만더의 아르케는 모양이 없는 무한한 것에서 형태를 가지고 있는 것을 만들어 냈다고 설명하는 신화와 닮은 면이 있다. 이렇게 구체적인 물질이 아니라 눈으로 볼 수 없는 아페이론을 세상의 아르케라고 한 것은 후세 철학 발전에 중요한 역할을 했다.

아낙시만더의 제자였던 아낙시메네스(Anaximenes, c.585~c.525 BC)는 공기가 세상의 아르케라고 주장했다. 아낙시메네스는 공기가 농축과 희박이라는 반대되는 두 과정을 통해 세상 만물을 만들어 가는 과정을 설명하려고 시도했다. 그는 공기가 희박해지면 불이 되고, 농축하면 차례로 바람, 구름, 물, 흙, 암석으로 변한다고 했다. 구체적인 물질의 하나인 공기를 아르케라고 본 아낙시메네스의 이런 주장은 구체적인 물질이 아닌 아페이론을 세상의 아르케라고 본 아낙시만더의 주장보다 일보 후퇴한 것이라고 볼 수도 있다. 그러나 공기는 물보다 훨씬 아페이론에 가까운 것이었다.

철학자들 중에는 밀레토스의 자연철학을 고대의 유물론이라고 평가하는 사람들도 있다. 후세의 철학이 세상에 없는 것에서 아르케를 구하려고 했던 것과는 달리 밀레토스의 자연철학자들은 자연에서 아르케를 찾으려고 했기 때문에 유물론에 가까운 면이 있었다. 그러나 밀레토스의 자연철학자들을 유물론과 같은 맥락으로 보기는 어렵다. 밀레토스의 자연철학자들이 우리가 살아가고 있는 세상 안에서 세상의 제1원리를 찾아내려고 한 합리주의는 서양 철학의 한 축이 되었다. 이것은 현대 과학의 철학적 바탕과 궤를 같이 하고 있다. 탈레스를 과학의 아버지라고 하는 것은 이 때문이다.

피타고라스학파의 신비주의

세상 너머의
또 다른 세상

　　　　아르케를 우리가 사는 세상에서 찾으려고 했던 자연철학자들과는 달리 아르케를 이 세상 밖에서 찾으려는 사람들이 나타나 철학의 또 다른 축을 형성했다. 우리가 경험할 수 없는 또 다른 세상에서 이 세상의 기본 원리를 찾으려고 한 사람들은 피타고라스(Pythaggoras, c.570~c.495 BC)와 그의 제자들이었다. 세상이 수에 의해 이루어졌다고 생각했던 피타고라스학파는 엄격한 계율을 가지고 공동생활을 하던 신비주의 종교단체로, 이들에게 있어 수에 대한 연구는 종교 활동의 일부였다. 피타고라스학파가 추구했던 것은 영원불멸의 신의 세계에 참여하거나, 영혼을 정화하여 신과 합일하는 것이었다. 이들의 생각은 디오니소스 신앙과 오르페우스교의 사상에 기원을 두고 있었다.

디오니소스는 로마 신화에서는 바쿠스라고 불리는 술의 신이다. 제우스와 테베의 공주 세멜레의 아들이었던 디오니소스는 포도주를 빚는 방법을 스스로 터득한 후 사람들에게 술을 전파했다. 그러자 그를 추종하는 사람들이 생겼고, 그가 가는 곳마다 광란의 파티가 벌어지게 되었다. 디오니소스 신앙은 술을 통해 신의 세계에 도달하려는 신앙이었다. 디오니소스 교도들은 심야에 산속에 모여 피가 흐르는 날고기를 먹으며 포도주에 취해 피리나 북소리에 맞추어 광란에 가까운 춤을 추었다. 그들은 제사 의식의 정점에서 디오니소스의 이름을 부르며 실신하였다. 그들은 이러한 행위를 통해 자신을 벗어나 신과 하나가 된다고 생각했다.

이러한 디오니소스 교도들의 모습은 지적인 그리스인들에게는 야만스럽게 보였다. 따라서 그리스인들은 이국적인 디오니소스 신앙을 순화시켜 그리스 문명 안에 편입시키려고 시도했다. 디오니소스 신을 아폴론 신전 옆에 모시고 2년에 한 번씩 축제를 벌였고, 광란적인 신앙행위 역시 정상적인 생활로 돌아가기 위한 일시적인 질서 파괴로 받아들여지게 되어 평민들에게 매우 높은 지지를 받게 되었다. 이런 과정을 통해 이국적이며 야만적이었던 디오니소스 신앙이 그리스적인 오르페우스 신앙으로 발전했다.

그리스 신화에 의하면 트라키아 왕 오이아그로스와 학예의 여신인 칼리오페 사이에서 태어난 오르페우스는 어머니로부터 시와 노래를 배웠고, 음악의 신 아폴론으로부터는 리라 연주를 배워 뛰어난 음악가가 되었다. 그가 아폴론으로부터 선물로 받은 황금 리라를 연주하면 초목도 감동을 받고 사나운 맹수들이 얌전해졌다고 한다. 나중에 아르고호 원정대에 참여해 리라 연주로 바다의 폭풍을 잠재우고,

괴조 세이레네스의 유혹하는 노래 소리를 제압하기도 했다. 원정대가 목적지인 콜키스에 도착했을 때는 그가 리라 연주로 아레스의 숲을 지키는 용을 잠재운 덕분에 무사히 황금 양털을 손에 넣을 수 있었다.

죽은 아내 에우리디케를 찾아 지하세계를 다녀오기도 했던 오르페우스의 신화는 사람들에 의해 종교로 발전되었다. 오르페우스가 썼다는 80여 편의 『오르페우스 찬가』와 아르고호 원정대의 내용을 오르페우스를 중심으로 바꾼 『아르고나우티카 오르피카』는 오르페우스교의 경전이 되었다. 오르페우스교에서도 디오니소스 신앙에서와 마찬가지로 신과의 합일을 추구했다. 그러나 오르페우스교에서는 디오니소스 신앙에서와 같은 요란한 음악과 광란적인 춤에 의해서가 아니라 조용한 리라의 음악을 통해 영혼을 정화하여 신의 세계에 도달하려고 했다.

디오니소스 신앙과 오르페우스교가 가지고 있던 신의 세계에 대한 동경은 피타고라스 교단으로 전수되었다. 그러나 그들은 음악과 함께 수학 연구를 통해 신의 세계에 다가가려고 했다. 수학과 기하학을 발전시킨 사람들은 메소포타미아인들과 이집트인들이었다. 그러나 메소포타미아나 바빌로니아의 수학과 기하학은 살아가는 데 필요한 실용적인 산술이었고 측량기술이었다. 실용적인 산술과 측량기술을 수학과 기하학으로 발전시킨 사람들은 피타고라스 교단이었다. 그들은 영원히 죽지 않는 신의 세계에 동참하거나 영혼을 정화하기 위한 수단의 하나로 수(數)를 연구했다.

피타고라스학파의 창시자인 피타고라스는 사모스 섬에서 부유한 상인의 아들로 태어나 어려서부터 리라 연주와 운동을 익혔으며 이집트에 유학하기도 했고, 바빌론에서 포로생활을 하기도 했다. 이집트 문명과 메소포타미아 문명을 경험하고 56세에 고향으로 돌아온 피타고라스는 남이탈리아의 그리스 식민지 크로톤에 종교 공동체를 설립했다. 피타고라스 공동체에서는 영혼이 윤회한다고 가르쳤으며, 육식을 금하고, 백색의 옷과 담요만을 사용하게 하는 등 엄격한 규율을 지키도록 했다. 피타고라스학파는 음악과 수학을 중시하였는데, 하프의 음정이 일정한 비율을 이루는 현상을 발견하고 음악을 수학의 한 분야로 보았다.

비밀주의를 지향했던 피타고라스학파는 저서를 남기지 않았기 때문에 피타고라스학파의 수학적 업적이 피타고라스의 업적인지 아니면 제자들의 업적인지를 구별할 수 없다. 그러나 피타고라스의 제자들과 후세 학자들의 저술에 단편적으로 실려 있는 내용을 통해 피타고라스학파의 업적을 추정할 수 있다.

피타고라스는 아르케를 자연수로 보았다. 그들은 자연수의 성질을 연구하여 약수의 합이 자신과 같은 완전수, 비례와 평균, 산술평균과 조화평균 등에 대해서도 잘 이해하고 있었다. 직각삼각형에서 빗변의 제곱은 다른 두 변의 제곱의 합과 같다는 피타고라스의 정리도 알고 있었지만 그것을 어떻게 증명했는지는 알려져 있지 않다. 현재 우리가 알고 있는 대표적인 피타고라스 정리의 증명법은 유클리드의 『기하학 원론』에 실려 있는 것이다.

또한 피타고라스학파는 최초로 지동설을 주장했다. 피타고라스학파의 일원으로 피타고라스의 가르침을 『자연에 대하여』라는 제목의 책으로 엮었던 필로라오스(Philolaos of Croton)는 태양, 지구 달 그리고 별들이 세계의 중심인 불 주위를 수의 조화에 따라 움직이고 있다고 설명했다. 수의 조화가 천체 운행을 지배한다는 이런 생각은 후세 과학에 많은 영향을 끼쳤다. 천체에는 완전한 조화와 그에 따른 음계가 있는데 이 음계는 일반인들은 들을 수 없지만 피타고라스는 들을 수 있다고 했다. 피타고라스학파는 자연수와 자연수의 비례만을 수라고 생각했기 때문에 무리수를 발견하고 당황했다는 이야기도 전해진다.

눈에 보이는 구체적인 대상물이 아닌 수에서 이 세상의 원리를 찾으려고 시도한 피타고라스학파의 신비주의는 밀레토스학파의 합리주의와 함께 서양 철학의 두 축을 형성했다. 지상 너머에 이 세상의 원인이 되는 무엇인가가 있다는 피타고라스학파의 생각은 플라톤의 이데아 사상에 의해 계승되었고, 기독교에 영향을 주었으며, 신의 존재를 확신했던 데카르트 이후의 근대 철학자들에게까지 이어졌다.

헤라클레이토스와 파르메니데스의 존재론

만물은
유전한다

　　철학은 하나의 의문에 대한 답이 또 다른 의문을 불러오고, 그 답이 또 다른 의문을 불러오는 의문과 답의 고리를 통해 발전해 왔다. 철학이 가장 처음 가졌던 의문은 세상을 이루는 아르케는 무엇인가 하는 것이었다. 그러나 다음에 제기된 의문은 존재(Being)란 무엇인가 하는 것이었다. 이 문제의 중심에는 헤라클레이토스(Heraclitus of Ephesus, c.535~c.475 BC)와 파르메니데스(Parmenicles, c.515~445 BC)가 있다.[2]

　　헤라클레이토스는 에페수스를 통치하고 있던 귀족 가문에서 태어났다. 에페수스는 고대 그리스의 식민 도시였지만 당시에는 페르시아의 영토였으며 여신 아르테미스 숭배가 유행했던 곳으로 그리스와 동방의 종교들이 조화를 이루고 있던 곳이었다. 헤라클레이토스의 성장배경이나 교육 환경에 대해서는 거의 알려진 것이 없다. 페르시아로부터 어느 정도의 자치를 허락받고 있던 에페수스에서는 고대 그리스 시대로부터 내려오는 통치자가 상당한 영향력을 행사하고 있었다. 정치에 관심이 없었던 헤라클레이토스는 통치자의 지위를 동생에게 양보했다고 전해지지만 이 역시 확실하지는 않다.

헤라클레이토스의 일생이나 그의 생각은 후대 역사가들이 쓴 단편적인 자료들을 통해서 유추할 수 있을 뿐이다. 3세기 전반에 활약한 그리스 전기 작가 디오게네스의 저서 『고대 철학자들의 생애와 사상』에 헤라클레이토스에 대한 자료가 가장 많이 포함되어 있다. 그러나 이 책도 헤라클레이토스가 죽은 후 수백 년이 지난 다음에 기록된 것이어서 모두 사실이라고 보기는 어렵다.

디오게네스에 따르면 헤라클레이토스는 스스로 공부해 지혜를 깨달았다고 한다. 헤라클레이토스는 고독을 즐겼으며 다른 철학자들이나 역사적 인물들을 신랄하게 비판했다. 또한 평범한 사람들이 이해하기 어려운 기이한 행동과 수수께끼 같은 심오한 말들을 많이 했기 때문에 그는 '알 수 없는 사람(The Obscure)', '수수께끼 같은 사람(The Riddler)', 또는 '우는 철학자(Weeping Philosopher)'라는 별명을 얻었다. 아테네 사람들을 싫어했으며 고향인 에페수스 사람들도 싫어했던 헤라클레이토스는 세상을 떠나 산속에서 풀을 먹으며 은둔생활을 하기도 했다. 디오게네스는 헤라클레이토스의 죽음과 관련된 여러 가지 전해오는 이야기를 기록해 놓았다. 산 속에서 은둔생활을 하던 그는 온몸이 부풀어 오르는 전신수증에 걸려 도시로 돌아왔다. 한 이야기에 의하면 헤라클레이토스는 의사의 치료를 거부하고 스스로의 처방으로 전신수증을 치료한 후에 다른 병으로 죽었다고 한다. 그러나 또 다른 이야기에 의하면 헤라클레이토스는 전신수증을 치료하기 위해 쇠똥 속에 몸을 묻고 쇠똥의 따뜻한 기운으로 몸 안의 나쁜 체액을 배출해 내려고 하다가 죽었다고도 하고, 쇠똥을 몸에 바르고 햇볕 아래 엎드려 있다가 개에게 물려 죽었다는 이야기도 전해진다.

디오게네스의 기록에 따르면 헤라클레이토스는 『자연에 대하여』라는 제목의 책을 써서 당시 가장 큰 신전이었으며, 고대 7대 불가사의의 하나로 꼽히는 아르테미스 신전에 바쳤다. 이 책은 자연에 대한 그의 사상을 적은 것으로 우주, 정치, 신학의 세 부분으로 이루어져 있었다. 헤라클레이토스의 사상을 집약한 이 책은 현재까지 전해지지는 않지만, 당시의 철학자들은 언제든지 신전에 와서 이 책을 열람할 수 있었다. 많은 사람들이 읽은 이 책은 유명해졌고, 이로 인해 헤라클레이토스를 추종하는 학자들이 나타나게 되었다.

'만물은 유전(流傳)한다(Panta rhei, 모든 것은 흐른다).' 라는 말 속에 함축적으로 표현되어 있는 것처럼 헤라클레이토스는 항상 변하고 있는 것이 변하지 않는 세상의 모습이라고 주장했다. 그는 만물을 강과 비교해 '우리는 같은 강물에 들어가는 것이기도 하며, 들어가지 않는 것이기도 하다. 우리는 존재하는 것이기도 하며, 존재하지 않는 것이기도 하다.' 라는 미묘한 말로 세상을 설명했다. 같은 강물에 들어가려고 해도 강물이 흘러가 버렸기 때문에 우리가 들어간 것은 예전 강물이 아니다. 이 때 같은 강물에 들어갔다고 할 수 있을까? 따라서 강은 존재한다고 할 수도 있고, 존재하지 않는다고 할 수도 있다.

세상이 끊임없이 변화하는 것이라고 볼 때 이 변화를 지배하는 법칙은 무엇일까? 헤라클레이토스는 이 변화를 지배하는 것을 '로고스(logos)'라고 불렀다. 로고스라는 말은 '말', '원리', '계획', '공식', '이유', '근거' 등 여러 가지 의미로 해석될 수 있다. 헬라클레이토스는 로고스를 의도적으로 여러 가지 의미로 사용했다. 후에 스토아 철학에서는 로고스를 '모든 것을 지배하는 원인'이라고 이해했다. 중세 신학자들은 로고스를 기독교의 교리와 결합시켰다.

헤라클레이토스는 대립하는 성질들의 대립과 이들 사이의 통일성도 로고스를 이용하여 설명하려고 했다. 헤라클레이토스는 세상의 아르케를 '불'이라고 주장하고, 타올랐다 꺼지는 것을 영원히 반복하는 불꽃을 따라 일정한 주기로 대립하는 만물이 생겨났다가 사라진다고 했다. 그는 만물이 생성하고 사라지는 과정을 오르막길과 내리막길이라고 표현했다. 그는 또한 만물은 생성과 소멸, 대립과 투쟁 안에서 서로 밀접한 관계를 가지고 있다고 주장하고, 이러한 관계를 '불은 공기의 죽음으로 살고, 공기는 불의 죽음으로 산다. 물은 흙의 죽음으로 살고, 흙은 물의 죽음으로 산다', '싸움은 만물의 아버지이며 만물의 왕이다', '건강을 달콤하게 만드는 것은 병이며 배부름을 달콤하게 만드는 것은 배고픔이다.' 라는 말로 표현했다. 그는 또한 '오르막길과 내리막길은 동일하다', '선과 악은 하나다', '삶과 죽음, 깨어남과 잠듦, 젊음과 늙음은 같은 것이다.' 라고 하여 대립되는 것들의 통일성을 설명하기도 했다.

헤라클레이토스의 로고스는 다양하게 변화하는 만물의 뒤에서 이들의 생성과 소멸, 그리고 대립과 통일의 원리가 되는 것이었다. 그는 로고스의 영원한 섭리와 법칙에 따라 세상만물이 대립하고 투쟁하면서 조화를 이루고 있다고 생각했다.

있는 것은 항상 있다

헤라클레이토스와 비교되어 항상 함께 거론되는 철학자는 이탈리아 반도 남부 엘레아 지방에서 활동했던 엘레아학파의 창시자인 파르메니데스이다. 부유한 귀족 집안 출신이었던 파르메니데스는 인간과 비슷한 모습과 능력을 지닌 인격적인 여러 신의 존재를 받아들이는 그리스 신화를 부정하다가 추방된 크세노파네스(Xenophanes of Colophon)의 영향을 많이 받은 것으로 알려져 있다. 그러나 파르메니데스가 피타고라스학파의 제자와 가까웠다는 기록도 남아있다. 파르메니데스가 피타고라스학파의 영향으로 은둔생활을 했다는 이야기도, 엘레아를 위해 헌법을 제정했다는 이야기도 전해지며, 플라톤의 기록에 의하면 파르메니데스는 제자와 함께 아테네를 방문해 젊은 소크라테스를 만났다고도 한다. 이 기록을 바탕으로 파르메니데스의 출생연대를 추정하고 있다. 그러나 여러 가지 확실하지 않은 기록과 상반된 기록이 전해지고 있어 파르메니데스의 일생에 대한 자세한 내용을 알 수는 없다.

엘레아학파에 대한 연구는 고고학적 발굴을 통해 이루어졌다. 고고학자들은 이탈리아 남부에 있는 엘레아를 발굴해 후대의 저술가들이 파르메니데스에 대하여 기술한 글 19편, 파르메니데스의 제자이며 운동에 관한 역설로 유명한 엘레아의 제논(Zeno of Elea)이 남긴 글 4편, 파르메니데스의 제자인 사모스 섬 출신의 멜리소스의 글 10편을 찾아냈다. 그러나 이러한 글들도 대부분 몇 줄 정도만 남아 있을 뿐이어서 파르메니데스의 사상을 자세히 아는 데는 한계가 있다.

파르메니데스의 작품으로는 『자연에 대하여』라는 시의 일부만이 전해지고 있다. 이 시는 세 부분으로 되어 있는데, 그와 여신 알레

테이아(Aletheia)가 나눈 대화를 기록한 『서시』에는 여신이 그에게 존재가 진리라는 것과 인간이 감각하는 세상이 허구라는 것을 알려준다. 두 번째 부분으로 본론이라고 할 수 있는 『진리의 길』에서는 참된 존재가 무엇인지에 대해 이야기 하고 있으며, 세 번째 부분인 『억견(臆見)의 길』은 경험 세계에 대한 인간의 생각이 얼마나 잘못되었는지를 설명하고 있다.

'있다'는 것이 무엇인가 하는 것은 철학의 기본적인 물음이다. 모든 것이 항상 변하며 같은 모습을 유지하는 것이 아니라는 것이 헤라클레이토스가 '있다'라고 하는 것에 대한 대답이었다. 그러나 파르메니데스는 '있다'라는 문제를 좀 더 발전시켰다. '있는 것'이 '없는 것'으로부터 생겨난다고 하면 생겨나기 전에는 '있는 것'이 '없는 것'이 된다. 반대로 '있는 것'이 없어질 수 있다면 없어진 다음에는 '있는 것'이 '없는 것'이 된다. 이것은 '있는 것'과 '없는 것'이 같은 것이 되므로 가능하지 않다. 따라서 '있는 것'은 생겨나지도 않으며 없어지지도 않아야 한다. '있는 것'은 있다, 반면에 '없는 것'은 없다. 그러므로 '없는 것'을 생각하는 것은 무의미하다. 이것이 '있는 것'에 대한 파르메니데스의 대답이었다.

파르메니데스는 감각적인 경험을 통해 진리를 발견할 수 있다는 이오니아학파의 주장을 반박하고 움직이지 않으며 변화하지 않는 실재를 파악하기 위해서는 추상적이고 논리적으로 접근해야 한다고 주장했다. 파르메니데스에 의하면 참된 유일한 실재인 에온은 순수하고 영원하고 불변하고 파괴할 수 없는 존재이므로 어떤 다른 존재 또는 비존재로부터 생겨나지 않는다. 그는 또한 생성, 운동, 성장, 소멸 등의 모든 변화를 부정했다.

플라톤의 대화편 『파르메니데스』에는 파르메니데스의 제자로 파르메니데스를 변호하는 데 일생을 바친 제논의 주장이 첫 부분에 나온다. 여기서 제논은 스승을 비판하는 사람들의 생각이 틀렸다는 것을 '귀류법(proof by contradiction)'을 이용하여 증명해 스승의 철학을 변호하려 했다.

제논은 물체의 운동이 가능하지 않다는 것을 다음과 같은 방법으로 증명했다. 어떤 사물이 특정한 공간에 위치해 있는 동안에 그 사물은 정지해 있다. 날아가는 화살도 날아가는 매 순간에는 특정한 공간을 차지하고 있으므로 언제나 정지 상태에 있어야 한다. 따라서 변화나 운동은 우리의 환상이며 실제로는 가능하지 않다고 주장했다.[3]

아킬레스가 느림보 거북이를 절대로 따라 잡을 수 없다는 제논의 역설은 제논을 이야기할 때 항상 등장하는 이야기이다. 거북이가 100미터 앞에서 출발하고 빠르게 달리는 아킬레스가 100미터 뒤에서 출발하여 달리기 경주를 벌인다고 하자. 아킬레스가 거북이가 있던 자리까지 달려오는 동안에 거북이는 앞으로 기어가 조금 앞에 가 있을 것이다. 다시 아킬레스가 달려 거북이가 있던 위치까지 가면 그 동안에 거북이는 조금 더 앞으로 가 있을 것이다. 따라서 이런 과정을 무한히 반복해도 거북이는 항상 아킬레스 앞에 가 있기 때문에 영원히 거북이를 따라 잡을 수 없다는 것이다. 그러나 실제로는 아주 쉽게 아킬레스가 거북이를 따라 잡을 수 있으므로 제논의 주장은 역설이다.

엠페도클레스의 4원소론과 데모크리토스의 원자론

세상은 4원소로 이루어졌다

　　밀레토스학파의 자연철학은 헤라클레이토스를 거쳐 엠페도클레스(Empedocles, c.490~c.430 BC)와 데모크리토스(Democritus, c.460~c.370 BC)로 이어졌다. 이탈리아 반도 남부에 있는 섬인 시칠리아에 있던 그리스의 식민도시 아크라가스에서 태어난 엠페도클레스는 소크라테스 이전의 대표적인 철학자로 철학 이외에도 종교, 정치, 생물학, 의학, 시문학 분야에도 뛰어난 업적을 남긴 다재다능한 인물이었다. 그러나 소크라테스 이전의 다른 철학자들과 마찬가지로 엠페도클레스의 생애에 대해서도 여러 가지 다른 이야기들이 전해지고 있어 확실한 것은 알 수 없다. 엠페도클레스는 민주제와 참주제 사이에서 극심한 혼란을 겪고 있던 아크라가스에서 민주제를 지지하다가 정치적인 문제에 연루되어 추방된 후 망명자로 세상을 떠났다고 한다. 그러나 인간이 아닌 신으로 남기 위해 에트나 화산 분화구로 몸을 던져 일생을 마감했다는 이야기도 전해진다.

엠페도클레스는 오르페우스교의 영향을 많이 받았지만 자연철학자들의 생각을 계승하여 세상을 네 개의 원소로 설명하려고 했다. 엠페도클레스는 탈레스의 물, 아낙시메네스의 공기, 헤라클레이토스의 불에 흙을 첨가하여 물, 공기, 불, 흙의 네 가지가 만물을 이루는 아르케라고 주장했다. 그리고 이들 4원소가 여러 가지 물질을 이루기 위해서는 합쳐지고, 분리되는 과정을 거쳐야 하는데 원소들 사이의 결합과 분리는 원소들 사이에 작용하는 사랑과 미움으로 인해 일어난다고 주장했다. 미움이 작용하면 원소들은 서로 분리되고 사랑이 작용하면 원소들은 결합하지만 현실세계는 사랑과 미움이 서로 평형을 이루고 있는 상태라고 했다. 처음에는 사랑이 지배했기 때문에 모든 원소들이 하나로 결합되어 있었지만 우주가 형성되는 동안 미움이 개입하여 4원소로 분리되었다는 것이다. 그 뒤 4원소는 특정한 조건 하에서 부분적으로 결합하여 여러 가지 물질을 만든다. 엠페도클레스는 영혼의 윤회를 믿었다. 죄를 지은 자는 죽을 수밖에 없는 수많은 육체를 전전하게 된다고 주장했다. 이러한 상태에서 벗어나기 위해서는 영혼의 정화가 꼭 필요하다고 했다.

세상은 원자와
진공으로 이루어졌다

원소에 대한 생각을 더욱 발전시킨 사람들이 원자론자들인 레우키포스(Leucippus)와 데모크리토스였다. 레우키포스는 이오니아의 밀레토스 출신으로 알려져 있으나 이탈리아 남서부의 엘레아, 또는 그리스 북동부 트라케 연안에 있던 아브데라에서 태어났다는 기록도 남아 있다. 엘레아학파의 영향을 받았다고 전해지지만 데모크리토스의 스승으로 더 널리 알려져 있는 레우키포스의 철학은 데모크리토스의 업적을 통해 유추할 수 있다. 아브데라의 부유한 가정에 태어나 부친에게서 많은 재산을 물려받은 데모크리토스는 페르시아, 이집트, 인도, 에티오피아 등지로 여행을 다니면서 많은 경험을 쌓은 후 문학, 천문학, 수학, 물리학, 의학 등 다양한 분야를 연구했다.

데모크리토스는 레우키포스가 제시한 원자론을 체계적으로 완성시켰다. 레우키포스는 세상을 이루는 요소를 충만한 것(있는 것)과 공허한 것(없는 것)으로 나누었다. 데모크리토스는 충만한 것을 원자(atom)라고 불렀다. 원자는 더 이상 분리할 수 없는 물질의 가장 작은 단위였다. 데모크리토스는 여러 가지 모양을 하고 있는 원자들이 다양한 방법으로 배열하여 세상을 만든다고 설명했다. 원자는 너무 작아 눈에 보이지 않지만 여러 원자들이 결합되었다가 분리되는 것을 반복하면서 우리 눈에 보이는 변화를 만들어 낸다는 것이다. 그러나 이러한 외관상의 변화 과정에서 원자는 변화하지 않은 채 원래 상태를 유지한다.

데모크리토스는 물질뿐만 아니라 영혼도 원자로 이루어져 있다고 했다. 구형의 원자인 영혼은 다른 것을 움직이는 일종의 불로 신체의 구석구석까지 스며들어갈 수 있다. 그는 또한 물질의 성질도 원자를 이용하여 설명하려고 시도했다. 무수한 원자들에 의해 물질의 성질이 만들어진다는 것이다. 그는 맛이나 색깔은 그 자체가 있는 것이 아니라 원자의 조합에 의해 나타나는 성질일 뿐이라고 했다. 데모크리토스는 원자 사이의 공간 즉, 아무 것도 없는 공간(진공)을 이용하여 운동을 설명하려고 했다.

세상을 원자의 결합과 분리, 그리고 진공을 통한 운동으로 설명한 원자론자들의 생각은 피타고라스학파의 신비주의를 계승한 플라톤에 의해 철저히 무시당했으며, 아리스토텔레스는 데모크리토스가 운동의 원인을 설명하지 못했다고 비판했다. 19세기 초에 근대적인 원자론이 등장할 때까지 오랫동안 고대 그리스의 원자론이 잊혔던 것은 고대 철학사상을 완성한 플라톤과 아리스토텔레스에 의해 배척당했기 때문이었다.

"너 자신을 알라. 나는 두꺼운 소의 가죽을 긁어 소를 움직이게 하는 쇠파리처럼 쇠가죽보다 두꺼운 양심을 가졌던 아테네인들의 무지를 일깨우려고 노력했던 '아테네의 등에(쇠파리)'였다. 나는 여러분에게 복종하기보다 신에게 복종할 것이다."
- 소크라테스(Socrates)

"물질적인 세상은 실재가 아니고 실재의 불완전한 복제에 불과하다. 우리가 보고 느끼는 물건이나 성질의 원형은 이데아의 세계에 있다. 이성을 통해서만 세상의 진리를 볼 수 있다. 가장 이상적인 국가는 철학자가 통치하는 국가이다."
- 플라톤(Plato)

"철학은 (1)논리학, (2)이론 철학(수학, 물리학, 형이상학), (3)실용 철학(윤리학, 정치학), (4)시적 철학으로 나눈다. 물체의 원형은 물체와 분리되어 있는 것이 아니라 물체 안에 내재되어 있다. 실체를 파악하기 위해서는 연역적인 방법과 귀납적인 방법을 동시에 사용해야 한다."
- 아리스토텔레스(Aristotle)

2장.

고대철학을 완성한
아테네의 철학

그리스-페르시아 전쟁 492 BC

소크라테스 470~399 BC

펠로폰네소스 전쟁 431 BC

플라톤 427~347 BC

아리스토텔레스 384~322 BC

페리클레스와 아테네

고대 그리스 철학은 아테네에서 활동했던 소크라테스(Socrates, 470~399 BC)와 플라톤(Plato, c.427~347 BC), 그리고 아리스토텔레스(Aristotle, 384~322 BC)에 의해 체계적으로 정리되었다. 소크라테스와 플라톤은 페리클레스(Pericles)가 아테네를 통치하던 시기에 활동했다. 기원전 10세기경부터 형성되기 시작한 아테네는 기원전 6세기 무렵부터 해외 식민지 건설과 무역을 바탕으로 도시국가들 중에서 두각을 나타냈다. 아테네를 포함한 그리스 도시국가들은 농업을 기반으로 하고 있었기 때문에 토지를 많이 가진 귀족들이 지배했다. 그러나 상공업 발달로 부를 축적한 평민들이 늘어나자 귀족과 평민들 사이에 권력 투쟁이 시작되었다. 이런 사회적 혼란 속에서 권력을 장악한 참주의 독재 체제가 한 동안 정치적으로 안정을 유지했다.

하지만 기원전 5세기에 들어서면서 대부분의 도시국가에서 민중 봉기가 일어나 참주들을 몰아냈다. 아테네의 클레이스테네스(Cleisthenes)는 기원전 510년에 참주 히피아스(Hippias)를 몰아내고, 참주가 될 가능성이 있는 사람을 도자기 파편에 적어 다수표를 받은 사람을 추방하는 도편추방제를 도입해 참주가 다시 나타나는 것을 막았다. 그러나 아테네가 민주주의로 이행하는 데 중요한 계기를 제공한 것은 페르시아 전쟁(492~449 BC)이었다.

페르시아의 다리우스 1세가 그리스를 침략하여 시작된 페르시아 전쟁의 승패를 결정지은 살라미스 해전에서 아테네의 해군을 주축으로 한 그리스 군이 페르시아를 꺾고 승리하자, 아테네는 그리스에서 주도적인 도시국가로 부상했다. 페르시아를 물리친 후 페르시아의 재침략에 대비하기 위해 아테네를 중심으로 하는 델로스 동맹이 이루어졌다. 델로스 동맹은 곧 아테네가 주도하는 그리스 제국의 탄생을 의미하는 것이었다. 아테네에서는 전쟁에 참여해 승리를 쟁취해낸 평민들의 지위가 크게 향상되었다. 이로 인해 모든 시민이 권력을 나누어 갖는 민주주의의 토대가 마련되었다.

페리클레스는 민주적인 아테네 제국을 전성기로 이끈 정치가였다. 기원전 461년부터 페리클레스가 죽을 때까지 32년 동안 아테네는 민주제를 유지했으나 『펠레폰네소스 전쟁사』를4 지은 역사가 투키디데스(Thukydides)는 당시를 사실상 페리클레스가 통치한 1인 독재 시대였다고 했다. 하지만 페리클레스는 아테네 민주주의 정치 체제를 유지했다. 심각한 정치적 위기에 처했을 때도 권력과 무력을 이용하여 자신의 지위를 지키려 하기보다는 성난 시민들 앞에서 눈물로 자신의 무죄를 주장해 시민들로부터 인정받으려고 했다.

가능한 외국과의 전쟁을 피하려고 했던 페리클레스는 그리스의 숙적 페르시아와는 기원전 449년에, 아테네의 라이벌 스파르타와는 445년에 평화조약을 맺었다. 그리고 내치에 힘써 페르시아 전쟁의 상처가 남아 있던 아테네를 재정비하였다. 오늘날까지 많은 관광객을 끌어들이는 파르테논 신전을 비롯한 아크로폴리스는 이 시기에 건축되었다.

　　페리클레스의 황금기에는 건축뿐만 아니라 조각, 회화, 그리고 철학과 문학 분야도 크게 발전했다. 아이스킬로스(Aeschylus), 소포클레스(Sophocles), 에우리피데스(Euripides)와 같은 문학가들이 고전 비극을 완성했고, 헤로도토스와 투키디데스는 역사학을 발전시켰다. 아낙사고라스, 엠페도클레스, 데모크리토스가 철학의 기초를 다졌던 것도 페리클레스가 아테네를 통치하던 시기였다.

　　그러나 이러한 아테네의 황금기는 아테네와 스파르타 사이에 벌어진 펠로폰네소스 전쟁(431~404 BC)으로 쇠퇴하게 되었다. 스파르타는 그리스에서 주도권을 행사하고 있던 아테네를 못마땅해했으나 특별히 적대적이지는 않았다. 그러나 케르키라와 코린토스에서 있었던 사소한 분쟁을 계기로 아테네를 경계하기 시작했다. 아테네 역시 스파르타가 반 아테네 세력을 규합해서 아테네를 무너뜨리려 할지 모른다고 의심했다. 아테네는 스파르타와의 전쟁을 주장하는 주전파와 평화적으로 문제를 해결해야 한다고 주장하는 주화파로 나뉘어 의견이 분분했다.

　　페리클레스는 스파르타와 전쟁을 되도록 피하려 했지만 전쟁을 한다면 아테네가 이길 수 있을 것이라고 믿었다. 페리클레스는 강력한 육군을 보유한 스파르타와 지상전에서는 정면 대결을 피하고 방어에만 힘쓰면서 강력한 아테네 해군으로 스파르타와 그 동맹국들을 봉쇄하면 적들을 물리칠 수 있을 것이라고 생각했다. 그러나 전쟁은 페리클레스의 생각대로 풀리지 않았다. 페리클레스는 전쟁을 회피하려 한다는 주전파의 비난으로 한 때 권좌에서 물러나기도 했다.

페리클레스를 결정적으로 쓰러뜨린 것은 전염병이었다. 페리클레스의 방어 전략에 따라 모든 시민이 아테네 성 안에 밀집해 있었기에 전염병의 피해가 더욱 컸다. 결국 페리클레스도 기원전 429년 9월에 전염병으로 목숨을 잃었다. 1년 안에 끝낼 수 있을 것으로 생각했던 전쟁은 기원전 404년까지 30년 가까이 계속 되었다. 결국 아테네가 기원전 404년에 스파르타에 항복함으로써 펠로폰네소스 전쟁은 끝났지만, 이 긴 전쟁에서 이긴 스파르타나 진 아테네 모두 깊은 상처를 입게 되었다. 페리클레스가 기초를 다진 민주정치조차 중우정치로 전락했고, 도시국가 내에서도 당파가 나뉘어져 분쟁이 빈번했으며, 시민들의 애국심과 도덕의식도 땅에 떨어졌다. 소크라테스와 플라톤, 아리스토텔레스가 활동했던 시기는 혼란이 극심하던 이러한 아테네의 황혼기였다.

소크라테스의 산파술

아테네가 처형한
첫 번째 철학자

소크라테스는 그리스 철학에서 가장 많이 거론되는 사람이지만 저서를 전혀 남기지 않았기 때문에 그가 어떤 사람이었고 그의 철학이 무엇인지를 아는 것은 쉬운 일이 아니다. 소크라테스에 대한 기록이 가장 많이 남아 있는 것은 소크라테스의 제자였던 플라톤이 지은 여러 권의 대화편이다.[5] 그러나 대화편에 등장하는 소크라테스가 실제의 소크라테스인지 플라톤이 만들어낸 허구가 많이 반영된 인물인지 알 수 없다.

소크라테스와 같은 시기에 활동한 저술가 크세노폰(Xenophon)이 남긴 『소크라테스의 회상』과[6] 같은 저서들에 포함되어 있는 소크라테스에 대한 기록들이 플라톤의 대화편에 등장하는 소크라테스보다 실제 소크라테스에 더 가깝다는 평가를 받고 있지만 여기에도 정확하지 않은 부분이 많으며, 일부 내용은 다른 기록들과 서로 모순되기도 한다. 따라서 소크라테스가 어떤 사람이었는지 알기 위해서는 이런 기록들을 비교하면서 조각 그림을 완성해 가듯이 맞추어 보아야 한다.

소크라테스에 대한 기록을 종합하여 재구성한 소크라테스의 일생은 다음과 같다. 소크라테스는 조각가 또는 석공이었던 아버지와 산파였던 어머니 사이에서 태어나 악처로 유명한 크산티페와 결혼했으며 세 아들을 두었다. 석공 일을 하던 소크라테스는 중장보병으로 펠로폰네소스 전쟁에 참전하기도 했다. 펠로폰네소스 전쟁에서의 소크라테스의 활약에 대해서는 소크라테스에 관한 많은 자료에 언급되어 있다. 플라톤이 쓴 『소크라테스의 변명』에서[7] 소크라테스는 자신이 아테네를 위해 세 번의 전투에서 용감하게 싸웠다고 밝혔다.

소크라테스가 활동하던 시기는 펠로폰네소스 전쟁에서 아테네가 스파르타에 패배하여 민주 정치의 쇠퇴기로 접어들던 때였다. 전쟁의 패배로 인한 충격에서 벗어나 안정을 되찾기를 바라고 있던 아테네 사람들 중에는 민주적인 정부보다는 스파르타식 귀족 정치제도를 채용해야 한다고 생각하는 사람들이 많았다. 소크라테스도 그런 사람들 중 하나였다. 소크라테스는 직접 정치에 참여하지는 않았지만 대화를 통해 아테네의 민주주의를 비판하고 스파르타식 귀족 정치를 찬양했으며, 그의 친구나 제자들 중에도 귀족주의를 선호하는 사람들이 많았다.

소크라테스의 제자라고 알려진 인물들 중에는 아테네인들이 혐오하는 인물들이 여럿 있었다. 그 중에 대표적인 사람이 펠로폰네소스 전쟁 동안 아테네와 스파르타, 그리고 페르시아 사이를 왔다 갔다 하면서 배신을 거듭하여 아테네에게 패배의 원인을 제공한 알키비아데스(Alkibiades)와 전쟁에서 이긴 스파르타를 배경으로 권력을 잡은 30인 과두 체제의 우두머리로 공포 정치를 하다가 8개월 만에 축출된 크리티아스(Critias)였다. 크리티아스를 처단한 후 아테네는 내분을 조기에 종식시키고 민주정치를 회복하기 위해 대대적인 사면령을 선포했다. 이런 분위기에서 알키비아데스와 폭군 크리티아스와 같은 위험인물을 제자로 두었다는 혐의만으로 소크라테스를 처벌할 수는 없었다. 그러자 아테네는 신을 믿지 않고 새로운 우상을 섬기면서 젊은이를 타락시켰다는 죄목으로 소크라테스를 고발했다.

소크라테스가 고소되었을 때의 죄목들을 보면 국가 공직의 추첨제를 비판하여 젊은이들로 하여금 국가제도를 경시하게 했다는 것, 병에 걸리거나 소송을 당할 때 아버지나 친척보다 의사나 법에 밝은 사람들이 더 큰 도움이 된다고 하여 부모나 어른을 공경하지 않게 했다는 것, 호메로스의 시를 악용하여 젊은이를 오도하게 했다는 것이었다.

당시의 재판에서는 배심원 투표로 우선 유죄와 무죄를 결정하고, 유죄로 결정되면 다시 투표를 통해 고발자가 제안하는 처벌과 피고가 제안하는 처벌 중에서 하나를 선택하도록 했다. 유무죄를 가리는 재판에서 소크라테스는 281 대 220으로 유죄 판결을 받았다. 표차가 적은 것에 고무된 소크라테스는 형량을 정하는 두 번째 재판에서 자신은 무죄이며 그 동안 아테네를 위해 일한 공로를 인정해 정부에서 그가 죽을 때까지 급료를 주고 식사를 제공해야 하지만 다른 사람들의 권유를 받아들여 벌금형을 제안한다고 변론했다. 이러한 소크라테스의 변론은 역효과를 거두어 최종 투표에서는 361 대 140이라는 압도적인 표차로 사형 판결을 받았다.

여러 기록에 의하면 소크라테스는 목숨을 구할 기회가 여러 번 있었다. 일단 두 번째 재판에서 스스로 추방형을 제안했다면 받아들여졌을 가능성이 컸다. 또 플라톤이 쓴 대화편인 『크리톤』에 기록된 내용에 의하면 사형 판결을 받은 후에 부유한 친구였던 크리톤이 형리를 매수하고 소크라테스에게 탈옥을 권유했다고 한다. 그러나 소크라테스는 법이 자신에게 유리할 때만 받아들이고, 불리할 때는 피한다면 자신의 논리에 배치되는 것이라는 이유로 탈옥하지 않았다. 아테네의 법이 마음에 들지 않았다면 얼마든지 다른 곳으로 떠날 자유가 있었는데도 평생 아테네를 떠나지 않고, 아테네가 제공하는 모든 혜택을 누리며 살았다는 것은 아테네의 법률을 지키겠다는 약속을 한 것이라는 것이다. 따라서 탈옥을 한다면 그런 약속을 어기게 되므로 탈옥할 수 없다고 했다. 소크라테스가 "악법도 법이다." 라는 말을 하면서 독배를 마셨다는 이야기가 전해지고 있지만 대화편 어디에도 이런 이야기가 기록되어 있지 않다. 다만 그의 이야기 중에는 그렇게 해석할 수 있는 내용은 포함되어 있다.

소크라테스가 죽음을 택한 이유 중 하나는 죽음을 두려워하는 모습을 보일 수 없었기 때문이라고 해석하는 사람들도 있다. 죽음을 두려워한다는 것은 진정한 철학자가 가져야할 태도가 아니라고 믿었기 때문이다. 친구의 도움을 받아 탈옥을 하게 되면 친구가 책임을 져야 할 것을 염려했다고 주장하는 사람도 있다. 그러나 소크라테스가 죽음을 선택한 것은 죽음을 '영혼이 육체로부터 해방되는 것'이라고 믿었기 때문이었을 가능성이 크다. 철학자의 가장 큰 관심사인 진리에 도달하기 위해서는 육체에서 해방되는 것이 더 바람직하다고 생각했을 수 있다. 인간의 영혼이 가장 순수해질 수 있는 상태는 육체로부터 벗어난 상태라고 믿고 있었기 때문이다.

플라톤의 대화편 중 하나인 『파이돈』에는 소크라테스가 독약을 마시고 죽는 과정이 자세하게 묘사되어 있다. 소크라테스의 제자 파이돈이 에케크라테스라는 사람에게 자기가 본 것을 이야기해주는 형식으로 기술되어 있는 『파이돈』에는[8] 소크라테스가 독약을 먹고 누운 상태로 몸이 굳어지다가 경련을 일으키면서 사망한 것으로 되어 있다. 소크라테스가 마신 독당근은 심장에서 가장 먼 부위부터 말초신경계를 공격해 마비시키는 독약이기 때문에 소크라테스는 『파이돈』에 기록되어 있는 것처럼 품위 있는 죽음을 맞이했을 가능성이 높다.

소크라테스는 죽기 직전 아스클레피오스에게 닭을 빚졌다며 갚아달라는 유언을 남겼다고 전해진다. 아스클레피오스는 의학의 신이다. 당시 아테네에서는 병에 걸렸다 나으면 아스클레오피스에게 감사의 표시로 제물을 바치는 풍습이 있었다. 독약을 먹고 죽는 소크라테스가 아스클레오피스에게 빚을 진 것은 무엇일까? 여기에 대해서도 여러 가지 해석이 있다. 그 중에 하나는 독약을 먹고 죽음으로써 모든 질병에서 해방되니 고맙다는 의미였다는 것이다. 죽음을 육체에 묶여 있던 영혼이 해방되는 궁극적인 치료로 보았다는 것이다. 또다른 해석에 의하면 소크라테스가 평소 자신을 아테네인들의 무지를 일깨워주는 '등에(쇠파리)'에 비유했던 것처럼 아테네인들의 무지라는 병을 치유해 달라는 부탁에 대한 대가로 닭을 바치고 싶었다는 것이다. 그런가 하면 소크라테스가 실제로 병으로 고생하다 나은 적이 있는데, 아직 제물을 바치지 못해 죽으면서 그것을 갚아달라고 부탁했다는 설명도 있다. 또는 아스클레피오스라는 이웃 사람에게 실제로 닭 한 마리를 빚지고 있었다고 해석하는 사람도 있다.

소크라테스의
산파술

고대 그리스 철학은 일반적으로 소크라테스 이전과 이후로 나눈다. 그것은 소크라테스가 그리스 철학과 서양 철학에 끼친 영향이 크다는 것을 잘 나타낸다. 소크라테스 철학의 특징은 몇 가지로 요약할 수 있다. 첫째로, 소크라테스는 답을 제시해 주는 대신 질문을 했다. 소크라테스는 다양한 사람들과 토론하는 것을 좋아했는데 이런 토론에서 그는 정의, 경건함, 신중함, 우정, 덕과 같은 문제에 대해 상대방에게 질문하고 그 답에 대해 다시 질문하는 과정을 통해 모순 없는 답을 찾아내도록 유도했다. 소크라테스의 이런 방법을 문답법, 또는 '산파술'이라고 한다. 소크라테스의 산파술은 자신의 지식을 자랑하려는 것이 아니라 사람들이 가지고 있는 일반적인 사고를 무너뜨려 한 단계 높은 지식으로 이끌기 위한 것이었다.

따라서 소크라테스가 산파술을 통해 상대방에게 접근하는 것은 상대방을 굴복시키려는 것이 아니라 자신이 상대보다 모른다는 것을 전제로 하여 처음부터 문제를 검토해 나가자는 것이었다. 소크라테스는 산파술을 통해 새로운 개념을 제시하고자 한 것이 아니라 기존에 가지고 있던 개념을 명료하게 하려고 했다. 소크라테스의 계속된 질문에 의해 자신의 생각에 확신을 가지고 있던 사람들도 결국 자신의 주장을 자연스럽게 부정할 수밖에 없게 되었다.

소크라테스는 소피스트(sophist)들과 많은 논쟁을 벌였다. 소피스트는 원래 현인이라는 뜻이었지만 후에 지식을 전하고 사례를 받는 선생을 의미하게 되었다. 소피스트들은 상반된 주장을 하는 어느 편을 위해서도 변론하여 이길 수 있는 변론술을 가르쳤다. 그들은 진리는 상대적인 것이어서 사람에 따라 달라진다고 주장했다. 대표적인 소피스트였던 프로타고라스(Protagoras)는 "만물의 척도는 사람이다." 라는 유명한 말을 남겼다.

소피스트들과 소크라테스의 대결은 진리를 상대적인 것으로 볼 것인지 보편적인 것으로 볼 것인지의 대결이었다. 소크라테스는 소피스트들이 진정한 도덕을 파괴한다고 생각했다. 그러나 소피스트들은 혼란 속에서 현실적으로 행동했던 사람들이었으며 소크라테스는 보편적인 진리를 철학 속에서 찾으려고 했던 사람이었다고 할 수 있다. 소크라테스는 여러 유명한 소피스트들과 논쟁을 벌여 결국 그들의 무지를 드러내도록 했다. 이로 인해 많은 적들을 가지게 된 것이 소크라테스가 사형 판결을 받도록 한 이유 중 하나가 되었다.

소크라테스 철학의 두 번째 특징은 스스로의 무지를 자각하고자 했다는 것이다. 플라톤의 대화편 중 하나인 『소크라테스의 변명』에 의하면 소크라테스의 친구였던 카이레폰(Chaerephon)이 델피 신전에서 "아테네에서 소크라테스보다 더 현명한 자가 있는가?" 라고 물었을 때 받은 신탁은 "아니다." 였다. 자신이 무지하다는 것을 잘 알고 있던 소크라테스는 이 신탁이 사실이 아니라는 것을 확인하기 위해 정치인, 작가, 장인 등을 만나보았다. 이런 사람들은 자신보다 적어도 한 가지는 더 많이 알고 있을 것이라고 생각했기 때문이었다. 그러나 그들은 자신들이 무지하다는 사실조차 모르고 있다는 것을 발견하고 소크라테스는 자신이 무지하다는 것을 알고 있는 자신이 아테네에서 가장 현명한 사람이라는 것을 깨닫게 되었다는 것이다.

"너 자신을 알라(gnothi seauton)"는 소크라테스의 사상을 가장 잘 나타내는 말이다. 인간 스스로의 무지에 대한 자각의 중요성을 나타내는 이 말은 철학의 관심사가 자연에서 인간으로 옮겨갔다는 것을 나타낸다. 소크라테스가 살아가던 펠로폰네소스 전쟁이 끝난 후의 사회적 혼란기에는 자연에 대해 관심을 가지는 것이 사치였을 것이다. 실제로 소크라테스는 자연에 관심을 가지는 것은 시간 낭비라고 했다. 스스로 무지에 대한 자각을 넘어 아테네 시민들의 무지를 일깨우려고 했던 소크라테스는 스스로를 "아테네의 등에(쇠파리)"라고 했다. 두꺼운 소의 가죽을 긁어 소를 움직이게 하는 쇠파리의 모습이 쇠가죽보다 두꺼운 양심을 가졌던 아테네인들의 무지를 일깨우려고 노력했던 자신의 모습과 닮았다고 생각한 것이다.

소크라테스 철학의 세 번째 특징은 윤리적인 측면과 정치적인 측면이 강했다는 것이다. 평생을 가난하게 살았던 소크라테스는 절제를 중요하게 생각하였으며, 선(善)을 중시하였다. 그는 다른 사람들과의 토론에서도 선에 관해 많은 질문을 했다. 그는 또한 무엇이 옳은 것인지 안 다음에는 그대로 행해야 한다고 주장했다. 다시 말해 덕이 무엇인지 아는 것과 그것을 행하는 것을 동일하게 생각했다.

현인에 의한 통치, 뛰어난 언변술에 대한 비난, 무지에 대한 자각, 덕과 앎의 일치를 주장한 소크라테스의 철학은 아테네의 민주주의 정부를 비난하는 것처럼 보이기도 했다. 소크라테스의 제자였던 플라톤이 민주정치를 중우정치라고 비난하고 이상적인 철인정치를 주장하였던 것은 소크라테스의 영향일 것이다.

소크라테스는 이상적인 세상을 이해할 수 있는 철학자들만이 다른 사람들을 다스릴 수 있다고 믿었다. 플라톤의 대화편 중 하나인 『국가』에서 소크라테스는 아테네의 민주정치를 공개적으로 반대했다. 그가 반대한 것은 아테네의 민주정치만이 아니었다. 그는 철학자들이 다스리는 완전한 국가가 아닌 모든 정부는 이상적인 국가가 될 수 없다고 했다. 그러나 플라톤의 『국가』에 언급된 이상국가는 소크라테스의 생각이 아니라 플라톤의 생각이었을 가능성이 크다. 어쩌면 소크라테스가 민주주의 정치제도를 반대했다는 것도 사실이 아닐 가능성이 있다. 철학자가 다스리는 이상 국가에 대한 생각은 소크라테스와는 관계없는 플라톤만의 생각이었는지도 모른다. 플라톤은 스승을 죽음으로 내몬 민주정치를 극도로 혐오하고 민주정치를 중우정치라고 매도했다. 소크라테스가 배심원의 판결을 받아들여 죽음을 선택한 것은 소크라테스가 당시 아테네를 통치하고 있던 민주주의 정치제도를 인정하고 있었다는 증거라고 주장하는 사람들도 있다.

서양 철학사에서 소크라테스는 가장 잘 알려진 사람이다. 철학적 업적에 있어서는 플라톤이나 칸트와 같은 철학자들이 더 많이 거론되지만 자신의 사상을 몸소 실천한 철학자로서는 소크라테스가 가장 많이 꼽히고 있다. 소크라테스의 생애와 진리를 대하는 자세, 그리고 그의 죽음이 가지는 상징성이 중요한 의미를 가지기 때문이다.

플라톤의 이데아

이상국가를 꿈꿨던
플라톤

플라톤이 태어난 정확한 시기와 장소는 알려져 있지 않다. 그러나 플라톤이 정치적으로 영향력이 컸던 부유한 아테네 가정에서 태어난 것은 확실하다. 대부분의 학자들은 플라톤이 아테네에서 기원전 429년에서 423년 사이에 태어났다고 믿고 있다. 플라톤은 당시의 가장 훌륭한 선생들로부터 문법, 음악, 레슬링을 배웠다. 플라톤은 소크라테스를 만나기 전에 헤라클레이토스의 제자에게서 철학을 배우기도 했다.

스무 살 무렵 소크라테스를 만난 플라톤은 철학에 심취하게 되었다. 소크라테스와 플라톤의 관계는 플라톤이 기록한 대화편들에 기록된 내용을 통해 짐작할 수 있다. 플라톤은 『소크라테스의 변명』에서 소크라테스의 입을 통해 자신이 소크라테스의 젊은 추종자였다고 밝혀놓았다. 이 책에는 플라톤이 소크라테스가 타락시켰다는 젊은이 중 한 사람으로 언급되어 있다. 다른 대화편에는 플라톤이 소크라테스의 벌금을 대신 내준 사람들 중 한 사람으로 등장한다. 소크라테스가 독약을 마시고 죽어가는 과정을 묘사한 『파이돈』에는 플라톤이 몸이 아파서 소크라테스가 죽는 현장에 있지 않았다고 기록되어 있다. 이런 기록들로 미루어 플라톤이 소크라테스를 추종하던 젊은 제자들 중 하나였다는 것을 알 수 있다.

플라톤이 기록한 30권이 넘는 대화편은 대부분 소크라테스가 주인공이거나 해설자가 되어 대화를 이끌어 가는 형식을 취하고 있다. 대화편에 플라톤이 주인공으로 등장하여 자신의 생각을 피력한 경우는 한 번도 없다. 플라톤은 자신의 입을 통해서가 아니라 소크라테스의 입을 통해서 이데아를 이야기하고 이상 국가를 설명했다.

소크라테스의 처형은 열렬한 소크라테스 추종자였던 젊은 플라톤에게 커다란 상실감을 안겨 주었다. 소크라테스가 처형된 후 많은 제자들이 아테네를 떠났다. 플라톤도 다른 제자들과 마찬가지로 아테네를 떠나 이탈리아, 이집트, 시칠리아 등을 여행하면서 다양한 사상에 접했다. 마흔 살이 넘은 기원전 387년경에 아테네로 돌아온 플라톤은 아카데미를 세워 제자들을 가르쳤다. 플라톤은 아카데미의 교육이념을 영혼의 방향 전환이라고 했다. 불완전한 현실세계로부터 완전하고 순수한 이데아의 세계로 청년의 영혼을 돌리는 것이 아카데미아의 교육 목표였던 것이다. 피타고라스학파에서 수학이 신의 세계에 도달하는 방법이었다면 아카데미에서는 기하학이 이데아의 세계에 도달하는 방법이었다. 유럽에서 가장 오래 된 교육기관 중 하나인 아카데미는 기원전 84년에 로마의 장군이었던 술라(Lucius

Cornelius Sulla)에 의해 파괴될 때까지 유지되었다. 5세기에 신플라톤주의자들이 재건한 아카데미는 기독교 전파에 방해가 된다는 이유로 529년 비잔티움 황제에 의해 폐쇄될 때까지 학생들을 가르쳤다.

말년에 플라톤은 이상 국가를 건설하려는 자신의 꿈을 실현하기 위해 시칠리아를 세 번이나 방문했지만 뜻을 이루지 못했다. 플라톤이 시라쿠사를 처음 방문한 것은 디오니시우스 1세(Dionysius I)가 시라쿠사를 다스리던 시기로 플라톤은 이 때 40세였다. 그는 왕의 친척이었던 디온(Dion)을 제자로 삼았지만 디오니시우스 1세의 미움을 사 겨우 죽음을 면하고 아테네로 돌아왔다. 기원전 367년에 디오니시우스 1세가 죽고 디온은 디오니시우스 2세를 철학자 왕으로 교육해달라고 플라톤을 초청했다. 60세였던 플라톤은 큰 기대를 하지 않았지만 다시 시라쿠사로 건너갔다. 그러나 철학에 관심이 없었던 디오니시우스 2세가 강력한 권한을 행사하던 디온을 추방했기 때문에 아테네로 돌아와야 했다. 64세가 되던 기원전 361년에서 360년 사이에 디오니시우스 2세의 초청을 받고 플라톤은 세 번째로 시라쿠사를 방문했다. 그러나 자신의 목적을 달성하지 못하고 오히려 목숨을 빼앗길 위험에 처했던 플라톤은 겨우 아테네로 돌아왔다. 이렇게 해서 시라쿠사에 이상 국가를 건설해 보려던 플라톤의 꿈은 무산되고 말았다.

시라쿠사에서 돌아온 플라톤은 죽을 때까지 아카데미에서 제자들을 가르치는 일에 전념했다. 플라톤의 죽음에 대해서는 여러 가지 이야기가 전해오고 있다. 한 가지 전승에 의하면 플라톤은 소녀가 연주하는 플루트의 연주를 들으면서 침대에서 세상을 떠났다고 전해진다. 그러나 결혼식 연회장에서 세상을 떠났다는 이야기와 잠을 자다가 세상을 떠났다는 이야기도 전해진다.

대화편에 나타난
플라톤의 철학사상

플라톤은 주로 소크라테스를 통해 자신의 생각을 피력한 30권이 넘는 대화편과 13통의 서신을 남겼다.

대화편을 쓴 연대를 정확하게 알 수는 없지만 대략적인 연대와 내용에 따라 대화편을 크게 세 종류로 분류하는 것이 일반적이다. 소크라테스의 사상을 정리했다고 할 수 있는 초기의 대화편들은 기원전 399년에서 기원전 397년 사이에 기록된 것으로 보인다. 『소크라테스의 변명』, 『크리톤』, 『프로타고라스』, 『고르기아스』 등이 초기 대화편에 속한다. 플라톤이 여행에서 돌아와 아카데미를 설립한 후인 기원전 387년에서 기원전 361년 사이에 쓴 중기 대화편들은 플라톤이 독자적인 사상을 완성해 가던 시기에 쓴 것들이다. 『메논』, 『파이돈』, 『파이드로스』, 『국가』, 『향연』 등이 중기 대화편에 속한다. 기원전 361년부터 플라톤이 죽기 전까지 쓴 후기 대화편에는 『티마이오스』, 『폴리티코스』, 『법률』 등이 있다.

좁은 의미에서는 플라톤이 쓴 소크라테스가 주인공이나 해설자로 등장하는 책들만을 대화편이라고 하지만 넓은 의미에서는 소크라테스가 아니라 여러 명의 장로가 대화를 이끌어가는 『법률』과 소크라테스의 제자로 용병 장군이었던 크세노폰이 시인 시모니데스를 통해 참주들에게 전하는 충고를 다룬 『성직』도 대화편에 포함시킨다. 『법률』은 플라톤의 작품이 아니라고 주장하는 사람들도 있다.

대화편에서는 주로 소크라테스가 주인공이 되어 논리를 전개해 가기 때문에 그 내용의 어디까지가 소크라테스의 생각이고 어떤 것이 플라톤의 생각인지를 구별하는 것은 가능하지 않다. 학자들은 이 문제를 '소크라테스의 문제'라고 부른다. 따라서 대화편에 관한 이야기를 하다보면 어떤 대화편에서 소크라테스가 이렇게 말했다고 이야기하기도 하고 같은 이야기를 플라톤이 말했다고 이야기하기도 한다. 정확하게 말하면 대화편에 기록된 이야기들은 소크라테스의 입을 빌려 한 플라톤의 이야기이다.

초기 대화편

『소크라테스의 변명』은 소크라테스가 자신에게 적용된 혐의가 왜 부당한지를 변론하는 형식을 취하고 있다. 소크라테스가 처형된 후 얼마 안 되어 쓴 이 책은 유무죄 판결이 있기 전에 행한 최초의 변론, 유죄선고 후에 한 두 번째 변론, 그리고 사형이 결정된 후에 한 세 번째 변론의 3부로 이루어져 있다. 제1부에서 소크라테스는 청년에게 해로운 영향을 주며 국가가 인정하는 신을 믿지 않았다는 멜레토스의 고발 내용에 대해 자기는 허황된 자연학을 연구한 적이 없으며, 다른 소피스트들과 같이 보수를 받고 교육한 적도 없다고 반론했다. 그리고 많은 사람들로부터 비난을 받는 이유는 델피의 신탁 사건 때문이라고 설명했다. 그는 무지를 자각하는 것이 신의 뜻에 따르는 것임을 믿게 된 경위를 설명하고, "나는 여러분에게 복종하기보다는 오히려 신에게 복종할 것이다. 즉 나의 목숨이 붙어있는 한 결코 지식을 사랑하고 추구하는 일을 그만두지 않을 것이다." 라고 선언했다.

이러한 변론에도 불구하고 소크라테스는 유죄 판결을 받았다. 유죄 판결은 받은 후 형량을 결정하기 위한 재판을 다룬 2부에서 소크라테스는 선처를 애걸하는 대신 자신이 아테네를 위해 한 일을 감안하면 형벌이 아니라 오히려 국가적 영웅으로 대접 받아야 마땅하다고 주장했다. 소크라테스의 이러한 주장은 배심원들을 자극해 압도적 표차로 사형이 결정되었다.

사형이 결정된 후에 한 변론을 다룬 제3부에서 소크라테스는 유죄 투표를 한 사람들을 향해서는 "여러분은 나에게 사형을 언도했지만 내가 죽은 후 곧 당신들에게 징벌이 내릴 것이다." 라고 말하고, 무죄에 투표를 한 사람들을 향해서는 자기 자신에게 있었던 일들을 반성하면서 "선한 사람들에게는 살아 있는 동안이나 죽은 후에나 악한 것은 하나도 없다"고 이야기했다.

『크리톤』은 소크라테스가 사형을 언도받은 후 탈옥을 권유하는 소크라테스의 친구 크리톤과 탈옥을 거부하는 소크라테스의 대화내용을 다룬 책이다. 크리톤은 소크라테스가 죽는다면 친구를 잃게 될 것이고, 사람들은 돈을 쓰는 것이 아까워 친구를 구하지 않았다고 자신을 비난할 것이라고 하면서 탈옥을 권유했다. 그는 또한 탈옥하여 어디를 가든 많은 사람들이 소크라테스를 반갑게 맞아줄 것이며, 소크라테스의 자식들을 위해서라도 탈옥해야 한다고 설득했다. 크리톤의 탈옥 권유에 대해 소크라테스는 자신은 평소에 가지고 있던 원칙들을 사정이 바뀌었다고 해서 버릴 수 없기 때문에 탈옥할 수 없다고 대답했다. 그는 이성적인 분별을 통해 여러 원칙 중에 가장 좋은 것으로 보이는 원칙을 따라야 한다고 주장했다. 이를 통해 소크라테스는 원칙주의자였지만 기존의 원칙만을 무조건 고수하려는 것이 아니라 이전의 원칙보다 더 좋은 원칙이 제시되면 그것을 선택하는 합리적인 면을 지니고 있었다는 것을 알 수 있다.

소크라테스는 크리톤과의 대화에서 사는 것이 아니라 훌륭하게 사는 것을 중요하게 생각해야 한다는 원칙을 제시했다. 다수에 의해 죽임을 당하게 되는 경우에도 훌륭하게 사는 쪽을 택해야 한다는 것이다. 그러면서 소크라테스는 훌륭하게 사는 것, 아름답게 사는 것, 정의롭게 사는 것은 서로 동일하다는 논리로 크리톤의 동의를 이끌어내고, 탈옥은 법에 위배되고 법에 위배되는 것은 선과 정의에 어긋난다는 논리로 죽음을 받아들이기로 결정한다.

『프로타고라스』와 『고르기아스』는 유명한 소피스트인 프로타고라스(Protagoras), 고르기아스(Gorgias)와 '인간이 추구해야 할 덕이란 무엇인가?', '덕은 지식을 통해 획득될 수 있는가?', '쾌락은 선인가?' 등에 대해 토론을 벌이는 것을 다룬 책이다. 프로타고라스는 인간은 악이 악인 줄 알면서도, 그리고 악을 행하지 않을 수도 있는데도 쾌락에 이끌리거나 쾌락에 눈이 어두워 악을 저지를 수 있다고 주장했다. 여기에 소크라테스가 쾌락은 선이며 고통은 악인가 하고 묻자 프로타고라스는 그렇다고 대답했다. 그러자 소크라테스는 만약 쾌락이 선이라면 결국 인간은 악이라는 것을 알면서도 선에 져서 그것을 행하는 것이 되어 모순이 된다고 지적했다.

소크라테스에게 있어서 악이라는 것을 알면서도 악을 저지른다는 것은 있을 수 없는 일이었다. 악을 행하는 것은 쾌락 때문이 아니라 무지하기 때문이며, 악이 고통을 유발할 것이라는 것을 안다면 악을 저지르지 않을 것이라는 것이다. 소크라테스에게는 지식이 덕이고 덕이 곧 행복이었다. 따라서 지혜가 없더라도 용기 있는 사람이 있을 수 있다는 프로타고라스의 주장에 동의하지 않고, 지혜가 없는 용기는 용기가 아니라 만용에 지나지 않는다고 주장했다.

『고르기아스』에서는 소크라테스가 대중들을 잘 설득시키는 능력을 가지고 있던 고르기아스에게 수사술이 무엇인지 규정해줄 것을 요구했다. 그러자 고르기아스는 수사술은 대중들이 정의로운 것과 정의롭지 못한 것에 대해서 믿음을 갖게 하는 설득 기술이라고 설명했다. 그리고 고르기아스는 수사술의 힘은 모든 분야에 발휘되며 다른 기술들을 능가하지만 잘못 사용될 수도 있다고 설명했다.

소크라테스는 수사가가 정의가 무엇인지 아는 지식을 가진 사람이라면 정의로운 사람이므로 불의를 행할 수가 없어야 하는데 수사술을 배운 사람이 그것을 불의를 위해 사용할 수도 있다고 말한 것은 자기모순이라고 지적했다. 수사술의 가치를 폄하한다고 생각한 고르기아스의 친구 폴로스는 수사가는 마음먹은 것은 무엇이든 할 수 있는 무소불위한 능력을 가지고 있다고 주장하지만 소크라테스는 마음먹은 대로 다 한다고 해서 반드시 원하는 것을 하게 되는 것은 아니며, 불의를 행하는 것은 가장 나쁜 것이기 때문에 그런 힘은 부러워할 만한 것이 못 된다고 설명했다. 폴로스는 불의를 행하더라도 처벌을 받지 않는다면 불의를 행하는 것이 행복한 것이라고 주장하지만 소크라테스는 불의를 행하는 사람이 불의를 당하는 사람보다 더 불쌍한 사람이라는 것과 불의를 저지르고도 처벌을 받지 않는다면 처벌을 받는 사람보다 더 불쌍한 사람이라는 논리를 펴고, 수사술은 불의를 변호하기 위해서가 아니라 불의를 드러나게 해서 처벌받도록 하는 데 사용해야 한다고 결론지었다.

중기 대화편

『메논』은 '탁월함은 가르칠 수 있는가?' 라는 주제로 소크라테스와 메논이 토론하는 것을 다룬 대화편이다. 소크라테스는 탁월함의 교육 가능성과 불가능성에 관한 합리적 해결을 찾기 위해 세 단계에 걸쳐 문답식 탐구를 진행한다. 첫 번째 단계는 탁월함의 본질에 관한 상호 동의 가능한 인식을 이끌어 내는 것이며, 두 번째 단계는 배움 또는 가르침의 본질에 관한 상호 동의 가능한 인식을 이끌어 내는 것이고, 세 번째 단계는 메논의 질문을 구성하는 두 개념, 즉 탁월함과 배움이나 가르침 사이의 결합 가능성과 불가능성에 대한 검토를 통해 메논의 문제 제기에 대한 최종 답변을 이끌어 내는 단계이다.

소크라테스는 지식을 향한 인간의 모든 탐구는 무지의 자각이 선행될 때 시작될 수 있다고 주장하고, 영혼 불멸과 영혼 윤회 사상에 입각하여 배움을 전생에 배운 것을 상기하는 것으로 규정했다. 윤회에 대한 이런 생각은 피타고라스학파의 영향으로 보인다. 따라서 배움과 탐구는 완전한 무지에서 지식으로 가는 과정이 아니라 이미 알고 있던 것을 다시 확인하는 과정이라는 것이다. 소크라테스는 탁월함은 본성적으로 있는 것도, 가르쳐질 수 있는 것도 아니고, 신적인 섭리에 의해 누구든 지성 없이 탁월함을 가지게 된다고 주장했다.

'영혼에 대하여' 라는 부제를 가지고 있는 『파이돈』은 소크라테스가 죽은 후 14년 내지 15년이 지난 시점에 쓰인 책이다. 이 책은 소크라테스가 죽던 날 새벽부터 해가 넘어갈 때까지 일어난 일들을 소크라테스의 제자인 파이돈(Phaedo of Elis)이 피타고라스학파의 철학자 에케크라테스(Echecrates)에게 이야기하는 형식을 취하고 있다. 『파이돈』에서 소크라테스는 철학자들이 실제로 하려는 것은 죽는 것과 죽음을 완성하는 것이라고 주장했다. 철학자의 가장 큰 관심사는 지혜의 획득이고 지혜는 영혼이 신체에서 해방된 순수한 상태가 되어 사유의 활동이 가장 잘 발휘되는 때에만 획득할 수 있다고 설명했다. 이 책의 마지막 부분에는 소크라테스가 독약을 마신 후 숨을 거두기까지의 모습이 자세하게 묘사되어 있다.

플라톤이 60세쯤 되었을 때 쓴 『파이드로스』는 아름다운 강변 숲속에서 소크라테스와 파이드로스가 나눈 대화를 다룬 책이다. 전반에서는 영혼과 참된 에로스가 무엇인가에 대하여 논하고, 후반에서는 문학의 본질에 대하여 토론했다. 이 책에서는 영혼은 능동적이지만 육체는 수동적인 것이라고 설명하고, 육체와 분리된 영혼은 이데아의 세계인 천상에 도달하지만 육체와 함께 있는 영혼은 이데아의 세계에 도달하지 못하기 때문에 불완전하다고 주장했다.

『파이드로스』에는 이데아의 세계에 대한 구체적인 묘사가 포함되어 있다. 이데아의 세계는 천구를 떠받치고 있는 둥근 천장 밖에 있다. 영혼은 신들을 따라 천구 밖에 있는 이데아의 세계를 보려고 한다. 그런데 날개를 가지고 있는 말을 잘 몰 수 있는 영혼은 이데아의 세계를 볼 수 있지만, 말을 잘 몰 수 없는 영혼은 이데아의 세계를 보지 못하고 지상으로 떨어져 육체에 머문다. 지상에 떨어진 영혼들 중에서 이데아의 세계를 가장 많이 보았던 영혼은 지식을 추구하는 사람, 아름다움을 추구하는 사람, 음악을 추구하는 사람, 사랑을 구하는 사람과 같이 이 세상에 없는 것을 구하는 사람들이 된다. 이데아의 세계를 가장 잘 보았던 사람들인 철학자들은 육체에서 벗어난 영혼의 세계를 가장 동경하는 사람들이다.

플라톤의 정치철학이 담겨져 있는 『국가』는[9] 소크라테스를 주인 공으로 하여 소피스트인 트라시마코스와 대화하는 형식으로 쓰인 책 이다. 모두 10권으로 이루어진 『국가』의 제1권에서는 정의로운 인간 이란 어떤 인간인가에 대하여 토론한다. 제2권부터는 정의로운 인간 은 정의로운 국가에서 쉽게 발견될 수 있다는 가정 하에 정의로운 국 가는 어떤 국가인가에 대해 논의한다. 이러한 논의는 개인의 정의로 운 삶과 공동체의 삶은 분리할 수 없으므로 정의로운 개인의 삶에 대 한 탐구가 정의로운 국가에 대한 탐구와 연관되어 있다는 생각을 바 탕으로 한 것이었다.

플라톤은 가장 바람직한 정치 체제는 철학자 왕이 통치하는 철 인정치이며, 다음은 명예를 존중하는 사람이 통치하는 명예정치이고, 다음은 소수의 귀족들이 통치하는 과두정치, 다음은 많은 사람들이 통치하는 민주 정치, 그리고 가장 바람직하지 않은 정치제도는 폭군 한 사람이 통치하는 참주정치라고 했다.

철인정치는 철학자 왕이 통치하는 국가이기 때문에 지혜와 이성 에 의해 통치되는 국가이다. 명예 정치는 스파르타를 염두에 둔 것으 로 수호자 역할을 하는 사람들이 다스리는 국가이며, 과두정치는 부 가 덕의 기준이 되는 사회로 부유한 사람들이 통치한다. 민주 정치는 고대 아테네와 같이 개인이 균등한 정치적 기회를 가지고 정치에 직 접 참여하는 사회이다. 플라톤은 민주 정치는 부유한 사람들과 가난 한 사람들 사이의 대립으로 인해 혼란이 야기되고, 이런 혼란 가운데 다수의 지지를 받는 폭군이 나타나 무력으로 질서를 회복하게 되어 참주정치로 퇴보하게 된다고 주장했다.

플라톤은 『국가』에서 가장 바람직한 정치 체제인 철인 정치에 대해 상세하게 설명했다. 플라톤이 제시한 이상 국가에서는 시민들은 지배 계급인 소수의 수호자 계급과, 피지배 계급인 다수의 생산자 계급으로 구분된다. 그리고 수호자 계급은 다시 통치 역할을 담당하는 통치자 집단과, 전쟁 및 행정에 필요한 여러 가지 보조적인 업무를 수행하는 보조자 집단으로 세분된다. 소수의 철인 통치자들의 임무는 정책을 결정하는 것이다. 보조자들은 통치자들의 결정을 집행하고 보조하는 역할을 담당한다.

플라톤은 지배자 계급이 타락하는 것을 원천적으로 방지하기 위해 이들에게 사유 재산을 허락하지 않아야 하고, 가족을 공유하도록 해야 한다고 했다. 재신과 가족을 갖는 것이 허용되는 생산자 계급에는 경제활동에 종사하는 모든 사람들이 포함되며, 그들의 기능은 공동체의 물질적 욕구를 만족시키는 데 필요한 모든 것을 제공하는 것이다. 이상적인 국가에서는 통치자의 결정에 다른 두 계급이 충실히 복종함으로써 세 계급이 조화 있고 질서 있는 전체를 형성하여 국가 전체의 덕인 정의를 실현해 간다는 것이다.

『국가』의 제7권에는 유명한 동굴의 비유가 실려 있다. 플라톤은 동굴 안에서 입구 쪽으로 등을 돌리고 안쪽 벽만 바라볼 수 있도록 머리를 고정시킨 죄수를 통해 우리가 경험을 통해 알 수 있는 가시적 세계와 이성적 사유를 통해 도달할 수 있는 세계를 비교했다. 동굴 안에 묶여 있는 죄수는 동굴 벽에 비친 그림자를 실재라고 생각한다. 죄수들은 동굴 밖의 밝은 세상을 보게 되더라도 여전히 벽면에 비친 그림자를 실재라고 생각한다. 철학 교육은 동굴 벽에 비친 그림자에만 익숙한 영혼을 이성적 사유를 통해 도달할 수 있는 이데아의 세계로 이끌어가는 고통스러운 과정이라고 설명했다. 7권의 나머지 부분에서는 철학자 왕이 받아야 할 교육과정이 자세히 언급되어 있다.

에로스(사랑)를 다양한 각도에서 다룬 『향연』은[10] 아가톤의 집에서 있었던 향연에서 소크라테스를 포함한 일곱 명이 한 에로스를 찬양하는 연설을 다뤘다. 좌장으로서 가장 먼저 에로스 찬양 연설을 시작한 사람은 파이드로스이고, 파우사니아스, 에뤽시마코스, 아리스토파네스, 아가톤이 차례로 연설했다. 파이드로스는 명예심과 용기의 덕을 고취하는 에로스를 찬양하고, 파우사니아스는 육체의 쾌락을 쫓는 것이 아니라 영혼의 덕을 함양하는 에로스를 찬양했으며, 에뤽시마코스는 모든 존재의 형성 원리가 되는 우주적 에로스를 찬양했다. 아리스토파네스는 인간이 상실한 본성을 치유하는 에로스를 찬양하고, 아가톤은 모든 좋은 것들의 원인이 되는 에로스를 찬양했다.

소크라테스는 에로스를 결핍되어 있는 아름다움을 추구하는 욕망이며, 좋은 것을 영구적으로 소유하려는 욕망이라고 분석하고, 출산을 통해 이런 욕망을 충족한다고 설명했다. 출산의 목적은 불사(不死)를 얻는 데 있다고 설명하고, 정신적인 출산을 추구하는 자가 어떻게 궁극적인 목표인 아름다움 자체에 도달하여 불사를 얻게 되는지를 보여주었다. 그러나 뒤에 등장한 알키비아데스는 규칙을 무시하고 에로스 대신 소크라테스를 찬양하는 연설을 했다. 알키비아데스의 연설이 끝나고 다시 술자리가 소란스러워지자 참석자들은 떠나거나 잠이 들고, 소크라테스만이 끝까지 깨어 있다가 그곳을 떠났다.

후기 대화편

『티마이오스』는[11] 자연학과 우주에 대해 토론하는 내용을 다루고 있다. 플라톤의 이데아론에서는 개인과 국가가 모두 선의 이데아를 통해서 완전성을 구현하게 된다. 선의 이데아는 우주 창조의 원리이기도 하다. 이 원리를 의인화한 것이 『티마이오스』에서 우주의 창조자로 등장하는 데미우르고스이다. 창조하는 자를 뜻하는 데미우르고스는 창조를 통해 선을 실현하는 자이다. 그런데 창조는 아무 것도 없는 무에서 유를 만들어내는 과정이 아니라 이미 있는 것을 본뜨는 과정이다. 따라서 우주도 이미 존재하는 원형의 모방에 불과하다. 이러한 이유로 플라톤은 자신의 우주론을 우주에 대한 참된 설명이 아니라 진정한 우주의 모방에 어울리는 설명이라고 주장했다.

플라톤은 인과법칙으로 자연을 설명하려고 했던 자연철학자들과는 달리 이데아를 이용하여 자연과 우주를 파악하려고 했다. 플라톤은 물, 불, 흙, 공기를 세상을 구성하는 요소로 보았지만 이 요소들은 단지 속성들에 불과하여 기하학적 형태를 갖게 될 때 비로소 실체적 원소로서 기능하게 된다고 설명했다. 구체적인 실체를 가지고 있지 않던 것들이 수학적 질서를 부여받아 구체적 사물로 나타나게 된다는 것이다. 따라서 수, 비례, 도형과 같은 모자람이나 지나침 등의 수학적 개념을 통해 세계를 지성적으로 이해할 수 있게 된다고 보았다. 플라톤은 이러한 수학적 질서를 바탕으로 힘, 시간과 같은 물리적 현상들과 인체의 구조, 기관 등의 생물학적 현상들을 설명하려고 했다. 과학적 사실과 정신적 가치의 조화 가능성을 제시하고 있는 『티마이오스』는 수세기 동안 서양 우주관의 바탕이 되었다.

『폴리티코스』와 『법률[12]』에서 플라톤은 국가와 구성원, 그리고 정치가 사이의 관계에 대해 설명했다. 먼저 거주자, 인간, 정치가를 정의하고, 정치가의 역할이 무엇인지를 보여주려고 했다. 플라톤은 정치가는 인간의 무지를 다스리는 일을 한다고 설명했지만 정치가도 하나의 인간이므로 정치가를 특별하게 우수한 존재로 여기지 말아야 한다고 경고하기도 했다.

『폴리티코스』의 마지막 부분에서는 다양한 정치 형태에서 법률의 역할에 대해 논의했다. 플라톤은 다수에 의해서 통치되는 민주적인 정부를 반대하고 가장 이상적인 정부 형태는 지혜로운 통치자가 다스리는 정부이며, 이상적인 법률은 통치자의 지혜에 의해 상황에 따라 얼마든지 다르게 적용될 수 있어야 한다고 주장했다. 그러나 현실 세계에는 불완전한 정부와 불완전한 통치자만 있으므로 고정된 법에 의해 통치될 수밖에 없다는 것을 인정하기도 했다.

『법률』은 대화편 중 가장 긴 책으로 가장 나중에 쓴 책이다. 이 책에는 소크라테스가 등장하지 않고 여러 명의 현자들이 대화를 이끌어간다. 이전의 대화편이 주로 이상적인 것을 탐구했다면, 이 책에서는 실현 가능한 차선책을 논하고 있다. 따라서 이 책은 플라톤이 쓴 것이 아니라고 주장하는 사람들도 있다. 이 대화편에는 『국가』에서 제시한 이상적인 철인 정치가 실현되기 어려운 경우에 대비하여 법에 의해 통치되는 국가가 차선책으로 제시되어 있다. 『법률』에서는 그리스의 테살리 지방에 시민을 이주시켜 인위적인 국가를 건설하는 방안을 놓고 토론을 벌인다. 아테네와 비슷한 폴리스의 형태를 하고 있는 이 인위적인 국가는 토지를 균등 분배하고, 민주주의와 과두정치 체제를 혼합한 정치체제를 가지고 있다. 국가는 360명으로 이루어진 의회에서 만든 법에 의해 통치되며 남녀 차별이 없고, 외부와의 왕래는 엄격하게 제한된다.

플라톤주의라는 말은 물질적 세계의 실재성을 인정하지 않는 지적 경향을 가리킨다. 플라톤은 대화편을 통해 보통 사람들이 실재라고 생각하는 것이 사실은 실재가 아니라고 설명했다. 대부분의 사람들은 감각할 수 있는 것들을 실재라고 생각하지만 플라톤은 손으로 잡을 수 있는 것을 실재라고 생각하는 사람들을 경멸했다. 『테아이테투스』에서 플라톤은 그런 사람들을 가리켜 실재에 대한 더 높은 차원의 통찰력을 가질 수 있게 하는 신이 부여한 영감이 없는 사람이라고 했다.

감각을 통해서는 실재를 알 수 없다고 한 플라톤의 생각은 보통 사람들의 상식과는 다른 것이었다. 눈으로 세상을 보려고 하는 사람은 장님과 같다는 그의 생각은 『국가』에 실려 있는 동굴의 비유에 가장 잘 나타나 있다. 동굴의 비유는 눈에 보이는 세상은 실재의 그림자에 지나지 않기 때문에 눈에 보이는 것을 통해서는 실재를 알 수 없다는 것과 눈에 보이지 않는 것이 지성적이라는 것을 보여주기 위한 것이었다.

『국가』에서 소크라테스는 태양이 비추는 감각적인 세상을 선한 실재라고 생각하는 사람은 무지와 악의 구덩이에서 살아가고 있는 불쌍한 사람이라고 했다. 소크라테스는 고통스런 노력을 통해 무지의 상태에서 벗어나는 사람들이 있지만 그들이 동료들을 도와주려고 하면 오히려 그 사람들에 의해 조롱당하고, 경멸당할 것이라고 했다. 물리적인 물체나 사건은 완전한 실재가 존재한다는 것을 알려주는 역할만 할 뿐이라는 것이다. 그림자가 물리적 물체에 의해 만들어지는 일시적이고 부수적인 현상인 것과 마찬가지로 물리적인 물체는 좀 더 근본적인 원인에 의해 만들어지는 일시적 현상이라는 것이다.

물질적 세상은 실재가 아니고, 실제 세상의 불완전한 복제에 불과하다는 생각을 이데아론이라고 한다. 플라톤의 대화편에서 소크라테스는 이데아를 우리가 보고 느끼는 여러 가지 물건이나 성질의 추상적인 원형이라고 정의했다. 다시 말해 소크라테스는 계속적으로 변해가는 눈에 보이는 세상과 변화가 없으며 눈에 보이지 않는 이데아로 이루어진 세상이 있으며, 눈에 보이지 않는 세상이 눈에 보이는 세상의 원형이라고 주장했다.

『테아이테투스』에서 플라톤은 지식은 진정한 믿음의 근거를 알고 있다는 점에서 단순한 믿음과 구별된다고 주장했다. 이런 생각은 『메논』에도 나타난다. 『메논』에서 플라톤은 믿음의 원인을 알게 되면 믿음이 지식의 수준으로 올라갈 수 있다고 했다. 『메논』에서 플라톤은 지식은 경험을 통해 배울 수 있는 것이 아니라 회상을 통해 얻어진다는 것을 보여주기 위해 교육을 받은 적이 없는 노예 소년과의 대화를 통해 그가 기하학의 개념을 알고 있다는 것을 보여주기도 했다.

이상 국가에 대한 플라톤의 생각은 많은 사회적 의미를 가진다. 『국가』, 『법률』, 『폴리티코스』에서 플라톤은 개인의 영혼이 욕망, 용기, 이성의 세 부분으로 이루어져 있는 것처럼 국가도 통치자, 수호자, 생산자의 세 계급으로 이루어져야 한다고 주장했다. 『티마이오스』에서 플라톤은 이성은 우리 몸의 머리에 위치해 있고, 용기는 몸통의 상부 3분의 1에 위치해 있으며, 욕망은 몸통의 중간 3분의 1에 해당하는 배꼽 아래에 위치한다고 설명했다.

플라톤의 철학에서는 변증법이 중요하게 사용되었다. 그러나 변증법의 역할에 대해서는 논리적인 추론과정이라는 주장과 직관적으로 진리에 도달하는 방법이라는 다른 두 가지 해석이 존재한다. 플라톤의 변증법이 논리적 추론 과정이라고 주장하는 사람들은 변증법이 질문을 통해 이미 잠재적으로 알고 있던 진리를 논리적으로 이끌어내거나 반대하는 사람들의 주장이 포함하고 있는 모순이 드러나도록 하는 과정이라고 설명한다. 헤겔의 설명에 의하면 변증법은 서로 상반되는 생각들을 결합하여 더 널리 받아들여지는 새로운 생각을 만들어내는 과정이다. 그런가 하면 변증법을 일상적으로 경험할 수 있는 세상 뒤에 숨어 있는 위대한 신비인 이데아를 가시적으로 드러나게 하는 직관적인 방법이라고 설명하는 사람들도 있다.

플라톤은 현실세계를 혐오하고 영혼의 세계를 동경하는 사상을 오르페우스와 피타고라스의 신비주의로부터 계승했다. 그는 세상을 눈에 보이지 않는 순수한 이데아의 세계와 눈에 보이는 현실적인 세계로 나누었다. 이러한 이분법은 고대 말기의 신플라톤주의를 거쳐 기독교로 계승되었다. 그 핵심에는 영혼 불사의 사상이 자리 잡고 있다.

아리스토텔레스의
자연학과 형이상학

거닐며 진리를 이야기한
철학자

아리스토텔레스(Aristotle, 384~322 BC)는 기원전 384년에 마케도니아 왕의 시의(侍醫)였던 니코마쿠스(Nicomachus)의 아들로 태어났다. 어려서 부모가 죽은 후에도 아리스토텔레스는 한동안 마케도니아의 궁전에서 생활했다. 죽은 동료의 아이들을 돌보아 주던 관습에 의해 아버지의 동료들이 그를 양육한 것으로 보인다. 열일곱 살이나 열여덟 살이 되었을 때 아리스토텔레스는 아테네로 가서 아카데미에 들어가 기원전 348년에 아테네를 떠날 때까지 거의 20년 동안 플라톤에게 배웠다. 플라톤이 죽은 후 아카데미의 후계자가 된 플라톤의 조카가 아카데미를 운영하는 방법에 실망해서 아테네를 떠난 것으로 알려져 있지만 아테네에 팽배하던 반마케도니아 감정을 두려워해 플라톤이 죽기 전에 아테네를 떠났다고 주장하는 학자들도 있다.[13]

아테네를 떠난 아리스토텔레스는 소아시아와 레소보 섬을 여행하며 식물과 동물을 연구하기도 했고, 결혼하여 딸을 낳기도 했다. 기원전 343년에는 마케도니아의 왕이었던 필립 2세(Philip II)의 초청을 받고 알렉산더 왕자의 가정교사 겸 마케도니아 왕립 아카데미의 책임자가 되었다. 마케도니아에 있는 동안에 아리스토텔레스는 후에 알렉산더 대왕(Alexandros the Great)이 되는 알렉산더 왕자뿐만 아니라 후에 이집트의 왕이 되는 톨레미(Ptolemy)와 마케도니아의 왕이 되는 카산드로스(Cassandros)도 가르쳤다. 아리스토텔레스는 알렉산더에게 페르시아를 정복하도록 권유했던 것으로 알려져 있다.

기원전 335년에 아리스토텔레스는 아테네로 돌아와 리케이온에 학교를 창설하고 12년 동안 이곳에서 학생들을 가르쳤다. 이 학교에서는 사방이 벽으로 막힌 방이 아니라 지붕만 있는 회랑을 거닐면서 토론했기 때문에 이들을 소요학파(peripatetic school)라고 부른다. 리케이온에 머물던 기원전 335년부터 323년 사이에 아리스토텔레스는 그의 저작의 대부분을 작성한 것으로 보인다. 그는 여러 편의 대화편을 썼는데 현재는 그 중 일부만 남아 있다. 그의 저작들은 책을 만들기 위해 쓴 것이 아니라 강의를 위해 작성한 것이었다.

리케이온에서 아리스토텔레스는 가능한 모든 분야에 대하여 연구하며 강의했을 뿐만 아니라 이들 분야의 학문적 기초를 확립하는 데 크게 공헌했다. 그는 해부학, 천문학, 발생학, 지리학, 지질학, 기상학, 물리학, 동물학을 연구했으며, 미학, 윤리학, 정치학, 경제학, 심리학, 수사학, 신학에도 관심을 가졌고, 교육학, 외국의 풍습, 문학과 시에 대해서도 공부했다. 따라서 그의 연구를 종합하면 그리스 지식을 총망라한 백과사전이 된다.

말년에는 알렉산더가 정복한 페르시아를 처리한 방법을 좋아하지 않았기 때문에 아리스토텔레스와 알렉산더의 사이가 멀어졌다. 아리스토텔레스가 알렉산더의 죽음에 관련되어 있다는 이야기도 전해지지만 그것을 증명할 증거는 남아 있지 않다. 알렉산더가 죽은 후 아테네에 반 마케도니아 감정이 높아지자 아리스토텔레스는 기원전 322년에 아테네를 떠나 외가가 있던 칼키스로 갔다. 이때 그는 아테네인들이 철학자를 두 번 죽이는 죄를 범하게 내버려 둘 수 없다고 말했다고 전해진다. 아테네인들이 죽인 첫 번째 철학자는 소크라테스였다. 아리스토텔레스는 그 해에 유보아에서 세상을 떠났다.

자연학과 형이상학

현대에는 윤리학이나 형이상학과 같이 좀 더 추상적인 문제를 다루는 분야만을 철학이라고 부르고, 과학적 방법을 이용하여 자연을 경험적으로 연구하는 자연과학을 철학에서 제외한다. 그러나 아리스토텔레스는 자연 현상을 연구하는 오늘날의 물리학이나 생물학을 포함하는 모든 지적 활동을 철학이라고 했다.

아리스토텔레스는 철학을 실용적인 철학, 시적인 철학, 그리고 이론적인 철학으로 분류했다. 윤리학과 정치학은 실용적인 철학에 포함시켰고, 시와 다른 예술 분야는 시적인 철학에 포함시켰으며, 물리학, 수학, 형이상학은 이론적인 철학으로 분류했다. 논리학을 철학의 기초 학문이라고 보아 따로 분류하면 아리스토텔레스의 철학은 (1) 논리학, (2) 이론적인 철학, (3) 실용적인 철학, (4) 시적인 철학으로 나눌 수 있다.

아리스토텔레스는 형식 논리학을 처음 시작한 사람이라고 인정받고 있다.[14] 아리스토텔레스의 논리학은 1세기 초에 여섯 권의 책으로 편찬되었다. 이 여섯 권의 책은 ①『범주론』, ②『명제에 관하여』, ③『전 분석론』, ④『후 분석론』, ⑤『변증론』, ⑥『소피스트적 논박』이다. 아리스토텔레스의 논리학이 담겨 있는 이 여섯 권의 책을 『오르가논』이라고 부른다. 오르가논에 속하지 않으면서 논리학을 다룬 아리스토텔레스의 책은 『형이상학』의 네 번째 책뿐이다.

아리스토텔레스는 사물의 실체를 서술하는 열 가지 요소를 제시하고 이를 범주화했다. '주어는 ---이다.' 에서 주어를 설명하는 ---를 열 가지로 분류한 것이다.

① 무엇일까? (실체, 본질)

② 어떻게 있을까? (성질)

③ 얼마나 있을까? (양)

④ 다른 무엇에 대하여 어떨까? (관계)

⑤ 어떤 것을 하는 것인가? (능동)

⑥ 어떤 것을 받는 것? (수동)

⑦ 어디에 있을까? (장소)

⑧ 언제 있을까? (시간)

⑨ 어떤 상황에 있는가?

⑩ 무엇을 가지고 있는가?

세상을 구성하는 복잡한 물체나 현상을 열 가지 범주에 의해 분석하면 그것에 대한 확실한 상을 떠올릴 수 있다는 것이다. 사람은 태어나면서부터 양과 질, 시간과 장소, 능동과 수동 등을 어느 정도 스스로 범주화해나가는 능력을 익히게 되지만 학습을 통해 보다 엄밀하게 분석하는 능력을 습득할 수 있다. 사람들이 하는 분석 과정을 엄밀하게 분류한 범주론은 사물을 말로 정리하는 방법이라고 할 수 있다. 아리스토텔레스에 의해 철학은 이제 세상을 말로 파악하는 능력이 되었다. 서양철학은 피타고라스와 플라톤으로부터 눈에 보이는 세상 너머에 있는 법칙에 대한 확신을 계승했으며, 아리스토텔레스로부터 세상을 언어를 이용하여 합리적으로 분석하는 방법을 계승했다.

아리스토텔레스의 스승이었던 플라톤은 물체와 분리되어 이데아의 세상에 존재하는 원형 또는 전형이 그 물체의 형이상학적 실체라고 했다. 따라서 플라톤은 물체의 형이상학적 원형인 이데아에 대한 지식에서부터 시작하여 이데아의 그림자인 현실 세상에 대한 지식으로 내려가야 한다고 생각했다. 그러나 아리스토텔레스는 물체에 대한 관측과 실험, 즉 '현실적 경험'을 통해 물체의 실체에 대한 지식을 얻으려고 했다. 아리스토텔레스도 물체의 바탕을 이루고 있는 원형이나 전형의 존재를 인정했지만 그것은 물체와 분리되어 있는 것이 아니라 물체 안에 내재되어 있다고 생각했다. 아리스토텔레스는 물체의 실체를 파악하기 위해 연역법과 귀납법을 동시에 사용한 반면 플라톤은 기본 원리로부터의 연역에만 의존했다고 할 수 있다.

아리스토텔레스는 생애의 많은 부분을 자연과학을 연구하면서 보냈다. 아리스토텔레스의 형이상학에는 수의 성질을 다룬 것도 포함되어 있지만 본격적으로 수학을 연구하지는 않았다. 따라서 그는 수학의 발전에는 거의 기여하지 못했다. 아리스토텔레스는 식물학, 동물학, 물리학, 천문학, 화학, 기상학과 같은 자연과학과 관련된 다양한 분야를 정성적으로 다루었다. 아리스토텔레스도 속력이나 온도와 같은 개념을 사용했지만 그것을 정량적으로 다루지는 않았다. 그것은 시계나 온도계와 같은 기본적인 실험 장비가 없었기 때문이기도 했다.[15]

아리스토텔레스는 엠페도클레스가 지상 물체의 구성을 설명하기 위해 제안했던 4원소 외에 하늘의 천체를 구성하는 다섯 번째 원소인 '에테르'를 제안했다.

아리스토텔레스는 또한 물체의 성질을 설명하기 위해 4 원소 외에 마른 성질(dry), 젖은 성질(wet), 찬 성질(cold), 뜨거운 성질(hot)의 네 가지 성질을 제안했다. 그는 4 원소와 네 가지 성질이 여러 가지로 조합하여 만물이 만들어진다고 보았다. 차갑고 마른 성질의 흙은 오늘날의 고체에 해당되며, 차갑고 젖은 성질을 가진 물은 오늘날의 액체를 나타낸다. 그리고 뜨겁고 젖은 성질의 공기는 오늘날의 기체에 해당되며, 뜨겁고 마른 성질을 가진 불은 플라스마나 불에 해당된다.

아리스토텔레스는 모든 원소들은 우주에서 고유한 자신의 위치를 가지고 있고, 고유한 위치에서 벗어나면 고유한 위치로 돌아가려고 한다고 했다. 흙으로 이루어진 물체의 고유한 위치는 우주의 중심인 지구의 중심이므로 지구 중심으로 다가가려고 하며, 물의 고유한 위치는 우주 중심을 둘러싸고 있는 구(球)이므로 이 구로 다가가려고 한다. 공기는 물을 둘러싸고 있는 구로 다가가려고 하고, 불은 달이 도는 구로 다가가려고 한다고 했다.

물체가 고유한 위치로 돌아가려는 자연 운동은 외부에서 힘을 가하지 않아도 일어나는 운동이다. 물속에서 흙으로 이루어진 물체는 가라앉고 공기 방울은 위로 떠오른다. 공기 중에서 비는 아래로 떨어지지만 불은 위로 올라간다. 지구를 둘러싼 구들의 바깥쪽에는 다섯 번째 원소인 에테르로 이루어진 행성이나 별들이 완전한 운동인 원운동을 하고 있다. 천체들에게는 원운동이 자연운동이기 때문이다.

아리스토텔레스는 물체의 고유한 위치에서 벗어나는 운동은 강제운동이라고 했다. 강제운동의 속도는 물체에 가해준 힘에 비례하고 저항력에 반비례한다고 했다. 따라서 힘을 가해주는 동안에는 힘에 비례하는 속도로 움직이지만 힘을 가하지 않으면 정지하게 된다. 다시 말해 물체의 강제운동 상태를 유지하기 위해서는 속도에 비례하는 힘을 계속 가해야 된다는 것이다. 힘을 운동 상태를 유지하기 위해 필요한 것으로 본 것이다. 후에 뉴턴역학은 힘을 운동 상태를 유지하는 데 필요한 것이 아니라 운동 상태를 변화시키는 데 필요한 것이라고 새롭게 정의하여 새로운 과학의 기초를 마련했다.

아리스토텔레스는 힘은 접촉을 통해서만 전달될 수 있다고 설명했다. 따라서 손을 떠난 후에도 강제 운동을 계속 하는 투사체의 운동을 설명하기 위해 공간을 가득 메우고 있는 공기의 존재를 필요로 했다. 공간은 비어있는 것이 아니라 공기로 가득 차 있어 물체가 공간을 날아갈 때는 앞에 있는 공기가 뒤로 와서 민다고 설명했다. 따라서 아무 것도 없는 진공 중에서는 포사체의 운동이 일어날 수 없다. 이것은 아리스토텔레스가 진공의 존재를 부정하는 근거가 되었다.

아리스토텔레스는 그 시대의 다른 철학자들보다 광학에 대한 정확한 이론을 가지고 있었다. 아리스토텔레스가 쓴 책에는 바늘구멍 사진기에 대한 설명이 포함되어 있다. 아리스토텔레스는 어둠상자와 빛이 들어오는 작은 구멍으로 이루어진 바늘구멍 사진기를 이용하여 태양을 관찰하고 구멍의 모양에 관계없이 태양이 항상 둥근 모양으로 나타난다고 설명해 놓았다. 또한 구멍과 상이 만들어지는 벽 사이의 거리를 증가시키면 상이 크게 확대 된다는 것도 알아냈다.

아리스토텔레스는 환한 태양 빛이 여러 가지 색깔로 분산되는 것은 순수한 빛인 환한 빛이 어둠이라는 성질을 흡수하기 때문이라고 설명했다. 아리스토텔레스의 이런 설명은 후에 두 개의 프리즘을 이용한 뉴턴의 확증실험을 통해 사실이 아니라는 것이 밝혀졌다.

아리스토텔레스는 바다와 바다 인접 지역의 생태계를 조사하여 동물의 역사, 동물의 발생, 동물의 이동, 동물의 구조와 같은 책들을 남겼는데 이 책들에는 그가 직접 관찰한 내용들과 설명이 여러 가지 신화들과 함께 실려 있다. 그가 직접 관찰한 것과 어부들로부터 전해 들은 이야기 중에는 메기, 전기뱀장어. 아귀, 문어, 오징어, 앵무조개에 관한 자세한 내용이 포함되어 있다. 생식기관으로 사용되는 두족류의 팔에 대한 그의 설명은 19세기에 자세한 내용이 밝혀질 때까지 널리 받아들여지지 않았다. 아리스토텔레스는 해양 포유류를 물고기와 구별했으며, 상어와 가오리가 모두 연골어류에 속한다는 것을 알아내기도 했다.

동물의 발생에는 부화되고 있는 알을 단계적으로 조사한 내용이 실려 있다. 아리스토텔레스는 이런 관찰을 통해 병아리의 각 기관이 형성되는 과정을 설명했다. 그는 또한 되새김질을 하는 동물이 가지고 있는 네 개의 방으로 이루어진 위를 자세히 설명하고, 난태생인 상어의 배아가 발생하는 과정을 조사하기도 했다.

아리스토텔레스는 500여 종의 새와 포유류, 그리고 물고기를 분류했다. 그는 척추동물과 무척추동물을 유혈동물과 무혈동물로 분류했다. 유혈동물은 다시 태생(포유류)과 난생(새와 물고기)으로 구분했으며, 무혈동물(무척추동물)은 곤충, 갑각류, 연체동물로 분류했다.

아리스토텔레스는 지적인 의도 즉, 목적인이 모든 자연 과정을 이끌어 간다고 믿었다. 아리스토텔레스는 이러한 목적론적인 시각을 바탕으로 그가 관찰한 것들을 설명하려고 했다. 예를 들면 엄니와 뿔을 모두 가지고 있는 동물을 발견할 수 없는 것은 자연이 생존에 필요한 만큼만 갖도록 했기 때문이라 설명했다. 되새김질을 하는 동물이 튼튼한 이빨을 가지고 있지 않은 것도 균형을 유지하려는 자연의 의도 때문이라고 했다.

아리스토텔레스는 광물에서 시작하여 식물, 동물, 그리고 인간에 이르기까지를 단계적으로 배열했다. 그는 동물들을 태어날 때의 상태를 통해 알 수 있는 잠재태(potentiality)의 현실화 정도에 따라 11단계로 나누었다. 가장 높은 단계에 있는 동물은 따뜻하고 젖어 있는 살아있는 상태로 태어나는 동물이고, 가장 낮은 단계의 동물은 차갑고, 마른 상태의 두꺼운 알의 형태로 태어나는 동물이라고 했다.

아리스토텔레스는 생명체들은 종류에 따라 다른 형태의 혼을 가지고 있다고 믿었다. 식물혼만을 가지고 있는 식물은 성장과 재생산을 할 수 있다. 동물은 식물혼 외에 동물혼도 가지고 있어 성장과 재생산은 물론 감각할 수 있으며 운동할 수 있다. 인간은 식물혼과 동물혼 외에 이성혼을 가지고 있어 동물들이 가지고 있는 특징 외에 생각할 수 있는 능력을 가진다는 것이다. 아리스토텔레스는 이전 철학자들과는 달리 영혼이 뇌가 아니라 심장에 들어 있다고 믿었다. 감각과 사고 작용을 분리해서 생각한 것도 이전 철학자들과 다른 생각이었다.

아리스토텔레스는 『형이상학』의 앞부분에서 철학이 최고의 학문이며, 관조의 지식이며, 제1의 원인을 연구하는 왕자의 학문이라고 설명했다. 그는 또한 형이상학을 비물질적인 존재에 대한 지식, 또는 가장 높은 수준으로 추상화된 존재에 대한 지식이라고 정의했다.

아리스토텔레스는 사물을 안다는 것은 질료인, 형상인, 효과인, 목적인의 네 가지 원인을 아는 것이라고 설명했다. 형상이라는 말은 눈에 보이는 형태를 뜻하는 그리스어 에이도스(eidos)에서 유래했는데 종자라는 의미도 가지고 있었다. 어원적으로 이데아와 동일하며 플라톤도 이데아와 함께 에이도스도 종종 사용했다. 그러나 아리스토텔레스는 질료와 대립되는 개념으로 사용했다.

형상은 오늘날 우리가 말하는 형태와는 다르지만 넓은 의미의 형태를 부여하는 것이다. 소재나 재료라고 할 수 있는 질료는 그 자체로서는 아무 것도 아니지만 형상과 결합하여 무엇이든 될 수 있는 가능성을 가지고 있다. 동상을 예로 들어보면 사람의 모습은 형상이고 청동은 질료이다. 그러나 청동도 형태를 가지고 있으므로 일종의 형상이라고 할 수 있다. 그러므로 질료를 순수하게 생각해 가다보면 아무 것도 아닌 것, 아낙시만더가 제시했던 무한한 것에 이르게 된다. 이 질료를 제1질료라고 한다.

효과인은 변화가 일어나도록 하는 원인이다. 따라서 효과인에는 질료에 변화나 운동이 일어나게 하는 모든 원인이 포함된다. 목적인은 물체가 존재하거나 어떤 일이 일어나는 목적이 무엇인지를 설명하는 것이다. 목적인을 현대적인 의미에서 본다면 어떤 물체가 존재하도록 하거나 사건이 일어나도록 하는 의지, 필요, 욕구, 윤리, 신앙을 포함한다.

아리스토텔레스의 『형이상학』 8권에는 잠재태와 현실태에 대한 설명이 포함되어 있다. 아리스토텔레스는 질료는 형상과 결합하여 어떤 것이 될 수 있는 가능성을 가지고 있는데 이것을 잠재태라고 했다. 질료가 가지고 있는 잠재태는 형상과 결합하여 현실성을 획득하게 되는데 이렇게 현실성을 획득한 상태가 현실태이다. 대리석으로 만든 조각상을 예로 들면 대리석은 조각상의 소재로 조각상의 잠재태를 가지고 있다. 대리석이 가지고 있는 가능성 즉, 잠재태가 조각가 마음에 있던 형상과 결합하면 인체의 모습을 한 조각상이 되는데 이 조각상이 현실태이다. 형상은 질료가 실현해야 할 목적이고, 그 목적이 달성된 상태가 현실태이다. 아리스토텔레스의 이런 생각은 플라톤이 이데아의 세계와 현실 세계를 엄격히 구별하여 형상은 이데아의 세계에만 존재하는 것이라는 설명에서 벗어나 현실 세계를 통일적으로 설명하려고 시도한 것이라고 할 수 있다.

아리스토텔레스는 잠재태에서 현실태로 변화하기 위해서는 양적인 변화, 공간적인 변화, 그리고 질적인 변화를 거쳐야 한다고 설명했다. 물질이 가지고 있는 잠재태는 외부적인 방해를 받지 않는다면 이런 변화의 과정을 거쳐 현실태가 된다. 예를 들면 잠재태를 가지고 있는 씨앗은 외부의 방해가 없으면 발아하여 현실태인 새로운 개체가 된다.

플라톤은 모든 물체는 보편성을 가지고 있다고 했다. 예를 들어 우리가 사과를 볼 때 우리는 특정한 사과를 보고 있지만 우리는 그 사과에서 사과가 가지고 있는 보편성을 보고 있다는 것이다. 다시 말해 사과에는 특정한 사과가 가지고 있는 개별성과 모든 사과가 가지고 있는 보편성을 동시에 가지고 있다. 플라톤에 의하면 보편성은 특수한 사과에 속하는 성질이 아니다. 따라서 구체적인 물체가 존재하지 않아도 보편성은 존재할 수 있다고 했다.

아리스토텔레스는 플라톤의 이러한 생각에 동의하지 않았다. 아리스토텔레스는 구체적인 물체와 분리된 보편성은 존재할 수 없다고 주장했다. 보편성은 현재 존재하거나 미래에 존재할 것이 예상되는 물체를 통해서 나타나야 하며 그것이 가능하지 않은 보편성은 존재할 수 없다는 것이다. 아리스토텔레스는 모든 보편적 형식이 존재하는 형상의 세계가 물체와 분리되어 독립적으로 존재한다는 플라톤의 주장에 대해서도 반대했다. 그는 물체가 가지고 있는 보편성은 물체 자체에 포함되어 있어 사과의 보편적인 성질은 개개의 사과에 포함되어 있는 것이지 형상의 세계에 따로 존재하는 것이 아니라고 했다.

아리스토텔레스는 윤리를 옳은 것이 무엇인지를 논하는 이론적인 것이 아니라 올바르게 행하는 방법을 이야기하는 실용적인 것으로 보았다. 아리스토텔레스는 윤리의 문제를 다룬 여러 권의 책을 남겼다. 그는 덕을 자신의 역할을 충실히 하는 것으로 보았다. 눈의 기능은 보는 것이므로 좋은 눈이 되기 위해서는 잘 볼 수 있어야 하는 것과 마찬가지로 사람도 각자의 기능을 충실히 행하는 것이 덕이라는 것이다. 그리고 이러한 기능은 이성과 조화를 이루는 영혼의 활동이어야 한다고 했다. 영혼의 이러한 최선의 활동이 사람들이 하는 모든 행동의 목적인 행복한 상태에 이르게 한다고 했다.

아리스토텔레스는 개인이 살아가는 방법을 다룬 윤리에 관한 책 외에 『정치』라는 제목의 도시에 관한 책을 남겼다. 아리스토텔레스는 도시를 자연적인 공동체라고 생각했다. 그는 개인의 가치보다 가족의 가치가 우선하고 가족의 가치보다 도시의 가치가 우선한다고 생각했다. 전체가 부분보다 우선한다는 것이 그의 생각이었다. 그는 사람은 정치적 동물이라는 유명한 말도 남겼다. 아리스토텔레스는 정치적 조직인 도시는 생명체와 같다고 생각했다. 따라서 사람들을 도시를 구성하고 있는 다른 사람들이 없으면 존재할 수 없는 도시의 일부분이라고 했다.

아리스토텔레스도 거대한 제국의 가능성을 알고 있었지만 그에게 자연적인 정치적 공동체는 도시였다. 도시는 정의를 실현하고 경제적 안정성을 확보하기 위해서 필요할 뿐만 아니라 개인들이 훌륭하고 아름다운 삶을 살 수 있도록 보장하기 위해서도 필요하다고 했다. 아리스토텔레스의 이러한 생각은 근대의 계약 이론과 다르다. 계약 이론에 의하면 사람들은 자연 상태에서의 죽음의 공포와 불편함으로부터 벗어나기 위해 계약에 의해 국가를 만든다.

아리스토텔레스는 서사시, 비극, 희극, 찬가, 음악이 매체나 목적, 방법에 있어서 다르지만 기본적으로 모두 모방이라고 보았다. 예를 들면 음악은 악기를 이용하여 리듬이나 화음을 모방하고, 춤은 리듬만을 모방하며, 시는 언어를 이용하여 모방한다. 모방의 형식이나 대상은 목적에 따라 달라진다. 예를 들면 희극은 보통 사람들보다 못한 사람들을 극적으로 모방한다. 아리스토텔레스는 인간에게 있어 모방은 자연스러운 것이며, 모방 능력은 인간이 다른 동물과 구별되는 요소 중 하나라고 생각했다.[16]

문학이론의 고전으로 여겨지는 아리스토텔레스의 『시학』은 비극론과 희극론을 다룬 두 부분으로 구성되어 있었던 것으로 알려져 있지만 비극론을 다룬 부분만 전해지고 있다. 아리스토텔레스는 비극은 구성, 주인공, 문체, 사상, 시각적 효과, 작곡의 여섯 가지 요소로 이루진다고 했다. 주인공은 이야기를 전개해 가는 도구일 뿐이어서 비극에서 가장 중요한 요소는 주인공이 아니라 구성이라고 했다. 그는 또한 비극은 관중의 마음에 두려움과 연민의 감정을 유발시켜 감정을 정화시키는 효과가 있다고 설명했다. 『시학』의 마지막 장에서는 비극을 문학의 최고 형식으로 보는 자신의 입장을 바탕으로 서사시와 비극을 비교하여 설명해 놓았다.

아리스토텔레스는 수수께끼, 민간전승, 격언을 체계적으로 수집하여 정리해놓기도 했다. 아리스토텔레스와 그의 제자들은 델피 신탁의 수수께끼에 관심을 가졌고, 이솝 우화를 공부하기도 했다.

"개인의 쾌락이 인생의 유일한 목적이다. 그러나 육체적 쾌락이 아니라 정신적인 쾌락을 추구해야 한다. 따라서 무엇을 먹느냐보다 누구와 먹느냐가 더 중요하다. 완전한 쾌락에 도달하기 위해서는 필요하지 않은 욕망을 억제해야 한다."
- 에피쿠로스(Epikuros)

"불이 세상을 이루고 있는 물질에 힘을 불어넣는 로고스이다. 인간의 이성에도 로고스가 들어있어서 인간은 절제된 금욕적인 생활을 하면서 자신을 지켜야 한다. 이성에 충실한 생활이 자연에 순응하는 생활이다. 참된 행복은 쾌락에 의해서가 아니라 이성적으로 금욕적인 생활을 할 때 얻어진다."
- 제논(Zeno of Citium)

"감각경험을 통해서는 확실한 판단이 가능하지 않으므로 판단을 보류해야 한다. 판단을 보류하는 것이 마음의 평온을 얻는 데 도움이 된다. 이성을 통해 진리에 도달할 수 있다고 한 플라톤의 독단론은 옳지 않다. 그러나 확실한 것처럼 보이는 개연성이 있는 지식이 행동의 지침이 될 수는 있다."
- 피론(Pyrrho)

"세상 만물의 근원인 일자(hen)의 유출에 의해 세상이 만들어졌다. 일자에서 지성(nous)이 유출되고, 그 다음 영혼(psyche)이 유출되며, 마지막에 물질의 세계가 유출된다. 인간은 일자로 돌아가기 위해 육체와 결합되어 있는 이성과 영혼을 보존해야 한다."
- 플로티누스(Plotinos)

3장.

고대에서 중세로
넘어가는 길목

펠로폰네소스 전쟁 431 BC

피론 360~270 BC
회의학파

제논 335~263 BC
스토아학파

에피쿠로스 341~270 BC
에피쿠로스학파

루크레티우스 96~55 BC
에피쿠로스학파

로마 제국 탄생 27 BC

세네카 4~65
스토아학파

에픽테토스 55~135
스토아학파

섹투스 200~250
회의학파

플로티누스 204~260
신플라톤학파

헬레니즘 시대

　　유럽의 역사는 고대 그리스에서 헬레니즘 시대를 거쳐 로마로 이어졌다. 헬레니즘이라는 말은 원래 그리스 문화, 그리스 정신을 가리키는 말이지만 알렉산더의 정복 사업 이후 이집트를 중심으로 한 지중해 연안지역에서 그리스 문화와 동방 문화가 서로 영향을 주어 형성된 새로운 문화 전통을 의미하기도 한다.

　　헬레니즘 시대를 언제부터라고 보느냐에 대해서는 여러 가지 견해가 있지만 알렉산더가 페르시아를 멸망시킨 기원전 330년을 시작점으로 보는 것이 일반적이다. 헬레니즘 시대의 끝에 대해서도 여러 가지 다른 주장들이 있다. 로마의 제정기 기간이라든가 이슬람교가 창시될 때까지를 헬레니즘 시대로 보기도 하지만 일반적으로는 로마가 이집트를 정복한 기원전 30년까지 헬레니즘 시대로 본다.[17]

알렉산더는 기원전 330년에 페르시아 제국을 멸망시킨 뒤 동방으로 진군하여 인더스 강 유역까지 진출하였다가 바빌론으로 돌아와 기원전 325년에 갑자기 병사했다. 알렉산더가 죽은 후 알렉산더가 정복한 지역을 세 명의 장군들이 나누어 다스렸다. 그 결과 마케도니아에는 카산드로스(훗날의 안티고노스) 왕조, 시리아에는 셀레우코스 왕조, 이집트에는 프톨레마이오스 왕조가 등장하게 되었다. 그리스 본토는 아이톨리아 동맹과 아카이아 동맹이라는 두 개의 도시동맹을 만들어 독립을 유지하였다. 이들은 후에 모두 로마에 병합되었다. 알렉산더가 정복한 후 각지에 설치한 새로운 폴리스가 중심이 되어 그리스문화가 동방에 전해졌다. 헬레니즘 세계에서는 그리스어가 공통어(코이네)로 사용되었다.

헬레니즘 시대에는 폴리스의 지배력이 쇠퇴하고 개인을 중시하는 철학이 출현했다. 제논이 시작한 스토아학파, 에피쿠로스를 시조로 하는 에피쿠로스학파, 피론을 필두로 하는 회의학파 등이 헬레니즘 시대에 나타나 로마 시대에 많은 추종자들을 거느렸던 철학들이다.

헬레니즘 시대 문화의 중심지는 알렉산드리아, 아테네, 페르가몬 등이었다. 헬레니즘 시대에는 알렉산드리아를 중심으로 자연학이 크게 발전했으므로 이 시기의 자연학을 알렉산드리아 과학이라고 부르기도 한다. 알렉산드리아 과학은 기원전 300년경부터 2세기까지의 과학을 말한다. 유클리드, 아르키메데스, 에라토스테네스, 프톨레마이오스, 갈레누스와 같은 사람들이 알렉산드리아를 대표하는 학자들이다.

로마의 성립과
발전

　　　　　도시국가에서 출발하여 전 유럽을 지배하는 거대한 제국을 형성했던 로마의 역사는 왕정기(753~509 BC), 공화정기(509~27 BC), 제정기(27 BC~476)로 구분할 수 있다. 로마가 이탈리아 반도를 통일하고 지중해 연안을 정복하여 거대한 로마 제국의 기초를 닦은 것은 공화정기였다. 국력이 약했던 공화정 초기에는 주변의 여러 도시국가들과 라틴 연맹을 결성하여 외적의 침략에 공동으로 대처하였으나 연맹에 참여한 일부 도시가 반란을 일으키자 연맹을 해체하고 모든 도시 국가와 개별적인 동맹관계를 유지했다.[18]

　　　기원전 264년에 카르타고가 시칠리아에 영향력을 행사하려고 하자 로마가 개입하여 세 차례에 걸친 카르타고 전쟁이 발발했다(264~146 BC). 로마는 이 전쟁에서 승리하여 서부 지중해의 제해권을 확보했다. 로마는 또한 네 차례에 걸친 마케도니아 전쟁(215~148 BC)에서 승리하여 기원전 146년에 마케도니아를 속주로 편입하고 그리스로 진출했다. 기원전 133년에는 페르가뭄 왕국을 속주로 편입하여 소아시아 반도로 진출했으며, 기원전 63년과 30년에는 각각 시리아와 이집트를 속주로 편입시켜 지중해 지역을 통일했다. 로마는 공화정 말기와 제정 초기에 걸쳐 유럽의 내륙으로 진출하여 로마제국의 경계를 라인 강과 다뉴브 강까지 확장했다.

　　　로마의 역사에서 기독교의 박해와 기독교의 공인, 그리고 기독교를 국교로 받아들인 사건은 매우 중요한 역사적 의미를 가진다. 예수를 따르는 기독교를 처음 박해한 것은 유대교였다. 자신들이 죽인 예수를 메시아라고 주장하는 기독교를 용납할 수 없었던 유대교가 기독교를 박해하던 시기에 로마는 유대교의 기독교 박해를 유대교 내의 종교적 갈등으로 보고, 유대교와 기독교에 로마법을 똑같이 적용했다. 따라서 초기에는 기독교가 유대교의 박해로부터 로마법의 보호를 받을 수 있었다.

그러나 기독교도의 수가 늘어나 세력이 커지자 황제숭배를 거부하는 기독교인들이 로마에 위험요소가 될 것이라고 여기고 로마가 기독교를 박해하기 시작했다. 로마의 기독교 박해는 네로 황제가 다스리던 64년부터 디오클레티아누스가 황제로 있던 311년까지 약 250년 동안 계속되었고, 이 기간 동안에 10번에 걸친 대박해가 있었다.

마지막으로 기독교를 박해했던 디오클레티아누스는 293년에 4두 정치체제를 실시했다. 4두 정치체제는 로마 제국을 동서로 양분하여 두 명의 정제(아우구스투스)가 맡아 통치하고 각각의 정제는 부제(케사르)를 한 명씩 두어 방위를 분담하는 통치방식이다. 4두 정치체제는 외적의 침략으로부터 방위를 분담하는 것이 목적이었기 때문에 로마 전체의 정치적인 문제에 대해서는 디오클레티아누스가 결정했다.

305년 디오클레티아누스가 은퇴한 후 후임 정제와 부제들이 임명되어 제2기 4두 정치제제가 실시되었지만 정제와 부제들 사이에 내전이 발발해 4두 정치체제는 그리 오래 가지 못했다. 서방 부제의 아들이었던 콘스탄티누스는 아버지가 죽은 후 서방 정제의 아들이었던 막센티우스를 제거하고 서방 정제가 되었다.

313년 서방 정제였던 콘스탄티누스는 동방의 정제 리키니우스와 밀라노에서 만나 기독교를 공인한 밀라노 칙령을 발표했다. 따라서 밀라노 칙령을 콘스탄티누스-리키니우스 밀라노 칙령이라고도 부른다. 그러나 두 사람의 동맹관계도 오래가지 못했다. 324년 콘스탄티누스와 리키니우스는 로마의 패권을 놓고 결전을 벌였고, 여기서 승리한 콘스탄티누스는 로마 제국의 유일한 최고 통치자가 되었다.

동서 로마 제국을 모두 통치한 마지막 황제였던 테오도시우스는 380년 모든 시민들이 기독교를 받아들이도록 한 데살로니카 칙령을 발표하여 기독교를 국교로 선포했다. 이때부터 성부, 성자, 성령의 삼위일체를 믿는 사람들만 보편적 기독교인(가톨릭)으로 인정되었다. 테오도시우스는 죽기 전인 393년에 로마제국을 동서로 나누어 두 아들에게 물려주었다. 이로서 로마 제국은 서로마 제국과 동로마 제국으로 영원히 분리되었다. 서로마 제국은 476년 게르만 용병대장 오토 아케르에 의해 멸망하였고, 동로마 제국은 1453년 오스만 제국의 침입으로 콘스탄티노플이 함락될 때까지 1,000년 이상 명맥을 유지했다.

학자들에 따라 언제까지를 로마 제국으로 보느냐에 대한 견해가 크게 다르다. 마지막으로 기독교를 박해했던 디오클레티아누스까지를 로마제국으로 보는 학자가 있는가 하면 서로마 제국이 멸망한 476년까지를 로마제국으로 보는 학자들도 있으며, 동로마 제국이 멸망한 1453년까지를 로마제국으로 보는 학자들도 있다. 기독교를 국교로 받아들인 후의 로마는 이전의 로마와는 성격이 다른 기독교 제국이었다. 더구나 비잔티움을 중심으로 이어져 온 동로마 제국은 로마 제국이라는 명칭만 사용했을 뿐 로마제국과는 전혀 다른 국가체제를 가지고 있었다. 따라서 동로마를 로마제국으로 보는 학자는 그리 많지 않다. 종교적인 면에서 보면 기독교를 공인한 후에는 서로마 제국도 이전의 로마와는 전혀 다른 성격을 가진 제국이었다. 그러나 로마를 수도로 하고 있었다는 면에서 서로마의 멸망까지를 로마제국으로 보는 학자들이 많다.

에피쿠로스학파

정신적 쾌락을
추구하다

　　에피쿠로스학파는 헬레니즘 시대의 철학자 에피쿠
로스(Epikuros, c.341~c.270 BC)의 가르침을 따르는 사람들을 말한다. 에피
쿠로스는 아테네에 정원학교라고 불렸던 학교를 세우고 제자들을 가
르쳤다. 에피쿠로스가 세운 학교를 정원학교라고 부른 것은 이 학교
가 에피쿠로스의 집 정원에 있었기 때문이다. 이 학교는 작은 학교였
지만 에피쿠로스가 살아있는 동안 계속 유지되었다. 우정을 행복의
중요한 요소로 보았던 에피쿠로스는 이 학교를 정치를 멀리하는 절
제된 생활을 하는 사람들의 공동체로 만들었다. 여자들과 노예들도
받아들인 이 학교에는 채식주의자들이 많았지만 육식을 금하지는 않
았다.

　　에피쿠로스학파에 관한 자세한 내용은 에피쿠로스학파에 속했

던 철학자들이 남긴 문헌과[19] 에피쿠로스학파를 비난했던 학자들의 설명을 통해 알 수 있다. 현재까지 남아 있는 에피쿠로스학파와 관련된 문헌 중에서 가장 흥미로운 것은 79년에 있었던 베수비우스 화산의 분출로 땅에 묻혔다가 탄화된 채로 발견된 파피루스 두루마리 문서이다. 과학적인 방법을 동원하여 펼쳐서 해독해낸 이 문서들에는 에피쿠로스 자신과 헬레니즘 시대 말기의 에피쿠로스학자였던 필로데무스(Philodemus)의 저작들이 포함되어 있다. 이 문서들은 에피쿠로스학파가 당시 많은 추종자들을 가지고 있었다는 것을 잘 나타내고 있다. 1,800개가 넘는 탄화된 파피루스 두루마리 문서의 해독은 아직도 진행 중이다.

에피쿠로스는 아리스티푸스(Aristippus)의 영향을 받은 것으로 알려져 있다. 개인적인 생활에 대해 거의 알려진 것이 없는 아리스티푸스는 최고의 선인 쾌락은 검소한 생활과 세상에 대한 지식, 억제된 욕망을 통해서만 얻을 수 있다고 가르쳤다. 이런 생활을 통해 도달할 수 있는 안정된 상태(ataraxia)와 공포와 고통으로부터 해방된 자유로운 상태(aponia)의 결합이 가장 높은 형태의 행복을 줄 수 있다고 했다. 행복한 상태, 즉 쾌락을 추구하는 것을 유일한 목표로 삼았던 에피쿠로스학파는 쾌락주의라고도 불리지만 죽음과 신으로부터의 공포와 고통에서 해방된 상태를 최고의 쾌락이라고 보았던 에피쿠로스학파는 쾌락주의라는 말에서 연상할 수 있는 것과는 다른 것이었다.

에피쿠로스주의자들은 신이 인간의 삶에 개입하지 않는다고 주장했다. 그들은 신, 물질, 영혼이 모두 원자로 이루어져 있다고 생각했으며, 신은 영혼을 가지고 있는데 신이 가지고 있는 영혼은 육체와 영원히 분리될 수 없다고 주장했다. 사람도 영혼을 가지고 있지만 육체와 영혼의 결합력이 약해 영혼을 영원히 붙들어둘 수 없다고 했다. 에피쿠로스주의자들은 원자들의 무작위한 운동에 의해 다양한 생각이 만들어진다고 주장했다.

전능하며 선의를 가지고 있는 신의 존재에 대해 의문을 제기한 에피쿠로스의 수수께끼는 널리 알려져 있다. 에피쿠로스는 신은 악을 제거하기를 원하지만 그렇게 할 능력이 없거나, 제거할 능력은 있지만 제거하기를 원하지 않거나, 제거하기를 원하지도 않고 제거할 능력도 없거나, 제거하기를 원하기도 하고 그럴 능력도 있는 존재 중의 하나여야 한다고 전제했다. 만약 악을 제가하기를 원하지만 그럴 능력이 없다면 전능한 존재가 아니고, 제거할 능력이 있지만 제거하지 않으면 선한 존재가 아니며, 제거하기를 원하지도 않고 제거할 능력도 없다면 전능하지도 않고 선하지도 않다는 것이다. 따라서 전능하고 선한 신은 악을 제거하기를 원하고, 그럴 능력도 있어야 한다. 그렇다면 악은 어디에서 오는 것일까? 그런 신이 존재하는데도 왜 악은 사라지지 않는 것일까?

전능하고 선한 신과 악의 공존을 설명해야 하는 이러한 논법은 고대 그리스의 회의론자들이 주로 사용하던 논법으로 에피쿠로스학파를 무신론자로 보았던 학자들에 의해 에피쿠로스의 주장으로 잘못 인용된 것으로 보인다. 에피쿠로스는 악이 존재하는 것은 신이 악의를 가지고 있었기 때문이 아니라 신들이 완전한 쾌락의 상태에 있기 때문이라고 설명했다. 악으로 인해 괴롭힘을 당하는 것은 인간이지 신이 아니다. 에피쿠로스에 의하면 신은 영원불멸한 존재이고 가장 행복한 존재지만 원자로 이루어진 물질적 존재로 세상들 사이에 있는 빈 공간에 살고 있다. 에피쿠로스는 이처럼 신의 존재를 인정했지만 신에 대한 원자론적 설명과 신이 인간사에 간섭하지 않는다는 주장으로 인해 초월적인 신을 부정하고 합리적으로 신을 이해하려고 했던 이신론자(deism, 理神論者)로 취급되었다.

개인의 쾌락을 인생의 유일한 최고의 목적으로 보았던 에피쿠로스학파는 사람들은 살아가는 동안에 가능한 많은 쾌락을 누릴 수 있도록 노력해야 한다고 주장했다. 그러나 그렇게 하기 위해서는 지나치게 쾌락을 추구하는 데서 오는 고통에서 벗어나야 한다고 했다. 에피쿠로스학파가 중요하게 생각했던 것은 육체적인 쾌락이 아니라 정신적인 쾌락이었다. 따라서 에피쿠로스주의자들에게는 무엇을 먹느냐보다 누구와 먹느냐가 더 중요했다.

에피쿠로스주의자들은 완전한 쾌락에 도달하기 위해서는 꼭 필요하지 않은 인위적인 욕망을 억제해야 한다고 했다. 그들은 학습이나 문화적 체험은 좀처럼 만족시킬 수 없는 욕망을 가지게 하여 마음의 평온을 깨트린다고 주장했다. 따라서 그들은 종교적이고 미신적인 두려움에서 벗어나기 위해서만 지식이 필요하다고 보았다. 그들은 죽음에 대한 두려움과 신에 대한 두려움이 쾌락의 상태에 도달하기 위해 벗어나야 할 가장 중요한 두 가지 두려움이라고 보았다. 결혼과 결혼에 수반되는 일들도 마음의 평정을 위협한다고 보았다. 에피쿠로스는 독신으로 살았지만 제자들에게 독신을 강요하지는 않았다.

에피쿠로스학파에서는 발견되거나 처벌 받게 되었을 때 받을 수치심으로 인한 고통에서 벗어나기 위해 법을 어기지 말아야 한다고 가르쳤다. 발각되지 않는다고 해도 발각될지도 모른다는 두려움으로 인해 고통 속에 살아야 한다는 것이다. 이것은 법을 어기지 않는 것이 신의 뜻이라는 주장과 크게 다른 것이었다. 에피쿠로스주의자들에게는 덕이 그 자체로서는 아무런 의미를 가지지 못하고 개인이 쾌락을 누리는 데 도움이 될 때만 의미를 가졌다. 덕을 행하는 것은 그것이 신의 명령이거나 인간이 지닌 본성이기 때문이 아니라 그렇게 하는 것이 개인이 행복해지는 데 도움이 되기 때문이라는 것이다.

에피쿠로스는 정의란 "다른 사람을 해하거나 다른 사람으로부터 해함을 당하지 않는다"는 약속이라고 정의했다. 법에 의해 유지되는 사회에 살아가야 하는 것은 법이 다른 사람으로부터 해함을 당하지 않도록 보호해 주어 개인이 자유롭게 쾌락을 추구할 수 있기 때문이라는 것이다. 따라서 개인의 행복에 도움을 주지 못하는 법은 정의롭지 못하다고 했다. 에피쿠로스는 자신만의 독특한 상호관계의 도덕(황금률)을 제안했다. 그가 제안한 황금률은 모든 사람은 자신과 다른 사람에게 최소의 손상을 가해야 하고 최대의 행복을 주어야 한다는 것이었다. 현명하고 정의롭게 살지 않으면 행복하게 살아갈 수 없고, 행복하게 살지 않으면서 현명하고 정의롭게 살 수 없다는 것이 그의 생각이었다.

에피쿠로스학파에서는 인간의 영혼도 원자로 만들어졌기 때문에 영원히 살 수는 없지만 가장 완벽하게 만들어졌다고 설명했다. 그들은 또한 육체가 파괴되면 영혼은 사라진다고 했다. 따라서 육체가 사라진 후에는 아무 것도 남지 않기 때문에 죽음을 두려워할 필요가 없다고 가르쳤다. 에피쿠로스는 "가장 지독한 악마인 죽음은 우리와는 아무 관계가 없다. 우리가 존재하는 동안에는 죽음이 존재하지 않고, 죽음이 존재하는 동안에는 우리가 존재하지 않기 때문이다." 라고 했다.

사람은 육체와 영혼으로 이루어져 있다고 보았던 에피쿠로스학파는 쾌락에도 육체의 쾌락과 영혼의 쾌락의 두 가지 종류가 있다고 했다. 그는 육체의 고통을 두려워할 필요가 없다고 가르쳤다. 견디기 어려운 강렬한 육체의 고통은 오래 지속되지 않고, 오래 지속되는 고통은 견딜만하기 때문이라는 것이다. 과거 즐거웠던 기억을 통해서 육체적인 고통을 줄일 수 있으며 극단적인 경우에는 자살을 통해 고통에서 벗어날 수 있다고 했다. 에피쿠로스는 영혼의 쾌락이 육체의 쾌락보다 훨씬 중요하다고 믿었다. 육체의 쾌락은 현재에 영향을 주지만 영혼의 쾌락은 오랫동안 지속된다는 것이다. 에피쿠로스는 영혼의 쾌락은 육체의 고통에 의해 줄어들거나 사라질 수 있다고 주장했다.

많은 부분에서 데모크리토스의 원자론을 받아들였던 에피쿠로스는 원자가 외부에서 가해지는 힘과는 관계없이 자의적인 운동을 할 수 있다고 주장했다. 데모크리토스가 원자를 구별하는 기준으로 위치, 수량, 모양을 든 데 대해 에피쿠로스는 여기에 무게를 추가했다. 그러나 원자는 더 쪼갤 수 없으며 따라서 내부 구조를 가지고 있지 않다는 데모크리토스의 생각은 그대로 받아들였다.

에피쿠로스학파는 인식된 것이 참인지를 판단하는 데 선취관념, 감각, 감정의 세 가지 기준을 사용했다. 선취관념은 모든 사람들이 선험적으로 받아들이는 일반적인 관념을 말한다. 예를 들면 모든 사람들이 선험적으로 어떤 것이 사람인지를 알고 있는 것이 선취관념이다. 감각은 감각기관을 통해 받아들인 지식이다. 에피쿠로스학파는 감각은 외부 세계에 대한 인상을 만들어내고, 이를 통해 외부 세계의 존재를 알 수 있도록 하기 때문에 진리의 첫 번째 기준이라고 보았다.

감각 경험은 주관적이거나 거짓일 수 없다. 그러나 선입견으로 인해 우리 마음이 감각된 인상에 어떤 것을 더하거나 빼기 때문에 잘 못된 설명을 하게 된다. 그들은 우리 감각만이 세상을 이해하기 위해 사용해야 할 정확한 근거라고 믿었다. 감정은 윤리와 관련이 있는 것 으로 어떤 것이 쾌락을 주고 어떤 것이 고통을 가져올 것인지를 알게 해준다고 했다. 감정은 에피쿠로스학파 윤리의 기반을 이루는 것이 었기 때문에 중요했다. 후세 철학자들 중에는 감각 경험을 강조한 에 피쿠로스를 경험론을 시작한 사람이라고 평가하기도 한다.

에피쿠로스학파에 속하는 로마 시대의 철학자 중에는 루크레티 우스(Lucretius Carus, c.96~55 BC)가 가장 유명하다. 『사물의 본성에 대하 여』에서[20] 루크레티우스는 종교를 미신과 미망의 원천이라고 주장하 고, 물질과 힘은 생겨나거나 없어지지 않고 항상 존재하며, 원자는 공 허한 공간에서 운동한다고 주장했다. 여섯 권으로 이루어진 『사물의 본성에 대하여』는 에피쿠로스학파의 가르침을 체계적으로 설명한 책 이라는 평가를 받고 있다.

로마의 정치가이며 철학자였던 키케로(Mercus Tullius Cicero)는 에피 쿠로스주의자들을 덕을 중요하게 생각하지 않고 의무를 행하지 않는 무책임한 쾌락주의자들이라고 비판했다. 그는 또한 에피쿠로스주의 자들이 사회적 의무를 이행하지 않는다고 비난하기도 했다.

새롭게 부상하던 신플라톤주의의 비판을 받았고, 후에는 기독 교로부터 공격을 받은 에피쿠로스학파는 점차 세력이 약화되어 3세 기경이 되면 거의 그 자취를 찾아보기 어렵게 되었다. 17세기에 프랑 스의 프란체스코 수도원 수사로 철학자 겸 과학자였던 피에르 가상 디(Pierre Gassendi)는 에피쿠로스주의에 관한 두 권의 책을 저술했다. 원 자론을 받아들였기 때문에 근대 원자론의 창시자로 여겨지기도 하며, 지중해 수로도를 작성하는 과학적 업적을 남기기도 했던 가상디는 에피쿠로스철학을 기독교 교리에 접목시키려고 시도했다. 가상디의 영향을 받아 영국의 자연철학자이며 작가였던 월터 찰톤(Walter Charleton)은 에피쿠로스주의에 관한 여러 권의 책을 저술했다. 19세기 이후 과학에서는 원자론을 받아들인 반면 유물론자들은 에피쿠로스의 쾌락적 윤리를 받아들였다.

스토아학파

이성과 부동심을
중요시하다

스토아학파는 키티움의 제논(Zeno of Citium, c.335~c.263 BC)이 창시했다. 상인이었던 제논은 어느 날 배가 침몰하면서 많은 재산을 한꺼번에 잃고 낙심하여 아테네 거리를 떠돌다가 한 책방에 들러 철학책 한 권을 발견하고, 그 책을 읽은 것이 계기가 되어 철학에 전념하게 되었다고 전해진다.

스토아라는 말은 제논과 그의 제자들이 학문을 논하던 얼룩덜룩하게 색이 칠해진 복도를 뜻하는 그리스어 'Stoa poikile'이라는 말에서 유래했다. 아테네 사람들은 수줍음이 많아 겸손하면서도 엄격하게 절제된 생활을 했던 제논을 존경해 그가 살아 있는 동안에 그의 동상과 묘비를 세워주었다고 한다.

스토아학파는 세상의 근본을 물질로 보는 유물론적 세계관을 가지고 있었다. 그들은 인간의 육체나 영혼, 그리고 신까지도 물질이라고 생각했다. 그들은 불이 세상을 이루고 있는 물질에 힘을 불어넣어주는 로고스라고 했다. 따라서 불은 신이며, 신으로서 불은 정신이기 때문에, 우주(Cosmos)는 이성적인 것이 되어 서로 질서와 조화를 이룬다고 주장했다. 천체가 규칙적으로 운행하고 별들이 위치를 지켜 우주 전체가 조화를 이루는 것은 어떤 법칙(원리)이 그 가운데 작동하기 때문이라는 것이다.[21]

그들은 또한 우주와 마찬가지로 인간의 이성에도 로고스가 들어 있다고 주장했다. 로고스가 우주를 지배하는 법칙이라면, 이성은 인간을 지배하는 법칙이라는 것이다. 따라서 우주가 로고스에 따라 질서를 이루는 것처럼, 인간은 이성에 따라 절도 있는 행동을 해야 한다고 했다. 그러므로 이성에 충실한 생활이 자연에 순응하는 생활이라고 가르쳤다.

스토아학파를 일반적으로 금욕주의자들이라고 하는 것은 이들이 참된 행복은 쾌락에 의해서가 아니라 각자의 의무를 잘 이행하고, 이성적으로 행동하며, 욕정을 단념할 때 얻어질 수 있다고 주장했기 때문이다. 아리스토텔레스가 주장했던 것과 같이 인간의 본성은 이성이기 때문에 이성에 따라 사는 것이 덕이며, 그것을 통해 인간은 행복해질 수 있다는 것이다. 스토아학파는 쾌락이 행복을 가져다준다고 주장한 에피쿠로스학파를 신랄하게 비판했다. 그들은 만일 인간이 고통을 멀리하고 쾌락만을 추구한다면 어린이는 평생 걸음걸이를 배우지 못할 것이라고 했다. 어린이들이 많은 시행착오 과정에서 고통을 겪으면서도 걸음걸이를 배우는 것은 쾌락을 최고의 가치로 본 쾌락주의자들로서는 설명하기 어려운 일이었다. 스토아철학자들은 이런 어린이의 행동은 인간의 행동을 지배하는 것이 단지 쾌락의 추구가 아니라는 것을 나타낸다고 보았다. 다시 말해 인간이 어떤 행동을 하는 것은 쾌락 때문이 아니라 자연과 세계를 지배하는 객관적인 법칙이 살아가는 방법을 알려주기 때문이라는 것이다.

스토아학파에서는 건강이나 재산, 생명, 명예, 권력과 같은 것들이 그 자체로 선하거나 악한 것이 아니라고 가르쳤다. 따라서 돈이 많다는 이유로 그 사람이 선하다거나 악하다고 할 수 없다고 했다. 마찬가지로 건강한 것이 바람직스러운 것이기는 하지만 그 자체가 선하거나 악한 것은 아니다. 이러한 것들은 선악이 구별되지 않는 중립적인 것에 불과하다고 보았다. 현명한 사람은 중립적인 것들에 마음을 빼앗기지 않고, 어떤 것을 선택해야 하는지를 아는 지혜를 가지고 있는 사람이라고 했다. 그러나 나약한 인간들은 가난과 질병과 같은 것에 마음을 쓰고 두려워한다. 따라서 이러한 것들을 초월하기 위해서 꾸준히 수양해야 한다고 했다. 수양을 통해서만 선악에 중립적인 것들에 흔들리지 않는 '부동심'을 얻을 수 있기 때문이다. 부동심을 얻었을 때 우리에게는 진정한 자유가 찾아온다. 스토아학파에서는 부동심을 가지고 있는 현자야말로 진실로 행복하고, 자유롭고, 부유하다고 했다. 이 부동심은 소극적인 것이어서는 안 되며, 어려움을 극복할 수 있을 만큼 강인한 것이어야 한다고 했다.

스토아 철학자들은 이러한 부동심을 얻기 위해 목숨까지도 가볍게 생각하여 심지어 숨을 멈추거나 스스로 자살을 택한 사람도 많았다. 중립적인 것의 지배를 받으면서 구차하게 사는 것보다 용감하게 목숨을 끊는 편이 낫다고 생각했던 것이다. 스토아학파를 창시했던 제논과 그의 제자로 제논이 죽은 기원전 263년부터 기원전 232년까지 스토아학파를 이끌었던 클레안테스(Kleanthes)도 자살했다. 강인한 의지를 가졌던 클레안테스는 스스로 굶어 죽었다.

스토아학파는 모든 인간이 똑같이 이성을 가지고 있다는 보편성에 입각해서 개인과 개인 사이에 있을 수 있는 위계나 민족적 편견을 타파하고 인류의 공통적인 정신을 고양하려고 했다. 스토아학파의 이런 생각은 정치적으로는 세계를 지배하려는 로마 제국의 정책과 잘 부합했다. 그 뿐만 아니라 선민사상에 따라 배타적이었던 유대교를 세계적인 종교인 기독교로 발전시키는 데 주요한 역할을 했다. 스토아철학과 기독교는 엄격한 금욕주의적 윤리, 민족과 사회적 지위를 넘어 모든 인간들이 서로 사랑해야 한다고 주장한 점 등에서 비슷한 면을 가지고 있었다.

후기의 스토아학자로는 네로 황제의 스승이었던 세네카(Lucius Annaeus Seneka, BC c.4~65)와 노예 출신의 에픽테토스(Epictetos, c.55~c.135), 그리고 황제였던 마르쿠스 아우렐리우스(Marcus Aurelius Antoninus, 121~180)가[22] 있다. 세네카는 스토아 철학의 대가였던 섹스투스(Quinti Sextius Patris)의 제자가 되었다. 세네카는 클라우디우스 황제에 의해 코르시카로 유배되었다가 49년 로마로 돌아와 후에 황제가 되는 네로의 스승이 되었다. 54년에 네로가 황제가 된 후에는 네로의 통치를 도왔다. 네로는 첫 5년 동안 세네카의 도움을 받아 선정을 베풀었으나 어머니를 살해한 후부터 폭정을 하기 시작했다. 그 후 3년 동안 세네카는 폭군을 선도해야 한다는 이상과 폭군에게 복종할 수밖에 없는 현실 사이에서 많은 갈등을 한 것으로 보인다. 그러다 65년 발각된 반역 음모에 세네카의 조카가 연루되어 세네카와 그의 가족 모두가 죽임을 당했다.

세네카가 스토아학파의 영향을 받은 것은 확실하지만 그의 정치 사상은 로마의 현실 정치와 결합된 독특한 것이었다. 세네카가 저술한 군주 교본이라고 할 수 있는 『자비에 대하여』는 네로 황제에게 충고하는 내용을 담은 것으로, 선정을 베푸는 좋은 군주와 폭력을 일삼는 참주의 대비를 통해 황제와 백성의 관계가 어떠해야 하는지를 서술하고 있다. 그러나 세네카는 이 책을 통해 로마 제정의 정당성을 확보하려는 목적도 가지고 있었다. 세네카는 스토아 철학에서 말하는 완벽한 이성을 로마 제국의 통치 원칙으로 제시하고자 했다. 군주는 보편적인 도덕 원칙에 의해서만 구속되는데, 로마제국의 세계 지배의 정당성은 군주의 이런 도덕성을 통해 확보될 수 있다고 했다. 세네카는 공화정 시대의 자유가 제정 아래에서도 가능하다고 주장했다.[23]

세네카와는 달리 부의 축적이나 성공에는 초연했던 에픽테토스는 가르치는 일에만 전념했다. 노예 출신이었던 에픽테토스는 물질적 풍요함만을 추구하는 사람들의 무능을 비판하고, 그들이 인간으로서의 위엄과 자존심, 마음의 평정을 가지도록 가르치려고 했다. 에픽테토스는 자주 자유와 노예를 논의의 주제로 삼았다. 그가 말하는 자유는 모든 인간이 누릴 수 있는 정신적 자유를 의미했고, 노예는 스스로 만들어 짊어지게 된 정신적 부자유를 의미했다. 자유와 노예는 사회적 지위와는 무관한 정신적 상태를 뜻했다. 이는 지혜로운 자만이 자유롭다는 스토아철학의 생각을 반영한 것이었다.

후기 스토아 철학자 중 한 사람으로 꼽히는 마르쿠스 아우렐리우스 황제는 에픽테토스를 실제로 만난 적이 없었지만 에픽테토스가 쓴 『담화록』의 영향을 받아 그를 존경했다. 에픽테토스의 영향은 황제가 쓴 『명상록』에 잘 나타나 있다. 마르쿠스 아우렐리우스는

『명상록』에서 『담화록』을 여러 번 언급했으며, 에픽테토스를 옹호하는 책을 쓰기도 했다. 로마의 오현제 중 마지막 황제였던 아우렐리우스는 사치와 안락을 멀리 하고 전쟁터에서도 평범한 군복을 입었으며 병사와 함께 생활하면서 스토아철학의 가르침을 실천하려고 노력했다.[24]

　스토아철학은 로마제국에서 많은 추종자를 가지고 있었다. 그러나 529년에 동로마제국의 유스티아누스 1세가 기독교 신앙에 방해가 된다는 이유로 모든 이교적인 철학을 가르치는 학교를 폐쇄하도록 한 후 사라졌다. 플랑드르의 인도주의자였던 저스터스 립시우스(Justus Lipsius)가 16세기에 제안한 신스토아철학 운동은 금욕주의적인 스토아철학과 기독교 윤리를 결합한 것이었다.

회의학파

모든 판단을
보류하라

　　회의론에는 다양한 종류의 회의론이 있다. 철학적 회의론은 일반적 회의론이나 신학적 회의론과 구별되어야 한다. 일반적 회의론자들은 근거가 확실하지 않은 사실을 믿으려 하지 않는 사람들이다. 그들은 먼저 증거를 확인한 후에야 사실로 인정하지만 절대적인 진리나 지식의 가능성을 문제 삼지는 않는다. 신학적 회의론자들은 신에 관한 지식에 대해서 의심을 품는 사람들이다. 신학적 회의론자에는 무신론자도 포함되지만 신학적 회의론자들이 모두 무신론자들은 아니다. 신의 존재를 인정하지만 사람이 신에 대해서 아는 데 한계가 있다고 주장하는 불가지론자들도 신학적 회의론자로 분류될 수 있다.

　　철학적 회의론자들은 절대적인 진리나 지식이 존재할 수 있느냐하는 것을 문제 삼는다. 철학적 회의론의 기원은 소피스트였던 고르기아스나 프로타고라스에게까지 거슬러 올라간다. 고르기아스는 세상에 아무 것도 존재하지 않거나, 만일 무엇인가가 존재한다고 해도 그것을 알 수 없으며, 혹은 만약 무언가의 존재를 알 수 있다고 해도, 그것과 교감하는 것은 불가능하다고 주장했다.

가장 널리 알려진 소피스트 중 한 사람이었던 프로타고라스는 "인간은 만물의 척도이다." 라는 유명한 말을 남겼다. 이 말은 세상에는 절대적인 기준과 가치가 없으며, 개인마다 다른 기준을 가지고 있다는 것을 의미한다. 이러한 생각은 세상에 절대적인 도덕적 가치는 존재하지 않는다는 도덕 상대주의로 발전할 수 있다.

그러나 일반적으로 철학적 회의주의는 피론(Pyrrho, c.360~c.270 BC)이 시작했다고 받아들여지고 있다. 피론은 화가로 출발했지만 데모크리토스의 제자였던 아낙사르코스(Anaxarchos)에게 배운 후 스승을 따라 알렉산더 대왕의 인도원정에 참가했다가 인도에서 요가 수행자들을 만나 확실하게 알 수 있는 것은 아무 것도 없으며, 감각경험은 사실과 다를 수 있다는 것을 배우고 삶의 방법을 바꾸게 되었다.[25]

아테네로 돌아온 피론은 지식이란 사물과 주관 사이의 관계에 지나지 않아서 그것이 사물의 실제 모습과 일치한다고 단정할 수 없기 때문에 누구나 인정하는 보편타당한 진리란 있을 수 없다고 주장하는 회의학파를 창설했다. 피론 다음으로 널리 알려진 철학적 회의론자로는 플라톤이 세운 아카데미아를 이끌던 아르케시라우스(Arcesilaus)와 카르네아데스(Carneades)가 있다. 이들은 감각 경험이 사람마다 다르므로 지각된 경험에 근거하는 어떤 지식도 절대적인 확실성을 갖지 못한다는 지각적 회의주의자들이었다. 인간의 감각 경험이 완전하지 못하다는 생각은 이성을 통해서만 진리에 도달할 수 있다고 믿었던 플라톤이나 원자론을 주장했던 데모크리토스에게서도 발견할 수 있다. 그러나 그들을 회의론자라고 하지는 않는다.

피론주의자들은 스토아학파나 에피쿠로스학파와 같이 자신들의 주장이 절대적으로 옳다고 주장하는 독단론적 철학을 비판하는 데 많은 시간을 할애했다. 그들은 감각 경험을 통해 확실한 판단이 가능하지 않으므로 판단을 보류하라고 가르쳤다. 판단을 보류하는 것이 마음의 평온(아타락시아)을 얻는 데 도움이 된다는 것이다. 그리고 이들은 이성을 통해 절대적 진리에 도달할 수 있다고 한 플라톤의 형이상학적 독단론을 부정했다. 그러나 확실한 것처럼 보이거나 확실할 개연성이 있는 지식이 개인의 신념이나 행동의 지침이 될 수 있다는 것은 인정했다. 이런 생각을 개연론(probabilism)이라고 하는데 카르네아데스는 개연론을 시작한 사람으로 인정받고 있다. 이러한 사고 방식은 17세기에 시작된 근대과학의 진보를 가능하게 했다. 독단론자들이었던 데카르트를 필두로 하는 대륙의 합리주의자들은 완전한 논리를 추구하는 수학의 발전에 기여했고, 개연론자들이었던 영국의 경험론자들은 개연성 있는 진리를 추구하는 근대 경험 과학을 발전시키는 토대를 마련했다.

카르네아데스는 인식의 문제에서와 마찬가지로 윤리에서도 회의적인 태도를 보였다. 그는 이 세상에 객관적 정의란 없다고 주장했다. 만일 정의가 살아 있다면 로마 제국은 점령지를 돌려주고 원래 자신의 영토로 돌아가야 하지만 그런 일이 일어날 가능성은 전혀 없다는 것이다. 이처럼 현실에서는 정의라고 생각했던 것과 반대되는 일이 항상 일어나고 있다고 보았다. 그것은 객관적이고 절대적인 정의가 존재하지 않기 때문이라는 것이다.

기원전 1세기에 피론주의를 재건했던 아이네시데모스(Ainesidemos)는 확실한 인식은 감각 기관을 통한 지각에서는 물론 이성을 이용한 추론에서도 가능하지 않다고 주장했다. 그리스의 크노소스 출신으로 알렉산드리아에서 제자들을 가르쳤던 아이네시데모스는 모든 판단은 물론 자기 자신이 무지하다는 판단조차도 하지 말아야 한다고 주장했다. 그러한 판단 역시 틀릴 수 있기 때문이다. 그는 우리가 절대적인 진리를 알 수 없는 이유를 열 가지(회의 십조)로 요약했다. 아이네시데모스가 제시한 회의 십조는 다음과 같다.

(1) 모든 생명체가 서로 다르다.

(2) 모든 인간도 서로 다르다.

(3) 눈, 코, 입, 귀와 같은 감각기관이 서로 다른 구조를 가지고 있다.

(4) 기분과 같은 주관적 상태도 사람마다 다르다.

(5) 인식되는 대상의 위치, 거리, 공간적인 주변 상태도 모두 다르다.

(6) 여러 가지 다른 종류의 인식의 대상이 혼합되어 있다.

(7) 어떤 대상이 가지고 있는 양과 체질에 따라 서로 다른 인식 결과가 나타날 수 있다.

(8) 모든 현상과 그것을 지각하는 사람의 의식 사이에는 상대성이 있다.

(9) 어떤 현상이 나타나는 빈도에 따라 인식의 차이가 생긴다.

(10) 교육, 습관, 풍속, 종교와 같은 개인적 성향에 따라 인식이 달라진다.

철학적 회의론을 이론적으로 정립한 사람은 2세기 후반에서 3세기 초까지 아테네와 알렉산드리아에서 활동했던 의사 섹투스 엠피리쿠스(Sextus Empiricus, c.200~250)였다. 엠피리쿠스는 『피론주의 개요』[26], 『여러 과학자에 대한 반론』, 『독단론자에 대한 반론』 등의 저서를 통해 철학적 회의론을 이론적으로 정립했다. 그는 감각을 통한 인식의 상대성을 주장하고, 신과 영혼의 존재를 증명하는 것은 불가능하다고 주장했다. 그는 또한 삼단논법에 의해 결론을 끌어내는 것은 순환논증에 빠질 우려가 있다고 비판하였다. 그러나 경험을 통해 상대적 지식을 얻을 가능성을 부정하지는 않았다.

신플라톤학파

일자를 중심으로 정신적 쾌락을
추구하다

플라톤 이후 거의 6세기 동안 아리스토텔레스를 비롯한 많은 학자들이 플라톤의 철학을 해석해왔다. 이 동안에 이루어진 플라톤 철학에 대한 해석들은 전통적인 해석에서 크게 벗어나지 않았다. 그러나 3세기경에 활동했던 플로티노스(Plotinos, 204~260)가[27] 시도한 플라톤 철학에 대한 해석은 이전의 해석들과는 여러 면에서 많이 달랐다. 따라서 플로티노스 이후의 플라톤 철학을 신플라톤주의라고 부른다.

이집트 태생의 플로티노스에 의해 시작된 신플라톤학파는 최후의 고대 그리스 철학이라고 할 수 있다. 북아프리카의 리코폴리스에서 태어나 로마 제국의 영향력 있는 사상가로 활동했던 플로티노스는 로마의 페르시아 원정에 참여했고, 후에 황제의 신임을 받아 플라톤 왕국의 건설을 제안하기도 했다. 부드러우면서 겸손한 인품 때문에 그를 찾는 사람들이 많았고, 그를 후원해 주는 사람도 많았다고 한다.

플로티노스는 감각으로 지각되는 물리적 세계는 유한하지만 이성으로 파악되는 이데아의 세계는 영원불변하다고 보았던 플라톤의 이원론적 우주관을 더욱 세분화했다. 플로티노스는 이데아의 세계가 만물의 궁극적 근원인 '일자(一者, hen)'와 지성인 '누스(nous)', 그리고 영혼인 '프시케(psyche)'로 구성되었다고 설명했다. 그는 세상 만물은 하나의 근원에서 나왔기 때문에 다시 하나의 근원으로 돌아갈 수 있다고 보았다.

플로티노스에 따르면 세상 만물의 궁극적 근원은 일자뿐이며, 일자의 유출(eranatio)에 의해 세상 만물이 만들어졌다. 일자에서 지성인 누스가 유출되고, 그 다음에는 영혼인 프시케가 유출되며, 마지막으로 물질의 세계인 현상계가 유출된다는 것이다. 인간은 만물의 근원인 일자로 돌아가기 위해 육체와 결합되어 있는 이성과 영혼을 보존해야 한다고 했다. 이처럼 신플라톤주의는 일자와 유출이라는 개념으로 세계의 통일성과 다양성을 설명하려고 시도했다. 신플라톤학파는 정신과 영혼을 중시하는 매우 엄격한 금욕주의적 생활을 강조했으며, 영혼이 육체의 제약으로부터 벗어나는 것이 죽음이라고 보았기 때문에 죽음을 두려워하지 않았다.

신플라톤주의의 또 다른 특징은 플라톤의 이데아를 소아시아와 이집트 등에서 전래된 영지주의를 비롯한 신비주의와 접목시키려고 했다는 것이다. 2세기 로마제국에서 성행했던 영지주의는 신의 세계에 대한 지식(영지)을 통해 신의 세계에 도달할 수 있다고 가르쳤다.

과학자의 철학노트

육체나 영혼을 근원적으로 다른 존재로 보는 이원론에 기초를 두고 있는 영지주의는 신의 피조물인 영혼이 악마의 창조물인 육체에 갇혀 있다고 보았다. 이런 생각은 영혼만이 진실된 것이라고 주장했던 플라톤주의에 기초를 두고 있다고 할 수 있다.

플로티노스 이후의 신플라톤주의는 시대적으로 세 시기로 구분할 수 있다. 첫 번째 시기는 플로티노스의 제자였던 포르피리우스(Porphyrius)가 신플라톤학파를 이끌던 시기이고, 두 번째 시기는 이암블리코스(Iamblicho)가 시리아에서 제자들을 가르쳤던 시기이며, 세 번째 시기는 프로클로스(Proclos)를 비롯한 많은 학자들이 아테네와 알렉산드리아에서 활동하여 신플라톤주의가 가장 성행했던 5세기와 6세기이다. 이 시기의 신플라톤주의에는 다양한 종류의 영적 활동이나 마술이 포함되어 이전의 신플라톤주의와 다른 양상을 나타냈다.

아테네에서 공부한 후 로마로 가서 플로티노스를 만나 신플라톤 철학을 배운 포르피리우스는 시칠리아에서 많은 철학 관련 서적을 저술하고, 만년에 로마로 돌아와 이암블리코스를 비롯한 많은 제자들을 가르쳤다. 기독교에 대해 반감을 가지고 있던 그는 『그리스도교도들을 통박함』이라는 책을 쓰기도 해 기독교에 가장 위협적인 인물로 취급되었다. 감각적인 세계에 잡혀 있는 영혼을 지성의 세계로 향하게 하는 것에 목적을 두었던 포르피리우스는 플로티노스가 명확하게 하지 못했던 점들을 더 명확하게 설명하고 발전시켰다. 포르피리우스는 플로티노스의 전기를 썼으며, 플로티노스의 저서를 정리해 출간하기도 했다.

시리아에서 태어난 이암블리코스는 로마에 가서 포르피리우스에게 신플라톤 철학을 배운 후 시리아로 돌아와 시리아학파를 창립했다. 이암블리코스는 신플라톤주의를 기초로 하여 다양한 종교적 의식과 신화를 포용할 수 있는 다신교적 신학을 만들려고 시도하였다. 이로써 신플라톤주의는 신비적이고 주술적인 색채가 짙어지게 되었다. 그가 쓴 그리스 철학에 대한 여러 권의 저서들은 후에 르네상스 운동에 큰 영향을 주었다.

후기 신플라톤주의의 대표적 철학자의 한 사람으로 콘스탄티노플에서 태어난 프로클로스는 마지막까지 그리스 철학의 전통을 옹호하려고 하였기 때문에 전통계승자라는 칭호를 얻었다. 프로클로스는 이론적으로 뿐만 아니라 실천인 면에서도 일자와의 신비적 합일을 추구하였다. 프로클로스는 『신학원론』, 『플라톤 신학』과 같은 저서와 플라톤의 『티마이오스』, 『국가』, 『파르메니데스』의 주석을 남겼으며, 유클리드 기하학과 프톨레마이오스의 천문학에 대해서도 연구했다.

마지막 고대 그리스 철학이었던 신플라톤주의는 기독교에 대한 비판을 주도했지만 만물이 궁극적 근원인 일자에 기초한다는 이론은 유일신 사상을 기초로 하는 기독교에도 큰 영향을 끼쳐 그리스 철학과 기독교 신학을 연결시키는 매개 역할을 했다. 초기 기독교 교리를 체계화하는 데 중요한 역할을 했던 교부들 중에는 신플라톤주의의 영향을 받은 사람들이 많았다.

신플라톤주의는 동로마제국의 유스티니아누스 1세가 529년에 비기독교 철학을 가르치는 것을 금지하면서 쇠퇴하였지만 르네상스 이후 이탈리아와 영국 등을 중심으로 부흥하였다. 15세기 이탈리아 피렌체에서는 메디치가의 지원으로 피치노(Marsilio Ficino) 등이 플라톤 아카데미를 세워 플라톤과 신플라톤주의 철학을 계승하였다. 영국에서는 커드워스(Ralph Cudworth) 등이 중심이 된 케임브리지 플라톤학파를 중심으로 신플라톤주의 철학이 다시 성행하였다.

"오직 하나님만이 영원하시며 성자인 예수는 다른 피조물과 마찬가지로 창조된 존재다. 그는 피조물인 인간과 하나님의 중계 역할을 하고, 세상을 구원하도록 하나님에게 선택받았다. 하나님의 선택을 받은 아들인 예수는 하나님과 같지 않다."
- 아리우스(Arius)

"하나님(성부), 예수(성자), 성신(성령)은 본질적으로 동일하지만 서로 다른 위격을 가지고 있는 존재이다. 죄없는 인간인 예수가 십자가에서 고통을 받음으로 인간의 죄가 사해지고 하나님과의 관계가 회복되었다."
- 아타나시우스(Athanasius)

"구원은 인간의 선한 행위나 깨달음으로 얻어지는 것이 아니라 하나님의 은총으로 주어지는 것이다. 서로 다른 원리가 지배하고 있는 신의 나라와 지상 나라 사이의 전쟁으로 종말에 이르게 되는데 종말에는 최후의 심판이 있다. 인류의 역사는 타락한 인류를 위한 구원의 역사이다."
- 아우구스티누스 (Augustinus)

"신앙이나 철학, 그리고 신학은 엄밀하게 구별되는 것이지만, 모두 신으로부터 오는 것이어서 서로 조화를 이룰 수 있다. 이성은 신앙의 전단계로 신앙에 봉사하는 것이다. 신학은 정의를 바탕으로 신의 세계를 증명하여 이 세상과 신과의 관계를 설명하는 것이다."
- 토마스 아퀴나스(Thomas Aquinas)

"귀납과 연역 과정을 통해 얻어진 결과를 시험하는 탐구단계를 더해야 한다. 이러한 시험 절차는 실험과학의 첫 번째 특권이다. 적극적인 실험에 의해 과학지식이 증대될 수 있다. 현상에 대한 지식을 증대시키는 데 기여할 수 있는 실험은 과학의 두 번째 특권이다."
- 로저 베이컨(Roger Bacon)

"신의 존재나 종교적 교의는 신앙에 속하고, 감각적이고 직감적인 인식이 진리이다. 어떤 설명을 할 때 불필요한 것을 가정해서는 안 된다. 가정은 가능한 적어야 하며 피할 수 있다면 하지 않아야 한다."
- 오컴(William of Occam)

4장.

신학의 시대

아리우스 250~336
아타나시우스 293~373
아우구스티누스 354~430
로마의 몰락 393

로저 베이컨 1214~1294
토마스 아퀴나스 1225~1274
윌리엄 오컴 1300~1349

서로마 멸망 476

십자군 전쟁 발발 1095

흑사병 창궐 1348

교부들의 신학 논쟁

중세는 신학의 시대이다. 신학은 철학과 다른 것으로 생각하는 사람들이 있지만 신학도 세상의 근원과 인간이 누구인가에 대해 설명하려고 한다는 점에서 철학의 한 분야라고 할 수 있다. 기독교를 세계적인 종교로 발전시킨 바울은 그리스 문화와 철학을 잘 이해하고 있던 사람이었다. 그는 유대인들의 민족 종교에 고대 그리스의 합리주의를 접목시켜 기독교를 모든 인류를 위한 세계 종교로 발전시켰다. 따라서 바울은 신학자인 동시에 기독교에 그리스 철학을 도입한 철학자라고 할 수 있다.

그러나 예수가 살아있는 동안 예수와 직접 생활을 함께 했던 사도들이 교회를 이끌던 초기 기독교에서는 철학을 사람의 지혜로 여겨 중요하게 생각하지 않았고, 하나님의 계시만이 참된 진리라고 믿었다. 그러나 차츰 신의 계시를 통해서만 진리를 파악하는 데 그치지 않고 이성적으로 설명할 수 있어야 한다는 생각이 늘어나 그리스 철학을 연구하는 사람들이 생겨났다. 그들은 스토아철학과 플라톤의 이데아 사상을 적절하게 수용하여 기독교 교리에 접목시켰다.

팔레스타인 지방에서 시작된 기독교는 불과 30년 정도의 짧은 기간 동안에 로마의 전 영역에 추종자를 거느린 거대한 종교 집단으로 성장했다. 그러자 로마에서는 황제 숭배를 거부하고 자신들의 생활방식을 고집하는 기독교가 로마제국의 위협이 될 것이라고 판단해 기독교를 박해하기 시작했다. 64년 네로 황제의 박해를 시작으로 313년에 콘스탄티누스 1세가 기독교를 공인할 때까지 약 250년 동안 기독교는 로마로부터 심한 탄압을 받았다. 기독교는 이런 박해에 효과적으로 대처하기 위해 가정교회 형태의 초기 교회로부터 체계를 갖춘 교회로 발전했다. 기독교가 로마의 박해를 받던 시기에 교회를 이끌던 사람들을 속사도 또는 속사도 교부(Apostolic Father)들이라고 한다. 이들은 기독교가 세계 종교로 성장할 수 있는 신학적 기반을 마련하는 데 중요한 역할을 했다.

313년에 콘스탄티누스 1세가 기독교를 공인하고 380년에 테오도시우스 1세가 기독교를 로마의 국교로 선포하자 기독교는 세계에서 가장 큰 세력을 지닌 종교로 성장하기 시작했다. 그러나 그러기 위해서는 기독교가 신학적 기반을 튼튼하게 다져야 했다. 기독교가 공인된 직후인 325년에 니케아에서 열린 교회회의에서부터 680년에 개최된 교회회의에서 단의론의 문제를 매듭지을 때까지 약 350년 동안은 기독교의 교리가 정립된 시기였다. 기독교 교리를 확립하는 데 크게 활약한 사람들을 교부(Father of the Church)들이라고 한다.

속사도 시대에 활약했던 속사도 교부들과 기독교가 공인된 후 기독교 교리를 확립하는 데 앞장섰던 교부들은 그들이 사용한 언어에 따라 그리스 교부와 라틴 교부로 구분하기도 한다. 3세기에 활동했던 알렉산드리아의 클레멘스와 오리게네스와 같은 속사도 교부들과 4세기에 활동한 그레고리우스, 바실리우스, 그레고리우스 같은 교부들이 그리스 교부들이다. 라틴 교부로는 "불합리하기 때문에 나는 믿는다." 라는 유명한 말을 남긴 테르툴리아누스와 같은 속사도 교부와 암브로시우스나 아우구스티누스(Aurelius Augustinus, 354~430)와 같은 교부들이 있다.

　　가독교가 공인된 후에 350년 동안 전개된 신학 논쟁에서 가장 중요한 주제는 기독론과 구원론이었다. 기독론이란 예수가 누구인가에 대한 교리이고, 구원론은 어떻게 해야 구원에 이를 수 있는가를 다루는 것이었다. 기독교에 관심이 있는 사람들은 가톨릭교회와 대부분의 개신교가 삼위일체의 교리를 받아들인다는 것을 알고 있을 것이다. 기독론에 대한 논쟁은 바로 삼위일체의 교리가 확립되는 과정에서 있었던 논쟁이다. 오랫동안 계속된 기독교론 논쟁에는 많은 신학자와 성직자들이 참여했지만 아리우스(Arius, c.250~336)와 아타나시우스(Athanasius, c.293~373), 네스토리우스(Nestorius)와 같은 사람들이 크게 활약했다.

　　인간이 자유 의지를 가지고 있느냐하는 문제와 결부되어 있는 구원론에 대한 논쟁 역시 기독교가 성립되던 시기에 있었던 중요한 교리 논쟁이었다. 원죄에 물들어 있는 인간은 선행을 할 능력을 상실했기 때문에 구원은 오로지 신의 은혜에 의해서만 가능하다고 주장한 아우구스티누스의 은총론과 인간이 자유 의지를 가지고 스스로의 선택에 의해 선행을 해야 구원에 이를 수 있다고 주장했던 펠라기우스(Pelagius)의 선행 구원론이 가장 첨예하게 대립했다.

스콜라 철학

교부들의 활동에 의해 교리를 확립한 기독교는 엄청난 세력을 가진 큰 종교로 발전했다. 특히 476년에 서로마 제국이 멸망한 후에는 서로마가 다스리던 넓은 영역에 수많은 왕들이 부침을 거듭했으므로 서유럽 전체에 영향을 미치는 것은 교회뿐이었다. 다시 말해 교회가 서유럽의 실질적 통치하는 세력이 된 것이다. 거대해진 기독교는 세속 정치 권력자들인 왕들과 때로는 협력하기도 하고 때로는 투쟁을 하면서 중세 유럽을 통치했다.

한 때는 왕들 중에 가장 강력한 왕을 로마제국을 계승한다는 의미로 신성로마제국의 황제로 임명하여 교회는 황제 임명권까지 가지고 있었다. 그러나 강력한 힘을 가진 왕은 교황 선출에 개입하기도 하고, 자국 내 성직자들의 임명권을 요구하기도 했다. 그러나 1096년부터 1270년까지 약 170년이나 계속된 십자군 전쟁을 거치면서 교회의 권위가 약해지고 왕들의 권력이 커지면서 유럽이 재편되기 시작했다.

이 시기는 기독교의 영향력을 피해 아랍에 가 있던 고대 그리스 문물이 다시 유럽에 전해진 시기였다. 십자군 전쟁 이전에도 스페인 지방에 진출해 있던 아랍 국가들로부터 고대 그리스의 서적이 유럽에 전해졌지만 십자군 전쟁으로 아랍세계와 교류가 빈번해지면서 고대 그리스 문물이 본격적으로 서유럽에 전해지기 시작했다. 오랫동안 잊고 있던 고대 그리스 문명을 받아들여 유럽에 정착시키는 데는 교회 내에서 활동하던 학자들이 가장 큰 역할을 했다. 그들은 그리스 철학을 기독교 교리와 접목시켰으며, 고대 과학 기술을 유럽에 소개했다. 이런 역할을 한 사람들이 스콜라 철학자들이다.

스콜라 철학이란 말은 중세 수도원 학교 선생이나 학생을 지칭하는 라틴어 '스콜라티쿠스(Scholasticus)'에서 유래된 말이다. 스콜라 철학자들 대부분이 수도원 학교에서 학문을 배우고 제자들을 가르치던 사람들이었기 때문에 이런 이름으로 불리게 된 것이다. 스콜라 철학은 유럽 문화 전반에 큰 영향을 끼쳤다. 스콜라 철학자들이 라틴어를 공용어로 사용함으로써 학문이 지역과 민족의 한계를 넘어 활발하게 교류될 수 있었던 것도 새로운 문물을 받아들이는 데 큰 도움이 되었다.

스콜라 철학은 시기에 따라 초기 스콜라 철학, 전성기 스콜라 철학, 후기 스콜라 철학으로 나누기도 한다. 카롤링거 르네상스(Carolingian Renaissance)가 전성기를 보내던 8세기부터 아리스토텔레스 사상이 기독교 철학에 큰 영향을 미치기 전인 12세기까지가 초기 스콜라 철학 시대이다. 8세기말 프랑크 왕국을 통치하던 카롤링거 왕조의 샤를마뉴 대제(Charles the Great)가 800년 교황으로부터 신성로마제국의 황제 제관을 받은 후 유럽의 중심이 지중해 연안에서 서부 유럽으로 이동했다. 프랑크 왕국을 중심으로 문화가 융성하던 시기를 카롤링거 르네상스라고 한다. 신학과 밀접한 관계를 가지고 있던 초기 스콜라 철학자들은 교부철학을 뛰어넘는 새로운 기독교 철학인 스콜라 철학의 기반을 마련했다.

초기 스콜라 철학자들 사이의 가장 큰 논쟁은 실재론과 유명론에 대한 논쟁이었다. 사람들이 모여 인간이라는 종을 형성하는 경우 인간 전체에 보편성이 존재한다고 보는 것이 실재론이고, 보편성이라는 것은 명목에 지나지 않는다고 보는 것이 유명론이다. 다시 말해 개인에 앞서 인간이라는 종이 먼저 존재한다고 보는 것이 실재론이고, 인간은 개인의 집합에 붙인 이름에 불과하다고 생각하는 것이 유명론이다. 초기 스콜라 철학자들은 고대 그리스 철학을 근거로 하여 유명론과 실재론, 그리고 그 중간적 입장을 취해 열띤 논쟁을 벌였다.

초기 스콜라 철학 시대에 활동했던 대표적인 스콜라 철학자에는 에리우게나(Johannes Scotus Eriugena), 안셀무스(Anselm of Canterbury)가 있다.[28] 아일랜드 출신으로 프랑스에서 활동한 에리우게나는 아우구스티누스, 플라톤 등의 영향을 받았으며 『예정론』, 『자연 구분론』 등의 저서를 남겼다. 그는 진정한 철학과 종교는 일치한다고 주장했다. 그는 정통적인 예정설을 배척하고 악이란 선이 부족한 상태이므로 예정되지 않았다고 주장했다.

말년에 캔터베리의 대주교로 재직했기 때문에 캔터베리의 안셀무스라고 널리 알려져 있는 안셀무스는 이탈리아에서 태어나 유럽 전역을 돌며 경험을 쌓은 후 프랑스에 있던 베크 수도원 원장이 되어 제자들을 가르치면서 저작활동을 했고, 1093년에는 영국 캔터베리의 대주교로 임명되었다. 안셀무스는 교황의 편에 서서 왕의 성직자 임명을 반대하다가 두 차례 추방당하기도 하였다. 안셀무스는 신앙이 철학 위에 있다는 전통적인 견해를 견지하고 있었지만 신앙을 유지하는 데 철학이 중요한 역할을 한다고 생각하였다. 철저한 실재론자였던 안셀무스는 가장 보편적인 존재인 신은 현실에서도 존재한다고 믿고, 신의 존재를 존재론적 방법을 통하여 증명하려고 시도했다.

초기 스콜라 철학이 이루어낸 또 다른 성과는 고대 문헌의 번역 작업이었다. 이슬람 세계와의 접촉으로 아랍 세계에 보관되어 있던 고대 문헌들을 접하게 된 12세기 스콜라 철학자들은 아랍어로 번역되어 있던 고대 그리스 서적들을 본격적으로 라틴어로 번역하기 시작했다. 이러한 번역 작업은 스콜라 철학이 발전하는 기반이 되었다. 12세기에 이루어진 본격적인 고대문헌 번역작업을 바탕으로 스콜라 철학이 전성기를 맞은 13세기에는 아리스토텔레스를 비롯한 고대 철학자들의 사상이 기독교 사상에 반영되었다. 이 시기의 대표적인 철학자가 토마스 아퀴나스(Thomas Aquinas, c.1225~1274)이다.

스콜라 철학자들의 또 다른 특징은 과학 방법 중에서 실험을 중요시하는 귀납적인 방법을 강조했다는 것이다. 과학방법론을 최초로 체계화한 아리스토텔레스는 올바른 과학적 결과를 도출하기 위해서는 귀납법과 연역법을 보완적으로 사용해야 한다고 주장했지만 후세 과학자들은 귀납법보다 연역법에 의존하여 자연현상을 설명하려고 시도했다. 영국의 로저 베이컨(Roger Bacon, c.1214~1294)은 연역법의 폐단을 지적하고 과학 연구에 실험적인 방법을 도입할 것을 주장하여 근대 과학이 탄생할 수 있는 토대를 마련했다.

아리우스와 아타나시우스의 삼위일체 논쟁

예수는 누구인가에 대한 논쟁

　　기독론 논쟁은 한 마디로 예수가 누구인가에 대한 논쟁이다. 313년 기독교가 공인될 시기에 이미 예수를 신의 아들인 인간이라고 주장하는 교부들과 하나님(성부)과 예수(성자), 그리고 성령(성신)이 본질적으로 같지만 다른 위격을 가지고 있다는 삼위일체설을 주장하는 교부들이 논쟁을 벌이고 있었다. 이것은 예수의 부활과 대속에 의한 구원을 믿는 기독교로서는 적당히 타협할 수 있는 문제가 아니었기 때문에 오랫동안 격렬한 논쟁을 거쳐야 했다.

　　삼위일체를 주장하는 사람들은 성경 어디에도 삼위일체라는 표현이 나타나지는 않지만 성경의 내용을 자세히 보면 삼위일체의 교리가 성경의 기본을 이루고 있다고 주장했다. 다시 말해 성경을 모순 없이 이해하려면 성부와 성자, 그리고 성신을 동질로 보아야 하지만,

같은 존재가 아닌 다른 존재로 보아야 한다는 것이다. 성경에서는 하나님과 예수를 동등한 존재로 볼 수 있는 표현을 얼마든지 찾아낼 수 있고, 다른 존재로 볼 수 있는 표현 또한 많다. 이 두 가지 표현이 서로 모순되지 않기 위해서는 본질이 같아 동일한 존재이면서 위격이 달라 서로 다른 존재라고 해야 한다는 것이다. 그러나 삼위일체론에 대한 반론도 만만치 않았다.

삼위일체론을 반대하고 예수는 하나님과 같은 신이 아니라 하나님의 피조물인 인간이라고 주장한 교부들 중에서 대표적인 사람은 알렉산드리아의 아리우스였다. 250년경 리비아 이주민의 아들로 태어난 아리우스는 안티오키아에서 신학을 공부했고, 312년에 알렉산드리아의 아킬라스 교구에서 사제서품을 받았으며, 313년에는 알렉산드리아 바우칼리스 교구의 사제가 되었다. 알렉산드리아 교회의 사제가 된 아리우스는 오직 하나님인 성부만이 영원하며 성자는 모든 피조물과 마찬가지로 창조된 존재로, 피조물과 신의 중개 역할을 하며, 세상을 구원하도록 신에게 선택받았다고 주장했다.

그는 하나님의 선택을 받은 아들인 예수는 하나님과 같지 않고, 하나님이 만든 창조물에 지나지 않는다고 주장하며, 예수도 다른 피조물과 마찬가지로 하나님의 말씀과 지혜로 만들어졌기 때문에 말씀과 지혜 자체라고 하는 것은 잘못된 것이라고 주장했다. 이런 아리우스의 주장을 받아들이는 사람들이 늘어나자 이 문제를 매듭짓기 위해 기독교를 공인한 콘스탄티누스 1세는 325년 교회회의를 소집하였다. 니케아에서 열린 이 교회회의에서는 삼위일체 교리를 기독교의 정통 교리로 받아들이고 아리우스의 주장을 이단으로 단죄했다. 그러나 이런 결정에도 불구하고 아리우스주의는 전 로마제국에 영향력을 행사할 만큼 세력을 큰 세력을 가지고 있었다. 아리우스주의를 적극적으로 반대하고 삼위일체 교리를 수호하려고 했던 알렉산드리아의 주교 아타나시우스가 다섯 번이나 교회에서 추방되었다가 복직되는 어려움을 겪었던 것은 아리우스주의가 얼마나 큰 세력을 확보하고 있었는지를 잘 나타낸다.

325년 부제 자격으로 니케아에서 열렸던 교회회의 참석하여 삼위일체 교리 논쟁을 현장에서 체험했던 아타나시우스는 328년 젊은 나이에 알렉산드리아 주교직을 계승한 후 아리우스주의를 공격하고 삼위일체론을 수호하는 데 평생을 바쳤다. 니케아 교회회의의 결정에도 불구하고 콘스탄티누스 1세와 그의 뒤를 이은 황제들은 대체로 아리우스주의에 호의적인 사람들이어서 아리우스주의에 격렬하게 반대했던 아타나시우스는 오히려 박해를 받아야 했다. 니케아 교회회의에서 이단으로 단죄된 것을 절치부심하던 아리우스파는 335년 아타나시우스의 알렉산드리아 총대주교직을 박탈했고, 콘스탄티누스 1세는 그를 현재의 레바논인 티레로 추방시켰다. 그러나 그는 337년 콘스탄티누스 1세가 죽은 후 콘스탄티누스 2세에 의해 복권되었다. 아타나시우스는 그 후에도 세 차례나 추방과 복권을 반복해야 했다. 그러나 알렉산드리아 시민들의 봉기로 366년 복권된 후에는 373년 5월 2일 78세로 죽을 때까지 알렉산드리아의 주교로 지냈다.

교부들 중에는 삼위일체론이나 아리우스주의와는 다른 양태론을 주장하는 사람들도 있었다. 양태론에서는 성부와 성자, 그리고 성령을 한 하나님이 다른 형태로 나타난 것이라고 주장했다. 하나님은 한 분밖에 없지만 하나님께서 구원을 이루는 과정에서 여러 가지 다른 모습으로 나타난다는 것이다. 이것은 마치 한 사람이 처한 입장에 따라 아버지, 회사원, 친구의 여러 가지 다른 역할을 하는 것과 같다는 것이다. 양태론을 체계적으로 만든 사람은 3세기 이집트에서 활동한 사벨리우스(Sabellius)였다. 그는 성부가 태양이라면, 성자는 태양에서 나오는 빛이고, 성령은 태양에서 나오는 열과 같다고 주장했다. 양태론의 주장이 옳다면 예수가 한 행동은 모두 하나님 자신이 한 행동이 된다. 그렇게 되면 예수가 하나님에게 한 기도나 십자가의 고난이 모두 사람들에게 보여주기 위한 것이 된다. 성령 역시 하나님의 또 다른 형태이므로 성령 강림은 예수의 재림을 뜻한다. 양태론 역시 이단적 교리로 단죄되었다.

삼위일체론이 정통 교리로 결정되면서 그 문제는 일단락되었다. 예수는 하나님과 동질이면서 다른 위격을 가진 존재로 인정받게 된 것이다. 그러나 그것으로 문제가 모두 해결된 것은 아니었다. 그렇다면 예수는 신성을 가지고 있느냐 아니면 인성을 가지고 있느냐 하는 문제가 다시 중요한 논쟁거리로 대두되었다. 예수는 서로 분리할 수 없는 신성과 인성이 조화를 이루고 있다는 것이 기독교의 정통교리로 결정되었지만 이에 반대하는 사람들도 많았다. 특히 예수는 인성과 신성을 모두 가지고 있고, 두 가지 성질은 분리할 수 있다고 주장하는 네스토리우스의 주장은 큰 세력을 형성하고 있었다.

381년에 시리아 속주에서 태어나 안티오키아의 사제로 활동하면서 명성을 얻은 네스토리우스는 428년 콘스탄티노폴리스 대주교가 되었다. 대주교가 된 네스토리우스는 예수의 어머니 마리아에게 '하나님의 어머니(theotokos)'라는 칭호를 붙이는 것을 반대하였다. 네스토리우스는 인간 예수에게 신이 임하여 신의 아들인 그리스도가 되었기 때문에 예수의 신성과 인성을 구분해야 한다고 주장했다. 따라서 마리아는 인간 예수의 어머니일 뿐이라고 주장하고 '하나님의 어머니(theotokos)'라는 칭호 대신 '그리스도의 어머니(Christotokos)'라고 부르는 것이 합당하다고 주장했다.

신성과 인성을 분리할 수 없다는 주장에 의하면 인간 예수의 어머니는 동시에 하나님 예수의 어머니가 되어야 하지만 신성과 인성이 독립적인 존재라면 인간 예수의 어머니가 꼭 하나님 예수의 어머니일 필요는 없다는 것이다. 네스토리우스의 이러한 주장은 격렬한 기독 논쟁을 다시 점화시켰다. 431년 에페소스에서 열린 교회회의에서 네스토리우스의 교리는 이단으로 정죄되었으며, 네스토리우스는 주교직에서 파면되었다. 435년 국외로 추방된 네스토리우스는 페트라로 망명하여 수도원에서 은둔하다가 451년에 이집트의 이비스에서 세상을 떠났다.

네스토리우스의 가르침을 따르던 네스토리우스파 신자들은 주류 기독교의 박해를 피해 북아프리카와 아랍 지역으로 이주했고, 심지어는 중국과 몽골까지 진출했다. 중국에서는 네스토리우스파를 서양에서 온 종교라고 해서 경교라고 불렀는데 당나라의 수도였던 장안에 대진사라는 교회를 세우고 수도자들을 양성했다. 당나라와 활발하게 문물을 교류했던 신라에도 이 때 경교에서 사용하던 십자가와 같은 물건들이 전해졌을 것이라고 주장하는 학자들이 있다. 신라 유적지에서 발견된 유물들 중에는 기독교의 유물로 보이는 것들이 포함되어 있다.

단성설은 분리할 수 있는 신성과 인성을 주장한 네스토리우스파의 주장과는 달리 예수는 인성과 신성을 모두 가지고 있지만 육신을 입어 지상에 태어난 뒤에 인성은 포도주가 바다에 섞이는 것처럼 신성에 합쳐져서 신성만 남게 되었다고 주장했다. 동방 교회에서는 단성론을 지지하는 사람들이 많아 한 때는 단성론이 우세를 보이기도 했다. 그러나 451년에 열렸던 교회회의에서 단성론이 이단으로 단죄되었다. 그러나 단성론은 사라지지 않고 안티오키아를 비롯해서 시리아와 이집트에서 여전히 상당한 세력을 유지하고 있다가 동로마 제국의 유스티아누스 황제 시대에 다시 한 번 격렬한 신학 논쟁을 불러 일으켰다.

단성론 논쟁을 해소하기 위해 단의론이 제안되기도 했다. 단의론은 단성론과는 달리 예수에게는 신성과 인성의 두 가지 본성이 있다는 것을 인정하지만 이 두 본성이 하나의 의지만을 가지고 있고 따라서 그 움직임도 하나라고 주장했다. 콘스탄티노폴리스의 총대주교 세르지오는 교회와 단성론자들의 화해를 이끌어내기 위해 단의론을 제안했고 황제 헤라클리우스는 이를 지지했으며, 로마 교황 호노리우스 1세도 개인 서신에서 단의론을 인정했기 때문에 한 때 정설로 받아들여지는 것처럼 보였다. 그러나 680년에 열렸던 교회회의에서 예수 안에는 두 의지가 있다는 교리를 확정하고 단의론을 이단 학설로 단죄했다. 이것으로 300년 이상 계속 되어온 예수가 누구인가에 대한 논쟁이 일단락되었다.

아우구스티누스의 은총론

기독교 신학을 완성한
아우구스티누스

기독교 신학을 완성시킨 교부들 중에서 최대 교부라고 할 수 있는 사람은 아우렐리우스 아우구스티누스였다. 아우구스티누스가 활동하던 시기는 게르만의 대이동으로 그리스와 로마의 고대 문화가 붕괴해가던 시기여서 사회적으로나 종교적으로 혼란을 겪고 있던 시기였다. 당시의 시대 상황과 마찬가지로 아우구스티누스도 파란만장한 인생을 살았다. 청년기에는 정욕에 탐닉한 적도 있으며, 한 때 마니교에 심취하기도 했고, 회의론에 빠져 방황을 겪은 후 신플라톤주의를 공부한 것이 계기가 되어 기독교로 개종하게 되었다. 아우구스티누스가 신플라톤주의에서 배웠던 것은 인간의 정신을 넘어서는 초월적인 존재가 실재한다는 것이었다.

아우구스티누스의 생애는 아우구스티누스 자신의 저서인 『고백록』과 그의 제자가 쓴 전기를 통해 자세히 알려져 있다.[29] 아우구스티누스는 북아프리카에 있던 로마의 식민지 타가스테에서 태어났다. 아버지는 이교도였으나, 어머니는 기독교도였다. 어머니는 아우구스티누스가 기독교인이 되기를 원했지만 그는 마니교에 심취하여 10여 년을 마니교도로 살았다. 열일곱 살부터 여성과 동거를 시작하여 14년 동안 같이 살면서 아들을 낳기도 했다.

아우구스티누스는 수사학과 철학에 탁월한 지식을 가지고 있던 밀라노 주교 암브로시우스로부터 신플라톤주의를 배운 후 기독교로 개종했다. 로마서를 읽게 된 종교적 체험이 아우구스티누스가 기독교로 개종하는 계기가 되었다고 주장하는 사람들도 있다. 그가 밀라노의 한 정원에서 "집어 읽으라!" 라는 어린 아이의 노랫소리를 듣고, 로마서 13장 13절과 14절을 읽고 기독교인이 되기로 결심했다는 것이다. "낮에와 같이 단정히 행하고 방탕하거나 술 취하지 말며 음란하거나 호색하지 말며 다투거나 시기하지 말고 오직 주 예수 그리스도로 옷 입고 정욕을 위하여 육신의 일을 도모하지 말라(로마서 13장 13절~14절)." 아우구스티누스는 386년 부활주일에 암브로시우스에게 세례를 받았다.

세례를 받은 이듬해 고향에 돌아온 아우구스티누스는 동료들과 수도회를 설립하고 수도사 생활을 시작했고, 391년에는 북아프리카의 히포의 사제가 되었다. 아우구스티누스는 395년에는 히포의 공동 주교가 되었고, 이듬해 히포 교구의 주교가 되어 죽을 때까지 히포의 주교로 있었다. 427년 반달족이 북아프리카에 쳐들어왔을 때 피난민들을 돌보다가 걸린 열병으로 76세의 일기로 세상을 떠났다.

『신국』은 아우구스티누스가 후기에 쓴 주요 저작으로 신국론이라고도 부른다. 이 책에서 아우구스티누스는 세상이 창조된 이후의 역사를 지상의 나라와 신의 나라로 구별하여 서술했다. 모두 22권으로 이루어져 있는 『신국』의 전반부 10권은 지상의 나라를 다루고 있고, 후반부 12권은 신의 나라에 대한 것이다. 아우구스티누스는 지상의 나라와 신의 세계는 서로 다른 원리가 지배하고 있다고 주장했다.[30]

아우구스티누스 사상의 중요한 특징은 신의 나라와 지상 나라 간의 싸움으로 종말에 이르게 된다고 설명한 것이다. 그리스 사상에는 종말론이라는 사상이 없었다. 그러나 아우구스티누스가 역사에 종말을 도입함으로써 인류 역사는 비로소 목적과 의미를 가지게 되었다. 종말론은 기독교의 중심 사상 중 하나로 최후의 심판이라는 말로 나타내진다. 종말론의 입장에서 볼 때 인류의 역사는 신으로부터 멀어져 타락한 상태에 있는 인류에 대한 구원의 역사가 된다. 아우구스티누스는 신국은 그리스도가 재림한 후에 실현된다고 주장했다. 아우구스티누스에 의하면 신의 은총을 받지 못한 사람들은 최후의 심판에서 신국에 속하지 못하는 영원한 죽음을 맞이하게 된다.

은혜론과
선행구원론

아우구스티누스는 인간의 자유의지, 원죄, 그리스도에 의한 구원, 그리고 세례 등을 부정한 영국의 펠라기우스주의를 반대하고, 구원은 인간의 선한 행위나 깨달음으로 얻어지는 것이 아니라 하나님의 은혜로 주어지는 것이라고 주장했다. 아우구스티누스와 펠라기우스의 논쟁에서 핵심 쟁점은 인간이 하는 행위의 원인이 인

과학자의 철학노트

간 자신의 의지에 있는가 아니면 신의 뜻인가 하는 자유의지의 문제와 죄의 상태에 있는 인간이 어떻게 구원에 이르게 되는가 하는 구원론의 문제였다.

펠라기우스는 하나님이 인간에게 선한 일이나 악한 일을 할 수 있는 가능성을 주셨지만 두 가지 가능성 중 하나를 선택하는 것은 인간이라고 주장했다. 다시 말해 인간에게는 선택의 자유가 있고 이런 선택의 자유는 인간의 의지에서 나온다는 것이다. 펠라기우스는 인간이 선한 행동과 악한 행동을 선택할 자유를 가지고 있지 않다면 선을 행하는 것이 도덕적으로 가치 있는 일이 될 수도 없고, 악행에 대해 책임질 필요도 없을 것이라고 주장했다.

아우구스티누스의 자유의지에 대한 생각은 펠라기우스와 논쟁을 벌이기 전과 후에 조금 달라졌다. 펠라기우스와 논쟁을 벌이기 전인 388년에서 395년 사이에 아우구스티누스는 『자유의지에 관하여』라는 책을 썼다. 세 권으로 되어 있는 이 책은 악을 사탄의 행위로 보는 마니교를 반박하기 위해 쓴 것이었다. 세계와 육체를 빛과 어둠의 전쟁터로 보고 있는 마니교에서는 세계와 육체는 본질적으로 선하거나 악하지 않으며 악은 신이 만든 것이 아니라 신에 대항하는 사탄이 만든 것이라고 설명했다. 아우구스티누스는 마니교의 주장이 옳다면 인간은 자신을 신과 사탄의 전쟁터로 내주고 있을 뿐이라고 생각하고 인간에게 악에 대한 책임을 묻기 위해서는 자유의지를 인정해야 한다고 주장했다.

그러나 펠라기우스와 논쟁을 벌이면서 아우구스티누스의 자유의지에 대한 생각은 달라졌다. 아우구스티누스는 인간이 하나님께 죄를 짓고 낙원에서 추방되기 이전에는 완전한 자유의지를 가지고 있었다고 보았다. 그러나 아담이 죄를 짓고 타락한 후에는 선을 행할 수 있는 자유는 상실했다고 했다. 아직 자유의지를 상실한 것은 아니지만 그것을 선을 행하는 데 사용하는 것이 아니라 악을 행하는 데만 사용하게 되었다는 것이다. 따라서 인간은 죄를 지을 수밖에 없고, 죄에 대한 책임도 져야 한다는 것이다. 이러한 아우구스티누스의 자유의지론은 그의 은혜에 의한 구원론과 직접적인 관계가 있다.

펠라기우스도 하나님의 은혜를 중요하게 생각했다. 그러나 펠라기우스는 인간의 본성이나 자유의지, 그리고 선한 일을 하도록 도와주는 율법과 교훈이 하나님의 은혜라고 보았다. 다시 말해 하나님은 인간이 선한 행동을 해서 구원에 이를 수 있도록 도와주는 은혜를 베풀 뿐이고 인간의 의지나 행동에 직접 관여하지는 않는다는 것이다. 따라서 구원이나 타락에 대한 책임은 모두 그런 행위를 선택한 개인이 져야 한다는 것이다. 펠라기우스는 하나님의 은혜를 받으면 인간이 자유의지로 할 수 있는 일을 더 쉽게 할 수 있다고 했다.

펠라기우스는 하나님이 인간에게 베푼 은혜를 세 가지로 분류했다. 첫 번째 은혜는 인간을 창조하실 때 죄를 짓지 않을 가능성인 자유의지를 주신 것이고, 두 번째는 구원에 이르기 위해 무엇을 해야 할지를 가르쳐주는 율법과 계시를 주신 것이며, 세 번째는 예수의 가르침과 모범을 주신 것이라고 했다. 펠라기우스는 사람들이 자유의지와 하나님의 은혜를 이용하여 선한 행동을 하면 당연히 보상을 받아야 한다고 주장하고, 구원은 선한 행동을 한 사람들이 받아야할 당연한 보상이라고 했다. 펠라기우스에 따르면 하나님의 은혜는 외부적인 도움에 그치는 것이어서 인간의 영혼에 영향을 줄 여지가 없고, 구원을 미리 예정한다는 것과 같은 일은 더욱 가능하지 않다.

아우구스티누스는 펠라기우스의 이런 주장을 반박하고 구원은 오로지 하나님의 은혜로 주어지는 것이라고 강조했다. 아우구스티누스는 타락한 인간은 더 이상 선을 행할 수 있는 능력이 없으므로 구원에 이르기 위해서는 아무 보상 없이 주는 하나님의 은혜가 꼭 필요하다고 주장했다.

아우구스티누스가 구원을 하나님이 아무런 대가 없이 주시는 은혜라고 본 것은 방탕했던 자신의 회심 과정을 회고해 본 결과였다. 자신의 회심 과정을 돌아본 그는 자신에게 일어났던 일들이 자신의 계획이나 의지로 인한 결과가 아니라는 결론을 얻었다. 하나님 앞에 내세울 만한 일을 한 적이 없는 자신이 하나님의 사랑과 구원을 깨닫게 된 것은 자신의 공로로 인해 얻어진 것이 아니라는 것을 알게 된 것이다. 따라서 하나님의 은혜는 인간의 행위 이전에 주어지는 하나님의 선물이라고 보았다. 아우구스티누스는 하나님의 은혜와 자유의지의 관계에 대해서는 자세하게 설명하지 않았지만 하나님의 은총이 자유의지를 파괴하지 않는다고 주장했다. 로마 가톨릭교회에서는 아우구스티누스의 은총에 의한 구원론을 받아들이고 펠라기우스의 선행 구원론을 부인했다. 아우구스티누스의 은총론은 중세의 신학 논쟁에서 중요한 역할을 했으며 종교 개혁 시기의 개신교 선구자인 루터, 츠빙글리, 칼뱅 등에도 많은 영향을 주었다.

아퀴나스의 신학철학

철학과 신학을 접목시킨
아퀴나스

　　토마스 아퀴나스는[31] 기독교 교리와 아리스토텔레스의 철학을 종합하여 스콜라 철학을 집대성한 중세의 최대 신학자였다. 여러 가지 정치적인 일에 관여하고 있던 아퀴나스의 아버지는 다섯 살 때 아퀴나스를 몬테카시노 수도원에 보냈다. 그러나 교회 국가와 세속 왕국의 경계에 있던 몬테카시노 수도원은 정치적인 사건에 휘말려 그가 열네 살이던 1239년에 폐쇄되고 말았다. 몬테카시노 수도원을 떠난 아퀴나스는 나폴리 대학으로 가서 문법, 논리학, 수사학, 대수학, 기하학, 음악, 천문학을 배웠다. 이 때 그는 아리스토텔레스의 자연철학과 도미니코 수도회의 수도사들을 접한 것으로 보인다. 나폴리 대학에서 학업을 마친 그는 가족들의 격렬한 반대에도 불구하고 도미니코 수도회에 입단하여 파리로 갔다.

파리에서 아퀴나스는 그에게 많은 영향을 준 스승 알베르투스 마그누스(Albertus Magnus)를 만났다. 아퀴나스는 마그누스의 제자가 되어 1245년부터 1248년까지 파리 대학에서 공부했고, 1248년에는 스승을 따라 쾰른으로 가서 1252년까지 그 곳에 머물렀다. 신학, 과학, 철학, 의학 등 당시의 모든 지식에 통달했고 여러 가지 화학 실험 기구를 고안하기도 했던 마그누스는 사람의 이성이 자연을 인식하고 이해하는 것은 가능하지만 신을 인식하는 것은 가능하지 않다고 주장했다. 그는 자연학적 인식은 수학이나 영혼의 인식으로 발전할 수 있지만 신에 도달하는 것은 신비적 명상에 의해서만 가능하다고 했다.

　　쾰른에서의 공부를 마치고 파리로 돌아온 아퀴나스는 1252년부터 1256년까지 파리 대학에서 강의를 하며 신학 교수 자격을 얻기 위한 필수과정인 명제집 주석을 집필했다. 1256년 명제집 주석 작업을 완료한 아퀴나스는 파리대학 신학 교수로 취임했다. 1260년경에 아퀴나스는 후임자에게 교수직을 물려주고 파리를 떠나 이탈리아로 돌아왔다. 1261년부터 1265년까지는 아퀴나스는 수도회를 대표하는 성직자와 학자로서 활발하게 활동하면서 명망이 높아졌다.

　　1265년부터 9년 동안 로마의 수도원에 머문 아퀴나스는 수도원 교수로 일하면서 저작활동을 계속 했다. 이 때 그는 대표작 『신학대전』의 집필에 착수했고, 아리스토텔레스의 저작들에 대한 주석 작업도 시작했다. 1268년부터 1272년까지 4년 동안은 두 번째로 파리 대학의 교수로 일했다. 『신학대전』의 1부와 2부를 완성한 것은 파리에서 두 번째로 교수생활을 하던 시기였다. 『신학대전』 3부는 나폴리로 옮긴 후 완성했다. 1274년 그는 교황의 지시에 의해 공의회에 참석하기 위해 리옹으로 가는 도중 병이 들어 1274년 3월 7일 나폴리와 로마 사이에 있는 시토 수도원에서 사망했다. 100여 명의 수도사와 평신도들이 지켜보는 가운데 49세의 나이로 세상을 떠난 아퀴나스는 죽은 지 49년째 되던 1323년 7월 18일 가톨릭교회의 성인으로 시성되었다.

아퀴나스는 이성과 신앙, 철학과 신학은 엄밀히 구별되는 것이지만 서로 모순되는 것이 아니라고 주장했다. 이것들은 모두 신으로부터 오는 것이어서 서로 조화될 수 있다는 것이다. 또한 이성은 신앙의 전단계로 신앙에 봉사하는 것이라고 주장했다.

신과 인간 사이의 관계에서 계시를 중요시했던 아우구스티누스와는 달리 아퀴나스는 신과 인간 사이의 관계를 신앙과 철학을 조화시켜 말로 설명하려고 시도했다. 철학은 신의 세계를 말로 설명하는 것이라고 보았던 아퀴나스에 의해 신학은 정의를 바탕으로 신의 세계를 증명하여 이 세상과 신 사이의 관계를 설명하는 논리 체계가 되었다. 그 때까지도 철학의 최종 목표는 신을 증명하는 것이었지만 아퀴나스 이후 신의 존재 증명은 철학의 가장 중요한 목표가 되었다.

로저 베이컨과
오컴의 귀납법

실험을 중요시한
베이컨과 오컴

       후기 스콜라 철학 시기에는 유명론과 경험이 강조되었다. 이러한 경향을 주도한 대표적인 후기 스콜라 학자는 로저 베이컨과 윌리엄 오컴이다. 근대 과학의 선구자라고 평가되는 영국의 로저 베이컨은 신의 계시를 지식의 원천이라고 생각했지만 수학과 광학과 같이 경험과 실험을 통해 확인한 지식을 확실한 지식이라고 생각했다. 경험적 방법과 실험적 방법을 중요하게 생각한 베이컨은 철학에 경험적 방법을 도입하고, 신의 계시를 중요하게 생각하는 신학과 철학을 구별하였다.

    베이컨은 영국 일체스터에서 부유한 가문의 둘째 아들로 태어나 어려서부터 수준 높은 교육을 받은 후 열세 살 때 성직자가 되기 위해 옥스퍼드 대학에 입학했다. 베이컨은 옥스퍼드 대학에서 일곱 가지 교양 과목인 문법, 논리학, 수사학, 산술, 음악, 기하학, 천문학을 배웠다. 대학을 졸업한 다음 옥스퍼드에서 학생들을 가르치다가 1241년에 파리 대학에 유학하여 신학박사 학위를 받았다. 1247년 프랑스에서 귀국한 다음에는 옥스퍼드 프란체스코회 수도사가 되어 옥스퍼드에서 본격적으로 언어, 수학, 광학에 대한 연구를 시작했다. 그러나 영국 프란체스코 교단과의 마찰로 파리의 수도원으로 옮겨야 했다. 파리 수도원에 있었던 10년 동안에는 외부 활동을 하지 않고 편지로만 외부와 교류했다.

파리 수도원에 있는 동안에 베이컨은 클레멘스 4세 교황에게 율리우스력을 개정할 것을 청원하기도 했고, 과학 교육을 개선할 것과 교육기관에 실험실을 증설한 것을 요구하기도 했으며, 모든 지식을 포함하는 백과사전을 편찬할 것으로 제안하기도 했다.

교황의 요청으로 베이컨은 『대저작』, 『소저작』, 『제3저작』를 써서 교황에게 보냈다. 이후 베이컨은 『자연 철학의 일반 원리』, 『수학의 일반 원리』를 쓰는 작업을 시작했지만 완성하지는 못했다. 1278년에는 이탈리아의 안코나에 있는 프란체스코 교단 감옥에 수감되기도 했다. 영국으로 돌아온 베이컨은 1294년 80세를 일기로 옥스퍼드에서 세상을 떠났다.

베이컨은 고대 그리스의 철학을 공부하려면 오역이 있는 번역본보다는 원전을 보아야 한다고 생각하고 여러 가지 외국어를 공부했다. 과학을 신학과 대학 교육 과정에 포함시켜야 한다고 주장했던 베이컨은 실험을 통해 알아낸 사실을 교회의 가르침보다 우선시했다. 그가 클레멘스 4세 교황에게 보낸 『대저작』에는 눈과 뇌의 구조, 반사와 굴절과 같은 빛의 성질과 관련된 내용이 많이 포함되어 있었다.

옥스퍼드 대학의 초대 총장을 역임하기도 했던 스승 로버트 그로스테스트(Robert Grosseteste)의 영향을 받은 베이컨은 아리스토텔레스의 귀납과 연역 과정에 대한 분석을 통해 귀납된 원리들을 시험하는 탐구 단계를 더해야 한다고 제안했다. 베이컨은 이러한 시험 절차를 실험 과학의 제1의 특권이라고 불렀다. 베이컨은 과학 지식이 적극적인 실험에 의해 발전할 수 있다고 주장하고, 현상에 대한 지식을 증대시키는 데 기여할 수 있는 실험을 실험과학의 제2의 특권이라고 했다. 베이컨의 이런 주장은 많은 과학자들에게 영향을 주었다. 그러나 베이컨 자신의 연구에서는 실험보다는 이전 저술가들의 선험적인 고찰과 권위에 호소하는 경향이 있었으며, 연금술과 관련된 실험 결과들을 충분한 증거 없이 받아들여 엉뚱하게 설명하기도 했다.

베이컨은 1년을 365.25일로 계산한 율리우스력의 오차가 축적되어 니케아 종교회의가 열렸던 325년에는 춘분이 3월 21일이었는데 1263년경에는 3월 13일이 되었다는 것을 지적하고 달력을 수정하도록 클레멘스 4세 교황에게 청원했다. 교회가 율리우스력을 그레고리력으로 바꾼 것은 이로부터 300년이 지난 1582년이었다. 그레고리 8세 교황은 1582년 10월 5일을 10월 15일로 바꾸어 10일을 건너뛰도록 했고, 400년에 한 번씩 윤년을 없애기로 한 그레고리력을 선포했다.

베이컨은 고대 그리스의 불을 재현하는 과정에서 목탄과 황의 혼합물에 초석을 넣으면 폭발적으로 연소한다는 사실을 발견하였다고 전해진다. 따라서 유럽에서는 그를 흑색화약의 발견자라고 인정하고 있다. 하지만 중국에서는 이보다 훨씬 전부터 화약이 널리 사용되고 있었다.

대표적 유명론 학자라고 할 수 있는 윌리엄 오컴(William of Occam,

c.1300~c.1349)은 옥스퍼드에서 공부한 후, 모교에서 제자들을 가르쳤다. 로마 가톨릭 교회와 교황의 세계 지배에 반대하던 세속 제후의 사상적 대변자였던 그는 교황 재판소에 의해 이단으로 몰려 4년간 아비뇽에 유폐되기도 했다. 그는 신의 존재나 종교적 교의는 이성으로는 증명할 수 없는 신앙에 속한다고 주장하고, 철학과 신학은 분리되어야 한다고 주장했다. 감각적이고 직감적인 인식이 우선적인 진리라고 주장한 오컴의 사상은 프란시스 베이컨이나 홉스와 같은 17세기의 영국 철학자들에게 많은 영향을 주었다.

오컴은 오컴의 면도날이라는 말로 널리 알려져 있다. 경제성 원리 또는 단순성의 원리라고도 불리는 오컴의 면도날은 어떤 현상을 설명할 때 불필요한 가정을 해서는 안 된다는 것이다. 다시 말해 같은 현상을 설명하는 가설이 두 개 있다면 간단한 쪽을 선택해야 한다는 것이다. 오컴의 면도날은 "가정은 가능한 적어야 하며, 피할 수만 있다면 절대로 하지 말아야 한다." 라는 말로 요약할 수 있다. 오컴의 면도날은 여러 가지 가설 중 하나를 선택하는 방법을 나타낸 것으로 가설의 진위를 결정하는 기준은 아니다. 따라서 오컴의 면도날로 어느 가설을 선택했다고 해서 반드시 그 가설이 옳다고 할 수 없고, 반대로 오컴의 면도날에 의해 버려졌다고 해서 그 가설이 반드시 틀린 것도 아니다.

도미니크 수도회의 수도사였던 독일의 마이스터 에크하르트 (Meister Eckhart)는 영혼의 깊은 곳에서 영혼의 불꽃과 신과의 합일을 강조하였다. 그는 이 합일의 극치를 영혼에 있어서의 신의 탄생이라 하였고, 그렇게 탄생한 신은 삼위격의 구별을 초월한 근원적 신성이라고 주장하였다. 이러한 경지에 이르기 위하여서는 자신을 완전히 비우지 않으면 안 된다고 했다. 신비적 체험을 중시했던 그는 만년에 이단적 설교를 했다는 이유로 재판에 회부되어 유죄선고를 받고, 교황에게 상소하였으나 결말을 보지 못한 채 죽었다.

"세상은 정신과 자연(물질)으로 이루어졌다. 물체는 공간을 차지하고 있는 연장이다. 우리 정신이 명석판명하게 인식하는 것은 객관적 사실이다. 인간의 관념은 외래관념, 인위관념, 본유관념(생득관념)으로 분류할 수 있다. 서로 독립적인 정신과 물질은 송과선(pineal gland)을 통해 연결되어 있다."
- 데카르트(Rene Descartes)

"정신이 자연을 인식할 수 있는 것은 정신과 자연이 모두 신의 속성을 가지고 있기 때문이다. 신과 분리된 자연이나 정신은 존재할 수 없다. 사유는 신의 속성이며, 신은 사유하는 물체이다. 만물은 신의 속성이 만들어낸 양태이다. 따라서 정신과 물체를 구별하는 것은 가능하지 않다."
- 스피노자(Baruch Spinoza)

"세계는 무수한 실체인 모나드(monad)로 이루어졌다. 모나드는 외부의 원인에 의해 변하지 않으며, 부분을 갖지 않아 나눌 수 없다. 변화는 모나드의 집합체에서만 일어난다. 모나드는 자체 안에 세상을 투영하는 표상을 가지고 있다. 모나드가 가지고 있는 표상이 달라 모든 모나드는 다르다. 모나드는 외부와 단절된 창이 없는 개체이다."
- 라이프니츠(Gottfried Leibniz)

5장.

정신이 세상을
품는다

데카르트 1596~1650

스피노자 1632~1677

라이프니츠 1646~1716

르네상스 운동

근대를 시작한 것은 르네상스였다. 학문 또는 예술의 재생이나 부활이라는 의미를 가지고 있는 르네상스라는 말에서 유추할 수 있는 것처럼 르네상스는 고대 그리스와 로마의 문화를 부흥시킴으로써 새 문화를 창출해내려는 운동이었다. 서로마 제국이 몰락한 5세기부터 르네상스가 시작된 14세기까지를 문화적 암흑시대로 파악하고 고대 문화의 부흥을 통해 새로운 시대를 만들자는 운동이 르네상스였다.

14세기 후반에 시작된 르네상스 운동은 고전 연구로부터 시작되었다. 수사학, 역사학, 철학과 같은 인문학 분야의 고전을 연구하는 사람들을 인문주의자(humanist)라고 불렀다. 인문주의자들은 고대의 철학과 윤리를 이해하고 현실에 적용하려고 했다. 정치, 사회, 인문, 예술, 건축 등 여러 방면에서 진행된 인문주의자들의 활동은 사회 전반에 큰 영향을 끼쳤다.

이탈리아에서 시작된 르네상스 운동은 이탈리아의 정치적 상황과 깊은 관련을 가지고 있었지만 종교와는 큰 관계가 없었다. 서로 다른 통치 구조를 가지고 있는 여러 개의 도시국가로 이루어져 있던 이탈리아에서는 각 도시들이 자신들의 통치 형태의 정당성을 고대 그리스와 로마의 정치철학에서 찾으려고 했다. 따라서 인문주의자들 중에는 정치에 적극 참여하는 사람들이 많았다. 이들 중에는 이탈리아를 넘어 서유럽 절대군주 국가의 관료로 진출하는 사람들도 있었다. 르네상스가 이탈리아에서 서유럽의 여러 나라로 확산되는 데는 이들의 역할이 컸다.

16세기가 되자 르네상스는 프랑스, 영국, 독일, 네덜란드, 스페인 등 북부 유럽의 여러 나라로 확산되어 각국의 문화적 전통과 결합된 독창적인 르네상스를 발전시키게 되었다. 이탈리아의 르네상스는 스콜라 철학이 아리스토텔레스의 사상을 신학에 도입하려고 했던 것에 대한 반발로 플라톤 철학과 신학을 융합하려고 시도한 것을 제외하면 종교적 색채가 별로 없었는 데 반해 북부 유럽에서 활동한 인문주의자들 중에는 종교적인 문제를 다룬 사람들이 많았다. 이상적 국가 형태를 그린 『유토피아』를 쓴 영국의 토마스 모어(Thomas More), 세계주의자이자 근대 자유주의자의 선구자로 초대교회의 순수로 돌아가자고 주장했던 데시드리우스 에라스무스(Desiderius Erasmus)는 이 시기에 활동했던 대표적인 인문주의자들이었다. 이들의 활동은 북부 유럽 여러 나라에서 종교개혁이 일어나는 토양이 되었다.

북부 유럽에서 전개된 르네상스의 또 다른 특징은 절대왕정과 밀접한 관계를 가지고 있었다는 것이다. 천국에서의 행복보다 현세에서의 행복이 중요하다고 주장하고 『수상록』을 남긴 것으로 널리 알려진 미셸 드 몽테뉴(Michel de Montaigne)로 대표되는 프랑스의 르네상스는 루이 14세의 절대왕조를 탄생시키는 철학적 바탕을 마련했으며, 영국이 낳은 세계 최대 극작가인 윌리엄 셰익스피어(William Shakespeare)의 작품들은 엘리자베스 여왕의 통치 하에서 나왔다. 스페인에서 활동한 미겔 데 세르반테스(Miguel de Cervantes)의 소설도 가톨릭 신앙과 기사도 정신을 강조했던 스페인 절대 왕정과 깊은 관계를 가지고 있었다.

르네상스는 근대 과학의 등장에도 영향을 주었다. 르네상스 운동은 과학이론을 발전시켜온 학자 전통과 기술 발전에 공헌 해온 장인 전통을 결합하여 실험과 실용을 중요하게 생각하도록 하여 새로운 과학이 탄생하는 토양을 마련했다. 이러한 사회적 변화를 배경으로 1543년에 폴란드의 니콜라스 코페르니쿠스(Nicolaus Copernicus)는 새로운 천문체계인 태양 중심 천문체계가 실린 『천체 회전에 관하여』를 출판했고, 벨기에 출신으로 이탈리아에서 활동하던 안드레아스 베살리우스(Andreas Vesalius)는 자세한 인체 해부도가 실린 『인체 구조에 대하여』를 출판하여 근대 의학의 선구자가 되었다.

코페르니쿠스는 『천체 회전에 관하여』를 통해 오랫동안 받아들여지던 천동설을 대신할 지동설을 제안했다. 사람들 중에는 코페르니쿠스가 천동설이라는 잘못된 천문체계 대신 올바른 지동설을 제안해서 과학을 크게 발전시켰다고 생각하는 사람들이 많다. 그러나 그것은 사실과 다르다. 2세기에 프톨레마이오스(Klaudios Ptolemaeos)가 제안한 천동설은 매우 정교한 수학적인 천문체계였다.

천체는 원운동을 해야 한다는 아리스토텔레스의 주장을 바탕으로 하고 지구를 기준으로 하여 천체 운동을 설명하려고 했던 천동설은 많은 원 운동을 조합하여 천체들의 운동을 설명했다. 관측 결과와 그의 천문체계를 일치시키기 위해 많은 원운동을 도입했던 천동설에는 관측기술이 발전해 좀 더 정확한 자료를 얻게 되자 더 많은 원이 추가되었다. 이런 방법으로 천동설은 어느 정도의 오차 안에서 천체들의 운동을 성공적으로 설명할 수 있었다.

코페르니쿠스가 새로운 천문체계를 제안한 것은 천동설 체계가 옳지 않기 때문이 아니라 복잡했기 때문이었다. 그는 지구가 아니라 태양을 기준으로 하여 천체의 운동을 설명하면 좀 더 간단하게 천체 운동을 설명할 수 있다는 것을 알아냈다. 코페르니쿠스도 천체는 원운동을 해야 한다고 했던 고대 그리스의 운동 원리를 받아들이고 있었기 때문에 그가 제안한 새로운 천문체계가 프톨레마이오스의 체계보다 더 정확하지는 않았다.

결국 코페르니쿠스가 한 일은 올바른 천문체계를 제안한 것이 아니라 단순한, 그래서 좀 더 통일성 있는 천문체계를 제안한 것이었다. 이것은 르네상스 운동 결과 나타난 시대정신을 반영한 것이었다. 근대과학이 탄생한 후 현재까지 과학자들이 지속적으로 추구해온 것은 자연 현상을 가능하면 간단한 통일적인 원리 또는 법칙으로 설명하는 것이었다.

코페르니쿠스로부터 바통을 이어받아 새로운 천문체계를 더욱 발전시켜 널리 받아들여지도록 하고 그 연장선상에서 새로운 역학체계를 만들어낸 갈릴레이와 뉴턴은 자연을 통일적으로 이해하려고 노력했던 과학자들이었다. 최초로 망원경을 이용하여 천체를 관측하고 코페르니쿠스의 지동설이 널리 받아지도록 하는 데 크게 공헌했던 갈릴레이는 낙하 운동을 시간과 거리라는 변수를 이용하여 수학적으로 파악하려고 노력했다. 자연 현상인 낙하운동을 수학으로 나타내어 법칙으로 설명하려고 시도한 것이다. 이것은 자연현상 뒤에 수의 원리가 있다고 한 피타고라스나 이 세상을 움직이는 기본 원리가 세상 너머에 있다는 플라톤의 생각과 닿아있는 것이었다.

뉴턴의 중력법칙은 지상에서의 물체의 낙하 운동과 천체 운동을 하나의 원리로 통일한 것이었다. 사과가 나무에서 떨어지는 운동과 지구 주위를 돌고 있는 달의 운동, 그리고 하루에 두 번씩 일어나는 바다의 조석 운동을 모두 중력법칙으로 설명할 수 있다는 것은 놀라운 일이었다. 이것은 세상을 여러 가지 원리로 설명하려고 했던 아리스토텔레스의 생각보다 훨씬 진전된 것이었다.

아리스토텔레스의 세계관에 바탕을 두고 있는 스콜라철학의 운동관에 의하면 물체의 낙하운동은 자연스런 운동이지만 던진 돌이 날아가는 운동은 강제운동이어서 운동에 두 가지 종류가 존재한다고 했다. 그리고 낙하하는 물체를 설명하기 위해서는 운동인, 목적인, 질료인, 형상인의 네 가지 원인을 알아야 했다. 이처럼 스콜라 철학에서는 자연 현상을 복잡하게 설명했고, 따라서 신의 의지나 기적이 개입할 여지도 많았다. 그러나 뉴턴의 운동법칙과 중력법칙은 이런 복잡함을 걷어내고 자연현상을 단순하고 통일된 원리로 설명하는 데 성공했다. 그러나 이러한 과학적 성공만으로는 아직 충분하지 못했다. 중력법칙에 포함되었던 세계관이 확립되고, 자연이 과학의 대상이 되기 위해서는 명석한 정신과 연장을 가진 데카르트의 철학을 필요로 했다.

철학에서는 실체, 즉 진실로 존재하는 것은 자기 안에 원인이 있어 다른 것에 의해서 영향을 받지 않는 것으로 생각해왔다. 근대 철학과 대륙 합리론의 기초를 놓은 르네 데카르트(Rene Descartes, 1588~1680)는 세계가 자연(물질)과 정신이라는 두 개의 실체로 이루어졌다고 설명했으며, 명석한 정신은 이성적인 사고에 의해 진리를 알 수 있는 능력이 있다고 믿었다. 그러나 세계가 정신과 자연이라는 두 실체로 이루어졌다면 곧 어려운 문제에 부딪히게 된다. 서로 독립적으로 스스로 존재하는 실체인 정신과 자연이 어떻게 밀접한 관계를 가지고 있는 것일까 하는 것이다. 정신은 어떻게 자신과 전혀 다른 실체인 자연을 인식할 수 있을까?

인간의 이성을 중시하는 데카르트의 철학은 바루흐 스피노자(Baruch Spinoza, 1632~1677)와 고트프리트 라이프니츠(Gottfried Wilhelm Leibniz, 1646~1716)로 이어졌다. 이들의 철학은 절대적으로 확실한 원리에서 출발하여 연역적인 방법으로 결론을 유도해내는 연역적인 철학이다. 데카르트에서 스피노자와 라이프니츠로 이어지는 이 계열을 대륙의 합리론이라고 부른다. 스피노자와 라이프니츠는 데카르트의 인간 정신의 합리성에 대한 신뢰를 계승하면서 데카르트가 세계를 두 가지 실체로 설명했을 때의 모순을 실체의 수를 바꿔서 해결하려고 했다. 스피노자는 세계가 하나의 실체로 이루어졌다고 설명했고, 라이프니츠는 세계가 무수히 많은 실체들로 이루어졌다고 했다.

데카르트의
물질과 정신 이원론

세상이란 위대한 책에서
다양한 경험을 한 철학자

철학자이며, 수학자였고, 과학자로 근대 서양 철학 뿐만 아니라 근대 수학과 과학의 기반을 마련하는 데도 크게 공헌한 르네 데카르트는 1588년 프랑스의 투렌 지방의 부유한 가정에서 태어났다. 법률가가 되기를 바랐던 아버지의 뜻에 따라 대학에 입학했지만 세상이라는 위대한 책에서 배우기 위해 대학을 떠났다.

그는 대학을 떠난 후 여러 곳을 여행하기도 했고, 군대에 복무하면서 전투에 참가하기도 하는 등 다양한 경험을 쌓았다. 그는 후에 이 시기에 대해 "운명이 나에게 허락하는 모든 상황에서 나 자신을 시험했다"고 말했다. 군대에 복무하는 동안 철학적 사색에 잠기곤 했던 데카르트는 학문과 지혜를 추구하는 것이야말로 자기 삶의 목표라는 것을 깨닫고 군대를 떠나 프랑스로 돌아왔다.

자신의 재산을 모두 정리하여 연금을 받을 수 있도록 한 데카르트는 1628년 종교 및 사상적 자유가 비교적 폭넓게 보장되던 네덜란드로 가서 1649년까지 21년 동안 그곳에 살면서 저술 활동에 전념했다. 1637년 데카르트는 프랑스어로 쓴 최초의 철학서인 『이성을 올바르게 이끌어, 여러 가지 학문에서 진리를 구하기 위한 방법의 서설(방법서설)』을 출판했고,[32] 1641년에는 『제1철학에 관한 여러 가지 성찰(성찰)』의 초판을 출판했으며, 1644년에는 라틴어로 쓴 『철학의 원리』를 출간했다. 데카르트는 철학 분야 외에도 우주론, 광학, 기상학, 기하학, 생리학 분야의 저서를 남겼고 기하학에 대수적 해법을 적용한 해석기하학의 창시자로서 근대 수학 발전에 크게 기여했다.

이런 책들을 통해 데카르트가 제시한 세상을 정신과 자연으로 보는 이원론적 철학은 전통적인 형이상학과 신학의 기반을 뒤흔들만한 혁신적인 것으로 평가되어 많은 사람들의 주목을 받았다. 그러나 네덜란드의 신학자와 철학자들 중에는 데카르트를 비난하는 사람들도 많았다. 스웨덴의 크리스티나 여왕의 초빙을 받고 1649년 가을 스톡홀름으로 간 데카르트는 다음 해인 1650년 2월 11일 그곳에서 세상을 떠났다. 공식적으로 발표된 사인은 폐렴이었지만 그의 사인에 대해 여러 가지 의혹이 제기되기도 했다.

연장으로서의 자연과
방법론적 회의

데카르트는 정신과 물질이라는 이원론으로 근대 철학의 기초를 만들었다. 데카르트는 세상이 형이상학적 영역에 속하는 정신의 세계와 역학법칙의 지배를 받는 자연(물질)으로 이루어졌다고 보았다. 자연은 역학적 인과 법칙의 지배를 받는 세계이고, 수학적인 방법으로 설명할 수 있는 세계이다. 따라서 자연에는 신적인 요소는 물론 아리스토텔레스의 목적인도 개입할 여지를 인정하지 않았다. 이로 인해 자연과학이 다루어야 할 영역이 명확해졌다. 데카르트는 자연에 관한 한 철저한 유물론자였다. 물질의 세계와 독립된 곳에 역학 법칙의 지배에서 완전히 벗어나 있는 순수한 정신, 즉 생각하는 것을 속성으로 하는 정신의 세계가 있었다.

데카르트는 연장이라는 개념을 이용하여 자연을 단순화했다. 그는 물체의 가장 중요한 속성을 공간을 차지하고 있는 것이라고 생각하고, 공간을 차지하고 있는 모든 물체를 연장이라고 했다. 공간을 차지하고 있는 물체는 물체의 종류에 관계없이 하나의 연장으로 본 것이다. 이것은 아리스토텔레스 철학을 이어받은 스콜라 철학의 자연관과는 다른 것이었다. 스콜라 철학에서는 자연을 매우 복잡하게 설명했었다.

물체의 속성을 연장으로 파악하기 위해서는 먼저 모든 공간이 똑같은 성질을 가지는 균일한 공간이라는 개념이 확립되어야 했고, 같은 공간을 두 개 이상의 물체가 차지할 수 없다는 것을 확실히 해야 했다. 물체의 속성을 연장으로 파악하게 됨으로써 연장으로 파악될 수 없는 것은 자연에서 추방되었다. 인간의 육체는 역학 법칙의 지배를 받으므로 자연에 속했고 따라서 하나의 연장이었다. 그러나 천사나 정령과 같이 역학법칙의 지배를 받지 않는 것들은 더 이상 자연에 존재할 자리가 없게 되었다. 이렇게 해서 정신과 물체 사이에 있는 애매한 존재는 세계로부터 추방되었다. 데카르트의 연장 사상에 의해 근대는 정신과 연장이라는 서로 대립되는 두 가지 실체를 가지게 되었다.

연장이라는 개념으로 인해 자연에서 애니미즘도 추방되었다. 중세에는 육체에 영혼이 깃들어 있었다. 따라서 사람의 육체에 여우의 영혼이 들어오는 것도 가능했다. 그러나 이제 더 이상 그런 일은 가능하지 않게 되었다. 자연에서 여러 가지 복잡한 의미를 제거하자 비로소 역학적인 인과법칙에 지배를 받는 연장으로서의 자연이 우리 앞에 나타났다. 데카르트로부터 시작된 근대적 세계관을 역학적, 기계론적 세계관이라고 하는 것은 이 때문이다.

그렇다면 데카르트는 어떻게 이러한 결론을 도출해 낼 수 있었을까? 데카르트는 유클리드 기하학적 방법을 철학에 도입하여 새로운 사실을 연역해내려고 시도했다. 유클리드의 기하학은 증명을 필요로 하지 않는 자명한 진리인 '공리'로부터 출발해서 논리적 비약이 없는 논증을 통해 새로운 결론을 도출해낸다. 기하학적 방법을 철학에 적용하여 새로운 사실을 연역해내기 위해서는 먼저 더 이상 부정할 수 없는 사실인 공리를 찾아내야 했다.

데카르트는 그의 철학의 출발점이 될 공리를 찾아내기 위한 탐구에 네 가지 규칙을 적용했다. 첫 번째 규칙은 명확하게 증명된 진리가 아닌 것은 어떤 것이라도 사실로 받아들이지 않는다는 것이었으며, 두 번째 규칙은 검토하려고 하는 문제를 가능한 작은 부분으로 분할해서 검토한다는 것이었고, 세 번째 규칙은 가장 단순하고 가장 인식하기 쉬운 것에서 시작하여 단계적으로 복잡한 것을 인식하도록 하는 것이었으며, 마지막 네 번째 규칙은 무엇 하나 빠트리지 않았다고 확신할 때까지 광범위하게 재검토한다는 것이었다.

이러한 데카르트의 탐구 방법 중에 가장 중요한 것은 첫 번째 규칙이었다. 데카르트는 이 규칙에 따라 알고 있는 모든 것들을 의심한 후 도무지 의심할 수 없는 것에서부터 시작하려고 했다. 데카르트는 더 이상 의심할 수 없는 사실, 즉 다른 사실로부터 논증되지 않고 스스로 명백한 사실로 모든 철학의 토대가 되는 사실을 제1원리라 불렀다. 데카르트는 제1원리를 찾아내기 위해 배워서 알고 있는 지식은 물론 감각 경험마저도 사실이 아닐지 모른다고 의심했다. 확실하지 않은 모든 것을 의심해보는 이런 태도를 '방법론적 회의'라고 한다.

그러나 우리가 모든 것을 의심하여 이 세상에 확실한 것이 아무것도 없다고 해도 절대로 의심할 수 없는 사실이 하나 있었다. 모든 것을 의심하고 있는 자신의 존재만은 의심할 수 없었다. 생각하고 있는 내용은 사실이 아닐 수 있어도 생각하고 있다는 사실과 생각하고 있는 내가 존재한다는 것은 틀림없는 사실이었다. 그리하여 그는 "나는 생각한다. 그러므로 나는 존재한다(라틴어: cogito ergo sum, 프랑스어: Je pense, donc je suis, 영어: I think, therefore I am)"는 제1원리를 찾아냈다. 이 원리는 1637년에 프랑스어로 출판한 『방법서설』 4부와 1644년에 라틴어로 출판한 『철학의 원리』 7부에 실려 있다.

이 제1원리는 논리적 추론 결과가 아니라 내적 경험의 직접적 자각, 즉 직관을 통해서 얻어낸 것이었다. 데카르트는 이 직관을 '명석하고 판명한 인식'이라 했다. 데카르트의 철학은 절대로 부정할 수 없는, '생각하는 나'라는 제1원리를 출발점으로 하고 있다는 점에서 객관적 근거가 없는 주장을 신앙이라는 이유로 받아들이도록 강요했던 스콜라 철학과 구별된다.

명석하고
판명한 인식

　　데카르트가 생각한 사고 체계는 명석하고 판명하게 인식할 수 있는 제1원리를 출발점으로 하여 연역적 방법에 의해 정연하게 구성되는 체계였다. 그것은 유클리드 기하학이 공리에서 출발해서 연역적 방법을 이용하면 누구나 같은 결론에 도달하는 것처럼 데카르트의 철학은 제1원리에서 출발하면 누구나 도달할 수 있는 것이었다.

　　그렇다면 우리는 어떻게 생각하고 있는 나로부터 내가 진실로 존재하고 있다는 결론을 이끌어낼 수 있을까? 그것이 가능한 것은 우리 정신이 명석 판명한 직감을 가지고 있기 때문이다. 데카르트는 우리 정신이 명석 판명하게 이해하는 것은 모두 진리라는 일반적인 규칙을 채택했다. 따라서 나의 정신이 순수하게 사유할 수 있다는 것이 내가 존재한다는 증거였다. 객관적인 관념을 스스로 만들 수 있는 인간 정신은 개인적인 것일 수 없었다. 인간 정신은 개인의 주관적인 판단과 사고를 초월하는 어떤 것이었다.

　　그렇다면 나의 존재로부터 신과 세상의 존재는 어떻게 이끌어낼 수 있을까? 데카르트는 모든 것을 회의하는 과정을 통해 사고하고 있는 자신의 존재를 발견했다. 그러나 자신의 존재로부터 자신을 발견하는 과정에서 의심했던 외부 세계의 존재를 연역해내기 위해서는 선한 신의 도움을 받아야 했다. 선한 신이 조직적으로 나를 속이기 위해 존재하지 않는 것들을 내가 인식하도록 하지 않을 것이라는 것이다. 외부 세계의 존재를 신의 선함에 의지할 수밖에 없는 데카르트의 주장을 칸트는 회의적 관념론이라고 비판했다.

데카르트는 인간이 가지고 있는 관념을 인간 밖에 있는 사물에 대한 감각을 통하여 얻어지는 외래관념(idea adventitiae), 인간이 스스로 만들어내는 인위관념(factitious idea), 인간이 본래부터 가지고 있는 본유관념(idea innate)의 세 가지로 분류했다. 본유관념이란 감각의 도움을 필요로 하지 않고 마음에 명석하고도 판명하게 떠오르는 관념, 즉 인간이 획득하는 것이 아니라 태어나면서부터 가지고 있는 관념이다. 따라서 이러한 관념을 생득관념이라고도 한다. 대표적인 본유관념은 신에 대한 관념이다. 인간은 태어나면서부터 신의 관념을 가지고 있기 때문에 이 관념을 우리에게 부여해준 신의 존재를 인정하지 않을 수 없다. 그리고 객관적 세계의 존재, 다시 말해 외계 물체의 존재는 신의성실을 매개로 하여 증명될 수 있다는 것이 데카르트의 생각이었다.

데카르트에게 인간의 육체는 자연의 일부로서 기계장치의 하나였다. 그런데 물질에 속하는 우리 육체는 전혀 다른 대상인 정신과 밀접하게 연관되어 있다. 데카르트는 놀람, 사랑, 증오, 욕망, 기쁨, 슬픔과 같은 감정을 정념(passion)이라고 불렀다. 데카르트는 정념이 정신에서 생기는 것이 아니라 육체의 움직임에 의해 생긴다고 보았다. 따라서 정념을 정확하게 이해하고 극복하기 위해서는 정신에 속하는 것과 육체에 속하는 것을 확실하게 구분해야 한다고 생각했다.

데카르트 이전에는 영혼이 육체 안에 있기 때문에 육체가 열을 낸다고 했지만 데카르트는 열과 운동은 다른 자연물에서도 발견되는 것으로 물체에 속하는 것이기에 정신의 특징이 아니라고 했다. 따라서 육체는 자연과학적으로 다룰 수 있는 대상이 되었다. 육체의 움직임에 의해 정념이 생기고, 정신은 의지를 통해 육체를 움직일 수 있다. 따라서 육체와 정신을 연결하는 기구가 필요하다. 데카르트는 육체와 정신을 연결하는 기구로 '송과선'과 '동물정기'를 제안했다.

데카르트는 방법서설에서 동물정기를 혈액에서 증발한 기체로 극히 미세한 바람 또는 극히 순수하고 활기 있는 불꽃과 같은 것이라고 설명하고, 동물정기는 끊임없이 심장에서 뇌로 올라가고, 뇌에서 다시 신경을 통해 근육으로 가서 모든 육체의 운동을 일으킨다고 했다. 동물정기는 육체에 속한 것으로 역학 법칙에 따라 만들어지고 몸을 순환한다. 동물정기가 육체의 운동을 일으키도록 정신과 동물정기 사이를 연결하는 것은 송과선이었다. 송과선은 척추동물의 간뇌 뒤쪽에 돌출해 있는 내분비선으로 두부의 피부를 통과하여 들어오는 빛을 감수할 수 있는 기관이다. 데카르트에 의하면 정신은 송과선을 증폭기로 사용하여 동물정기를 움직이게 하여 근육 운동을 만들어낸다. 송과선의 운동을 통해 동물정기를 발생시켜 우리 마음 안에 정념이 생긴다는 것이다.

데카르트는 도덕적 이상은 육체와 정념의 자유로운 지배라고 했다. 우리의 정신은 어느 정도 정념을 지배할 수 있는 능력을 가지고 있지만 강렬한 정념은 쉽게 마음의 지배에서 벗어난다. 우리 정신이 정념을 지배하는 데는 한계가 있다. 사람에 따라서는 보다 강한 지배력을 갖고 있기도 하고, 정념에 대한 지배력이 약한 사람도 있다. 데카르트는 정념에 대한 지배력이 약한 정신도 훈련을 통해 정념에 대한 지배력을 높이면 모든 정념을 지배할 수 있게 된다고 했다.

데카르트는 모든 정념이 지배되고 통제된 이상적인 상태를 고매함(générosité)이라고 했다. 고매함은 정념을 완전히 통제하고, 선하다고 판단한 모든 것을 실행하는 의지를 잃지 않는 데서 이루어진다. 그는 인간이 이룰 수 있는 참된 행복은 정념을 완전하게 지배함으로써 도달할 수 있는 최고선의 경지라고 보았다.

제논은 인간은 절대 선을 추구해야 한다고 했고, 에피쿠로스학파에서는 절대 선은 쾌락이라고 했었다. 데카르트는 제논이나 에피쿠로스의 가르침이 서로 상반되는 것이 아니라고 생각했다. 절대 선을 추구하도록 하는 덕(德)은 육체적 쾌락보다 높은 단계에 있는 정신적 쾌락을 가져다주기 때문이라는 것이다.

해석 기하학과
자연과학

데카르트는 수학 발전에 큰 영향을 끼쳤다. 세상이라는 위대한 책에서 더 큰 것을 배우기 위해 대학을 떠난 후 군대에 들어간 데카르트는 군사 엔지니어가 되기 위해 수학을 공부했고, 자유낙하, 현수선, 2차 곡선, 유체 역학을 연구했다. 이를 통해 데카르트는 물리학을 수학적으로 다루는 방법이 필요하다는 것을 알게 되었다. 군에 복무하는 동안 그는 프라하에 있던 16세기 최고의 관측 천문학자였던 티코 브라헤(Tycho Brahe)의 연구실과 레겐스부르크에 있던 요하네스 케플러(Johannes Kepler)의 연구실을 방문하여 천문학에 대한 관심을 키웠다. 이것은 데카르트가 일찍부터 형이상학과 함께 자연과학에도 많은 관심을 가지고 있었다는 것을 나타낸다.

자연과학에 대한 데카르트의 가장 큰 공헌은 해석 기하학을 도입하여 기하학을 수식을 통해 분석할 수 있도록 한 것이었다. 우리나라의 중고등학교에서는 삼각형의 합동조건과 같은 것들을 다루는 유클리드 기하학을 배우고, 원이나 타원, 포물선, 쌍곡선과 같은 이차곡선을 좌표계를 이용하여 수식으로 나타내는 방법을 배운다. 대부분의 학생들은 이차곡선을 수식을 이용하여 다루는 것은 기하학이 아니라고 생각하고 있다. 그러나 이것은 유클리드 기하학과는 전혀 다른 방법을 사용하는 또 다른 기하학이다. 이런 기하학이 해석 기하학이다. 해석 기하학은 데카르트가 좌표계를 도입했기 때문에 가능했다. 데카르트를 해석 기하학의 창시자라고 하는 것은 이 때문이다.

대수학을 기계적인 추론을 가능하게 하는 방법이라고 생각했던 데카르트는 대수학을 지식체계의 기반으로 보았다. 유럽의 수학자들은 수학보다 기하학이 좀 더 기초적인 것으로 대수학의 기반이 되고 있다고 생각했다. 따라서 대수학의 법칙들을 기하학적인 방법으로 증명하려고 했다. 그들은 3차원이 현실적으로 가장 높은 차원이기 때문에 3차 방정식보다 높은 고차 방정식은 비현실적인 것이라고 생각했다. 그들은 a^2은 면적만을 나타내야 한다고 생각했다. 그러나 데카르트는 a^2과 같은 추상적인 양은 면적을 나타낼 수도 있지만 길이를 나타낼 수도 있다고 보았다. 따라서 3차원 이상의 고차원 방정식도 현실적인 의미를 가질 수 있게 되었다.

데카르트는 뉴턴과 라이프니츠가 개발한 미적분법의 기초를 만든 사람으로 평가되고 있다. 무한하게 작은 구간에서의 함수의 변화율을 다루는 미적분법은 수학은 물론 물리학의 발전에 혁명적인 변화를 가져온 수학적 방법이었다. 데카르트는 미지수를 x, y, z로 나타내는 방법을 제안했고, 거듭 제곱을 윗첨자를 써서 x^3과 같이 나타내는 방법을 고안하기도 했다.

데카르트는 초기 형태의 운동량 보존 법칙을 제안하기도 했다.

완전한 원운동을 관성운동이라고 생각했던 갈릴레이와 달리 데카르트는 직선 운동이 관성운동이라고 주장했다. 데카르트는 기하학적 방법을 이용한 반사의 법칙을 제안하여 광학 분야의 발전에도 공헌했다. 입사각과 반사각이 같아야 한다는 반사의 법칙은 일반적으로 스넬의 법칙이라고 부르지만 데카르트의 법칙이라고 부르기도 한다. 데카르트는 빛을 미립자의 흐름이라고 설명하기도 했다.

데카르트 철학의 핵심은 세계가 정신과 자연으로 이루어져 있다는 2원론이었다. 전혀 다른 성격을 가진 자연과 정신은 송과선을 통해 연결되어 있다고 했었다. 그러나 송과선도 자연의 일부인 물체였다. 그렇다면 정신이 어떻게 물체인 송과선에 머물 수 있을까? 도대체 서로 완전히 독립적인 정신과 물질 사이의 관계는 무엇일까? 데카르트는 이런 문제에 충분한 답을 제시하지 못했다, 따라서 데카르트의 철학은 철저하지 못한 부분이 있었다. 데카르트를 계승한 철학자들은 이런 문제를 해결하기 위해 신과 인간, 그리고 정신과 자연 사이의 관계를 다시 따져보지 않을 수 없었다.

스피노자의 범신론

이성을 신뢰한
철학자

　　　　포르투갈에서 종교 재판과 유대인 탄압을 피해 네덜란드로 망명한 가정에서 태어난 바루흐 스피노자는 아버지가 사망한 후 21세에 아버지의 가게를 물려받아 경영했다. 스피노자는 유대 공동체에서 전통적인 유대 교육을 받았으나 라틴어를 배우고 기독교를 접하면서 유대교에서 점점 멀어졌다. 이후 그는 데카르트의 영향을 받았고, 1651년경부터는 독자적인 철학사상을 발전시켰다. 이로 인해 스피노자는 신을 모독했다는 이유로 유대교에서 추방되었다. 1660년경 스피노자에게 내려진 파문선고의 내용은 다음과 같다.[33]

> "천사들의 결의와 성인의 판결에 따라 스피노자를 저주하고 제명하여 영원히 추방한다. 잠잘 때나 깨어있을 때나 저주 받으라. 나

갈 때도 들어올 때에도 저주받을 것이다. 주께서는 그를 용서하지 마옵시고 분노가 이 자를 향해 불타게 하소서! 어느 누구도 그와 교제하지 말 것이며 그와 한 지붕에서 살아서도 안 되며 그의 가까이에 가서도 안 되고 그가 쓴 책을 봐서도 안 된다."

이를 계기로 스피노자는 유대식 이름인 바루흐를 베네딕트로 바꾸고 철학적 진리를 탐구하는 일에만 전념했다. 1660년 라인스부르크에서 『지성 개선론』과 『데카르트 철학의 여러 원리』를 출판하였고, 1670년에는 『신학 정치론』을 익명으로 출판하였다가 비난을 받았다. 1675년에는 그의 대표작인 『에티카(윤리학)』를[34] 완성하였으나, 『신학 정치론』을 출판하여 받은 비난 때문에 생전에 출판하지 못했다.

경제적 어려움 때문에 안경에 사용할 렌즈를 연마하면서 생계를 유지하는 가운데서도 자유로운 철학활동을 보장하지 않는 곳에서는 일할 수 없다는 이유로 대학에서의 초빙을 거절했다. 그는 고독과 빈곤 속에서 『국가론』을 저술한 후 과로로 인한 폐병으로 44세에 세상을 떠났다.

스피노자는 방법론에 있어서는 기하학적인 입장을 취했고, 세계관에 있어서는 무신론적 성향이 강했던 일원론적 범신론자로 독일 관념론에 큰 영향을 끼쳤다. 그의 철학은 계몽주의 철학자들과 사회주의자들에게도 많은 영향을 주었다. 그러나 유신론자들에게는 신을 모독한 저주받은 무신론자라는 비난을 받아야 했다.

스피노자는 자연이 자연법칙을 따를 때 최고 상태에 도달하는 것과 마찬가지로, 인간 역시 그 본연의 법칙을 따를 때 최고의 덕에 도달하게 된다고 했다. 그렇다면 인간 본연의 법칙이란 무엇일까? 그것은 이성이다. 그러므로 인간은 이성에 따라 행동할 때 최고의 덕을 이룰 수 있다.

그러나 인간은 본능, 충동, 감정 등에 의해 좌우되는 존재이기도 하다. 그렇다면 이성과 감정은 서로 어떠한 관계가 있을까? 이성은 서로 충돌하며 일어나는 여러 가지 감정들을 조절하는 역할을 한다. 말하자면 여러 가지 본능이 각자의 열정에만 치우치다 보면 우리에게 결코 이롭지 못하기 때문에, 전체를 살펴서 올바른 행동을 하도록 조절하는 것이 이성이라는 것이다. 이처럼 스피노자는 감정이나 본능을 불신하는 반면에 이성에 대해서는 무한한 신뢰를 보냈다.

흔히 "내일 지구의 종말이 올지언정 나는 사과나무 한 그루를 심겠다." 라고 한 스피노자의 말을 상기하면서 그가 낙천적인 기질을 가졌을 것이라고 생각하지만 오히려 그의 철학에는 숙명적 체념과 같은 것이 담겨 있다. 천성적으로 타고난 동양적 성향으로 인해 스피노자의 학설을 불교의 가르침과 비교하는 사람도 있다.

세계를 하나로
묶은 범신론

스피노자의 가장 중요한 저서인 『에티카(윤리학)』는 유클리드의 『기하학 원론』을 모방해 정의, 공리, 정리와 그것의 증명으로 되어 있는 수학적 형식으로 된 책이다. 스피노자는 이 책을 통해 데카르트의 철학을 일원론으로 정리하려고 했으며, 기하학의 방법을 사용하여 철학을 엄밀한 것으로 만들려고 했다.

스피노자는 『에티카』에서 실체를 '그 자신 안에 있으면서 그 자신에 의해 생각되어지는 것, 다시 말해 그 개념을 형성하는 데 다른 개념을 필요로 하지 않는 것'이라고 정의했다. 실체는 스스로 존재하는 것이므로 실체의 개념 역시 다른 개념을 사용하지 않고 생각할 수 있어야 한다고 정의한 것이다. 데카르트는 정신이 자연의 진리를 인식할 수 있는 것은 우리 정신이 신으로부터 받은 '자연의 빛'을 가지고 있기 때문이라고 했다. 다시 말해 데카르트는 정신이라는 실체를 설명하기 위해 또 다른 실체인 신을 필요로 했다. 따라서 스피노자가 보기에 정신은 엄밀한 의미에서 실체라고 할 수 없었다. 데카르트의 세계를 구성하고 있던 또 하나의 실체인 자연 역시 그 존재를 위해서 신을 필요로 했으므로 자연 역시 엄밀한 의미에서 실체라고 할 수 없었다. 따라서 신 하나만 실체로 남게 되었다.

플라톤에게는 이데아의 세계가 실재하는 실체였고, 우리가 살고 있는 이 세계는 실체의 그림자에 지나지 않는 허상이었다. 데카르트의 세계는 정신과 자연이라는 두 실체가 있었다. 그러나 스피노자는 신과 분리된 자연이나 정신이 존재할 수 없다고 생각했다. 데카르트가 정신의 속성으로 생각한 사유도, 물체의 속성으로 생각한 연장도 모두 신의 속성이라고 본 것이다. 스피노자는 『에티카』 2부에서 '사유는 신의 속성이다. 또는 신은 사유하는 물체다.' 라고 정의했으며, '연장은 신의 속성이다. 신은 연장된 물체이다.' 라고 했다. 신의 속성은 사유와 연장에 한정된 것이 아니지만 우리 정신이 그 이외의 속성을 인식할 수 없을 뿐이라고 했다. 이렇게 해서 신은 우리의 정신이나 인식의 구속을 받지 않는 무한한 존재가 되었다.

스피노자의 철학에 의하면 만물은 신의 속성이 만들어낸 양태이다. 따라서 신과 자연을 구분하는 것은 가능하지 않다. 다시 말하면 우리 눈에 보이는 것이 신이다. 만물은 신의 모습이 변한 것이고, 신은 만물 가운데 있다. 따라서 물체와 우리도 하나의 독립된 존재가 아니다. 즉 세계는 하나의 존재이다. 이런 생각을 범신론이라고 부른다.

데카르트의 2원론에서 문제가 되었던 정신과 자연의 관계는 정신과 자연이 모두 신의 속성이라고 주장한 스피노자에 의해 극복되었다. 스피노자에 의하면 신은 필연적으로 우주를 만들어 왔다. 그렇지 않다면 필연적인 것의 원인을 인식하는 우리의 관념이 세계의 진리를 인식할 수 없을 것이다. 세계가 우연적이라면 참된 관념이라는 것도 존재할 수 없기 때문이다.

이렇게 해서 스피노자의 세계는 우연성이 개입할 여지가 없는 세계가 되었고, 우리 정신도 예외가 아니었다. 스피노자는 '의지는 자유로운 원인이라고 할 수 없으며 오직 필연적인 원인이라고만 할 수 있다.' 라고 설명하여 의지는 자유로운 것이라는 생각을 부정했다. 이런 생각은 독일 관념 철학을 완성한 헤겔(Georg Wilhelm Friedrich Hegel, 1770~1831)로 계승되었다.

스피노자 철학의 또 다른 특징은 그의 세계에 변화하는 시간이나 역사가 필요 없다는 것이었다. 스피노자의 체계는 필연적이고 영원한 진리를 명확하게 하기 위한 증명의 연속이었다. 인간은 변하지 않는 진리의 세계를 보고 있다. 다시 말해 인간은 현실 안에서 영원을 보고 있는 것이다. 스피노자는 이것을 '신에 대한 정신의 지적인 사랑'이라고 말했다.

스피노자의 철학만큼 후세에 다양한 평가를 받는 철학도 없다. 스피노자가 살았던 시대에서조차 그의 철학은 무신론으로 간주되어 교회로부터 이단으로 단죄되었다. 신이 자연과 정신 가운데 존재하는 이상 현실 저편에 존재하는 신이 따로 있을 수 없었다. 범신론의 이런 생각은 현실 저편에 존재하는 인격신을 전제로 하고 있는 기독교의 신앙과 양립할 수 없는 생각이었다.

헤겔은 데카르트의 2원론이 가지고 있는 모순을 넘어 세계를 한 가지 실체로 파악한 스피노자의 철학을 '모든 철학적 사색의 원조'라고 높게 평가했다. 그런가 하면 철학자이며 인류학자로 헤겔 좌파에 속했던 독일의 루트비히 포이어바흐(Ludwig Andreas von Feuerbach, 1804~1872)는 스피노자를 '근대적 자유사상가와 유물론자들의 모세'라고 했다. 스피노자의 신은 이 세상을 초월한 신이 아니라 이 세상에 나타나 있는 신, 즉 자연이었기 때문이다. 스피노자의 철학은 엄밀한 기하학적 구성에도 불구하고 이 세계 밖의 다른 세계를 만들지 않았으므로 플라톤의 세계와는 다른 것이었다. 신이 곧 자연이라는 범신론에서 신에 자연이라는 이름을 붙이면 자연을 유일한 원리로 세계를 설명하는 자연주의적인 유물론이 된다.

라이프니츠의 모나드

철학자, 수학자, 정치가, 외교관

　　수학과 철학의 역사에서 중요한 위치를 차지하는 고트프리트 라이프니츠는 독일 라이프치히에서 태어나 여섯 살 때 라이프치히 대학의 교수로 있던 아버지가 죽은 후 어머니의 가르침을 받으며 성장했다. 라이프니츠는 어려서부터 아버지의 도서관을 이용할 수 있어 다양한 분야에 대해 공부할 수 있었다. 아버지가 남긴 라틴어로 된 책들을 읽으면서 자연스럽게 라틴어를 익힌 라이프니츠는 후에 여러 가지 언어로 책을 저술할 만큼 탁월한 언어 능력을 익힐 수 있었다.[35]

　　열다섯 살이던 1661년에 아버지가 재직했던 라이프치히 대학에 등록하여 1662년에 철학 학사 학위를 받았으며 2년 후인 1664년 2월에 철학 석사 학위를 받았다. 1665년 9월에는 법학 학사 학위도 받았다. 그의 다음 목표는 법학 박사 학위를 받는 것이었지만 어린 나이로 인해 라이프치히를 떠나, 뉘른베르크에 있는 알트도르프 대학으로 가서 라이프치히에서 했던 연구 논문을 제출하고 1666년에 법학 박사 학위와 법률 자격증을 받았다.

학위를 받은 라이프니츠는 뉘른베르크의 연금술 협회 서기로 일하면서 화학에 대한 지식을 넓혔다. 그 후 마인츠후국의 정치가인 보이네부르크 남작과 알게 되어 마인츠후국의 법률고문이 되어 정치에 관여했으며 1672년에는 외교사절로 파리로 갔다. 파리에서 네덜란드 물리학자 겸 수학자였던 크리스티안 하위헌스(Christiaan Huygens)를 만난 라이프니츠는 자신의 물리학과 수학 지식이 단편적이라는 것을 깨닫고 하위헌스의 지도를 받으며 수학과 물리학을 공부하기 시작했고, 오래지 않아 수학 발전에 크게 기여한 미적분법을 발견할 수 있는 수준에 도달했다. 라이프니츠가 데카르트 철학에 대해 심도 있게 공부할 수 있었던 것도 이 때였다.

1673년에는 외교적인 일로 런던으로 가게 되자 영국 왕립협회에서 그가 설계해서 1670년부터 제작하고 있던 계산기의 시범을 보이기도 했다. 라이프니츠는 기계적 계산기 분야에서 가장 많은 발명을 한 사람 중 한 명이었다. 파스칼의 계산기에 곱셈과 나눗셈 기능을 추가했고, 최초로 대량생산된 기계적 계산기인 라이프니츠 휠을 발명하기도 했다. 라이프니츠가 그의 계산기 시범을 보인 후 영국 왕립협회는 그를 외국인 회원으로 받아들였다.

그러나 그를 후원하던 이들이 잇달아 죽자 프랑스에서의 생활이 어렵게 되었다. 따라서 1676년 브룬스빅의 제후 프리드리히의 초청을 받아들여 하노버로 갔다. 하노버로 가기 전에 잠시 런던을 방문했는

데 후에 뉴턴은 이 때 라이프니츠가 그의 출판되지 않은 미적분법 관련 논문을 미리 보았다고 비난했다. 뉴턴과의 미적분법 표절 분쟁은 라이프니츠 인생에 큰 영향을 주었다. 런던에서 하노버로 가는 도중에 라이프니츠는 헤이그에 들려 현미경 생물학 개척자 중 한 사람인 안토니 판 레벤후크(Antonie van Leeuwenhoek)를 만났고, 『에티카』의 저술을 막 끝낸 스피노자와 여러 날 심도 있는 토론을 벌이기도 했다.

하노버에서 라이프니츠는 궁정 법률 고문, 도서관리 등의 일을 하면서 미적분학, 물리학, 수학 연구를 계속했다. 라이프니츠가 미적분법에 대한 연구를 시작한 것은 1675년이었지만 이에 대한 연구결과를 출판한 것은 1684년이었다. 라이프니츠의 중요한 수학 논문은 대부분 1682년부터 1692년 사이에 출판되었다.

1708년에 영국의 존 케일(John Keill)이 라이프니츠가 뉴턴의 미적분법을 표절했다고 라이프니츠를 비난하는 글을 왕립협회지에 실었다. 이 문제에 대한 왕립협회의 공식적인 조사가 라이프니츠의 요구로 취소되자 케일의 주장이 널리 인정되면서 라이프니츠의 나머지 인생에 먹구름이 드리우게 되었다. 1900년 이후가 되어서야 수학의 역사를 연구하는 학자들은 라이프니츠와 뉴턴의 미적분이 뚜렷한 차이가 있다는 점을 들어 라이프니츠의 무죄를 인정했다. 뉴턴은 아주 작은 구간의 변화율인 미분을 변수위에 점을 찍어 나타냈고, 라이프니츠는 현재 우리가 사용하는 미분 기호인 dy/dx 기호를 사용했다. 이것은 표기법의 문제를 넘어 미분에 대한 이해와 응용에 큰 영향을 주는 것이었다.

라이프니츠는 1712년부터 1714년까지 2년 동안 비엔나로 가 신성로마 제국 합스부르크가의 법률 고문으로 일하기도 했다. 이 기간 동안에 그는 프랑스어로 된 두 편의 짧은 원고를 썼는데 그 중의 하나가 라이프니츠 철학의 핵심을 다룬 『모나드론』이었다. 이 원고는 라이프니츠가 죽은 후 독일어와 라틴어로 번역되어 출판되었다.

1714년 영국의 앤 여왕이 죽은 후 그가 일하던 브룬스빅 가문의 제후가 앤 여왕의 뒤를 이어 영국 왕 조지 1세가 되었지만 라이프니츠는 조지 1세와 함께 영국에 갈 수 없었다. 조지 1세의 아버지가 30년 전에 라이프니츠에게 부여했던 역사책을 쓰는 일을 끝내지 못한 때문이기도 했지만 뉴턴과 미적분법의 우선권 논쟁에 진 것으로 인정받고 있던 라이프니츠를 영국 공직에 기용하는 것이 당시 영국에서 큰 영향력을 가지고 있던 뉴턴에 대한 모욕으로 보일 것을 염려한 때문이기도 했다.

라이프니츠는 1716년에 하노버에서 세상을 떠났다. 결혼을 하지 않아 가족이 없었던 라이프니츠의 장례식에는 그의 개인 비서들 외에는 아무도 참석하지 않았다. 그는 왕립협회와 베를린 과학 아카데미의 회원이었지만 두 단체 모두 라이프니츠의 죽음에 애도를 표하지 않았다.

모나드(단자)와
예정조화론

라이프니츠는 수학, 물리학, 공학 발전에 많은 공헌을 했고, 정치학, 법학, 윤리학, 신학, 역사학, 철학, 언어학에 관한 편지와 메모를 남겼다. 광범위한 분야에서의 그의 연구 업적은 다양한 학술지에 실린 많은 논문들과 수만 통의 편지, 그리고 출판되지 않은 원고에 포함되어 있다. 라이프니츠가 남긴 방대한 연구 결과가 대부분 잘 정리된 책이 아니라 편지나 메모의 형태로 남아있는 것은 그가 정치나 외교와 관련된 일을 계속하며 바쁜 가운데 다양한 분야에 관한 연구를 했기 때문이었다.

라이프니츠 철학의 특징은 여러 가지 대립적인 사상을 자기 것으로 받아들여서 조화시켰다는 것이다. 라이프니츠 철학에서는 데카르트의 2원론적 세계관, 피에르 가상디의 원자론, 경험론과 합리론, 스콜라 철학의 흔적까지 찾아볼 수 있다.

라이프니츠 세계관의 핵심은 우리말로는 단자(單子)라고도 번역되는 '모나드(monad)'였다. 스피노자가 세계를 신이라는 하나의 실체로 이루어졌다고 본 데 반해 라이프니츠는 세계가 무수한 실체인 모나드로 이루어져 있다고 보았다. 라이프니츠는 물체가 공간을 차지하고 있는 하나의 연장이라기보다 무수한 점의 집합체라고 생각했다. 물체를 이루는 무수한 점들이 바로 모나드였다. 모나드는 실체이기 때문에 외부의 원인에 의해서는 변화하지 않으며, 부분을 갖지 않는 불가분의 것이었다. 변화는 어디까지나 모나드가 합쳐져 만들어진 집합체에서만 일어난다. 따라서 모나드는 데모크리토스의 원자와 비슷하지만 힘의 원리를 포함하고 있는 정신의 원자에 가까웠다.

모나드는 자신 안에 세계를 투영하는 거울이라고 할 수 있는 표상을 가지고 있었다. 라이프니츠는 모든 모나드는 전 우주를 표현하고 있다고 설명했다. 다시 말해 모든 모나드는 세계에 대한 서로 다른 이미지를 자신 안에 가지고 있었다. 모나드 안에 가지고 있는 세계에 대한 이미지가 모나드의 표상이다. 모나드가 가지고 있는 표상은 모나드의 단계에 따라 밝기가 달랐다. 물체를 이루는 가장 낮은 단계의 모나드는 흐릿한 표상을 가지고 있었고, 인간의 정신을 이루는 모나드는 선명한 표상을 가지고 있었으며, 가장 높은 단계의 모나드인 신을 이루는 모나드는 무한한 의식과 전지전능한 힘을 가지고 있었다. 모나드가 가지고 있는 표상이 모두 달랐기 때문에 세상에 같은 모나드는 없었다. 따라서 세상은 모나드의 수만큼 다양한 세상이 되었다. 모든 모나드는 외부와 단절되어 있는 창이 없는 개체였다.

그렇다면 외부와 단절되어 있는 모나드들이 어떻게 결합하여 조화로운 세상을 만드는 것일까? 라이프니츠는 이를 설명하기 위해 서로 다른 여러 시계가 똑같이 가는 것을 예로 들었다. 서로 다른 시계가 모두 똑같이 가는 것은 모든 시계가 그렇게 가도록 정교하게 만들어졌기 때문인 것처럼 모나드들이 각각의 법칙을 지켜가면서도 전체적으로 조화로운 세상을 만드는 것은 신이 미리 그렇게 만들었기 때문이라는 것이다. 이것이 '예정조화론'이다.

육체와 정신으로 이루어진 인간의 경우에도 정신은 정신을 이루는 모나드 자체의 사유원리에 따라 작용하고, 육체는 육체를 이루는 모나드의 특성에 따라 자연법칙에 의해 움직이지만 미리 예정된 신의 설계에 의해 조화를 이루어 한 사람을 만들고 있다는 것이다. 예정조화론에 의해 라이프니츠는 데카르트의 이원론과 스피노자의 범신론을 극복하고, 신의 존재를 중심으로 하는 기독교적 세계관을 확보할 수 있었다. 라이프니츠는 감각 경험을 지식의 원천으로 보는 경험론과 달리 예정조화론을 바탕으로 한 생득적 합리성을 기초로 하여 보편적인 진리의 존재를 설명하려고 했다.

"사람들은 종족의 우상, 동굴의 우상, 시장의 우상, 극장의 우상을 가지고 있다. 이런 우상에서 벗어나 올바른 진리에 도달하려면 귀납법을 이용해야 한다. 귀납법의 첫 번째 단계에서는 실험과 관찰을 바탕으로 존재목록, 부재목록, 비교목록, 제거목록을 만들어야 한다. 다음 단계에서는 목록들을 바탕으로 가설을 작성해야 한다. 마지막 단계에서는 가설의 정당성을 확인하기 위한 실험을 반복해야 한다. 실험에서 오류가 나타나면 가설을 버려야 한다."
- 프란시스 베이컨(Francis Bacon)

"자연 상태의 인간은 이기심으로 인해 만인의 만인에 대한 투쟁 상태를 만든다. 이런 투쟁 상태에서 자연권을 확보하기 위해 사회계약을 통해 국가를 만들었다. 국가는 교회로부터 독립해야 하며 국가권력은 절대적이어야 한다. 자연현상은 자연 법칙에 따르는 물질의 상호작용의 결과이며 영혼은 존재하지 않아 자연현상에 개입할 수 없다."
- 홉스(Thomas Hobbes)

"사람에게 생득관념이란 없으며 모든 관념은 경험을 통해 얻어진다. 따라서 모든 사람이 동의하는 보편적 진리는 없다. 외부 물체의 1차 성질에 의해 우리 마음 속에 관념이 생기고, 이런 관념이 다양한 감각을 만들어내는데 이것이 2차 성질이다. 2차 성질과 마음의 관계는 상대적이다."
- 로크(John Locke)

"존재하는 것은 지각(知覺)된 것이며, 지각되지 않는 것은 존재하지 않는다. 내가 지각하지 않는 동안에도 세상이 존재하는 것은 만물을 항상 지각하고 있는 신이 있기 때문이다. 신은 모든 것을 지각하는 무한 정신이기 때문에 지각하는 인간이 없는 곳에도 대상이 계속 존재할 수 있다."
- 버클리(George Berkeley)

"우리의 지식은 습관에 의해 형태가 만들어진 개연성 있는 지식이다. 수학이나 인과법칙도 귀납적으로 확립된 개연성에 불과하다. 절대적 진리나 지식은 존재하지 않지만 상대적 지식인 귀납적 지식은 신뢰할 수 있다. 정신적 실체라고 할 수 있는 자아도 인상을 바탕으로 한 관념의 다발에 불과하다."
- 흄(David Hume)

6장.

경험이
세상을 만든다

영국의 경험론

경험론을 나타내는 영어 'empiricism'은 그리스어 'empeiria'에서 유래한 말로 좁은 의미로는 색깔, 소리, 냄새 등에 대한 감각 지각을 나타내고, 넓은 의미로는 사실이나 사건에 대한 직접적인 관찰을 나타낸다. 아리스토텔레스가 경험은 감각 지각과 그에 대한 기억의 산물이라고 말한 이래 철학에서 경험은 감각적 지각을 나타내는 말로 사용되어 왔다. 따라서 경험론은 지식의 근원이 감각적 지각에 있다는 주장이라고 할 수 있다. 특히 대륙의 합리론과 대립했던 영국의 경험론은 감각적 경험만이 인간 지식의 원천이라고 보는 생각이다.

학자들 중에는 경험의 중요성을 강조한 아리스토텔레스가 경험론을 시작한 사람이라고 주장하기도 한다. 그러나 경험론적인 입장을 분명하게 밝힌 사람은 감각이 지식의 유일한 원천이라고 한 에피쿠로스였다. 에피쿠로스학파의 창시자였으며 극단적인 원자론자이기도 했던 에피쿠로스는 감각 지각은 영혼의 원자와 물체를 구성하는 원자들 사이의 접촉 결과라고 주장했다. 대표적인 스콜라 철학자였던 토마스 아퀴나스에게서도 경험론적 경향을 발견할 수 있다. 그는 감각 경험을 지식의 원천이라고 했지만 신의 존재와 관련된 지식은 논리적 논증을 통해 알 수 있다고 주장하여 모든 지식이 경험을 바탕으로 하고 있다고 생각하지는 않았다.

그러나 일반적으로 말하는 경험론은 17세기와 18세기에 영국에서 전개되었던 철학 사상을 의미한다. 17세기와 18세기의 영국은 정치적 종교적인 격변기였다. 16세기에 유럽을 휩쓴 종교개혁의 소용돌이에서 영국은 대륙의 다른 나라들과는 다른 길을 걸었다. 영국의 종교개혁은 가톨릭 교리에 대한 비판이나 교회의 부패에 대한 반발이 아니라 국왕과 가톨릭 교회 사이의 분쟁의 결과로 일어났다. 영국의 왕이었던 헨리 8세가 자신의 이혼과 결혼 문제로 교황과 대립하게 되자 1534년 수장령을 발표하고 영국 교회를 가톨릭교회에서 독립시켜 영국국교회를 만들었다. 이처럼 영국의 종교개혁은 정치적인 이유로 시작되었기 때문에 교리나 교회의 전례는 대부분 가톨릭교회의 것을 그대로 따랐다.

영국의 정치적 대변혁을 가져온 청교도 혁명이 일어난 것은 철저하지 못했던 종교개혁이 원인이 되었다. 1639년에 영국국교회 내에 존재하는 모든 가톨릭적인 제도와 의식을 배척하고 철저한 개혁을 주장했던 청교도들이 주축이 된 의회파와 왕권신수설을 주장하던 찰스 1세를 옹호하던 왕당파 사이에 내란이 일어났다. 청교도였던 올

리버 크롬웰(Oliver Cromwell)이 이끄는 철기군은 1646년 6월 옥스퍼드를 함락시켰으며, 1647년에는 찰스 1세를 와이트 섬에 유배했다가 1649년 1월에 처형했다. 그러나 크롬웰이 죽은 후 찰스 1세의 아들 찰스 2세가 다시 잉글랜드의 왕이 되면서 청교도 혁명은 실패로 끝났다. 이러한 정치적 격변을 겪으면서 영국에서는 시민들의 권리가 크게 신장했고, 철학적 논쟁이 비교적 자유롭게 진행될 수 있었다. 17세기에 영국 경험론을 발전시킨 사람들이 대부분 철학자이면서 정치학자였던 것은 이러한 시대적 배경 때문이었다.

영국의 경험론(empiricism)은 명석한 정신, 즉 이성이 자연의 진리를 인식할 수 있다고 하는 데카르트의 전제를 의심하는 것에서부터 출발했다. 경험론에서는 태어날 때부터 가지고 있는 생득관념의 존재를 부정하고 감각 경험을 통해 얻어진 인식이 세상에 대한 지식을 만들어낸다고 주장했다. 영국 경험론은 프란시스 베이컨(Francis Bacon, 1561~1626)에 의해 시작되었다고 할 수 있다. 후세 철학자들이 영국에서 발전된 철학적 경향을 경험론이라고 부르게 된 것도 데카르트와 베이컨의 차이를 나타내기 위해서였다. 철학자나 과학자라기보다는 법률가로 일생을 살았던 베이컨은 관찰과 실험을 중시하고, 개별적 경험에 근거를 두는 새로운 과학 방법을 제안하여 과학 발전에도 크게 기여했다.

베이컨이 씨를 뿌려 놓은 이러한 경험적 방법은 한 때 베이컨의 비서로 일하기도 했으며 국가 사회 계약설의 기초를 닦은 『리바이어던』을 저술한 사람으로 널리 알려진 토마스 홉스(Thomas Hobbes, 1588~1679)에게로 이어졌다. 베이컨과 데카르트를 계승한 홉스와 스피노자 역시 종종 경험론자와 합리론자로 비교되었다.

그러나 영국 경험론의 철학적 바탕을 만든 사람은 일반적으로 존 로크(John Locke, 1632~1704)라고 알려져 있다. 로크는 데카르트가 주장한 명석한 정신을 비판하고, 모든 인식을 경험을 이용하여 설명하려고 시도했다. 그는 데카르트의 생득관념을 부정하고 태어날 때의 마음은 백지였고, 모든 지식은 외부에 대한 경험을 통해 마음에 주입된 빛이라고 하였다. 그러나 경험을 유발하는 대상의 존재는 인정했다.

로크와 흄을 이어주는 역할을 한 사람은 아일랜드의 성공회 주교였던 조지 버클리(George Berkeley, 1685~1753)였다. 버클리는 대상의 존재를 인정한 로크의 주장을 반대하고 사물은 인식할 때만 존재할 수 있다고 했다. 인식하지 않을 때는 세상도 존재하지 않는다는 것이다. 버클리의 이러한 생각은 후에 '주관적 관념론'이라고 불렀다.

로크에 대한 버클리의 비판을 수용한 데이비드 흄(David Hume, 1711~1776)은 모든 지식은 감각적 경험으로부터 유래한다는 데 동의했다. 흄은 자연에 대한 지식을 포함하여 모든 지식은 축적된 감각적 경험에 의한 습관의 결과라고 주장하였다. 따라서 자연과학 지식을 포함한 모든 지식을 개연성 있는 지식이라고 주장했다.

베이컨의 실험과학

인간의 우상을 밝혀낸
대법관

엘리자베스 1세 때 대법관을 지낸 니콜라스 베이컨의 아들로 태어난 프란시스 베이컨은 케임브리지 대학에서 공부한 후에 변호사, 하원 의원, 검찰 총장 등을 거쳐서 1617년에는 대법관이 되었다. 1621년에는 뇌물 사건에 연루되어 모든 지위를 잃었다가 다음 해에 특별사면을 받은 후 복직했으나 곧 공직에서 물러나 연구와 저술에 전념하였다. 1626년 3월에 베이컨은 눈(snow)이 부패 과정을 얼마나 늦추는지를 알아보기 위한 실험을 하다 기관지염에 걸려 4월에 사망했다.

베이컨은 1620년에 『노붐 오르가논』을 출판했다.[36] 이 책은 아리스토텔레스의 논리학 『오르가논』에서 탈피해 새로운 논리학을 제시한다는 의미에서 이런 이름을 갖게 되었다. 이 책의 1부에서는 사람들이 가지고 있는 우상을 제시하고, 2부에서는 우상에서 벗어나는 과학적 방법으로 귀납법을 제시했다. 베이컨은 사람들이 가지고 있는 우상을 종족의 우상, 동굴의 우상, 시장의 우상, 극장의 우상으로 분류했다. 종족의 우상과 동굴의 우상은 개인의 심리적 상태와 연관이 있는 우상들이고, 시장의 우상과 극장의 우상은 사회적 조건과 관련이 있는 우상들이다.

종족의 우상은 인간 감각의 불완전성, 인간 이성의 한계, 인간의 감정과 욕망의 영향 등에 의해 나타나는 것으로 어떤 것을 사실로 받아들이면 이와 일치하는 사실만 받아들이고 일치하지 않은 사실은 무시하는 경향을 나타낸다. 지구가 우주의 중심이라는 믿음이나 자연에도 목적이 있다고 믿는 것과 같은 것들이 종족의 우상에 속한다. 동굴의 우상은 개인의 특유한 주관이나 선입견으로 인해 새로운 지식을 받아들일 때 자신이 원하는 것만 받아들이려고 하는 것을 말한다. 평생을 동굴 속에서 지내던 사람이 갑자기 밝은 바깥 세상에 나왔을 때 동굴 속에서의 경험으로 인해 바깥 세상에 대해 내리는 잘못된 판단이나 사고가 동굴의 우상이다.

시장의 우상은 사람들이 사용하고 있는 언어가 실체가 아님에도 불구하고 그 단어들에 집착하는 것을 말한다. 이것은 시장에서 팔고 사는 물건에 적합하지 않은 이름을 붙여 거래하는 것과 비슷하다고 보아 시장의 우상이라고 했다. 극장의 우상은 기존 학문의 체계나 권위에 기인한 우상이다. 극장에서 배우들이 공연 때 아무 생각 없이 연극 대본을 그대로 읽는 것처럼 자연현상을 그대로 보지 않고 기존 학문에 얽매여 살려고 하는 것이 극장의 우상이다. 베이컨은 아리스토텔레스의 학문은 네 가지 우상 모두를 포함하고 있으며, 연금술과 마술은 주로 동굴의 우상에, 그리고 원자론자들의 주장은 주로 극장의 우상에 젖어 있다고 했다.

베이컨은 이런 우상들에서 벗어나기 위해서는 귀납적 방법을 사용해야 한다고 주장했다. 귀납적 방법의 첫 번째 단계는 실험과 관찰을 바탕으로 어떤 현상이 발생하는 사례를 포함하는 존재 목록, 그런 현상이 발생하지 않는 경우를 포함하는 부재 목록, 그리고 존재 사례와 부재 사례를 비교한 비교 목록을 만드는 것이다. 두 번째 단계는 작성한 목록을 바탕으로 제거 목록을 작성하는 것이다. 존재 사례에 있는 현상이라고 해도 부재 사례가 존재한다면 그것은 일반적인 현상이라고 볼 수 없으므로 제거목록에 포함시킨다. 세 번째 단계는 목록들의 내용을 토대로 가설을 작성하는 일이다. 가설을 작성하기 위해서는 실험과 관찰에 인간의 이성을 더해야 한다. 네 번째 단계는 가설을 검증하는 단계이다. 가설의 정당성을 확인하기 위한 실험을 반복하여 가설이 옳다는 것을 증명해야 하며, 이 과정에서 오류가 나타나면 그 가설을 포기해야 한다. 이러한 베이컨의 주장은 과학에서의 귀납법의 위상을 확고히 하여 새로운 과학적 세계관과 방법론을 확립하는 데 크게 기여했다.

1627년에 출판한 『새로운 아틀란티스』에서 베이컨은 과학자들이 모여 귀납적인 방법으로 학문을 연구하는 과학 단체를 만들자고 주장했는데 이는 훗날 영국 왕립학회와 프랑스 과학아카데미로 실현되었다. 이들 과학자 단체는 근대과학의 요람이 되었다.

홉스의 리바이어던

사회계약론을 제안한
정치학자

　　세계가 자연과 정신으로 이루어졌다는 데카르트의 심신 이원론을 반대했으며, 영국 화학자 로버트 보일의 진공 실험을 비난하고, 진공의 존재를 인정하지 않았던 토머스 홉스는 영국 서남부 윌트셔 주에 있는 작은 마을 웨스트포트에서 목사의 아들로 태어났다. 모범적인 목사가 아니었던 아버지가 가출한 후에는 친척의 도움으로 겨우 교육을 받을 수 있었다. 옥스퍼드 대학에 진학한 홉스는 당시의 교과 과정을 좋아하지 않았기 때문에 사냥이나 몽상으로 많은 시간을 보냈다. 1608년에 옥스퍼드를 졸업한 홉스는 유력한 귀족이었던 캐번디시 가의 가정교사가 되었다.

　　1610년 홉스는 제자 윌리엄을 데리고 유럽 여행을 다녀왔다. 이 첫 번째 유럽 여행에서 홉스는 대륙의 젊은 지성인들 사이에서 스콜라 철학과 논리학의 권위가 쇠퇴하고 있다는 것을 발견했다. 1615년 영국에 돌아온 후 홉스는 소설과 희곡을 읽으며, 고대 역사가들과 시인들에 대해 연구했다. 그가 후에 영어로 번역하여 출판한 투키디데스의 『펠로폰네소스 전쟁사』는 이때 한 연구의 결과였다. 1618년과 1622년 사이의 어느 시기에 홉스는 프란시스 베이컨의 비서로서 일하기도 했다. 베이컨은 홉스가 자신의 철학을 이해하는 몇 사람 중에 하나라고 말했다고 전해진다.

1634년에 홉스는 다시 유럽여행을 떠났다. 홉스는 이 여행에서 많은 학자들과 교류했는데 그 중에는 피에르 가상디와 르네 데카르트도 포함되어 있었다. 홉스와 가상디, 그리고 데카르트는 모두 자연현상을 유물론적으로 설명하려고 했다. 그러나 가상디와 데카르트가 자연현상이 물질적 상호작용의 결과라고 설명하는 것과는 달리 비물질적인 영혼의 존재를 인정하고 있었다. 그들은 비물질적인 영혼은 자연현상에 개입하지 않는다고 보았다. 그러나 홉스는 자연 현상에 영혼이 개입하지 않는다고 주장했을 뿐만 아니라 비물질적인 영혼의 존재마저 부정했다.

홉스는 정치 사회적인 문제에 더 많은 관심을 가지고 있었다. 사회의 안정을 위해서 절대군주제의 필요성을 적극적으로 주장했던 홉스는 영국에 의회가 결성되자 신변의 위협을 느끼고 1640년에 프랑스로 망명하여 1652년까지 그곳에 머물렀다. 프랑스 망명 시절 홉스는 많은 프랑스 학자들과 교류하면서 영국인 망명객들과도 어울렸다. 프랑스에 머물고 있던 1640년에 홉스는 『시민론』을 완성했다. 홉스 철학 체계의 3부작 중 세 번째 책으로 출판된 『시민론』은 매우 엄밀한 연역적 추론에 의해 저술되어서 일반 독자가 접근하기 어려운 책이었다. 이러한 문제를 극복하기 위해서 홉스는 그의 대표작이라고 할 수 있는 『리바이어던』을[37] 썼다. 프랑스 망명 중 집필한 『리바이어던』은 1651년 영국에서 출판되었다. 1651년과 1652년 사이의 겨울에 프랑스에서 영국으로 돌아온 홉스는 건강이 나빠졌지만 다른 사람의 도움을 받아가며 집필활동을 계속했다. 홉스는 1679년 12월 4일, 91세를 일기로 세상을 떠났다.

철학자보다는 정치학자라고 하는 것이 더 어울릴 홉스는 그의 저서 『리바이어던』에서 자연 상태의 인간은 이기심으로 인해 만인의 만인에 대한 투쟁 상태를 만든다고 전제하고, 이런 투쟁 상태에서 자연권 확보를 위해 사회계약을 통해 강력한 국가를 만들었다고 설명했다. 그는 국가가 자유계약의 산물이라는 것을 강조하기 위해 자신의 저서 제목을 성경에 나오는 거대한 괴물의 이름을 따서 리바이어던이라고 지었다. 교회로부터 국가의 독립과 국가권력의 절대성을 주장한 그의 정치 철학은 영국 왕당파의 정치 논리가 되었다.

홉스는 『리바이어던』을 찰스 2세에게 헌정하려고 했지만 거절당했다. 찰스 2세는 사회계약을 바탕으로 하여 절대왕권을 이끌어낸 홉스의 생각을 못마땅하게 생각했다. 시민들 사이의 계약에 의해 왕의 권력이 정당화되는 것을 받아들일 수 없었던 것이다. 따라서 강력한 왕권을 원하던 군주들은 영국 제임스 1세에 의해 시작되어 "짐이 국가다." 라고 선포했던 프랑스 루이 14세에서 절정을 이룬 왕권신수설을 받아들였다. 왕권신수설에 의하면 왕의 권력은 신에 의해 주어진 것으로 시민은 왕권의 정당성을 논하거나 대항할 수 없다.

로크의 오성론

경험론의 기초를 닦은
철학자

존 로크는 영국 섬머셋셔에서 법조인이었으며 청교
도 혁명 때 크롬웰 편에서 싸운 의회파 기병대장의 아들로 태어났다.
부모로부터 청교도식의 교육을 받은 로크는 1647년 웨스트민스터 기
숙사학교에 입학하였고, 1652년에는 옥스퍼드 대학의 크리스트 칼리
지에 입학하여 언어, 논리학, 윤리학, 수학, 천문학을 공부했으며, 데
카르트 철학도 배웠다. 1656년 학사 학위를 받았으며, 2년 후인 1658
년에 석사 학위를 받았다. 학위를 받은 후에는 옥스퍼드에서 강사로
일하면서 의학과 과학을 공부했다. 옥스퍼드에서 공부하는 동안 로
크는 화학자였던 로버트 보일(Robert Boyle), 물리학자였던 로버트 후크
(Robert Hooke)와 같은 과학자들과 교류했다.

1665년에서 1666년 사이에는 공사 비서로서 독일의 브란덴부르

크에 머물렀는데 이를 계기로 약 10년 동안 정치와 관련된 일을 하기도 했다. 그는 이곳에서 가톨릭교도와 개신교도들이 질서 있게 서로 어울려 사는 것을 보고 종교적 관용의 실천이 가능하다는 생각을 하게 되었다. 후에 『관용에 관한 편지』를 쓰게 된 데에는 이때의 경험이 밑바탕이 되었다.

1666년에는 옥스퍼드로 폐 질환을 치료하러 온 새프트버리 백작이었던 애쉴리 쿠퍼를 만난 것이 인연이 되어 그의 수행원이 되었고 후에 그의 주치의로 일했다. 런던에서 토마스 스나이담(Thomas Sydenham)의 지도로 의학 공부를 다시 시작한 로크는 1675년에 의학 학위를 받았다. 스나이담은 로크의 자연철학에 큰 영향을 주었다. 스나이담의 영향은 『인간 오성론』에 잘 나타나 있다. 로크는 새프트버리 백작의 폐 질환이 악화되었을 때 낭종을 제거하는 수술을 권하여 완쾌시켰다.

새프트버리가 정치적으로 어려움을 겪던 1675년에는 프랑스의 여러 곳을 여행하다가 새프트버리가 다시 정계에 복귀한 1679년에 영국으로 돌아왔다. 1683년에는 정치적 사건에 연루되어 네덜란드로 망명하여 5년 동안 그곳에 머물렀다. 네덜란드에 머무는 동안 로크는 개신교도들이나 스피노자의 추종자들을 비롯한 자유사상가들과 교류했다. 스피노자는 1677년에 죽었기 때문에 그를 만날 수는 없었다. 네덜란드에 머물고 있는 동안 로크는 활발하게 저술 활동을 했다. 그의 대표적인 저서인 『인간 오성론』을 저술한 것도 이 시기였고, 가톨릭교회의 개신교 탄압에 항의하여 『관용에 관한 편지』를 쓴 것도 네덜란드에 머물던 시기였다. 『관용에 관한 편지』에서 로크는 관용이 참된 신앙을 구별하는 가장 확실한 기준이라고 주장했다.

로크는 명예혁명으로 윌리엄 3세가 즉위한 후인 1688년에 영국으로 돌아와 1690년 공소원장이 되었다. 로크는 망명 중에 저술한 『인간 오성론』과 『관용에 관한 편지』를 출판하고 유명 인사가 되었다. 로크의 건강이 악화된 1691년에 가까운 친구였던 마샴 부인이 그를 에섹스에 있는 그녀의 집으로 초대했다. 에섹스에 머물던 시기에 로크는 뉴턴과도 친분을 쌓았다. 로크는 1704년 10월 28일에 에섹스의 마샴 부인 집에서 세상을 떠났다. 로크는 결혼을 하지 않았기 때문에 다른 가족은 없었다.

『인간 오성론』[38]

로크의 철학을 담고 있는 『인간 오성론』은 로크의 대표 저서로 인간의 지식과 이해가 어디에 기반을 두고 있는가를 다룬 책이다. 모두 네 권으로 이루어진 『인간 오성론』은 근대 경험론 철학의 기초를 만든 책으로 평가되고 있다. 오성론에 대한 이야기를 하기 위해서는 우선 오성(悟性)이 무엇인지 살펴보아야 할 것이다. 넓은 의미에서 오성은 감성과 대립되는 사고능력을 말한다. 감성과 대립한다는 의미에서 오성은 때로 이성과 같은 의미로 사용되기도 하지만 일반적으로 이성이나 정신과 구별되는 것으로 본다. 플라톤은 이데아를 직관적으로 알아차리는 능력을 이성이라고 했고, 논증하는 능력을 로고스라고 했는데 로고스가 바로 오성이다.

『인간 오성론』 1권에서 로크는 주로 데카르트를 비롯한 대륙의 합리주의자들이 주장했던 생득관념을 비판했다. 그는 이 책에서 새로 태어난 아기들이 본유관념을 가지고 있다고 믿을 아무런 이유가 없다고 주장하고, 성장하면서 관념이 점차 마음속에 자리 잡게 된다고 설명했다. 로크는 아기도 일부 관념을 가지고 있다는 것을 인정했지만 그러한 관념은 자궁 안에서의 감각을 통해 얻어진 것이라고 했다. 모든 아기들이 단맛을 좋아하는 것은 본유관념 때문이 아니라 모든 사람들이 어려서부터 단맛에 노출되기 때문이라는 것이다. 로크는 합리주의자들이 보편적 진리라고 제안한 여러 가지 명제들을 반박하는 데 『오성론』 1권의 많은 부분을 할애했다.

예를 들면 백치나 아이들이 A이면 B이고, 동시에 B이면 A인 경우, A와 B는 같다는 동일성의 원리를 알 수가 없다는 것이다. 어른의 경우에도 이것을 모르는 사람들이 많다. 그렇다면 이 진리도 결국은 경험에 의해 얻어진 것이다. 각기 다른 경험을 가진 모든 사람들이 동의하는 보편적인 진리는 어디에도 없다는 것이 로크의 생각이었다.

『인간 오성론』의 2권은 모든 관념은 경험에 의해 생겨난 것이라는 것을 논증하고 있다. 로크는 인간은 백지 상태로 태어나 경험을 통해 관념을 하나하나 쌓아간다고 주장했다. 그는 관념을 외부 물체에 대한 직접적인 감각 경험에 의한 관념과 감각 경험이나 상상한 것을 수정해가는 내적 성찰에 의해 형성되는 관념으로 나누었다. 인간은 어려서부터 이 두 가지를 통해서 여러 가지 관념을 축적해 간다는 것이다. 아이들은 태어나서 수년간을 외부 세계를 바라보면서 지낸다. 이성주의자들이 낭비로 보는 유년시절이 로크에게는 여러 가지 관념을 쌓아가는 중요한 시기였다. 그러므로 로크가 말하는 경험이란 우리가 일상적으로 이야기하는 경험과 다소 다른 것이었다. 데카르트의 세계가 정신과 물질이라는 두 가지 대립되는 요소에 의해 성립되어 있다면 로크의 세계는 정신과 물질 사이에 경험과 마음 작용이 있었다.

『인간 오성론』의 2권에서는 절대자의 존재 가능성에 대해서도 체계적으로 다루었다. 그는 우리 자신에 대한 성찰과 우리 자신이 가지고 있는 특성에 대한 고찰로부터 영원불멸하고 전능하며 전지한 절대자가 존재한다는 결론을 내리지 않을 수 없다고 주장했다. 이 전능한 존재를 신이라고 부르든, 다른 어떤 이름을 붙이든 그것은 중요하지 않았다.

주로 용어의 문제를 다룬 『인간 오성론』의 3권에서 로크는 용어와 그 용어가 나타내는 관념을 연결시키고, 인간은 목소리를 조직화하여 단어를 말하고, 이 단어에 관념을 부여하고, 단어를 연결하여 언어를 만들 수 있는 유일한 존재라고 주장했다. 이 책의 10장에서는 용어를 잘못 사용하는 것의 위험성을 지적해 놓았다. 로크는 형이상학자들을 의미가 명확하지 않은 용어를 만들어내는 사람들이라고 불렀다. 그는 또한 명확한 관념과 연결되지 않은 용어를 사용하는 사람들과 용어의 의미나 용어가 가지고 있는 기준을 변화시키는 사람들을 비난했다.

로크는 이런 모호한 용어들의 사용은 오래된 용어를 끄집어내거나 분명하게 정의되지 않은 새로운 용어를 만들어 사용함으로써 발생하는 것으로 사람들을 혼란스럽게 만든다고 주장했다. 때로는 저자들이 자신들의 지식을 과시하기 위해서, 또는 자신들이 가지고 있는 관념이 좀 더 복잡하다는 것을 나타내기 위해 정확하지 않은 용어를 사용한다고도 했다.

『인간 오성론』의 4권은 지식 전반에 관한 문제를 다뤘다. 로크는 여기서 인간 지식의 한계에 대해서 논하고, 지식이 정확하고 믿을 만한 것인지에 대해 이야기 했다. 로크는 개인이 알고 있다고 주장하는 것과 그가 지식이라고 주장한 것이 실제로 지식이 아닐 수도 있다고 지적했다. 이 책의 마지막 장에서 로크는 과학을 물리학, 언어학, 윤리학으로 분류하는 분류체계를 제안하기도 했다.

　로크의 철학은 대륙의 합리주의자들은 물론 경험주의자들로부터도 비판을 받았다. 1704년에 라이프니츠는 로크의 책을 각 장별로 반박하는 『인간 오성론에 대한 새로운 평론』이라는 비평서를 출판했다. 라이프니츠는 이 책에서 본유관념을 부정한 것을 강력하게 비판했다. 라이프니츠는 로크가 내적 성찰에 의한 관념을 인정한 것은 궁극적으로는 생득관념을 인정한 것이며, 마음이 수동적이라는 경험론자들의 주장과도 일관성이 없다고 주장했다.

　영국 경험론의 대표적 철학자 중 한사람인 조지 버클리는 그의 대표적인 저서인 『인간 지식의 원리』에서 지각에 의한 관념만을 인정하였다. 그는 지각되지 않는 추상적 관념의 존재를 인정한 로크의 주장은 일관성이 없을 뿐만 아니라 심각한 모순을 초래한다고 주장했다. 그러나 로크의 철학은 데이비드 흄과 같은 경험론 철학자들의 든든한 기반이 되기도 했다. 로크의 『인간 오성론』은 여러 학자들에 의해 요약본으로 다시 출판되었다.

로크 철학의
특징

　　　　　인간이 태어날 때부터 가지고 있는 마음은 백지여서 태어날 때는 아무런 관념도 가지고 있지 않고, 관념, 즉 지식은 경험에 의해서 생기는 것이라는 로크의 생각은 데카르트의 철학과는 큰 차이를 보이는 것이다. 인간의 지식이 경험에서 유래한다는 로크의 주장은 데카르트의 생득관념에 대한 비판으로부터 출발했다. 인간은 태어나면서부터 신에 의해 주어진 생득관념을 가지고 있기 때문에 명석 판명하게 생각하는 것만으로 진리를 얻을 수 있다는 것이 데카르트의 주장이었다. 이성을 절대시하던 데카르트의 철학을 이어받은 대륙의 합리주의자들과는 달리 로크는 경험을 중시하는 실증적인 철학을 주장한 것이다. 로크는 모든 인류가 보편적인 진리를 가지고 있는 것이 아니라 경험이 다르면 관념도 다르다고 주장했다.

플라톤 이래 철학은 인간이 진리를 인식할 수 있다는 전제하에 성립되었다. 그러나 로크는 이 전제에 의문을 제기한 것이다. 로크는 정의란 무엇이라고 서술하는 명제 자체가 전제로 하고 있는 관념들은 경험에서 초래된 것이라고 주장했다. 따라서 경험을 초월한 정의, 즉 플라톤 식으로 정의된 이데아도 존재할 수 없게 된다. 왜냐하면 경험을 통해 인식하는 사물은 개별적인 특수한 사물이며 우리가 이들 사물에서 얻을 수 있는 관념도 개별적인 관념이기 때문이다. 보편적이고 일반적인 개념이 경험 이전부터 존재하는 것이 아니라는 것이다. 그러므로 보편적인 것이란 여러 가지 정의를 일괄적으로 표현하고 대표하는 단순한 기호에 불과하다고 했다.

> 이제까지 기술해온 것에서 알 수 있듯이 일반이나 보편은 실제의 사물에는 속하지 않는다. 그것은 지성이 스스로 사용하기 위해 만든 고안물, 창조물로 말이나 관념, 혹은 기호만으로 알 수 있을 뿐이다. 보편성은 모두 특수한 존재인 사물에는 속하지 않는다. 의미를 나타내는 점에서는 일반적인 말과 관념에도 속하지 않는다. 그

러므로 특수한 것을 빼고 남는 것은 우리들이 만든 창조물일 뿐이다. 일반성은 지성이 부여한 능력, 즉 많은 특수한 것을 나타내고 대표하는 능력임에 틀림없다. 『인간 오성론』

로크의 이런 주장은 보편적인 이데아만이 실재한다고 설명하는 플라톤주의와 반대되는 사상이다. 로크의 주장은 보편적인 것은 단지 이름으로서만 존재한다고 주장했던 유명론에 속한다. 이와 반대로 물체의 본질을 연장이라고 일반화하여 좌표 위의 숫자로 표시할 수 있는 보편성을 추구했다는 점에서 데카르트의 철학은 플라톤주의에 가깝다. 그러나 로크에서 시작하는 영국의 경험론에서는 보편적인 것의 실체를 인정하지 않음으로써 대륙 합리주의를 반대했다. 데카르트에게 있어서는 물체의 본질이 연장이므로 역학 법칙이라는 자연의 진리를 우리가 인식할 수 있게 되었다. 그런데 로크에 있어서는 자연에 대한 물리학적인 인식조차도 수학과 같은 엄밀함을 가질 수 없었다. 왜냐하면 물리학적인 인식도 우리의 경험을 기초로 한 관념에 의해서만 기술되기 때문이다.

여기서 철학의 어려운 문제가 등장한다. 우리가 태어나면서부터 어떤 관념을 가지고 있는 것이 아니라 우리의 모든 지식이 궁극적으로 경험에 바탕을 둔 것이라면 인간은 어떻게 객관적인 지식을 가질 수 있는가 하는 문제이다. 경험은 사람에 따라 다르지만 객관적 지식은 모든 사람들에게 공통된 것이기 때문이다. 로크 이전의 오랜 시간 동안 철학에서 개인적인 경험을 중요시하지 않은 것은 이 때문이었다.

로크는 이 문제를 타협을 통해 해결하려고 했다. 로크는 우리 마음에 관념을 낳는 물체의 힘을 물체의 성질이라고 했다. 다시 말해 우리 마음에 관념이 떠오르기 위해서는 외부에서 오는 원인이 있어야 한다. 로크는 우리 마음에 관념이 생긴다는 사실에 의해 사물의 존재는 입증될 수 있다고 했다. 다시 말해 우리 마음에 관념이 생긴다는 사실이 외부 세계의 존재를 증명한다는 것이다.

물체에는 그것이 어떻게 변화되어도 변하지 않는 성질이 있는데 로크는 이 성질을 일차 성질이라고 했다. 물체의 일차 성질에 의해 견고성, 연장, 형상, 운동 또는 정지, 수 등의 관념이 마음에 생긴다. 물론 이런 관념들은 물체의 유사물이고 그 원형은 물체 자체에 실재한다는 것이다. 로크는 이렇게 해서 엄밀하지는 않았지만 자연과 그것을 인식하는 정신 사이의 연결을 확보했다. 데카르트의 연장에서 여러 가지 속성이 파생했듯이 일차 성질에서도 물체의 여러 가지 성질이 파생하여 마음에 다양한 감각을 생기게 한다. 이것을 이차 성질이라고 불렀다. 예를 들면 불은 어떤 때는 따뜻함을 느끼게 하지만 어떤 때는 고통을 준다. 따뜻함이나 고통이 불이 우리 마음에 생기게 한 이차 성질인 것이다. 그런데 이차 성질과 우리 마음의 관계는 어디까지나 상대적이다. 따라서 우리가 자연을 인식할 때 중요한 것은 이차 성질이 아니라 과학의 분석 대상이 되는 일차 성질이다.

경험론의 등장은 철학이 이제까지 세계 존재의 근거였던 초월적인 원리로부터 자유롭게 되었다는 것을 의미했다. 그러나 로크의 대륙 합리론에 대한 비판은 아직 불충분했다. 로크는 인간이 태어날 때부터 가지고 있다는 생득 관념을 비판했지만 인간이 어떻게 자연의 진리를 인식할 수 있는가 하는 문제를 해결하기 위해 물체의 일차 성질과 정신의 단순한 관념을 대응시켰다. 따라서 어떻게 일차 성질과 단순 관념이 대응할 수 있는가 하는 의문이 생길 수밖에 없었다.

로크의 정치철학

로크는 헌정민주정치와 개인의 자연 권리를 주장한 사람으로도 잘 알려져 있다. 로크의 사상은 미국 독립의 밑거름이 되었고, 프랑스의 계몽주의 운동과 프랑스 대혁명에 큰 영향을 주었다. 따라서 로크는 서구 문화와 정치 및 사회 발전에 큰 영향을 끼친 계몽주의 운동을 시작한 사람으로 평가되기도 한다.

로크는 자연 상태의 인간은 신으로부터 공평하며 정당하게 대우받을 권리와 재산을 소유할 수 있는 권리를 부여 받았다고 주장했다. 다른 사람들의 동의 없이 자신의 재산을 소유할 수 있는 권리를 가지고 있다는 로크의 생각은 재산의 소유를 위해서는 다른 사람의 동의가 필요하다고 했던 다른 철학자들의 생각과 다르다. 그러나 로크는 자신이 사용할 수 있는 한도 안에서 소유해야 하며 그 이상 소유하는 것은 자연법에 어긋난다고 했다.

로크는 자연 상태의 인간은 자유를 누릴 수 있고, 재산을 도둑질하는 사람을 처벌할 권리를 가지고 있다고 했다. 그러나 인간은 자신의 권리를 더 효과적으로 지키기 위해 사회적인 계약을 맺고 국가를 만들었고. 사회 계약에 의하여 만들어진 국가는 절대 권력을 가질 수 없다고 주장했다.

로크는 국가가 절대 권력을 행사하는 독재국가가 되는 것을 방지하기 위해 법을 만드는 입법부와 정해진 법에 의해 통치하는 행정부가 독립되어야 한다는 2권 분립론을 제안했다. 로크의 입법부와 행정부의 2권 분립론은 후에 프랑스의 계몽 사상가 몽테스키외에 의해 3권 분립론으로 발전했다. 로크는 국가가 제 기능을 제대로 수행하지 못할 때는 사회 계약에 의해 국가에 권력을 위임한 국민이 권력을 되찾아올 수 있다고 했다. 로크의 이런 정치사상은 영국에서 의회가 제임스 2세를 쫓아낸 명예혁명을 정당화했고, 미국 독립 혁명과 프랑스 혁명의 사상적 기초가 되었다.

버클리의 주관적 관념론

철학에 심취한
성직자

         아일랜드의 귀족 집안에서 태어난 조지 버클리는 킬케니 칼리지와 더블린에 있는 트리니티 칼리지에서 교육 받았다. 버클리가 사람들의 주목을 받기 시작한 것은 1709년 『시각에 대한 새로운 이론을 위한 소론』을 발표한 후부터였다. 이어 1710년에는 『인간 지식의 원리론』을 출판했고, 1713년에는 『힐라스와 필로누스의 대화』를 출판했다. 이 책들에서 버클리는 '세계의 존재가 지각에 의존한다'고 주장했다. 1714년에서 1720년 사이에 버클리는 유럽 여러 나라를 여행하면서 자신의 학문적인 노력을 유럽 곳곳에서 인정받았다. 1721년 그는 성공회 성직자로 서품을 받았고, 신학박사학위를 취득했으며, 더블린에 있는 트리니티 칼리지로 돌아와 신학과 히브리어를 강의했다. 1724년 그는 데리의 사제장으로 임명되었다.

1725년에 버클리는 식민지에서 활동할 성직자를 훈련시키기 위해 버뮤다에 대학을 설립할 계획을 세웠다. 그는 이 계획을 실현하기 위해 1,100파운드의 급료를 받는 사제장직을 포기하고 수입이 100파운드가 안 되는 선교사가 되어 미국으로 갔다. 그는 로드아일랜드의 플랜테이션 농장을 사들여 농장을 경영하면서 1731년 세 명의 노예에게 세례를 주었고, 왜 식민지에서 기독교가 노예를 지원해야 하는지, 그리고 노예들은 왜 기독교인이 되어 세례를 받아야 하는지를 설명하는 설교를 했다.

버클리는 버뮤다에 세울 대학을 위한 자금 지원을 기다렸지만 자금이 지원되지 않자 1732년 런던으로 돌아왔다. 1734년에 그는 클로인의 주교로 임명되었다. 그 후 곧 『알치프론, 또는 세심한 철학자』를 출간했으며, 1734년에서 1737년 사이에 『질문자』를 출판했다. 타르-물(tar-water)이 만병통치약이라고 믿고 있던 버클리는 타르-물이 가지고 있는 치유능력의 과학적 근거를 밝히는 책을 썼는데 그 책이 버클리의 최고 베스트셀러가 된 『시리스』였다. 1752년에 은퇴한 후 옥스퍼드에서 아들과 함께 살던 버클리는 다음 해인 1753년에 세상을 떠났다.

주관적 관념론

버클리가 1710년과 1813년에 출간한 『인간 지식 원리론』과[39] 『하일라스와 필로누스의 세 대화』에는 버클리의 철학이 잘 나타나 있다. 버클리 철학의 핵심은 '존재하는 것은 지각된 것이다(Esse est percipi)' 라는 말로 요약할 수 있다. 이 말은 '지각되지 않는 것은 존재하지 않는다.' 라는 말과 같은 뜻이다. 버클리의 이런 주장은 지각하는 주체의 존재를 전제하고 있는 것이어서 엄격하게 말하면 지각하는 것만이 존재하는 것이 아니라 존재하는 것은 지각하는 주체와 지각된 것이라고 해야 할 것이다.

버클리의 이런 주장은 우리의 상식적인 세계관과 많이 다르다. 우리 감각기관이 대상물을 감각할 때 우리는 그런 감각을 야기하는 대상물이 존재하고, 우리 감각기관이 지각하는 것은 대상물과 일치한다고 생각한다. 다시 말해 우리가 어떤 물체를 보는 경우 시각의 대상인 물체가 존재하고, 우리가 시각을 통해 지각한 대상물의 모양, 크기, 색깔 같은 것들은 대상물이 가진 성질과 일치한다고 생각한다. 그러나 버클리는 실제로 존재하는 것은 대상이 아니고, 우리의 지각만이 실제로 존재한다는 것이다. 따라서 우리가 지각한 것은 외부 대상 자체일 수 없다. 만약 대상이 실제로 존재한다면 그것은 지각하는 주체와 관계없이 독립적으로 존재해야 한다. 그러나 지각은 지각하는 주체가 지각할 때만 존재한다. 따라서 지각하는 것만 존재한다는 것은 지각 주체에 의존하는 것만 존재한다는 뜻이 된다.

버클리는 지각된 것만 존재한다는 것을 보여주기 위해 몇 가지 예를 들었다. 만약 한 손은 차가운 물에 담그고 있고, 다른 손은 따뜻한 물에 담그고 있다가 두 손을 미적지근한 물에 넣는 경우, 한 손은 물이 차갑다고 느끼고, 다른 손은 물이 뜨겁다고 느낄 것이다. 버클리는 같은 물을 차갑게 느끼기도 하고 뜨겁게 느끼기도 하는 것은 온도가 물의 고유한 성질이 아니라 우리의 지각에 지나지 않기 때문이라고 했다. 버클리는 관찰자의 크기나 대상물까지의 거리에 따라 물체의 본질적인 성질인 크기나 모양도 다르게 지각되기에 이 또한 대상의 성질이 아니라고 했다. 버클리는 기본적인 성질이나 부차적인 성질이 모두 물체에 속한 것이 아니라 지각하는 주체에 의한 것이라면 어떻게 우리가 지각하는 것과 독립적인 대상이 존재한다고 할 수 있겠느냐고 반문했다. 칸트의 올바른 계승자라고 자처하고, 피히테, 셸링, 헤겔이 칸트의 사상을 왜곡했다고 비난했던 독일 철학자 아르투어 쇼펜하우어(Arthur Schopenhauer, 1788~1860)는 "버클리는 최초로 주관적인 지각을 진지하게 취급했고, 지각의 절대적인 필요성을 반박할 수 없게 논증했다. 그는 관념론의 아버지이다." 라고 버클리를 평가했다.

로크의 생각이 무신론으로 이어질 가능성이 있다고 본 버클리는 지각하는 것만이 존재한다는 생각을 바탕으로 무신론을 극복하고 유신론을 정당화하려고 시도했다. 만약 대상이 지각의 주체와 관계없이 독립적으로 존재한다면 세상만물은 신의 도움 없이 스스로 움직이고 존재할 수 있다. 다시 말해 신의 존재가 필요 없게 된다. 그러나 지각하는 것만이 존재한다면 어떤 대상이 존재하기 위해서는 누군가가 지각해야 한다. 내가 대상을 지각하는 동안에 나에게 그 대상이 존재한다. 내가 대상을 지각하지 않는 동안에는 나에게는 그 대상이 존재하지 않지만 그것을 지각하는 다른 사람에게는 그 대상이 존재한다. 그렇다면 어떤 대상을 아무도 지각하지 않는다면 어떻게 될까? 그 대상은 존재하지 않게 되는 것일까? 하지만 세상 만물을 항상 지각하고 있는 존재가 있다면 이런 문제가 일어나지 않는다. 세상 만물을 항상 지각하고 있는 존재가 바로 신이다. 버클리는 우리가 하는 지각은 신의 정신이 우리 정신 속에 만들어 낸 하나의 관념이며, 신은 모든 것을 지각하는 무한한 정신이기 때문에 지각하는 인간이 없는 곳에서도 대상이 계속 존재할 수 있다고 주장했다.

버클리는 지각하는 것만 존재한다는 구호를 내걸고 거창하게 시작했지만 결론은 싱거운 느낌이다. 평생을 신학자이며 사제로 살았던 버클리가 자신의 철학적 결론을 신에게서 찾은 것은 어쩌면 당연한 것일 수도 있다. 그러나 버클리의 이런 생각은 영국의 경험론을 철저하게 한 흄에게로 계승되었다. 흄은 버클리가 인정한 신의 존재를 부정하고 정신을 감각적 인상의 다발이라고 설명함으로써 관념론적 세계관을 더욱 확고히 하였다.

흄의 상대적 지식

역사학자로 더 큰 명성을 얻었던
철학자

영국의 대표적 경험론 철학자 중 한 사람인 데이비드 흄은 에든버러에서 법률가의 둘째 아들로 태어났다. 흄이 두 살 때 아버지가 사망한 후 어머니가 형제들을 키웠다. 아버지가 죽은 후 충분한 재산을 물려받지 못한 흄은 경제적으로 어려운 생활을 해야 했다.

흄의 어머니는 열렬한 칼뱅파 신교도였지만 흄은 어려서부터 기독교를 거부했다. 그러나 이 일로 어머니와 갈등을 겪지는 않았다. 그것은 아마도 흄이 자신의 생각을 숨겼기 때문이었을 것이다. 항상 온화한 성품을 가지고 있었던 흄은 논쟁을 즐겨 하지 않았다. 흄은 열두 살 때 에든버러 대학에 입학했다. 당시 많은 학생들이 열네 살 정도에 대학에 간 것과 비교하면 흄이 조숙했었다는 것을 알 수 있다. 흄은 에든버러 대학에서 3년간 공부했으나 학위를 받지는 않았다.

에든버러 대학에서 흄은 그리스어, 논리학, 형이상학, 자연 철학, 윤리학, 수학을 공부했다. 대학에서의 공부를 통해 흄은 로크와 뉴턴에 대해 알게 되었다. 에든버러 대학에서 3년 동안의 공부를 마치고 고향으로 돌아온 흄은 법률가가 되어 가업을 잇기를 바라는 가족의 뜻에 따라 법학 공부를 시작했다. 그러나 철학과 역사를 포함한 인문학에 대한 열정으로 인해 법률 공부를 포기했다. 흄은 자서전에서 인문학에 대한 열정이 자신의 삶을 지배하고 있었고, 즐거움의 근원이었다고 회상하고, 철학이나 인문학 이외에는 참을 수 없을 만큼 혐오를 느꼈다고 회고했다.

철학 공부를 시작한 흄은 10년 정도 열정적으로 책을 읽고 글을 쓰는 일에 몰두했다. 그러나 흄은 신경 쇠약과 같은 건강상의 문제로 잠시 연구를 중단해야 했다. 1734년 흄은 스코틀랜드를 떠나 잉글랜드 서부에 있는 브리스톨로 갔다. 브리스톨에서는 설탕 도매상의 사무직 일을 하였으나, 얼마 안 되어 그는 이 일이 자신에게 적합하지 않다고 판단하고 일을 그만두었다. 브리스톨에서 보낸 시간은 짧았지만, 그 시간이 남긴 흔적은 분명하다. 브리스톨의 발음에 따라 원래 홈(Home)이었던 그의 성이 흄(Hume)으로 바뀐 것이다. 짧은 브리스톨에서의 생활을 끝낸 흄은 프랑스로 가서 3년 동안 생활했다.

프랑스에 머물던 1736년에 흄은 그의 대표작인 『인성론』 1권과 2권을 완성했다. 이 책은 흄이 런던으로 돌아온 후인 1739년 1월에 출판되었다. 다음 해인 1740년 11월에는 『인성론』 3권이 출판되었다.[40] 『인성론』은 제1권 『오성』, 제2권 『감정』, 제3권 『도덕』으로 구성되어 있다. 흄의 『인성론』은 그다지 좋은 평가를 받지 못했다. 흄은 『인성론』에 대한 무관심이나 비판이 이 책의 내용이나 자신의 생각에 문제가 있어서가 아니라 독자들이 자신의 견해를 제대로 이해하지 못했기 때문이라고 생각했다.

흄은 자신의 생각을 독자들에게 더 확실하게 전달하기 위해 『인성론이라는 제목의 최근 철학적 저작의 개요』라는 책을 출판했다. 이 책에는 『인성론』에 제기되었던 비판에 대한 반박이 실려 있었다. 그러나 이 책은 당시에는 거의 주목을 받지 못하다가 1900년대가 되어서야 몇몇 학자들에 의해 연구되었다.

흄은 1741년과 1742년에 『도덕과 정치 논평』을 '새로운 저자'라는 익명으로 출판했다. 여러 영역을 망라해 총 27권으로 된 이 책은 익명으로 출판했음에도 큰 성공을 거두었다. 이 책이 성공을 거둔 후 흄은 에든버러 대학 교수로 가려고 했지만 그를 무신론자라고 반대하는 사람들로 인해 뜻을 이루지 못했다. 에든버러 대학 교수로 가려던 계획이 좌절된 흄은 잠시 동안 젊고 괴팍한 귀족의 가정교사를 하면서 글을 썼으나 1년 만에 그만 두고, 먼 친척 장군의 비서가 되어 비엔나와 투린에서 생활했다. 흄이 『인간 오성에 관한 연구』를 쓴 것은 이 시기였다. 『인성론』의 1권을 부분적으로 수정하고 보완한 이 책에서 흄은 인과성이라는 핵심 주제를 확실하게 부각시켰으며, 공간과 시간에 대한 논의는 제외했고, 기적을 다룬 하나의 장을 추가했다.

프랑스에서 돌아와 고향에 머물던 흄은 출판했던 책들이 실패했다고 생각하고 더욱 저술에 매진하여 1751년에 『도덕 원리에 관한 연구』, 1752년에 『정치론』을 출판하였다. 흄은 1751년에서 1751년까지 에든버러 변호사 협회 도서관의 직원으로 일하면서 저술에 필요한 많은 책들을 쉽게 접할 수 있었다. 1754년부터 1762년까지 흄은 여섯 권으로 된 영국의 역사서를 썼다. 역사에 대한 흄의 관심은 그 후에도 오랫동안 지속되어 훨씬 후인 1688년에도 『율리우스 케사르의 침입에서 1688년 혁명까지의 영국 역사서』를 출판하였는데 이 책은 큰 성공을 거두었다. 잇달아 출판한 역사서의 성공으로 동시대인들에게 흄은 철학자로서보다 역사학자로서 더 널리 알려지기도 했다.

영국 역사서를 출판한 후인 1763년에는 프랑스 주재 영국 대사의 비서로 다시 프랑스로 갔다. 파리에서 계몽 철학자들과 교제하던 흄은 1766년 사회 계약론을 주장했던 계몽주의 철학자 장자크 루소(Jean-Jacques Rousseau, 1712~1778)와 함께 영국으로 돌아왔다. 영국으로 돌아온 흄은 한 동안 다벤포트에서 루소와 함께 생활하며 서로 존중하는 관계를 유지했지만 두 사람의 관계는 오래 가지 못했다. 영국 철학자들이 루소를 비난한 것을 흄의 탓이라고 생각한 루소가 1767년에 말 한마디 없이 프랑스로 돌아감으로써 두 사람 사이의 관계가 끝났다. 1767년부터 2년 동안 런던에서 국무성 차관으로 근무한 흄은 1769년 에든버러로 돌아왔다. 1775년 봄에 흄은 건강이 급격히 나빠졌고, 1776년 8월 25일 65세를 일기로 세상을 떠났다.

개연성 있는 지식

흄은 『인성론』의 서문에서 "모든 과학은 정도는 다르지만 인간의 본성과 관련을 가지고 있다. 수학과 자연 철학은 모두 어느 정도 인간 과학(science of man)과 관련되어 있으며, 인간 과학만이 다른 과학의 든든한 기초가 된다"고 했다. 그리고 과학은 경험과 관찰만을 기초로 하고 있다고 했다. 흄은 인간 과학에 당시에는 자연 철학이라고 불렸던 실험 과학 방법을 적용하려고 했다.

당대에는 역사학자로 더 큰 이름을 떨쳤던 흄이지만, 오히려 현대에 들어서 그는 과학의 논리적 분석 방법을 철학에 적용하는 '논리실증주의'의 선구자로 인정받고 있다. 20세기 중엽 오스트리아의 비엔나에서 활동했던 철학자들로 구성된 비엔나 써클이 이를 뒷받침한다. 이들은 경험에 의해 참이나 거짓이라는 것을 증명할 수 없는 명제는 무의미한 명제라고 주장했는데, 이는 흄의 주장과 흡사한 것이다. 이런 면에서 보면 흄은 논리실증주의의 선구자로서 경험에 의한 것만을 받아들이는 철학의 바탕을 마련한 사람이라고 할 수 있다.

　　그러나 흄이 스스로를 소극적인 회의론자라고 한 것을 근거로 흄을 회의적 사실주의자로 보아야 한다고 주장하는 사람들도 있다. 데카르트에서 시작된 근대 철학은 우리 정신이 자연의 진리를 인식할 수 있다는 확신에서 출발했다. 그러나 흄은 우리의 지식은 습관에 의해 형태가 만들어진 개연성 있는 지식에 불과하다고 주장하고 자신의 이런 생각을 회의론이라고 불렀다. 로크는 물리적인 인식을 개연적인 것이라고 생각했지만 흄은 철학이 이제까지 가장 순수하고 필연적인 지식이라고 생각해온 수학마저도 개연적인 지식에 불과하다고 주장했다. 데카르트가 생각한 두 가지 실체인 정신과 물체가 실제로 존재하는지조차도 우리로서는 알 수 없다는 것이다.

　　흄은 인간의 경험에 앞서 규정된 인과론이나 도덕, 신에 대한 관념과 같은 것들의 존재를 인정하지 않았다. 흄은 관념론의 기초가 되는 인과론도 회의하였다. 흄은 인과론이 습관에 의해 귀납적으로 확립된 개연성에 불과하다고 보았다. 그는 원인과 결과에 대한 원칙이 먼저 있는 것이 아니라 원인과 결과에 대한 경험이 인과론이라는 비교적 강한 개연성을 가지는 법칙을 확립해나갔다고 주장했다. 즉,

우리가 필연적이라고 부르는 것들은 사실 개연성이 클 뿐이라는 것이다.

흄은 정신을 경험에 의해 받아들여진 지각의 다발 또는 집합이라고 했다. 데카르트는 물체와 정신이라는 두 가지 실체를 바탕으로 근대 철학의 바탕을 마련했지만 흄은 물체도 정신도 실체의 자리에서 끌어내린 것이다.

그러나 흄이 모든 진리의 존재를 인정하지 않은 것은 아니다. 흄은 절대적인 진리와 지식이 차지하고 있던 자리에 건전한 상식을 앉혔다. 흄은 이제까지는 절대적인 지식이 아니라는 이유로 철학에서 논외로 취급되던 관념의 연합과 습관이라는 상대적인 지식을 신뢰했다. 흄이 생각한 지식은 가설로서의 지식으로 근대 과학의 두 기둥인 연역에 대응하는 귀납적 지식이며, 실험에서 얻어지는 개연성 있는 지식이었다.

흄의 철학에서 인간의 심리 현상의 첫 번째 요소는 로크와 마찬가지로 관념이었다. 그러나 로크는 암묵적으로 우리와 독립적으로 존재하는 대상의 존재를 인정하여 자연과 정신의 2원론을 받아들이고 있었다. 흄은 로크의 이러한 생각에 반대하고, 관념의 원천은 경험에 의한 인상(impression)밖에 없다고 하였다. 그러나 지식의 기원이 인상에서 오는 관념밖에 없다고 한다면 우리의 지식은 습관에서 얻어진 개연성에 의존할 수밖에 없게 되어 객관성을 상실해버린다. 정신적 실체로서의 자아도 결국 인상을 바탕으로 만들어진 관념의 다발에 지나지 않게 된다. 따라서 우리가 알 수 있는 지식은 절대적인 것이 아니라 단순한 개연성에 불과하게 된다. 따라서 자연과학에서 법칙이라고 부르는 것들도 모두 개연성이 큰 사실에 불과하게 되었다.

흄은 도덕을 감정의 문제라고 생각하고, 동정(Sympathy)을 도덕의 심리적인 기초로 보았다. 원래는 주관적이었던 도덕 감정이 제3자의 동감에 의해 객관적 타당성과 사회성을 얻는다 했다. 이런 주장은 공리주의적 도덕론의 선구가 되었다.

"공화정은 덕에 의해, 군주정은 명예에 의해, 그리고 독재정은 공포에 의해 통치한다. 국가 권력은 행정부, 입법부, 사법부로 엄격하게 분리되어야 한다. 삼권분리 제도가 확립되지 않으면 반드시 독재자가 나타나게 된다. 법은 각국의 환경에 적합한 고유한 것이어야 한다."
- 몽테스키외(Charles-Louise Montesquieu)

"영국에 종교가 하나였다면 독재자가 되었을 것이고, 두 개였다면 서로를 죽였겠지만 30개의 종교가 있어 평화롭게 공존할 수 있다. 광신은 무신론보다 훨씬 해롭다. 종교란 오직 하나님을 경외하는 마음에 의해 생명력을 이어갈 수 있다. 교회의 가르침을 실천하기 위해 오직 선을 행해야 한다."
- 볼테르(Voltaire)

"인간은 자유롭게 태어났지만 사회 속에서 사슬에 묶여있다. 인간의 천부적 자연권인 자유와 평등이 보장되는 자연으로 돌아가라. 인간 불평등의 원인은 사유재산, 주인과 노예 제도, 그리고 국가권력이다. 자유의사에 의한 합의를 바탕으로 법을 만들어야 국가의 정당한 지배가 가능하다."
- 루소(Jean-Jacques Rousseau)

"세계는 스스로 움직일 수 있으므로 세계를 움직이는 신이 필요 없으며 인간 내부에 사유의 주체가 있다고 가정할 필요도 없다. 정신 활동 역시 다른 신체 기능과 마찬가지로 기계적 작용에 불과하다. 종교야말로 삶을 교란시키는 나쁜 것이다."
- 라메트리(Julien Offrey de la Mettrie)

"인간의 의식은 생리학적 기능과 내장 활동에 의해 나타나는 것이다. 영혼은 존재하지 않으며 신경 다발이 인간의 모든 것이다. 뇌에서 의식이 생기는 것은 간이 담즙을 배출하는 것과 근본적으로 다를 것이 없다."
- 카바니스(Pierre Jean Georges Cabanis)

7장

세상이여
깨어나라!

영국의 명예혁명 1688

몽테스키외 1689~1755

볼테르 1694~1778

라메트리 1709~1751

루소 1712~1778

카바니스 1757~1808

프랑스 대혁명 1789

계몽주의

계몽주의란 17세기와 18세기에 정치, 사회, 철학, 과학 분야에서 전개되었던 사회 진보 및 지적 사상운동을 말한다. 계몽이라는 말은 몽매한 상태를 깨우친다는 뜻이다. 이 말은 영어로는 Enlightenment(프랑스어: Lumières, 독일어: Aufklärung)로 나타내지는 말을 번역한 것으로 원래의 뜻은 빛을 비추어 밝게 한다는 뜻이다. 계몽주의는 절대 왕정과 강력했던 로마 가톨릭교회의 절대 권위에 대한 도전으로 시작되었다. 다시 말해 절대 왕정과 교회의 절대 권위에 의해 드리우고 있었던 어둠을 걷어내고 인간 이성에 빛을 비추자는 운동이었다고 할 수 있다. 계몽주의 사상가들은 오랫동안 인권을 짓눌러온 권위들을 밀어내고 그 자리에 인간의 이성과 자유로운 탐구라는 새로운 가치를 앉혀야 한다고 주장했다.

유럽에서 전개된 계몽주의는 인간의 지성 혹은 이성의 힘으로 자연과 인간, 사회, 정치에 내재되어 있는 보편적 진리를 발견하고, 그러한 법칙에 대한 이해를 바탕으로 사회를 발전시키려고 했던 시대정신이다. 인간의 존엄과 평등, 자유권을 강조하고 중세 유럽을 지배한 전제군주와 종교와 신학의 족쇄로부터 인간을 해방할 것을 주장했던 계몽주의 사상가들은 국가는 국민의 권리를 보장하고 유지하기 위해 존재하는 수단이 되어야 한다고 주장했다. 국가의 존재는 국민의 동의를 전제로 하고 있으므로, 국가가 책임을 다하지 않아 국민이 지지를 철회하면 국가는 더 이상 존재할 수 없게 된다. 이러한 계몽사상은 17세기와 18세기에 일어났던 시민혁명에 큰 영향을 끼쳤다.

그러나 계몽주의를 하나의 사상으로 묶기는 어렵다. 계몽주의 사상가들로 분류되는 사람들도 서로 다른 다양한 견해를 가지고 있었다. 따라서 계몽주의는 특정한 사상을 가리키는 말이 아니라 특정한 가치를 가리키는 말이라고 할 수 있다. 계몽주의 사상가들은 전통적 관습, 의례, 도덕에 대해 비판적이었다는 공통점을 가지고 있었다. 전통을 비판한 계몽주의 사상가들은 형이상학보다는 상식이나 경험을 중요하게 생각했고, 권위보다는 개인의 자유를 우선시했으며, 특권보다는 평등한 권리와 교육을 지향하였다.

계몽주의 운동은 독일, 영국, 프랑스, 네덜란드, 이탈리아, 스페인, 포르투갈 등지에서 거의 동시에 시작되었고, 폴란드, 리투아니아 연방, 러시아, 스칸디나비아를 비롯한 다른 유럽 국가들에서도 이런 움직임이 뒤따랐다. 미국 독립 선언과 영국 권리 장전, 프랑스 인권선언, 폴란드, 리투아니아 연방에서 제정한 헌법은 계몽사상의 영향을 받아 만들어졌다.

프랑스 혁명 이전에 시작된 프랑스의 계몽사상은 몽테스키외(Chales-Louise Montesquieu, 1689~1755), 볼테르(Voltaire, 1694~1778), 루소(Jean-Jacques Rousseau, 1712~1778), 디드로(Denis Diderot) 등을 중심으로 한 백과전서파가 주도했다. 드니 디드로는 전통적 제도와 편견에 대한 투쟁을 위해 프랑스인을 위한 새로운 백과전서를 출판하기로 했다. 볼테르, 몽테스키외, 루소를 비롯한 많은 집필진들이 참여하여 1751년 제1권을 출판하였으나 가톨릭교회와 절대 왕정을 강하게 비판한 것이 문제가 되어 당국으로부터 발행을 금지 당하였다. 이런 어려움에도 불구하고 디드로는 1772년까지 본문 19권, 도표 11권으로 된 대사전을 완성하였다. 많은 집필진이 참여했기 때문에 전체적으로 통일성은 결여되었으나 계몽사상의 발전에 큰 역할을 하였다. 프랑스의 계몽사상은 민중들에게 지배계급의 착취와 억압은 혁명을 통해 제거되어야 한다는 사회개혁 의지를 심어주어 프랑스 대혁명의 계기가 되었다. 프랑스 대혁명의 사상적 바탕이 되었던 이러한 사회의식은 대부분의 현대 국가 헌법에 반영되어 있다.

영국 계몽주의의 특징은 이신론과 자유주의라고 요약할 수 있다. 18세기에 등장한 이신론(deism, 理神論)은 세계를 창조한 신의 존재를 인정하지만 세상을 창조한 뒤에는 신이 인류의 역사나 물리법칙에 관여하지 않는다는 생각이다. 따라서 이신론에서는 계시나 기적을 인정하지 않는다. 자연신론이라고도 부르는 이신론은 초월적인 신의 존재를 인정한다는 면에서 무신론과 구분된다.

이신론은 그것을 주장하는 사람이나 나라에 따라 그 내용이 많이 다르다. 기적은 자연 법칙의 구속을 받지 않는 신의 본질적 요소이자 특성이었으며 종교의 존립근거였다. 따라서 신의 섭리를 부정한 이신론은 교회를 위협하는 것으로 인식되었다. 이신론을 주장한 사람들은 종교 의식이 아무런 의미를 가지지 않는다고 생각했으며, 초자연적인 계시를 믿음의 근거로 내세우는 것을 조롱했다. 대표적인 이신론 사상가들로는 영국의 존 톨런드(John Toland), 매튜 틴들(Matthew Tindal), 프랑스의 볼테르, 드니 디드로, 장자크 루소, 미국의 토머스 제퍼슨(Thomas Jefferson), 벤저민 프랭클린(Benjamin Franklin)과 같은 사람들을 꼽을 수 있다.

영국 계몽주의의 두 번째 특징은 자유주의다. 한 사람 한 사람의 양도할 수 없는 자연권과 국가권력의 분립, 그리고 개성의 자유로운 발달을 주장한 로크의 사상은 영국에서 개인주의적인 자유주의가 싹트는 데 결정적 역할을 했다. 이러한 로크의 계몽주의적 사상은 현대 국가 이념의 기초가 되었다.

독일에 계몽주의의 씨앗을 뿌린 사람은 프로이센을 강국으로 만들어 대왕이라고 불리는 프리드리히 2세였다. 프리드리히 2세는 프랑스의 계몽 사상가인 볼테르와 친밀한 관계를 유지하였기 때문에 프로이센의 계몽주의는 프랑스적인 것이었다. 프리드리히 2세는 1740년에 발표한 교서에서 "모든 사람에게 종교적 관용이 베풀어져야 하며, 여기서 국가는 다만 어느 한편이 상대방에게 해를 끼치지 않는지 감시만 하면 된다." 라고 했다. 그리고 자신에 대해서는 "군주는 국가의 제1의 종복이다." 라고 했다.

그러나 시간이 지나면서 독일의 계몽주의는 서서히 독일적인 것으로 변화되었다. 계몽주의 사상이 독일에서 확고하게 자리를 잡은 것은 이마누엘 칸트(Immanuel Kant, 1724~1804)가 활동했던 시기였다. 프랑스나 영국의 계몽주의는 정치 이념으로 발전하여 근대 시민 혁명의 이론을 제공한 데 반해 독일의 계몽주의는 급격한 변화를 가져오는 혁명의 원리가 되지 않고, 점진적으로 사회를 변화시키는 사상적 기반이 되었다. 독일의 계몽주의는 당시 선진국으로 여겨졌던 영국과 프랑스와 같은 강력한 국가 건설을 위한 문명화의 일환이었다.

독일의 계몽주의는 문학에 많은 영향을 끼쳤다. 계몽주의가 확산되면서 지나치게 규율들에 얽매이게 되어 인간의 합리적 이상에 도달하고자 하는 본연의 목적도 상실하게 되었다. 따라서 작품의 내용보다 법칙들을 더 우선시하게 되어 인간의 감정을 소홀히 하는 경향이 나타났다. 몇몇 작가들은 이러한 분위기에 대해 비판의 목소리를 내고, 새로운 경향의 작품을 저술하여 사회 분위기를 바꾸고자 했다. 이 때 나타난 운동이 젊은 시절의 시인이며 극작가였던 괴테(Johan Wolfgang von Goethe)와 시인이었던 실러(Friedrichi Schille)를 중심으로 한 인간 본연의 감정을 중시하던 질풍노도 운동(Sturm und Drang)이었다.

질풍노도 운동은 18세기 후반에 독일에서 일어난 희곡을 중심으로 한 문학 운동으로 루소나 셰익스피어의 영향을 받아 고전 극 이론을 부정하고 인간 개성을 존중하려고 했던 운동이다. 질풍노도 운동이라는 말은 프리드리히 폰 클링거의 희곡 제목에서 유래했다. 1773년에 괴테는 다른 사람들과 함께 질풍노도 운동의 선언문이라고 할 수 있는 「독일 예술과 미술에 관하여」라는 제목의 소논문을 발표하였고, 1774년에는 이 운동의 정신이 담겨 있는 소설 『젊은 베르테르의 슬픔』을 발표했다. 이 운동은 오래지 않아 수그러들었지만 질풍노도 운동의 주역이었던 괴테와 실러는 후에 독일 고전주의 문학의 거장이 되었다.

몽테스키외와 3권분립론

법원장직을 경매로 처분한
정치사상가

프랑스 귀족 집안에서 태어난 몽테스키외는 장남이 아니었지만 백부가 사망한 후 백부의 작위와 봉토를 물려받아 몽테스키외 남작이 되었고, 보르도의 지방법원의 원장직도 계승했다. 1688년 영국에서는 명예혁명이 일어나 입헌군주제가 시작되었고 1707년에 제정된 연합법에 의해 스코틀랜드가 합병되어 대영제국이 수립되었다. 1715년 프랑스에서는 오랫동안 재위하였던 루이 14세가 사망하고 루이 15세가 즉위하였다. 이러한 정치적 상황 변화는 몽테스키외의 주요 관심사가 되었으며 그의 저작에서 여러 차례 다루어졌다.

자신의 진로를 고심하던 몽테스키외는 세습으로 얻은 법원장직을 경매로 처분하고 파리로 이주하여 연구와 저술에만 전념했다. 그

과학자의 철학노트

후 법률 연구를 위하여 여러 나라를 여행하였는데 영국 정치에서 많은 감명을 받았다. 몽테스키외는 1734년에 발표한 『로마인의 흥망성쇠 원인론』으로 이름을 널리 알렸고, 1748년에는 그의 대표작인 『법의 정신』을 발표했다.[41] 이 책에서 그는 법학 연구에 처음으로 역사법학적, 비교 법학적, 사회학적 방법을 적용하여 법학 발전에 기여했다. 『법의 정신』에서 몽테스키외는 공화정은 덕, 군주정은 명예, 독재정은 공포를 기초로 하여 통치하고 있다고 분석했다. 몽테스키외는 한 나라의 권력은 행정권과 입법권으로 엄격하게 분리해야 한다고 한 로크의 2권 분립론에 제3의 권력인 사법권을 추가하여, 행정부, 입법부, 사법부가 서로 독립하여 견제가 이루어져야 한다는 3권 분립을 주장했다. 그는 삼권분립 제도가 확립되지 않는다면 반드시 독재자가 나타나게 될 것이라고 경고했다. 그는 또한 전제주의를 강력하게 반대하고 법은 각국의 환경에 적합한 고유한 것이어야 한다고 주장하여 인권 선언과 미국 헌법에도 영향을 미쳤다.

그러나 로마 가톨릭교회는 『법의 정신』을 금서 목록에 올렸다. 몽테스키외는 이에 항의해 1750년 『법의 정신에 대한 변론』을 출판했다. 그는 디드로가 편찬한 『백과전서』에도 협력하는 등 프랑스 혁명의 사상적 토대를 만드는 일에도 공헌하였다. 몽테스키외는 물레방아가 농업 노동자의 일을 빼앗아갔다고 비난하기도 했다.

볼테르의 이성종교

영국의 정치제도를
프랑스에 도입하려던 사상가

　　　　　파리의 공증인 집안에서 출생한 볼테르는 열 살에 예수회가 운영하던 학교에 들어갔다. 열두 살이 되었을 때 대부였던 신부가 그를 무신론적이고 퇴폐적인 사람들이 모이는 탕플이라는 문학 살롱에 데리고 갔는데 탕플은 볼테르의 일생에 많은 영향을 끼쳤다. 열일곱 살 때 학교를 졸업한 볼테르는 문인이 되고 싶었지만 아버지의 뜻에 따라 법대에 등록했다. 그러나 법대에 입학한 다음에도 문학에 대한 관심을 버리지 못하고 탕플에 계속 드나들면서 사치스럽고 퇴폐적인 생활을 계속하면서 자유사상가들과 교류했다. 스물세 살이던 1717년에는 루이 15세의 섭정 오를레앙 공작 필리프 2세를 풍자한 시를 썼다는 이유로 투옥되기도 했다. 1718년에 출옥 후 비극 『오이디푸스』를 발표하여 이름을 알리고 본격적인 작품 활동을 시작했다.

귀족과의 불화로 바스티유 감옥에 투옥되었다가 영국으로 가겠다는 약속을 하고 풀려난 볼테르는 불평등한 전제정치의 악폐를 통감하고 영국으로 갔다. 영국에서 그는 로크와 뉴턴의 영향을 받아 더욱 신랄한 전제주의 비판자가 되었다. 볼테르에게는 영국학자들이 누리던 정신적 자유가 정치적 자유 못지않게 소중한 것으로 보였다. 영국인이 누리는 자유와 프랑스의 지배체제를 비교한 『영국인에 관한 서한』은 프랑스의 많은 지식인들에게 영향을 주었다. 영국에 있는 동안 볼테르는 가톨릭교회와 개신교간 종교 전쟁과 앙리 4세의 즉위를 다룬 서사시 『라 앙리아드』를 출판하여 광신의 무서움을 고발하고 프랑스 정치 체제를 비판했다.

　　1729년 프랑스로 돌아온 볼테르는 비극 『자이르』와 『철학서한』을 발표했다. 프랑스인들에게 자유로운 정치체제란 무엇인가를 보여주어 전제주의와 교회의 압제에 저항할 수 있도록 하기 위해 쓴 『철학서한』은 25통의 편지로 구성되어 있었다. 볼테르는 이 책에서 영국에 종교가 하나밖에 없다면 무시무시한 독재자가 되었을 것이고, 두 개의 종교가 있었다면 서로를 죽였겠지만 30개의 종교가 있으므로 평화롭게 공존할 수 있다며 종교의 관용을 주장했다. 그러나 『철학서한』은 영국을 찬양하고 프랑스를 비하하였다는 이유로 당국에 의해 불태워졌다. 그 후 10년 동안 은둔하면서 저술과 연구에 전념하던 볼테르는 프리드리히 2세의 초청으로 프로이센을 방문해 그와 교류하면서 독일 계몽주의에 영향을 주었다. 프로이센에 있는 동안에 볼테르는 『루이 14세 시대』를 완성했다.

　　그 후 볼테르는 여러 나라를 전전하면서 시, 우화, 소설, 수필 등 여러 분야의 작품을 잇달아 발표하여 반봉건, 반가톨릭 운동을 전개했다. 볼테르는 드니 디드로가 주도한 『백과전서』의 집필에도 참여하여 프랑스 대혁명의 기초를 닦았지만 프랑스 대혁명이 일어나기 전해인 1778년 5월 30일에 84세를 일기로 세상을 떠났다. 그의 묘비에는 "인간의 정신에 강한 자극을 주고, 우리를 위해 자유를 준비했다"라고 적혀 있다.

볼테르가 그의 작품들을 통해 주로 공격한 대상은 타락한 교회였다. 예수와 산상수훈에는 찬사를 보냈지만, 신의 이름을 빙자해서 벌어지는 불법에 대해서는 신랄하게 비판했다. 볼테르는 광신은 무신론보다 훨씬 더 해롭다고 주장했다. 볼테르는 교회의 성직자들이나 교회에 무조건 복종하는 권력자들과 계속 대립했다.

볼테르는 교회의 폐해를 신랄하게 공격했지만 이성 종교의 필요성을 역설하기도 했다. 그는 종교란 결코 이해하기 힘든 형이상학적 관념이나 허황한 겉치레를 통해 얻어지는 것이 아니라 오직 하나님을 경외하는 마음에 의해 그 생명력을 이어갈 수 있다고 주장하고, 교회의 가르침을 실천하기 위해 오직 선을 행해야 하며, 하나님께 복종하는 삶을 살아야 한다고 주장했다. 볼테르가 공격한 것은 타락한 교회였지 기독교 신앙 그 자체는 아니었다.

루소의 사회계약론

자신의 아이는 고아원에 보낸
교육이론가

볼테르와 함께 19세기의 대표적 작가이며 계몽 사상가 중의 한 사람이었던 장자크 루소는 스위스 제네바에서 시계공의 아들로 태어났다. 출산 후유증으로 어머니는 루소가 태어나고 열흘 뒤에 사망했다. 열 살 때인 1722년 아버지가 니옹으로 이사하자 루소는 제네바 근교의 기숙사학교에 들어갔다. 1724년부터 루소는 법원 서기가 되기 위한 직업 교육을 받았다.

1728년 루소는 이탈리아의 토리노로 가서 그 곳에서 세례를 받고, 귀족의 시종과 서기 일을 하다가 신학교에 들어갔으나 사제가 될 의향이 없어 신학 공부를 포기하고 음악을 공부하기 시작했다. 1730년 로잔으로 이주하여 음악가로 생활하던 루소는 처음으로 파리를 방문한 후 1732년부터 1740년까지 샹베리와 샤르메트에서 음악에 심취하면서 많은 책을 읽어 다방면에 걸쳐 교양을 쌓았다. 1742년 새로운 악보 표기법을 정리하고, 파리로 가서 아카데미에서 발표하지만 큰 성공을 거두지는 못했다.

1745년 루소는 오랫동안 동거하던 하녀와 결혼했지만 그녀가 낳은 다섯 명의 아들들을 너무 시끄럽고 양육비가 많이 든다는 이유로 모두 고아원에 맡겼다. 위대한 교육 이론가였던 루소지만 자신의 자녀 교육에서는 실패했던 셈이다. 1749년부터 드니 디드로와 교류하던 루소는 그의 권유로 프랑스 아카데미의 학술 공모전에 『학문 및 예술론』을 제출해 1등으로 당선되었다. 디드로가 주관한 『백과전서』 편찬에 참여해서 음악과 정치경제를 주제로 글을 썼고, 『학문예술론』을 출판했다. 1752년에는 오페라 『마을의 점쟁이』를 작사 작곡하기도 했다. 1757년경 루소는 연극의 사회적 기능에 대한 견해 차이로 디드로와 다툰 후 절교했다.

1762년에는 그의 대표작이라고 할 수 있는 『사회 계약론』과 『에밀』을[42] 발표했다. 개인의 자유와 평등이라는 자연권과 국가의 관계를 다룬 『사회 계약론』에서 루소는 국민 주권 이론을 주장하였다. 루소는 국가 권력의 유일한 근거는 다수결을 통해서 확인할 수 있는 국민들의 일반의지라고 했다. 이 책의 내용이 성직자를 공격한다는 이유로 교회의 분노를 사 체포영장이 발부되자 루소는 스위스로 피신했다. 루소의 교육이론이 잘 나타나 있는 『에밀』은 예수회의 출판 방해 공작으로 네덜란드에서 먼저 출간되고 4개월이 지나서야 프랑스에서 판매되었다.

루소는 1762년부터 8년 동안 유럽 각지를 여행했다. 루소가 영국에서 로크와 함께 생활하던 것은 이 시기였다. 루소는 유럽을 여행

중이던 1769년에 『고백』을 완성했다. 1770년 파리로 돌아온 루소는 1772년부터 1776년에 걸쳐 『루소는 장자크를 이렇게 생각한다』를 썼다. 1777년 『고독한 산책자의 몽상』을 쓰기 시작했지만 완성하지 못하고 1778년 7월 2일 세상을 떠났다. 그가 만년에 쓴 『참회록』과 『루소는 장자크를 이렇게 생각한다』는 사후에 출판되었다.

루소는 "자연으로 돌아가라"는 말을 한 사람으로 널리 알려져 있다. 이 말은 일반적으로 문명이 아닌 자연으로 돌아가라는 의미로 이해되고 있지만 루소가 실제로 그런 의미로 이 말을 했는지는 의심스럽다. 루소는 『사회계약론』에서 "인간은 자유롭게 태어났지만 사회 속에서 쇠사슬에 묶여 있다"고 말했다. 이 말로 미루어 보아 루소가 거부한 것은 문명이 아니라 평등하지 못한 문명사회의 부조리와 모순이었던 것으로 보인다. 『사회계약론』을 쓴 사회철학자인 루소가 자연으로 돌아가라고 했을 때 자연은 자유롭고 평등한 상태를 의미했을 것이다. 영어에서 자연(nature)은 본성이라는 의미도 가지고 있으므로 이 말은 인간의 천부적 자연권인 자유와 평등이 보장되는 상태로 돌아가자는 것으로 해석할 수 있다.

루소는 예술과 학문이 인간의 행복을 증진시켰다는 데 동의하지 않고, 오히려 퇴보시켰다고 주장했다. 사회적 불의가 저질러졌기 때문에 법률이 필요하게 되었고, 덕이 땅에 떨어졌기 때문에 도덕과 철학이 필요해졌다는 것이다. 루소는 『인간 불평등 기원론』에서 도덕적, 정치적 불평등의 원인을 분석했다. 그는 자연 상태에서는 강자와 약자가 없었고, 모든 사람은 어느 누구에게도 종속되지 않았으며, 산업이나 언어나 사고하는 습성도 필요하지 않았다고 설명했다. 그러나 개인이 사유재산을 갖게 되면서 주인과 노예가 생겨나고 폭력과

약탈이 자행되어 인간이 악한 존재로 변하고 말았다는 것이다.

루소는 사유재산을 갖게된 것이 인간 불평등의 첫 번째 원인이었고, 지배자와 피지배자를 갈라놓는 주인과 노예 관계가 두 번째 원인이며, 주인과 노예를 제도적으로 대립시켜 놓은 국가권력이 세 번째 원인이라고 보았다. 루소는 『사회 계약론』에서 구성원들의 자유의사에 의한 합의를 바탕으로 인간의 자유와 국가권력을 조화시키는 법을 만들면 국가의 정당한 지배가 가능하다고 주장했다. 여기에서 말한 합의가 바로 사회계약이다.

주권자들의 자유로운 합의를 이끌어내기 위한 방법으로 루소는 투표를 제안했다. 루소는 투표를 통해 다수의 의견으로 정해진 법률은 자신의 뜻에 어긋난다고 해도 받아들여야 한다고 했다. 의회에서 의회의원들이 투표를 통해 다수결로 결정된 것이 국민의 일반의사이다. 이렇게 결정된 일반의사가 내 생각과 다른 경우에는 내가 그동안 일반의사라고 생각했던 것이 사실은 일반의사가 아니었다는 것을 인정해야 한다는 것이다.

루소의 교육론이 담겨져 있는 『에밀』은 5부로 이루어져 있는 책으로 에밀이라는 이름의 고아가 요람에서 결혼까지 이상적인 가정교사로부터 이상적인 교육을 받으며 성장하는 과정을 묘사한 소설로 문학성도 갖추고 있는 책이다. 루소는 『에밀』에서 어린이는 자유롭게, 소질에 따라서 항상 자기의 감정에 충실하게, 그리고 자연스럽게 성장해야 한다고 전제하고 이를 위해 모든 관습과 규칙, 기독교의 원죄설마저 거부해야 한다고 주장했다. 루소는 교육은 인간의 정상적 발달을 방해하는 사회적인 요인을 없애는 소극적인 역할을 하는 데 그쳐야 한다고 주장했다.

시끄럽다는 이유로 자신의 자녀를 고아원에 맡겨버린 루소가 교육론을 전개했다는 것은 모순이지만 독일의 문호 요한 볼프강 괴테는 『에밀』을 교육의 자연복음서라 불렀고, 스위스의 교육자로 고아들의 대부였던 요한 페스탈로치(Johann Heinrich Pestalozzi)에게는 가장 중요한 사상적 원천이 되었다.

라메트리와 카바니스의 기계적 유물론

존재하는 것은
물질뿐이다

유물론(唯物論)이라는 말에서 유(唯)는 '오로지' 또는 '단지' 라는 의미를 가지고 있는데 본질이 물질에만 있다는 의미로 해석될 수도 있고 물질만이 존재한다는 의미로 해석될 수도 있다. 유물론에서는 정신의 존재 자체는 인정하지만 물질이 본질이고 정신은 물질에서 파생된 부차적인 것으로 보는 입장과 정신의 존재 자체를 부정하고 물질만이 존재한다고 보는 극단적인 유물론이 있다.

유물론(materialism)이라는 말은 18세기부터 사용되었지만 유물론적인 생각은 고대 그리스시대부터 있었다. 원자론을 주장했던 데모크리토스는 빈 공간 안에서 일어나는 원자들의 기계적인 작용으로 세상을 설명하려고 했는데 이는 유물론적 생각이라고 할 수 있다. 그러나 소크라테스와 플라톤의 영향을 받아 쇠퇴하기 시작했던 이런 생각은 정신의 역할을 강조한 근대철학에서 더욱 쇠퇴했다가 18세기 영국과 프랑스에서 다시 나타나기 시작했다.

18세기에 나타나 19세기와 20세기 세계에 큰 영향을 미친 유물론의 첫 번째 특징은 신의 존재를 부정하는 무신론을 바탕으로 하고 있다는 것이다. 존재하는 모든 것의 본질이 물질이라고 보는 유물론에서 신과 같은 비물질적인 존재를 인정할 수는 없으므로 유물론자는 무신론주의자가 될 수밖에 없다. 따라서 유물론자는 모두 무신론자이다. 그러나 무신론을 반대하고 신의 존재를 인정하는 유신론보다는 모든 것이 마음 작용에 달렸다고 보는 유심론(唯心論)이 유물론의 반대 개념이라고 할 수 있다. 정신의 작용을 강조한 관념론을 유물론과 대비시키는 경우가 많은데 철학적으로 볼 때는 관념론은 실재론과 대비시키는 것이 옳을 것이다. 독일의 관념론을 비판하면서 나타난 마르크스의 유물론이 자주 관념론과 유물론을 대비시키다 보니 관념론을 유물론의 반대 개념으로 생각하는 사람들이 많아지게 되었지만 말이다.

유물론의 두 번째 특징은 과학주의였다. 유물론자들은 세상의 본질인 물질은 자연과학적으로 기술될 수 있다고 주장하고, 자연법칙의 보편성을 인정했다. 자연법칙에 의한 결정론을 주장하는 사람들은 모든 사물의 변화는 초기 조건과 자연 법칙에 의해 결정된다고 본다.

유물론의 또 다른 특징은 감각만을 인식의 원천으로 보는 감각론적인 입장을 취한다는 것이다. 인식의 원천을 외부의 물질에서만 찾으려고 했던 유물론에서는 인간 내면의 의식이나 정신의 작용이 인식에 개입하는 것을 반대했다. 따라서 감각 경험에 의존하지 않는 선험적인 관념의 존재를 인정하지 않았다.

무신론을 중요한 특징으로 하는 유물론이 교회에 대해 비판적이었던 계몽주의 사상가들 사이에서 나타난 것은 자연스러운 일이었다. 대표적 계몽주의 사상가였던 볼테르는 교회를 신랄하게 비판했지만 무신론에 대해서는 반대 입장을 취했던 것과 마찬가지로 백과전서파 역시 종교 자체를 적대시한 것은 아니었다. 그들은 좀 더 자유롭고 행복한 시대를 만들기 위해 부패한 교회와 성직자에 대항했다. 그러나 계몽주의 사상가들 중에는 신의 존재 자체를 부정하는 사람들이 나타나기 시작했다. 프랑스의 의사로 계몽주의 시대 첫 번째 유물론 작가로 꼽히는 줄리앵 라메트리(Julien Offray de La Mettrie, 1709~1751)는 사물의 존재와 사물에 내재하는 운동만을 인정하고, 신의 존재와 신의 창조를 부정했다.

포목 상인의 아들로 태어난 라메트리는 아버지의 희망에 따라 신학을 공부했으나 중도에 의학으로 바꿨다. 랭스 대학과 라이든 대학에서 의학을 공부하고 의사가 된 그는 파리에 있는 근위대의 군의로 근무했다. 군의로 근무하던 1745년에 『영혼의 자연지』를 출판하였다. 그러나 그의 무신론적 주장으로 인해 격렬한 비판에 직면하게 되자 네덜란드의 라이든 대학으로 가서 1748년에 그의 대표적 저서인 『인간 기계론』을 발표했다. 『인간 기계론』에서 라메트리는 세계는 스스로 움직일 수 있으므로 세계를 움직이는 신이 필요 없으며 인간의 내부에 사유하는 주체가 있다고 가정할 필요도 없다고 주장했다. 정신 활동 역시 다른 모든 신체 기능과 마찬가지로 기계적 작용에 불과하다는 것이다. 라메트리는 종교야말로 우리의 삶을 교란시키는 가장 나쁜 것이라고 결론짓고 무신론자에 의한 국가가 실현되어야만 세계가 평온해질 수 있다고 주장했다. 그는 죄의식이나 참회와 같은 종교 행위 역시 불필요한 자학 행위에 지나지 않는다고 보았다.

신의 존재를 부정하고 종교 행위를 자학 행위라고 규정한 『인간 기계론』으로 인해 라메트리는 종교계로부터 심한 비판을 받게 되었다. 그러나 군주의 시민과 국가에 대한 봉사를 강조하고, 예술과 과학의 열렬한 후원자임을 자처했던 프로이센의 프리드리히 대왕의 초청을 받고 죽을 때까지 대왕의 강사로서 일하면서 비교적 평온하게 생활했다.

프랑스 대혁명 시대의 유물론자로 유물론자들 가운데서도 가장 급진적이었던 피에르 쟝 카바니스(Pierre Jean Georges Cabanis, 1757~1808)는 『인간의 육체와 정신과의 관계』에서 육체와 정신은 하나이자 동일한 것이라고 주장했다. 18세기 프랑스를 대표하는 의사 겸 철학자였던 카바니스는 혁명의 소용돌이 가운데 생명과학 분야에서 유물론과 생기론을 절충한 자신만의 고유한 관점을 정립했다. 카바니스는 인간의 의식은 생리학적 기능과 내장활동에 의해 나타나는 것이라고 주장하고, 영혼은 존재하지 않으며 신경다발이 인간의 모든 것이라고 했다. 뇌에서 의식이 생기는 것은 간이 담즙을 배출하는 것과 근본적으로 다를 것이 없다는 것이다. 그는 존재하는 것은 물질뿐이므로 물질을 이해해야만 그 밖의 모든 것에 대해서도 알 수 있다고 했다.

유물론자들은 정신적 원리를 추구하는 형이상학은 환상에 지나지 않으며, 종교 역시 사람들을 속이는 술수에 불과한 것으로 보았다. 따라서 학문이 해야 할 일은 인간을 고통스럽게 하는 이런 거짓을 없애는 것이라고 주장했다. 그들은 인간이 편협한 생각에서 벗어나 이성적인 시대를 맞이하기 위해 올바른 의미의 계몽이 필요하다고 주장했다. 유물론은 후에 마르크스와 엥겔스에 의해 사회 개혁 운동의 기본 철학으로 채택되어 20세기 세계 정치와 사회에 큰 영향을 끼쳤다.

"외부세계에 대한 감각에 선험적으로 갖추어져 있는 감성이 더해져 우리가 인식하는 현상이 된다. 우리는 현상을 인식할 뿐 물자체를 인식할 수는 없다. 내부의 도덕 명령에 따라 행동하면 인간의 유한성을 극복하고 자유로운 상태에 이를 수 있다. 아름다움이나 숭고함은 자연이 가지고 있는 합목적적인 모습이다."
- 칸트(Immanuel Kant)

"인식하는 이성과 실천하는 이성은 자아로 통일할 수 있다. 자아가 가장 먼저 있고, 다음에 자아의 활동에 의해 자아의 대상이 되는 비자아(자연)가 정립되고, 마지막으로 자아 자체에 제한된 자아와 비자아가 있게 된다."
- 피히테(Johann Fichte)

"절대적인 자아는 직감을 통해 우리 앞에 나타난다. 우리가 절대적인 것을 직감할 수 있는 것은 무제약적인 것과 우리 사이에 구별이 없기 때문이다. 정신과 자연은 동일한 것이고, 세계는 무차별적인 절대자의 세계이다."
- 셸링(Friedrich Schelling)

"만물은 끊임없이 변화하는 과정에 있다. 세계사는 인류 전체의 경험의 산물이다. 세계사를 통해 도달하려고 하는 최고의 상태는 변증법적 발전 과정을 통해 도달하는 절대정신, 즉 세계정신이다. 개인은 세계정신이 자유의식을 발전시키기 위해 사용하는 도구에 불과하다. 세계사는 역사의 간지(奸智)를 사용하기도 한다."
- 헤겔(Georg Hegel)

"최초 원인이나 절대자를 설정하는 것을 반대한다. 이성은 오성에 의해 만들어진 현상을 결합하는 역할은 하지만 실체를 인식할 수는 없다. 공간과 시간에서의 관계들은 순수한 직관을 통해서만 이해된다. 행위의 결정에는 동기가 선행해야 한다."
- 쇼펜하우어(Arthur Schopenhauer)

8장.

관념이 세상을
움직인다

영국의 명예혁명 1688

칸트 1724~1804

피히테 1762~1814

헤겔 1770~1831

셸링 1775~1854

쇼펜하우어 1788~1860

미국의 독립선언 1776

프랑스 대혁명 1789

비판철학과 관념론

이마누엘 칸트(Immanuel Kant, 1724~1804)는 18세기의 가장 영향력 있는 철학자라고 평가받고 있다. 칸트의 철학을 비판철학이라고 부르는 것은 그의 사상을 가장 잘 나타내고 있는 세 권의 저서가 모두 비판이라는 제목을 가지고 있기 때문이다. 칸트는 인간의 선험적 이성을 중시한 합리론과 감각 경험에 의한 귀납적 지식을 강조한 경험론을 비판적으로 종합하여 합리론과 경험론의 한계를 초월한 철학 체계를 만들려고 시도했다. 그는 지식의 보편성과 필연성을 인정하고, 인식을 확장하는 선험적 종합 판단을 바탕으로 하는 새로운 철학을 제시했다.

칸트 이후의 철학은 직접 또는 간접적으로 칸트의 영향을 받았다고 할 수 있을 정도로 칸트의 비판 철학이 후세에 끼친 영향이 지대

했다. 독일 관념론의 체계를 세운 피히테(Johann Gottlieb Fichte, 1762~1814),
셸링(Friedrich Wilhelm Joseph von Schelling, 1775~1854), 헤겔(Georg Wilhelm Friedrich
Hegel, 1770~1831)은 칸트가 살아있는 동안에 칸트로부터 직접 영향을 받
은 사람들이었다.

마음의 역할을 강조한
관념론

　　　　　　　　관념론이라는 말은 독일어의 'Idealismus(영어 idealism)'
를 번역한 말이다. 독일어의 Idealismus는 때로 이상주의라고 번역되
기도 한다. 한 마디로 말하면 관념론은 물질에 대한 정신의 우위를 주
장하는 철학적 세계관이다. 관념론은 인식의 대상이 인식의 주체와
관계없이 실제로 존재한다는 실재론이나 물질과 자연의 두 실체가
존재한다고 설명하는 이원론을 반대한다. 정신이 물질세계를 형성하
는 근원이라고 주장하기 때문에 관념론을 유심론이라고 부르기도 한
다. 관념론 또는 유심론에서는 세계를 정신이 만들어낸 환영이라고
설명하기도 한다. 따라서 관념론을 환영설이라고도 부르기도 한다.
　이러한 관념론 사상은 18세기 독일에서 처음 시작된 것이 아니
다. 인류 역사에 나타났던 철학 사상과 종교적 교의에는 관념론적 성
격을 띤 것이 많았다. 물질에 대하여 정신의 우위를 주장한 힌두교의
우파니샤드 철학, 불교 화엄종의 유식설, 유교의 성리학, 피타고라스
학파의 영혼 불멸설, 플라톤의 이데아론, 기독교 신학, 신플라톤주의,
라이프니츠의 모나드설 같은 사상들은 모두 관념론으로 분류할 수
있다. 인도 철학과 종교사상의 근간을 이루는 우파니샤드 철학은 오

랜 세월에 걸쳐 많은 사람들에 의해 이루어진 것이어서 전체적으로 통일성은 부족하지만 근본사상은 우주의 본체인 브라흐만(brahman, 梵)과 개인의 본질인 아트만(atman, 我)이 일체(梵我一如)라고 주장하는 관념론적 일원철학이라 할 수 있다. 우파니샤드 철학에서는 인간은 업(카르마, Karma)에 의해 윤회를 반복하게 되는데 선정과 고행을 통해 범아일여의 진리를 깨달아 윤회에서 해탈하는 것이 인생의 최대의 목표라고 설명했다.

중국 당나라 시대에 성립된 불교 종파 중 하나인 화엄종의 제2조였던 지엄(智儼)은 현장(玄奘)에 의해 인도로부터 전해진 유식설(唯識設)을 채용하여 화엄종 철학의 토대를 만들었다. 유식이란 말은 오로지(唯) 식(識)만이 존재한다는 뜻이다. 유식설에서는 현실 세계를 구성하고 있는 여러 가지 법(法)은 순수한 정신작용인 식(識)에 의해서만 존재할 수 있다고 주장했다. 현실 세계는 꿈속의 경험과 마찬가지로 실제로 존재하지 않는 것으로 식의 분별 작용에 의해 그렇게 보일 뿐이라고 했다. 이러한 주장은 철저한 유심론이라고 할 수 있다.

오랫동안 중국의 사상적 바탕이 되었던 유학은 우리나라에도 많은 영향을 주었다. 도덕 실천의 학문으로서 출발한 유학은 한나라와 당나라 시대에는 경전에 주를 달고 해석하는 훈고학으로 발전했고, 송나라와 명나라 시대를 거치면서 노장사상이나 불교 이념과 접목하여 이론적으로 심화된 철학 체제를 갖추게 되었다. 남송 시대의 주희(朱熹, 朱子)는 우주와 인간을 이(理, 정신)와 기(氣, 물질)를 이용하여 통일적으로 설명하려는 이기론을 토대로 하는 성리학을 완성했다. 성리학은 주희의 이름을 따서 주자학이라고도 부른다.

주희는 기(氣)가 형질을 갖는 것이나 운동을 할 수 있는 것은 이

(理)가 기(氣) 안에 존재하기 때문이라고 했다. 이(理)가 존재하지 않는 다면 기(氣)의 이러한 작용은 불가능하며, 기(氣)의 존재 자체도 불가능하다는 것이다. 조선시대의 성리학자들은 모두 기본적으로 이기이원론을 수용했지만 퇴계 이황은 이(理)와 기(氣)의 조화를 중시하는 이기이원론(주리론)을 주장했고, 율곡 이이는 이(理)는 기(氣)의 원인이지만 실제로 나타나는 것은 기(氣)뿐이라고 주장하는 이기일원론(주기론)적 입장을 취했다.

우리가 감각을 통하여 인식할 수 있는 현실 세계를 구성하고 있는 물질은 불완전한 존재로 순간적으로만 실존하고, 이성을 통해 인식할 수 있는 이데아만이 완전한 실체라고 주장한 플라톤의 이데아론 역시 관념론에 속한다. 그리고 인간을 포함한 세상 모든 것들의 원인을 신에게서 찾는 신학 역시 관념론으로 분류할 수 있다.

관념론은 현실세계를 초월한 이데아 또는 본원적인 정신의 존재를 인정하는 객관적 관념론과 개인의 주관을 중심으로 하는 주관적 관념론으로 나눌 수 있다. 주자학이나 플라톤, 신학과 같은 철학이 객관적 관념론이다. 반면에 사물은 개인의 주관적인 의식작용에서 의해서만 존재한다고 주장한 영국의 조지 버클리와 독일 관념론 철학자 중 한 사람인 피히테의 생각은 주관적 관념론에 속한다. 주체의 인식작용을 떠나서는 아무 것도 독립적으로 존재하지 않는다고 주장하는 주관적 관념론은 극단에 이르게 되면 다른 모든 사람이나 그 밖의 다른 존재물이 오로지 자신의 의식 속에만 존재한다고 하는 독아론(獨我論, solipsism)에 빠지게 된다.

칸트의 비판철학을 비판적으로 계승하면서 성립된 독일 관념론은 피히테, 셸링, 헤겔에 의해 대표되는 철학사상이다. 독일의 관념론에서는 칸트가 분리해 놓은 순수이성과 실천이성을 활동하는 정신인 자아를 중심으로 통일하려고 시도했다. 피히테는 초월적이고 절대적인 자아를 중심으로 통일적인 체계를 만들려고 했고, 셸링은 피히테의 절대적 자아라는 개념을 반대하고 자기 동일적인 절대자와 자연을 중심으로 하는 형이상학 체계를 만들려고 했다. 헤겔은 국가와 역사를 절대자가 자아를 실현해가는 변증법적 발전 과정이라고 보았다. 세계정신, 또는 절대 정신을 주장한 헤겔의 철학을 절대적 관념론이라고 부르기도 한다. 헤겔철학은 헤겔 사후에 청년헤겔학파(헤겔좌파)에 의해 비판을 받았고, 헤겔 철학에 대한 비판의 연장선에서 관념론의 대척점에 있는 유물론을 바탕으로 하는 마르크스주의가 나타났다.

칸트의 비판철학

루소를 존경했던
철학자

      근대 계몽주의를 정점에 올려놓았고 독일 관념철학의 기초를 놓은 이마누엘 칸트는 프로이센의 상업도시 쾨니히스베르크에서 수공업자였던 아버지의 열한 명의 자녀 중 넷째로 태어났다. 원래 이름은 에마누엘(Emanuel)이었지만 히브리어를 공부한 후 하나님이 함께 하신다는 뜻의 이마누엘(Immanuel)로 바꾸었다. 칸트는 일생 동안 쾨니히스베르크로부터 160km보다 더 멀리 떨어진 곳으로 여행한 적이 없었다. 칸트는 종교적인 헌신과 겸손, 그리고 성경을 문자 그대로 해석하는 것을 강조하는 경건주의를 따르는 가정에서 성장했다. 따라서 칸트는 수학이나 과학보다는 라틴어와 종교 교육을 더 많이 받으며 자랐다.

      1740년에 김나지움을 졸업한 칸트는 같은 해에 쾨니히스베르크 대학에 입학하여 철학과 수학을 공부했는데 자연과학에 관심을 가져 한동안 뉴턴역학을 집중적으로 공부했다. 1746년 대학을 졸업한 칸트는 아버지가 사망함에 따라 생계유지를 위해 여러 해 동안 귀족가문의 가정교사로 생활하면서 철학연구를 계속했다. 8년 동안의 가정교사 생활을 마치고 쾨니히스베르크에 돌아온 칸트는 여러 편의 자연과학 논문을 발표하였다. 그가 발표한 논문 중에는 뉴턴역학을 기초로 하여 천체 생성과정을 다룬 성운설이 실려 있는 「천체의 일반적인 자연사 이론」도 포함되어 있다. 칸트는 우주 발생을 창조자인 신의 의도로 보고 자연법칙과 신앙을 조화시키려고 했다.

그러나 칸트는 자연과학의 법칙이 절대적인 것이 아니라 반복적인 연상에 기인한 주관적인 신념에 불과하다고 주장한 흄의 경험론을 대하고 충격을 받았다. 자연과학의 인과율마저 주관적인 경험에 불과하다면 신이나 영혼을 다루는 형이상학의 주장들은 아무런 의미를 가질 수 없기 때문이다. 칸트는 흄을 대하고 받은 충격을 "흄의 경고가 나의 독단적인 졸음을 깨웠다." 라고 표현했다. 칸트는 또한 프랑스의 계몽주의 철학자인 루소를 통해 인간의 존엄성을 알게 되었다. 학자로서의 자만심을 가지고 있던 칸트는 루소의 글을 읽고 나서 자만심을 버렸다고 한다. 칸트는 모든 사람의 인격을 존중하지 않는 인간은 어떤 인간보다도 열등하고 수치스러운 인간이라는 것을 깨달았다.

칸트는 1755년 박사학위를 받고 대학에서 강의를 할 수 있는 자격을 얻었다. 이후 대학에서 일반논리학, 물리학, 자연법, 자연신학, 윤리학 등 다양한 과목을 강의했다. 그러나 원하던 철학 교수직을 얻지 못한 칸트는 1766년에는 왕립도서관의 사서로 근무하기도 했다. 1770년 쾨니히스베르크 대학의 철학 교수로 취임할 때 발표한 교수

취임논문은 비판 철학의 시작을 알리는 저술로 평가되고 있다. 쾨니히스베르크 대학에서 강의하면서 칸트는 이성 그 자체가 지닌 구조와 한계를 다룬 『순수이성비판』, 윤리학을 집중적으로 다룬 『실천이성비판』, 그리고 미학과 목적론 등에 대해 논한 『판단력비판』을 통해 비판철학을 전개했다. 칸트는 1786년부터 1788년까지 쾨니히스베르크대학의 총장으로 일하기도 했다.

평생 동안 한 번도 쾨니히스베르크를 떠나지 않고 규칙적인 일상생활을 하면서 강의와 철학 연구에만 전념했으며, 독신으로 살며 커피와 담배를 즐겼던 칸트는 1804년 2월 12일 80세를 일기로 세상을 떠났다. 칸트는 세상을 떠나기 전에 "그것으로 좋다(Es ist gut)"라는 말을 했다고 전해진다.

순수이성비판

칸트의 철학을 비판철학이라고 부르는 이유는 그의 대표적 저서라고 할 수 있는 세 권의 책 제목이 『순수이성비판』, 『실천이성비판』, 『판단력비판』이기 때문이다.[43] 칸트의 책 제목에 들어 있는 '비판'이라는 말은 과거의 철학을 비판적으로 연구하고 분석하여 얻은 철학이라는 의미를 포함하고 있다. 칸트도 이런 의미로 자신의 철학을 비판철학이라고 불렀다. 칸트가 비판한 것은 계몽주의 시대를 풍미했던 인간의 이성이었다.

칸트는 뉴턴의 자연과학, 루소의 철학, 그리고 인간의 인식능력에 대한 흄의 회의를 받아들여 비판철학을 완성했다. 칸트는 특히 루소를 존경해 평생 루소의 초상화를 서재에 걸어놓았다고 한다. 칸트는 "나는 인식에 대한 무한한 갈증을 느낀다. 그것만이 인류에게 명예를 줄 수 있다고 믿었다. 그런 나를 루소가 옳은 길로 인도했다… 나는 그로부터 시민을 존경하는 법을 배웠다." 라고 말했다.

비판 철학의 핵심이 포함되어 있는 세 권의 저서 중『순수이성비판』은 인식에 관한 책으로 우리가 무엇을 어떻게 인식하고 있는지를 다루고 있다. 앞에서도 이미 여러 번 언급했던 것처럼 인간이 세상을 어떻게 인식하는지를 다룬 인식론은 크게 대륙의 합리론과 영국의 경험론으로 나눌 수 있다. 합리론에서는 인간의 이성이 진리를 인식할 수 있는 능력을 태어날 때부터 가지고 있다고 했고, 경험론에서는 백지로 태어난 인간이 경험을 통해서 지식을 얻기 때문에 인간이 인식한 것은 상대적인 진리에 지나지 않는다고 주장했다. 합리론은 인간의 인식 능력에 대한 비판 없이 그대로 인식의 타당성을 받아들이는 독단론으로 빠져 지식을 확장해나가는 데 도움이 되지 못했으며, 경험론은 귀납적으로 얻어진 상대적인 진리만을 인정하여 진리를 필연적이고 보편적인 것이 아니라 개연적인 것으로 만들어 버렸다.

칸트는 이 두 사상을 통합하려고 시도했다. 칸트는『순수이성비판』을 통해 합리론에서 주장했던 지식의 보편성과 필연성을 인정하면서도 인간의 이성이 지닌 한계를 지적하면서 인간 인식에 선험적 형식을 도입하려고 시도하였다. 인간이 대상을 있는 그대로 인식하는 것이 아니라 선험적으로 가지고 있는 형식을 이용하여 대상에 대한 관념을 만들어간다는 것이다.

그렇다면 선험적으로 가지고 있는 틀을 이용하여 대상의 관념을 만들어낸다는 것은 무슨 뜻일까? 칸트의 인식론은 우리가 무엇을 인식할 수 있는가에서 출발했다. 책상에서 컵이 떨어지는 것을 예로 들어보자. 데카르트는 우리의 이성은 엄밀한 연역 과정을 거치기만 하면 이 컵이 따르고 있는 운동법칙을 명석하게 인식할 수 있다고 했다. 그러나 영국의 경험론에서는 우리 이성이 대상으로 하고 있는 것은 컵 자체가 아니라 떨어지고 있는 컵을 보면서 얻은 감각인상이다. 감각인상은 사람에 따라 다르기 때문에 우리는 컵 자체나 컵이 따르고 있는 보편적인 법칙을 인식할 수 없다고 했다. 따라서 경험적으로 얻어진 진리는 절대적이고 보편적인 진리가 아니라 개연성 있는 진리에 불과하다는 것이다.

그렇다면 칸트는 떨어지는 컵에 대해 우리가 무엇을 어떻게 인식할 수 있다고 했을까? 칸트도 우리가 인식하는 것이 컵 자체가 아니라 감각한 것에 불과하다는 경험론의 주장에 동의했다. 처음에는 칸트도 인간의 이성이 진리를 인식할 수 있다는 합리론적인 생각을 가지고 있었으나 흄의 영향을 받은 후에는 합리론의 주장을 독단론이라고 생각했다. 칸트는 인간 인식능력에 대한 비판 없이 이성이 신과 같은 초월적인 인식능력을 가지고 있다는 주장을 독단론이라고 불렀다.

칸트는 인식의 근원이 외부에만 있다고 생각한 경험론에도 오류가 있다고 생각했다. 컵이 공간 안에서 컵의 모습을 가지고 떨어지는 것을 인식하기 위해서는 외부에서 세계를 감각해서 얻은 인상만으로는 안 되고, 우리 감성이 거기에 개입해야 한다고 주장했다. 칸트는 외부에서 얻은 감각 인상에 우리의 감성이 작용하여 얻어진 것을 현상이라고 했다.

컵은 공간을 차지하고 있다. 그리고 컵에 대한 지각이 시간적으로 계속 일어나는 것을 컵이 떨어지는 운동으로 인식한다. 따라서 컵과 컵의 운동을 인식하기 위해서는 공간과 시간이라는 틀이 필요하다는 것이다. 우리가 컵을 보고 있는 동안에 우리가 가지고 있는 시간과 공간이라는 틀 안에서 컵을 정리하면서 보고 있는 것이다. 우리 감성이 가지고 있는 시간과 공간이라는 틀, 즉 형식이 물체와 운동을 파악하기 위해 꼭 필요하다는 것이다. 이것은 칸트의 발견이었다.

인식의 재료는 경험을 통해서 얻을 수 있지만 거기에 감성의 기능이 더해져야 비로소 컵을 인식할 수 있게 되므로 우리가 보고 있는 것은 외부의 물체 자체, 즉 '물자체(物自體)'가 아니라 우리의 감성의 작용이 더해져 이루어진 현상이다. 아리스토텔레스가 개체가 형상과 질료로 이루어져 있다고 했던 것처럼 칸트는 우리의 감성에 나타난 현상이 시간과 공간이라는 감성의 형식과 외부에서 유래한 질료로 되어 있다고 했다. 다시 말해 우리가 인식한 현상은 외부에 근원을 가지고 있는 감각인상에 공간과 시간이라는 주관적인 기능이 작용하여 만들어낸 것이다.

그렇다면 감각 인상은 외부에서 오는 것이지만 시간과 공간이라는 감성의 기능은 어디에서 오는 것일까? 인식의 대상인 물체는 공간과 시간을 가지고 있지 않다. 칸트는 시간과 공간은 우리 마음속에 선험적으로 갖추어져 있는 것이라고 생각했다. 영국의 경험론은 선천적으로 어떤 관념이 우리 마음에 갖추어져 있다는 생득 관념을 비판했다. 그러나 칸트는 경험에 의해 초래되는 인식 재료에 형태를 부여하는 능력이 우리 마음에 선천적으로 갖추어져 있다는 것을 인정했다.

경험론의 주장대로 우리의 지식이 경험에만 의존한다면 지식이란 항상 후천적이고 개연성 있는 사실에 불과하다. 칸트는 경험론에 의해 보편성을 잃고 개연적인 것으로 추락해 버린 진리를 구해내려고 시도한 것이다. 칸트는 우리 마음에 선천적으로 갖추어져 있는 능력을 설명하기 위해 수학적 진리를 예로 들었다. 만약 1+2=3이라는 수학적 지식이 경험적 지식에 불과하다면 진리일 가능성이 아주 큰 개연성 있는 사실일 수는 있어도 보편적인 진리가 될 수는 없다. 그러나 1+2=3이 누구에게나 확실한 보편적인 지식일 수 있는 것은 이 지식이 경험을 통해 얻어진 것이 아니라 우리에게 선천적으로 갖추어져 있던 순수한 지식이기 때문이라는 것이다. 순수한 지식이란 경험에 좌우되지 않는 지식을 말한다.

우리는 이처럼 외부에서 유래하는 감각 경험뿐만 아니라 우리 내부에 선천적으로 갖추어져 있는 능력에 의해서도 진리를 인식할 수 있다. 사람들이 외부로부터 받아들이는 감각경험은 사람에 따라 모두 다르지만 모든 사람은 감각 인식을 시간과 공간이라는 형태와 결합하여 질서 있는 현상을 만들어낼 수 있는 능력을 가지고 있다. 수학적 인식은 외부 경험에 의한 것이 아니라 우리 안에 미리부터 가지고 있던 것이어서 객관적인 진리일 수 있다.

영국 경험론에 의해 과학적 사실은 보편적인 진리에서 단순한 가설로 바뀌었다. 그러나 칸트는 우리가 외부에서 오는 감각 경험을 파악하여 만든 현상에는 경험에 좌우되지 않는 선험적인 감성 작용이 포함되어 있다고 했다. 수학적 인식은 우리 마음 안에 있는 선험적인 기능에 기초를 두고 있다. 이런 논리로 칸트는 수학적 사실에 객관성을 부여했다. 현상은 감성의 주관적 기능을 포함하고 있으므로 거기서 경험적인 것을 제거해가면 우리는 순수한 것을 이끌어낼 수 있는데 이 순수한 것에 기초하는 인식이 보편적인 인식이라는 것이다.

물리적 사실에 대해서도 같은 것을 말할 수 있다. 물리학에서는 자연 현상이 일반적으로 따르는 보편적인 물리법칙이 있다고 보고 그것을 찾아내기 위해 노력한다. 물리법칙이 보편적인 진리이기 위해서는 과학적 인식이 경험에 좌우되지 않는 보편적인 것이어야 한다. 그렇다면 물리법칙이 가지고 있는 보편성은 어디에서 유래하는 것일까? 그 대답은 아주 간단하다. 우리가 인식하는 자연현상은 외부로부터 온 감각 인상에 우리가 선험적으로 가지고 있던 순수한 지식이 더해진 것이다.

우리가 인식한 자연 현상 = 외부로부터 온 감각 경험

+ 우리가 가지고 있던 경험에 좌우되지 않는 순수한 지식

우리는 자연 현상을 만드는 데 사용한 경험에 좌우되지 않는 순수한 지식을 법칙이라고 부르고 있는 것이다. 철학은 오랫동안 자연의 질서를 인식한다고 말해왔지만 어떻게 자연의 질서를 인식할 수 있는지에 대해서는 질문하지 않았다. 그런데 마침내 칸트는 자연에 질서를 부여하는 것이 바로 우리 자신이라는 것을 밝혀냈다. 과학이란 인간이 만들어낸 것이라는 것이다.

칸트는 이렇게 해서 우리가 어떻게 보편적인 법칙을 인식할 수 있는가 하는 문제는 해결했지만 또 다른 어려운 문제를 철학으로 끌어들였다. 그것은 우리가 인식하는 현상에는 우리 주관적 기능이 더해져 있으므로 우리가 인식하는 것이 물자체는 아니라는 것이다. 칸트는 현상의 배후에 있는 것을 물자체라고 불렀다. 예를 들면 어떤 사람의 모습이나 말투는 인식할 수 있지만 그것이 그 사람 자체라고 할 수는 없다는 것이다. 그 사람 자체가 바로 물자체이다.

그렇다면 우리는 물자체를 어떻게 인식할 수 있을까? 칸트는 『순수이성비판』에서 초경험적인 것을 이성으로 인식하려고 하는 것을 비판하였다. 그는 신의 존재를 증명하려는 것과 같은 형이상학적인 시도를 배격했다. 형이상학에서 다루는 그런 명제들은 참인지 거짓인지 판별할 수 없다는 것이다. 진리를 인식할 수 있는 이성의 능력을 제한한 것이다. 칸트는 인간의 지성이 사물의 현상을 분류하고 정리할 수는 있지만 그 현상 너머에 숨어 있는 본질에는 이를 수 없다고 보았다. 인간은 사물의 본질이나 신에 해당하는 물자체를 인식할 수 없다는 것이다.

칸트는 인간이 인식할 수 없는 초감각적이고 초경험적인 것들을 인식의 범주 안으로 끌어들이려고 했던 기존 철학의 오류에서 벗어나 우리 이성이 인식 가능한 세계만을 다루려고 했다. 칸트는 인간의 이성이 자기 자신을 초월한 것을 대상으로 할 때 어떤 오류에 빠지는지를 지적했다. 칸트는 인간의 인식 능력을 비판한 자기비판의 철학자였다. 따라서 우리가 물자체를 어떻게 인식할 수 있는가 하는 의문이 필요 없게 되었다. 칸트의 순수 이성 비판에 의해 물자체는 인간이 인식할 수 없는 초월적인 세계로 물러나게 되었기 때문이다.

실천이성비판

칸트의 3대 비판서 중 두 번째 책인 『실천이성비판』의 주제는 우리가 무엇을 왜 해야 하는가에 관한 것이었다. 칸트는

『실천이성비판』에서 인간은 행복을 추구하는 욕망의 지배를 받아 이를 실천의 원리로 삼으려 하지만 내부로부터 도덕적 명령을 받기도 하기 때문에 갈등을 겪게 된다고 설명하고, 내부의 도덕적 명령에 따라 행동하는 것이 선이라고 주장했다. 도덕적 명령을 따라야 하는 것은 그것이 누구나 지켜야만 할 의무이기 때문이라는 것이다. 도덕적 명령은 어떤 목적을 달성하기 위한 수단으로서의 명령이 아니라, 명령 그 자체가 목적인 무조건적인 명령이다. 따라서 도덕적 명령은 때와 장소에 따라 달라지는 조건적인 명령이 아니라, 어떠한 상황에서라도 무조건 따라야만 하는 의무로서의 명령이다.

칸트는 어떤 조건에서든 누구나 따라야 하는 도덕적 명령으로 두 가지를 제시했다. 하나는 다른 모든 사람이 그와 같은 행동을 해도 괜찮다고 생각되는 행동을 해야 한다는 것이었고, 다른 하나는 자신과 다른 사람의 인격을 수단이 아니라 목적으로 대우해야 한다는 것이었다. 칸트는 인간도 자연 법칙의 지배를 받는다는 자연론적인 인간관을 반대하고 모든 인간의 평등과 존엄성을 강조했다. 칸트는 인간은 절대적인 가치를 지닌 인격체로서, 다른 목적을 위한 수단이 아니라, 인격 그 자체가 목적이기 때문에 그에 합당한 대우를 받아야 한다고 주장했다.

칸트에게 있어서 도덕과 윤리의 문제는 인간의 자유와 밀접하게 관련되어 있었다. 시간과 공간에 의해 규정되어 있는 현상 세계는 자연법칙의 지배를 받고 있는 세계이다. 그런 세계에서 일어나는 일들은 모두 필연적인 사건들이다. 인간도 자연의 인과율에 따라서만 움직인다면 인간이 하는 모든 행위는 필연적인 것이므로 거기에는 선도 악도 존재할 수 없다. 만약 우리가 자연법칙에 의해서만 행동한다면 도덕에 얽매일 필요가 없다. 인간이 현상 세계에 속해 있는 한 인과율에서 벗어날 수 없으며 자유도 없기 때문이다.

인간이 누리는 자유를 현상이 아니라 물자체의 측면에서 찾아보아야 하는 것은 이 때문이다. 인간은 자연법칙에 따라 선을 행하는 것이 아니라 내부의 절대적인 도덕 명령에 따라 선을 행한다. 내부의 도덕 명령에 따라 행동하는 것은 자신의 자유 의지에 바탕을 둔 자율을 실현하는 것이고, 그것은 제한적인 인식 능력을 가지고 있는 유한한 존재인 인간이 유한성을 극복하고 초인과 같은 자유로운 상태에 이를 수 있는 길이다. 칸트는 인간이 가지고 있는 이러한 신성한 성격으로 인해 인격체가 될 수 있고, 다른 물질과 구별될 수 있다고 생각했다.

칸트는 도덕적 명령에 의해서만 행동하는 순수한 도덕적 경지에 도달하는 것이 모든 인간이 추구해야 할 과제라고 보았다. 칸트는 인간이 순수한 도덕적 경지에 도달하면 덕과 행복이 일치하게 되어 자유와 행복을 동시에 누릴 수 있게 된다고 주장했다. 인간이 자유 의지에 따라 행동하게 되는 상태는 물자체의 세계이자 신의 세계인 초월한 세계에 속한 상태이다.

그러나 유한한 능력을 가진 인간은 덕과 행복이 일치하는 초월적인 상태에 도달하는 것이 쉽지 않다. 따라서 인간은 그런 상태에 도달하기 위해 전능한 신의 도움을 받을 수 있다. 순수이성비판에 의해 더 이상 설 자리를 잃었던 자유, 영원, 신과 같은 형이상학적 개념이 실천 이성인 도덕을 통해 그 의미를 다시 찾게 된 것이다.

판단력비판

　　　　칸트 비판 철학을 담고 있는 세 번째 책인 『판단력
비판』은 미학을 다룬 책으로 '우리가 무엇을 바라야 하는가'를 다루
고 있다. 독일의 철학자 알렉산더 바움가르텐(Alexander Baumgarten)이 오
성적 인식을 다루는 논리학과 감성적 인식을 다루는 미학을 구분하
여 처음으로 미학을 철학에 포함시켰다. 그는 '참'은 논리적 완전성
을, '미'는 감성적 완전성을 나타낸다고 하였다. 칸트는 미에 대한 인
식을 감각이나 이성의 능력과는 또 다른 능력의 결과물로 보았다.
『판단력비판』은 감성적 판단력비판과 목적론적 판단력비판으로 구
성되어 있다.

　　　칸트의 판단력비판을 이해하기 위해서는 우선 판단력이라는 말
이 무엇을 의미하는지부터 알아보아야 할 것이다. 칸트는 보편적인
것을 인식하는 능력을 판단력이라고 했다. 그는 지성 및 이성과 함께
판단력을 인간이 가지고 있는 세 개의 상위 인식능력이라고 보았다.
인간의 판단력은 규정적 판단력과 반성적 판단력으로 나눌 수 있다.
보편적인 도덕 원칙으로부터 올바른 행위를 유추해내는 것과 같이
보편적인 사실로부터 특수한 사례를 이끌어내는 능력이 규정적 판단
력이다. 반면에 특수한 사례들을 포괄하여 보편적인 법칙을 발견하
는 능력이 반성적 판단력이다. 예를 들어 자연이나 예술 작품에서 정
신적인 의미를 발견하거나 생명체로부터 합목적성을 발견하는 것과
같은 것이 반성적 판단력이다.

　　　칸트 스스로가 밝히고 있는 것처럼 『판단력비판』은 자연과 자유
사이에 놓인 커다란 간격을 메울 매개체를 만들려는 의도로 기획되
었다. 칸트는 『순수이성비판』과 『실천이성비판』을 통해 세상을 필연

적 과학 법칙이 적용되는 감성적인 세계와 자유개념에 기초한 도덕 법칙이 적용되는 초월적 세계로 분리해 놓았다. 따라서 감성의 세계와 초월적인 세계 사이를 이어줄 매개자가 필요한데 『판단력비판』에서 다루고 있는 미와 숭고가 바로 그 역할을 한다는 것이다.

『순수이성비판』을 통해 제시된 자연과 『실천이성비판』을 통해 제시된 초월적인 세상은 전혀 다른 세계였다. 그러나 두 세계는 완전히 분리된 두 세계일 수는 없었다. 도덕적 명령은 현실 생활, 즉 필연적인 자연법칙이 적용되는 자연 속에서 실현되어야만 했다. 감성의 세계와 초월적인 세계 사이를 이어줄 매개체가 필요한 것은 이 때문이다. 두 세계가 관계를 가지기 위해서는 인과율에 따르는 자연이 도덕과 조화를 이뤄야 한다. 자연에 이런 조화가 존재한다는 것을 증명할 수는 없지만, 자연 속에서 도덕의 목적에 맞는 것처럼 보이는 모습들을 발견할 수는 있다. 자연에서 도덕의 목적과 일치하는 모습, 즉 합목적적인 모습을 발견할 수 있는 능력이 반성적 판단력이다.

사람은 반성적 판단력에 의해 미(beauty)나 숭고(sublime), 그리고 생명체에서 자연이 가지고 있는 합목적적인 모습을 발견할 수 있다. 자연의 아름다움은 어떤 욕망과도 관계 없이 모든 사람에게 미적 쾌감을 갖게 한다. 칸트는 숭고하다는 의미를 크기의 측면에서 정의했다. 수학적으로 보면 무한한 크기란 존재할 수 없지만 감성적으로 보면 무한한 크기도 가능하다. 자연의 무한한 크기를 감성적으로 느끼면 감각의 척도를 초월한 탁월한 능력을 대하게 되어 사람은 자연을 숭고하다고 인식하게 된다는 것이다. 칸트는 인간은 자연의 숭고한 모습을 통해 자연에 내재되어 있는 이성과 접할 수 있게 된다고 생각했다. 따라서 미나 숭고는 도덕과 일치되어 간다고 보았다.

칸트는 모든 생명체가 목적을 가지고 있는 것처럼 행동한다고 보았다. 그는 자연의 일부인 생명체가 행동하는 것은 자연 전체도 어떤 목적에 의해 통일되어 있다는 증거라고 생각했다. 칸트는 자연에서 미와 숭고로 나타나는 도덕과 일치하려는 합목적성을 통해 자연과 도덕적 세계인 초월적인 세계를 연결했다.

칸트의 비판철학은 독일 관념론을 비롯한 칸트 이후의 모든 철학에 영향을 주었고, 사회과학과 행동과학에도 영향을 주었다. 칸트의 비판철학은 칸트와 동시대에 활동했던 학자들에게도 많은 영향을 주었고, 칸트 철학을 명시적으로 거론하지 않은 후세 학자들까지도 칸트의 영향에서 벗어날 수는 없었다.

칸트의 종교관은 『단순, 이성, 한계 내 종교』를 통해서 알 수 있다. 칸트는 이 책에서 도덕적 입장에서 기독교를 비판하여 기독교를 이성종교로 접근시키려고 했다. 칸트에 의하면 유한한 인간은 도덕적 명령에 따라서 살려고 하지만 쉽게 행복을 추구하는 길로 빠지게 된다. 이러한 타락의 상태에서 벗어나기 위해 노력해야 하는데 그러기 위해서는 지상에 성령의 나라인 교회를 건설해야만 한다고 보았다. 그러나 교회에서의 기도나 의례와 같은 것은 참다운 신앙을 위한 수단에 불과하므로 이런 것들을 신에 이르는 길이라고 생각하면 안 된다고 주장했다. 이런 생각을 바탕으로 현실의 기독교를 비판하여 개선하려고 했던 칸트는 교회로부터 탄압을 받아 종교에 관한 강의나 저술을 금지당했다. 이것은 평생을 조용히 학문 연구에만 몰두했던 칸트가 평생에 단 한 번 겪었던 권력에 의한 탄압이었다.

피히테의 자아

독일을 사랑했던
철학자

    요한 고트리프 피히테는 독일 오버라우지츠에서 레이스 제조공의 아들로 태어났다. 경제적으로 어려웠던 집안 사정 때문에 학교에 갈 형편은 못 되었지만, 그의 재능을 알아본 밀티츠 남작의 도움으로 시립학교를 거쳐 귀족학교에 진학할 수 있었다. 1780년 예나 대학에 진학한 피히테는 다음 해에 라이프치히 대학으로 옮겼다. 피히테는 대학에서 처음에는 신학을 공부했지만 스피노자의 『윤리학』을 읽은 후 철학으로 전공을 바꾸었다. 후원자였던 밀티츠 남작이 죽은 후에 피히테는 가정교사를 해서 학비를 직접 조달해야 했다. 1788년에는 가정교사 자리를 구하기 위해 스위스의 취리히로 가서 1790년까지 그곳에 머물렀고, 1790년에 라이프치히로 돌아온 다음에는 칸트의 『실천이성비판』과 『판단력비판』, 그리고 『순수이성비판』

을 읽었다. 이 때 접한 칸트 철학은 그의 일생에 큰 영향을 미쳤다.

1791년 피히테는 쾨니히스베르그로 칸트를 찾아가 「모든 계시에 관한 비판의 시도」라는 제목의 논문을 제출했다. 칸트는 피히테에게 이 논문을 출판할 출판사를 소개해 주고, 단치히에 가정교사 자리를 주선해 주었다. 출판사에서는 피히테의 논문을 1792년에 익명으로 출판했다. 사람들은 이 책을 칸트가 써서 익명으로 출판한 것으로 생각하고 관심을 보였다. 그러나 이 책을 쓴 사람이 피히테라는 것이 밝혀지자 피히테가 갑자기 유명해졌다.

1793년 다시 취리히로 간 피히테는 교육자이며 사회비평가였던 요한 페스탈로치(Johann Heinrich Pestalozzi)와의 교제를 통해 교육에 대한 생각에 많은 영향을 받았다. 취리히에 1년 정도 머문 피히테는 1794년에 예나 대학 철학 교수가 되었다. 예나 대학으로 가기 전인 1794년 4월에 철학의 기초를 다룬 원고를 완성하여 『지식학 즉 소위 제일철학의 개념에 관하여. 이 학문에 관한 강의를 위한 초대의 글』이라는 제목으로 출판하였다. 피히테는 예나 대학에서 강의를 시작한 1794년 여름학기에 행한 첫 번째 다섯 강의 원고를 모아 『학자들을 규정함에 관한 몇 강의들』이라는 제목으로 출판했고, 강의를 하는 동안 수강생들에게 배포했던 원고들을 모아 『수강자를 위한 원고로서의 전체 지식학의 기초』라는 제목으로 출판했다.

대학 평의회 및 학생들과의 갈등으로 어려운 가운데서도 예나 대학에서 강의를 계속하면서 『지식학 제1서론』, 『이미 철학적 체계를 소유한 독자들을 위한 지식학 제2서론』, 『지식학 원칙에 따른 자연법의 기초』, 『지식학 원칙에 따른 도덕이론 체계』와 같은 책들을 출판했다. 그러나 피히테는 1799년에 있었던 무신론 논쟁으로 예나대학을 떠나야 했다. 무신론 논쟁은 1798년에 발간된 〈철학 잡지〉에 실린 두 편의 논문으로 인해 시작되었다. 첫 번째 논문은 피히테가 쓴 「신의 세계 통치에 대한 우리들의 믿음의 근거」였고, 다른 하나는 피히테의 제자 가 쓴 「종교 개념의 발견」이라는 논문이었다. 1798년 10월에 드레스덴 의 개신교 최고 종교국이 작센의 선제후에게 피히테의 무신론적 주장 을 고발하는 고발장을 제출한 후 양측은 출판물을 통해 공방을 벌였 다. 그리고 1799년 3월 피히테는 대공국의 행정수반에게 심문을 받기 보다는 사임하겠다는 편지를 보냈다.[44] 이로써 피히테는 비록 충분한 급료를 받지 못하는 정원 외 정교수직이었지만 교수직을 잃었고, 생산 적이었던 예나 시절을 끝내야 했다.

베를린으로 간 피히테는 『인간의 규정』, 『완성된 상업국가. 법률 학에 대한 부록으로서의 철학적 구상과 미래에 제공될 정치에 대한 검토』, 『가장 새로운 철학의 진정한 본질에 관해 위대한 독자들에게 보내는 명백한 보고. 독자들에게 이해를 촉구하려는 한 시도』를 출판 하는 등 왕성한 출판 활동을 했다. 이 시기에 피히테는 많은 사람들과 교류했지만 일부 철학자들과는 불화를 겪기도 했다. 1794년 처음 알게 된 이후 계속 친분을 유지하고 있던 프리드리히 셸링과 절교한 것도 이 시기의 일이다. 처음에는 셸링을 아주 높게 평가했던 피히테는 베 를린에 머물던 시기에 셸링의 작품들을 공상의 산물이라고 신랄하게 비판하여 셸링과의 관계가 끊어졌다.

1805년 잠시 동안 에어랑엔 대학의 교수로 갔다가 다시 베를린 으로 돌아온 피히테는 베를린과 에어랑엔에서 했던 강의의 원고를 모아 1806년에 세 권의 저서를 출판했다. 그러나 프랑스와의 전쟁이 발발하여 프랑스군이 베를린을 점령하자 피히테는 베를린을 떠나 쾨니히스베르크 대학으로 갔지만 그곳마저 프랑스군에 점령당할 위험에 처하게 되자 덴마크의 코펜하겐으로 도피하였다. 그러나 1807년 틸짓 평화조약이 체결된 후 프랑스군 점령 하에 있던 베를린으로 돌아온 피히테는 1807년 겨울학기 동안 학술원에서 강의를 했다. 이 강의 내용은 다음해 『독일 국민에게 고함』이라는[45] 제목으로 출판되었다. 이 강의를 통해 피히테는 독일을 패망에 이르게 한 근본적 원인은 이기심이므로 새로운 국민 교육을 통해 이를 타파해야 한다고 주장했다. 피히테는 또한 주체적인 정신 활동을 중요시하는 페스탈로치의 교육 사상을 본받아야 하며, 이러한 교육에 의해 독일에 참된 민족 의식이 각성될 때, 독일 국민은 잃어버린 독립을 되찾을 수 있을 것이라고 역설했다.

1810년에 베를린에 새로운 대학이 설립되자 교수진으로 이 대학에 참여한 피히테는 초대 총장으로까지 선출되었지만 학생들의 소송으로 1811년 총장직을 그만두고 강의와 저술 활동에만 전념했다. 피히테는 군병원에서 간호사로 일하다가 장티푸스에 감염된 아내에게서 장티푸스가 전염되어 1814년 52세를 일기로 세상을 떠났다.

행동하는 자아

헤겔, 셸링과 더불어 독일 관념론을 대표하는 철학자 중 한 사람인 피히테는 칸트의 비판철학을 계승하여 헤겔로 이어주는 다리 역할을 한 철학자로 인정받고 있다. 칸트는 정신을 자연을 인식하는 제한적 능력을 가진 인식 이성과 도덕을 실천하여 초월한 세계에 도달하는 실천 이성으로 분리해 놓았다. 피히테는 칸트가 분리해놓은 인식하는 이성과 실천하는 이성을 자아(Ich)를 이용하여 통일하려고 시도했다.

그렇다면 칸트에 의해 완전히 구분되어 있던 인식이성과 실천이성이라는 우리 존재의 두 가지 측면을 통일하는 자아는 어떤 존재일까? 피히테의 자아는 데카르트의 자아처럼 단순히 생각만 하는 존재가 아니라 적극적으로 행동하는 존재이다. 자아는 다른 존재에 의해 규정되는 것이 아니라 자신의 끊임없는 활동에 의해 자신을 나타낸다. 끊임없이 자신을 드러내는 역동적인 활동이 자아의 본질이다. 다시 말해 자아는 자신의 존재를 스스로 정립하는 실천적인 힘이다. 피히테가 대문자로 자아(Ich)라고 표현한 자아는 나 개인의 자아만을 의미하는 것이 아니라 인류라는 자아까지도 의미하는 것이었다.

피히테는 『모든 지식학의 기초』에서 자아의 활동을 세 가지 단계로 구분했다. 첫 번째 단계는 자아가 스스로의 활동을 통해 자기 자신의 존재를 정립하는 단계이다. 나라는 개념을 만드는 것은 외부가 아니라 나 자신의 정신적 활동을 통해 만들어진다는 것이다. 그런데 내가 존재하기 위해서는 내가 아닌 것이 존재해야 한다. 내가 아닌 것이 나라는 존재의 한계를 만들어주기 때문이다. 따라서 두 번째 단계는 자아의 활동에 의해 비아가 반정립되는 단계이다. 여기서 이야기하는 자아는 개인으로서의 나만을 의미하는 것이 아니라 우리, 민족, 인류, 우리 우주와 같이 나를 포함하고 있는 모든 것을 뜻한다. 이런 자아는 무제약적인 자아이다. 무제약적인 자아와 비자아의 구분은 절대자에 이르면 의미가 없어진다. 따라서 세상은 절대자를 통해 무제약적인 자아로 통일하게 된다.

그러나 이런 통일에도 불구하고 자연의 일부밖에 알 수 없으며,

인식과 실천이 완전히 일치하지 않는 나라는 존재는 아직도 존재하고 있다. 따라서 세 번째 단계는 무제약적인 자아가 자신 안에 가분적 자아와 가분적 비아를 반정립하는 단계이다. 비아는 자아를 한정하고 자아의 활동을 방해하지만 이를 통해 오히려 자아의 자기실현을 가능하게 한다. 이 세 가지 단계를 한 마디로 요약하면 처음에는 스스로를 정립하는 활동하는 자아가 있고, 다음에 이 자아의 활동에 의해 자아의 대상이 되는 비아(자연)가 있게 되고, 마지막으로 자아 자체 내에 제한된 자아와 제한된 비아가 있게 된다. 이처럼 피히테의 철학은 능동적으로 활동하는 자아의 변증법적 발전 과정을 통해 통일적 체계를 만드는 것이었다.

피히테의 철학에서는 칸트의 경우와 같이 대상이 있고, 그 후 그것을 인식하는 자아가 있는 것이 아니라 스스로 활동하는 자아가 가장 먼저 있다. 칸트 철학에서 이성은 실천을 통해 초월적인 세계에 도달할 수 있었다. 그러나 인식과 실천이라는 두 가지 측면을 통일한 자아는 처음부터 무제약적인 존재이다. 따라서 피히테는 인식하는 자아와 실천하는 자아를 동일한 것이라고 보았다. 칸트가 제시한 인식하는 이성과 실천하는 이성의 구분은 자아 활동의 세 번째 단계에서 정립된 가분적인 자아에 해당한다. 따라서 칸트가 분석한 것은 자아 정립 운동의 일부분에 불과한 것이 된다.

피히테의 철학을 한 마디로 말하면 자아의 정립과 비아의 반정립이 대립하는 구도에서 절대적 자아가 그 대립을 해소시키는 것이라고 할 수 있다. 무제약적인 자아로부터 궁극적 자아라는 개념이 등장한다. 궁극적 자아는 비아에 의하여 생기는 부정과 갈등을 넘어 자신의 존재를 궁극적으로 정립하는 탁월한 자아이다. 자기 자신만을 정립하는 유한한 자아가 비아의 저항과 부정을 극복하고 자신을 정립시키는 절대적인 자아로 나아간다. 절대적인 자아는 스스로를 정립하는 실체로서의 자아이며, 자아의 사유 활동과 능동적으로 자신을 정립시키는 도덕적인 행위를 통해 드러나는 자아 속에 숨은 신이다. 여기서 실천은 자아와 비아의 갈등을 거쳐서 자기 자신을 무제약적으로 정립시키는 능력이다.

후기 피히테의 철학은 점차 종교적이고 민족주의적 경향을 띠게 되었다. 피히테의 철학적 주제는 자아와 비자아의 문제에서 지(知)와 절대자의 관계로 바뀌었다. 피히테는 자아와 비자아의 대립을 종합하여 보다 고차원적인 자아의 절대성을 이념화하고 실체화한 것을 지라고 보았다. 지는 자기를 부정할 때 비로소 지의 근원인 절대자에 포함될 수 있다.

프러시아가 나폴레옹에게 패배한 후에는 프랑스의 지배로부터 독일 민족의 해방을 위해 노력했던 피히테는 『독일 국민에게 고함』이라는 제목의 강연 내용을 출판하는 등 정열적으로 민족의 독립과 문화적 재건 운동을 펼쳤다. 이런 운동을 통해 피히테가 추구했던 것은 자유로운 근대적인 독일의 건설이었다.

셸링의 동일철학

헤겔과 경쟁한
철학자

　　피히테, 헤겔과 함께 독일 관념론의 한 축을 이루고 있는 철학자로 평가받고 있는 프리드리히 빌헬름 요제프 폰 셸링은 독일 뷔르텐베르크주 레온베르크에서 루터파 목사의 아들로 태어났다. 셸링은 아버지의 영향을 받아 어려서부터 신학과 라틴어를 배웠다. 열다섯 살이던 1790년에 셸링은 튀빙겐 대학의 신학교에 입학하여 5년 동안 신학을 공부하다가 철학 공부를 시작했다. 열아홉 살 때인 1795년에 셸링이 쓴 철학 저서인 『철학원리로서의 자아에 대하여』를 읽은 피히테는 그의 뛰어난 철학적 식견에 찬사를 보냈다.[46] 이 책은 칸트의 사상을 공부하고 있던 신학교 2년 선배였던 헤겔에게도 많은 영향을 주었다.

　　셸링은 1795년부터 약 3년 동안 라이프치히의 귀족 집안에서 가정교사로 일하면서 물리학, 화학, 의학에 대해서도 공부했다. 이 때 공부한 자연과학은 후에 그가 자연철학의 체계를 세우는 데 중요한 역할을 했다. 1798년 셸링은 피히테의 후임으로 예나 대학의 철학교수가 되었다. 예나 대학에 있던 시기에 셸링은 왕성하게 집필 활동을 했으며 그의 철학이 가장 잘 나타난『초월적 관념론의 체계』를 저술했다. 이 책을 통해 셸링은 자아로부터 출발하는 피히테의 철학을 극복하고 자아와 비아(자연), 그리고 주관과 객관을 통일하려고 시도하였다.

1801년 셸링의 도움을 받아 예나 대학의 교수가 된 헤겔은 그 해에『피히테와 셸링 철학 체계의 차이』를 발표했다. 처음 헤겔은 셸링의 동일철학을 옹호하였으나 절대자에 대한 직접적인 인식, 즉 지적 직관을 인정하였던 셸링의 생각을 반대하였다. 절대자가 변증법적인 발전 과정을 통해 자신을 나타낸다고 주장했던 헤겔은 자신의 주저인『정신현상학』에서 셸링이 말하는 절대자란 모든 황소가 검게 보이는 밤에 비유된다고 하면서 셸링의 무차별적인 동일철학을 비판했다. 이러한 사상적 차이로 인해 두 사람의 관계가 악화되었다.

1803년 셸링은 잇따른 스캔들과 보수파와의 불화로 예나 대학을 떠나 뷔르츠부르크 대학으로 옮겼다. 1806년 대학을 떠난 셸링은 1841년까지 35년 동안 뮌헨에서 살았다. 1809년 부인 슐레겔의 죽음을 계기로 영혼불멸에 관한 철학책을 쓰기도 했다. 뮌헨 대학이 개교하자 뮌헨 대학의 철학 교수로 취임하고 뮌헨을 수도로 하는 바이에른 왕가의 왕자 막시밀리안의 가정교사로서 국정에도 관여하여 후에 귀족에 서임되기도 했다.

1841년에 셸링은 헤겔이 1831년 죽을 때까지 강의하던 베를린 대학 교수로 임명되었다. 베를린 대학으로 온 셸링은 젊은 시절에 철학사의 새 장을 연 자신이 원숙기에 접어들어 또 다른 새로운 장을 열고 싶다고 선언했다. 그러나 헤겔의 영향이 그대로 남아 있던 베를린 대학에서 셸링은 큰 성공을 거두지는 못했다. 셸링은 1854년 죽을 때까지 베를린 대학에서 강의했다.

자아와 비아를 통일한
동일철학

객관적 관념론이라고 부르기도 하는 셸링의 철학은 피히테의 자아(Ich)에 대한 비판에서부터 시작했다. 피히테가 무제약적인 자아의 활동을 이용하여 칸트가 제시한 인식 이성과 실천 이성의 분열을 해결하려고 했다면 셸링은 정신과 자연, 즉 주체와 객체가 본질적으로 동일하다는 것을 보여 칸트의 모순을 해소하려고 했다.

셸링은 피히테의 자아와 비아라는 이분법적 도식을 인정하지 않고, 자아와 비아는 대립하는 관계가 아니라고 주장했다. 셸링도 피히테와 마찬가지로 우리 안에 무제약적이고 절대적인 자아가 존재한다고 보았다. 이 절대적인 자아가 우리 앞에 직감을 통해 나타난다는 것이 셸링이 주장한 동일 철학이다. 즉 우리는 직접 절대자를 보는 것이다. 여기서 셸링이 말하는 직감에는 지적 직감은 물론 예술적 직감까지 포함된다. 셸링은 예술작품에는 자연적인 것과 정신적인 것이 통일되어 있기 때문에 예술이 자연영역과 정신영역 사이를 매개한다고 주장했다. 따라서 인간은 예술적 직관을 통해 절대자에 대한 완전한 인식이 가능하다고 했다. 우리가 절대적인 것을 직감할 수 있는 것은 절대적인 것과 우리 사이에 구별이 없기 때문이라는 것이다.

셸링은 주관과 객관이 모두 절대자에 의해서 생겨났다는 주관과 객관의 동근원성을 주장했다. 모든 유한자의 근처에 자리 잡고 있는 절대자는 주관과 객관이라는 구별을 넘어서 있는 무차별적인 존재이다. 절대자는 다른 사물과 구분되는 것이 아니어서 세계가 바로 절대자이며 세계에는 무차별자인 절대자만이 있다. 즉 주관과 객관, 또는 정신과 자연이 실제로는 동일한 것이고, 세계는 무차별성이라는 특성을 가진 절대자의 세계이다. 셸링은 정신(주관)과 자연(객관)의 차이는 데카르트가 생각했던 것처럼 절대적인 질의 구별이 아니라 단순한 양의 차이라고 생각했다. 정신과 자연이 동일하다는 셸링의 주장은 스피노자의 범신론과 유사한 면이 있다. 스피노자는 신이 세상에 보편적으로 깃들어 있다고 주장했다. 그러나 셸링은 자아의 활동 안에서 정신과 자연, 즉 주관과 객관이 같은 것이라는 것을 발견했다. 다시 말해 셸링의 철학은 자아에 비중을 둔 범신론이라고 할 수 있다.

셸링은 주관과 객관을 모든 대립이나 차별을 초월한 동일자로서 인식하는 것은 이성적인 반성에 의해서가 아니라 비이성적인 지적 직관에 의한 것이라고 주장했다. 셸링은 『인간 자유의 본질에 대한 철학적 탐구』에서 비합리성 또는 악이 세계를 이끄는 힘이 아닐까 하는 의문을 제기했다. 이 책에서 셸링은 인간은 선과 악으로부터 자유로워질 때만 진정한 자유로운 상태에 있다고 했다. 이러한 생각은 후기 셸링 철학의 기초가 되었다. 셸링은 헤겔의 이성주의 철학은 사물의 현존을 제대로 파악하지 못한 소극적 철학이라고 비판하고, 계시를 통해 절대자의 존재를 파악하는 적극적 철학을 주장했다.

헤겔과 세계정신

근대철학을 완성한
철학자

      독일 관념철학을 완성한 사람으로 인정받는 게오르크 빌헬름 프리드리히 헤겔은 독일 뷔르템베르크 공국의 수도 쉬투트가르트에서 루터파 개신교 가정의 장남으로 태어났다. 어려서부터 라틴어를 배운 헤겔은 일곱 살부터 열여덟 살까지 김나지움에 다녔는데 이때부터 책을 읽고 내용을 요약하는 습관을 길렀다. 김나지움에 다니는 동안 그리스 문화에 큰 관심을 가지고 있었던 헤겔은 소포클레스의 희곡 『안티고네』를 번역하기도 했다. 열여덟 살이던 1788년, 김나지움을 졸업한 헤겔은 튀빙겐 신학교에서 이후 5년 동안 신학과 역사학을 공부하며 셸링과 친분을 쌓았다.

      스물세 살이던 1793년에 튀빙겐 대학을 졸업한 헤겔은 스위스 귀족 가문의 가정교사로 베른에 3년 정도 머물렀다. 베른에 머무는 동안에 그는 「예수의 생애」와 「기독교의 실정성」이라는 제목의 논문 두 편을 발표했다. 스물일곱 살이던 1797년에 베른을 떠나 프랑크푸르트로 가서 1800년까지 4년 동안 가정교사를 했다. 이 때 헤겔은 『뷔르템베르크의 최근 내정』, 『기독교의 정신과 그 운명』,[47] 『독일헌법론』을 출판했다.

1801년 헤겔은 예나 대학 교수였던 셸링의 추천으로 예나 대학의 사강사가 되었다. 사강사는 대학으로부터 월급을 받는 것이 아니라 수강하는 학생들로부터 수업료를 받는 강사를 말한다. 이때부터 1807년까지 헤겔은 예나 대학에서 강의와 집필에 전념했다. 1802년에는 셸링과 공동으로 〈철학 비평 저널〉이라는 학술 잡지를 발간했는데, 여기에 그는 「철학 비평 일반의 본질」, 「상식은 철학을 어떻게 생각하는가?」, 「회의론과 철학과의 관계」, 「신앙과 지식」, 「자연법의 학문적인 취급 방식에 대하여」와 같은 논문들을 기고했다. 1896년 헤겔은 괴테의 추천을 받아 예나 대학의 교수로 임명되었다. 예나대학에 있던 1805년 헤겔은 그의 가장 중요한 저서의 하나로 관념론의 핵심이 포함되어 있는 『정신현상학』을 발표했다. 헤겔이 『정신현상학』을 완성했던 1806년에 프러시아가 나폴레옹에게 패망했다. 『정신현상학』은[48] 1807년 4월에 밤베르크에서 출판되었다. 헤겔이 『정신현상학』에서 셸링의 철학을 비판하자 셸링이 분노했고, 이를 계기로 두 사람 사이의 좋은 관계는 끝이 났다.

서른여덟 살이던 1808년에 헤겔은 뉘른베르크 김나지움의 교장이 되어 약 8년 동안 뉘른베르크에서 생활했다. 여기서 그는 두 번째 주요 저서인 『논리의 학』을 발표했다. 이 책의 제1권은 1812년에서 1813년 사이에 출판되었고, 제2권은 1816년에 출판되었다. 김나지움의 교장으로 있던 1811년 헤겔은 마리 폰 투허(Marie von Tucher)와 결혼했다.

1816년 헤겔은 하이델베르크 대학 철학과 정교수가 되었다. 헤겔이 하이델베르크 대학에 2년 동안 머물면서 그의 세 번째 주요 저서인 『엔치클로패디』를 출판했다. 제1부 논리학, 제2부 자연철학, 제3부 정신철학으로 구성된 이 책은 후에 헤겔이 베를린 대학에 근무하는 동안에 제2판(1827)과 제3판(1830)이 나왔는데 제2판은 초판의 두 배가 될 만큼 증보된 것으로 헤겔 철학의 전모를 보여주는 대작이었다.

마흔여덟 살이던 1818년에 헤겔은 피히테의 후임으로 베를린 대학의 정교수가 되어 논리학, 형이상학, 철학사, 자연법과 국가학, 미학, 인간학, 심리학 등을 강의했다. 베를린 대학에 근무하던 1821년에 헤겔은 『법철학 강요』를[49] 출판했다. 베를린 대학에서 생활하던 13년 동안은 헤겔이 마지막으로 그의 학문적 정열을 불태운 시기였다. 헤겔은 1831년 콜레라로 61세를 일기로 세상을 떠났고, 베를린 도르테엔 시립묘지에 있는 피히테의 묘 옆에 묻혔다.

변증법과 세계정신

칸트 철학을 계승한 피히테는 자아를 강조한 주관적 관념론을 발전시켰고, 셸링은 자연을 더 중요하게 생각한 객관적 관념론을 발전시켰다. 헤겔은 두 사람의 철학을 종합하려고 했다. 헤겔은 피히테의 주관적 관념론과 셸링의 객관적 관념론을 종합한 자신의 철학을 절대적 관념론이라고 규정했다. 헤겔은 세상의 모든 것에 대한 원리를 포함하는 통일적인 지식 체계를 만들려고 했다. 그가 추구했던 것은 개인에 국한되는 주관적이고 부분적인 지식이 아니라 모든 사람들에게 통용되는 객관적인 지식체계였다. 전체를 아우르는 객관적이고 통일적인 지식체계를 만들기 위해 헤겔은 피히테와 셸링은 물론 스피노자의 범신론 사상까지 받아들였다. 헤겔은 우리 의식, 즉 정신이 경험하는 것들이 발전해 나가는 과정을 분석하는 것에서부터 이 일을 시작했다.

헤겔은 만물은 본질적으로 끊임없이 변화하는 과정에 있다고 보고, 변증법적 발전 과정을 통해 이를 설명하려고 했다. 원래의 상태를 정(正)이라 하면, 정의 상태가 안고 있는 모순을 발견하여 정의 상태를 부정하는 것이 반(反)이다. 세상은 이 모순을 해결하는 방향으로 운동하며 그 결과 새로운 합(合)의 상태에 도달한다. 그러나 이 합의 상태는 다시 다음 단계의 출발점이 된다. 이러한 변화는 최고의 상태에 도달할 때까지 계속된다. 이것이 헤겔 철학을 대표하는 변증법적 발전 단계이며, 변증법적 운동이다. 헤겔은 정반합이라는 표현 대신, 즉자, 대자, 즉자대자, 또는 긍정, 부정, 부정의 부정이라는 표현을 썼다.

이제 변증법적 운동을 통해 우리 의식이 성장해가는 과정을 살펴보자. 칸트에 의하면 우리는 물체에서 기인한 감각 경험에 우리 주관의 움직임을 첨가하여 나타난 현상만 인식할 수 있다. 따라서 우리는 우리 앞에 있는 물체에 대해 모든 것을 알 수는 없다. 이것이 칸트의 물자체 사상이다. 우리 주관의 움직임이 첨가되어 나타난 우리가 인식할 수 있는 현상은 물차체가 아니기 때문이다. 따라서 칸트의 인식은 경험의 한계를 벗어날 수 없었다.

헤겔은 대상이 독립적으로 존재하는 것이 아니라 본질적으로 지식에 속해 있으므로 의식이 대상과의 관계를 변화시키면 대상도 변한다고 보았다. 경험을 통해 우리 의식이 변하면 대상도 본질적으로 변한다는 것이다. 예를 들면 우리가 지각이라는 상태에 있으면 대상은 물체이지만, 우리가 오성의 단계로 나가면 대상은 힘과 법칙으로 변한다. 헤겔은 칸트의 물자체란 의식이 변화하지 않고 어떤 특정한 상태에 머물러 있을 때 나타나는 추상적인 사유의 산물에 불과하다고 보았다. 칸트는 오성은 지각에 의해 우리에게 초래된 것에 규칙을 부여할 뿐이라고 생각했다. 그러나 헤겔은 우리의 의식이 지각의 단계에서 오성의 단계로 변할 때 대상도 물체라는 상태에서 법칙이라는 상태로 변화된다는 것이다.

우리가 인식하는 의식의 단계에서 빠져나와 자신이 자신임을 아는 자기의식의 단계로 나가면 대상도 나와 대립하는 또 다른 자기의식(타자)으로 변한다. 이런 발전 단계를 거치면서 의식과 대상의 대립은 사회적 대립으로 그 모습을 변화해간다. 헤겔은 여러 단계에 나타나는 지식의 상태를 현상지라고 불렀다. 의식은 많은 경험을 하면서 교양을 쌓아 절대적인 지식으로까지 발전해간다. 절대적인 지식이란 의식이 자기실현을 통해 알게 된 전체적인 지식이다. 전체적인 지식은 세상의 모든 것을 알고 있을 뿐만 아니라 여러 단계에서 직면하는 모순을 해결하는 방법을 포함하고 있는 지식이다. 이렇게 해서 참된 지식인 전체적인 지식이 완성된다.

헤겔의 의식 경험의 발전 단계는 피히테의 자아와 비슷하다. 아직 유치하고 불안정한 의식 상태에 있는 나는 절대적인 지식에 도달할 가능성과 계획을 자신 안에 가지고 있다. 다시 말해 절대정신이 이미 내 안에 깃들어 있다. 피히테의 자아철학은 절대적인 자아가 자신을 정신과 자연으로 분할해가는 방법에 의해 자아를 명확히 파악해

나갔지만 헤겔의 자아는 대상과 만나면서 절대정신까지 성장해간다. 의식이 절대정신에 도달하면 이제까지 대립하는 것이라고 생각해온 대상이 사실은 자신이었다는 것을 알게 된다는 것이다.

여기서 말하는 나는 단지 개인적인 나만을 의미하는 것은 아니다. 지금 내가 가지고 있는 생각은 어느 날 갑자기 내가 생각해낸 것이 아니라 이전에 살았던 많은 사람들의 생각들을 바탕으로 하고 있는 것이다. 의식은 자기 자신에 그쳐서는 성장할 수 없으며 자연이나 사회와 같은 여러 대상을 포함함으로써 비로소 자신을 실현할 수 있다. 반대로 이 세상도 나에 의해 알려지기 전까지는 졸고 있는 즉자의 상태에 있다가 나에 의해 알려지자 비로소 실체로서의 자신을 분명히 할 수 있게 된다. 즉자(anshich)는 대상과 관계없이 홀로 존재하는 상태를 의미하고, 즉자와 대립하는 개념인 대자(fürshich)는 타자와의 관계를 가능하게 하는 부정적 자기관계이다.

헤겔은 의식이 경험을 통해 개인에 국한된 주관적인 입장을 초월하여 자신을 사회적인 존재로 발전시키고, 나아가 보편적인 존재로 성장시킨다고 보았다. 헤겔이 이렇게 경험을 재해석함으로써 세계사가 의미를 가지게 되었다. 진리 또는 참된 것은 특정한 철학자가 독립적으로 생각해낸 것이 아니라 세계사라고 하는 인류 전체의 경험의 산물이라는 것이다. 헤겔은 세계사에 의해 도달하는 최고의 상태를 절대정신이라고 불렀다. 절대란 자신 안에 대립을 갖지 않고 스스로 존재한다는 의미이다. 따라서 절대정신이란 자연과 대립하는 정신이 아니라 자연을 자신의 일부로 받아들이는 정신이다.

절대정신은 변증법적 발전 과정을 통해 도달되는 최고의 상태, 즉 더 이상 변화될 필요가 없는 상태를 나타낸다. 헤겔은 세계사 속에서 나타나는 절대정신을 세계정신이라고 불렀다. 세계사를 세계정신이 변증법적 운동을 통해 자유의식을 발전시켜 가는 과정이라고 본 것이다. 헤겔에 의하면 개인은 세계정신이 자유의식을 발전시키기 위해 사용하는 도구에 불과하다. 세계사의 큰 흐름에서 보면 개인의 운명은 부분적인 것으로 세계사가 완성되어 가는 데 필요한 요소에 불과하다. 개인들에게 일어나는 일들이 부조리하고 불공평하게 보여도 세계사는 그것을 통해 세계정신을 실현시켜 간다. 이것을 헤겔은 역사의 간지(奸智)라고 불렀다. 세계사가 개인을 속이면서 자신의 목적을 달성시켜 나가는 것이 역사의 간지이다. 역사의 간지는 헤겔이 본 세계사의 중요한 성격 중 하나였다.

헤겔은 세계사를 고대 동양, 그리스와 로마, 중세와 근대 유럽(게르만)의 3단계로 나누었다. 고대 동양에서는 단 한 사람의 황제나 왕만이 자유를 누렸고, 그리스와 로마에서는 소수의 귀족들만이 자유를 누렸다. 헤겔은 중세와 근대 유럽에 자유의식을 고취한 것은 기독교라고 파악했다. 인류는 기독교를 통해 정신의 자유가 인간의 가장 고유한 본성이라는 의식에 도달했다는 것이다. 중세에는 아직 많은 농노들이 자유롭지 못한 생활을 하고 있었지만 민족과 사회적 신분을 뛰어넘어 인간의 평등을 주장한 기독교 가르침을 바탕으로 자유의식을 넓혀갔다고 본 것이다.

헤겔은 나폴레옹에게서 세계정신이 실현되는 것을 보았다. 나폴레옹이 프로이센을 격파하고 예나에 입성하는 모습을 2층 하숙방에서 내려다보면서 헤겔은 "저기 절대정신이 간다." 라고 말했다는 일화가 전해진다. 헤겔은 나폴레옹의 유럽 원정을 그 때까지 봉건적인 사회였던 유럽에 프랑스의 자유의식을 수출하는 것으로 보았다. 헤겔이 하숙방에서 본 것은 나폴레옹이라는 개인이 아니라 자유의식을 실현해가는 세계정신이었다.

그러나 나폴레옹의 유럽 원정은 다른 나라들의 반발을 사게 되고, 나폴레옹은 침략자로 전락했다. 세계사는 나폴레옹을 통해 절대정신에 이르는 데 실패한 것이다. 헤겔은 이번에는 절대정신의 실현을 계몽적 개혁정책을 실시하고 있던 프로이센 왕국에서 찾으려고 했다. 국가를 절대정신이 구현된 완전한 전체라고 생각했던 헤겔은 프로이센이야말로 세계정신이 가장 잘 실현된 보편국가라고 생각했다. 그러나 프로이센은 자유의식을 고양하는 대신 진보적인 운동을 탄압하기 시작했다. 따라서 헤겔의 제자들은 헤겔의 철학을 비판하지 않을 수 없었다.

헤겔에게 있어 국가는 특별한 세계사적 의미를 가지고 있었다. 그는 사회의 발전과정도 변증법적 발전 단계를 적용하여 설명했다. 사회는 사랑의 공동체인 가족에서 출발하여, 개인주의적 이익 공동체인 시민사회로 발전하고, 여기에서 다시 국가라는 최고의 단계로 발전해 간다고 보았다. 헤겔은 국가를 절대정신이 보편적 자유를 실현하는 최고 단계로 본 것이다.

관념의 세계에 깊숙이 빠져 있던 헤겔은 자연을 탐구한 철학자가 아니었다. 그는 당시 눈부시게 발전하고 있던 과학적 성과들에 집중하기보다 정신적인 관점에서 자연을 보려고 했고, 정립된 관념 체계를 통해 자연을 파악하려고 했다. 따라서 자연이나 자연 현상 자체에는 큰 관심을 보이지 않았다.

헤겔은 근대 철학과 현대 철학을 구분하는 경계로 간주되고 있다. 데카르트에서 시작된 근대철학은 헤겔에 의해 완성되었으며, 헤겔 철학을 비판하면서 현대 철학이 등장했기 때문이다. 칸트 이전의 모든 철학은 칸트로 흘러들어와 독일 관념론에 머물렀다가 헤겔을 통해 흘러나가 현대 철학의 원천이 되었다고 말하기도 한다.

헤겔학파는 슈트라우스(David Friedrich Strauss)가 신약성경에 나타난 기적은 실제 있었던 사건이 아니라 초대 교회에서 예수를 메시아로 만들기 위해 덧붙인 것이라고 주장한 『예수의 생애』를 출판한 것을 계기로 좌파와 우파로 나누어졌다. 좌파에는 실증주의자와 유물론자들이, 우파에는 역사학파와 낭만파가 속해 있었다. 좌파가 정치와 종교적인 면에서 진보적이고도 급진적인 성향을 보였다면, 우파는 기존 질서에 정당성을 부여하려고 하는 보수적 성향을 나타냈다.

쇼펜하우어의 비관주의

강단 철학자를
무시한 철학자

　　　피히테, 셸링, 그리고 헤겔이 칸트를 왜곡했다고 비
난하고 자신이 칸트의 올바른 계승자라고 주장했던 아르투어 쇼펜하
우어(Arthur Schopenhauer, 1788~1860)는 폴란드의 항구 도시인 단치히에서
상인이었던 아버지와 소설가였던 어머니의 장남으로 태어났다. 쇼펜
하우어가 다섯 살이던 1793년에 단치히가 프로이센에 합병되자 가족
이 함부르크로 이주했고, 아홉 살이던 1787년부터 2년 동안은 프랑스
에 머물렀다. 열한 살 때 프랑스에서 돌아와 사립학교에 입학하여 4
년 동안 공부한 쇼펜하우어는 그를 상인으로 만들려는 아버지의 계
획에 따라 유럽 각지를 여행했다. 그러나 쇼펜하우어는 상업에 큰 관
심을 보이지 않았다. 열일곱 살 때인 1805년 아버지가 갑자기 죽은 후
가족은 바이마르로 이주하고 쇼펜하우어만 남아 상인 수업을 계속

하다가 열아홉 살이던 1907년 김나지움에 입학하여 다시 공부를 시작했다.

스물한 살이었던 1809년에 괴팅겐대학 의학부에 입학하여 의학을 공부했지만 철학에 더 많은 관심을 가졌다. 철학을 전공하기로 결심한 쇼펜하우어는 베를린대학으로 전학하여 동물학, 지리학, 천문학, 생리학, 시학, 어류학, 식물학, 조류학 등 여러 강의를 들었고, 피히테의 강의도 들었다. 쇼펜하우어는 셸링과 피히테의 사상을 공부했지만 이들의 철학에 회의를 가지게 되어 이들을 격렬하게 비난했다. 피히테는 이들을 대중 앞에서 웅변을 토해내며 진지한 표정으로 심오한 사상가인 척하는 사기꾼이라고까지 비난했다. 스물네 살 때부터 쇼펜하우어는 플라톤, 칸트, 베이컨, 로크, 흄 등에 대한 본격적인 공부를 시작하여 철학에 대한 지평을 넓혔다.

1813년에는 「충족이유율의 네 겹의 뿌리에 관하여」라는 제목의 학위 논문을 튀빙겐 주립대학에 제출하고 철학 박사학위를 받았다. 쇼펜하우어는 이 논문을 요한 볼프강 폰 괴테에게 증정했고, 이로 인해 괴테와 한동안 가깝게 지냈다. 쇼펜하우어는 수개월 동안 괴테와 교제하면서 색채 이론에 관해서 토론했고 괴테는 쇼펜하우어에게 여러 가지 도움을 주었다. 쇼펜하우어는 괴테와 한 토론을 바탕으로 「시각과 색채에 관하여」라는 논문을 발표했다. 이 논문에서 쇼펜하우어는 자신의 실험결과를 바탕으로 뉴턴의 색채 이론과 괴테의 색채 이론을 비판하기도 했다. 1814년에는 바이마르의 공공도서관에서 『우파니샤드』의 라틴어 번역본 『우프네카트』를 탐독하기도 했다.[50]

서른 살이던 1818년에 쇼펜하우어는 그의 대표작이라고 할 수 있는 『의지와 표상으로서의 세계』를 출판했지만 별다른 관심을 끌지 못하자 자신의 저서를 몰라주는 학자들을 비난했다. 다음 해 베를린 대학에 강사직을 지원하면서 쇼펜하우어는 헤겔의 강의 시간과 같은 시간에 강의를 배정해달라고 요청했다. 그러나 쇼펜하우어의 강의는 수강생이 없어 한 학기만 강의하고 끝내야 했다. 이후 쇼펜하우어는 저서를 통해 헤겔, 피히테와 같은 대학 교수들을 몽상적인 이론을 퍼트려 대중을 속여먹는 저열한 사기꾼들이라고 비난했다. 쇼펜하우어는 독일 젊은이들이 헤겔의 이론을 공부하느라 두뇌를 손상시켜 가면서 인생을 허비하고 있다고 한탄했다.

1822년부터 1823년까지는 이탈리아를 여행하면서 이탈리아의 문화, 예술, 환경을 경험하고 돌아왔지만 건강이 나빠졌고, 청각장애를 겪었다. 이 후에는 사람들과 교류하지 않고 책을 번역하면서 보냈다. 쇼펜하우어는 오랫동안 과민한 성격 때문에 어려움을 겪었다. 쇼펜하우어는 잠을 자다가 미미한 잡음만 들려도 벌떡 일어나서 총을 집어들었고, 면도하는 이발사를 신뢰하지 않았으며, 결벽증을 가지고 있어 외식하러 갈 때는 다른 사람들이 사용한 잔을 사용하지 않으려고 집에서 잔을 가져가서 사용했다. 재산 관련 내용이나 지출내역 관련 기록을 주변 사람들이 알 수 없도록 영어로 기록했고 사업서류들을 그리스어나 라틴어로 기록하기도 했으며, 귀중품들에 가짜 이름표를 붙여 비밀장소에 숨겨두기도 했다. 쇼펜하우어는 자신의 이런 성향을 인정하고 절망하기도 했다.

마흔세 살이던 1831년에 베를린에 콜레라가 유행하자 베를린을 떠나서 프랑크푸르트로 이주하였다. 프랑크푸르트에서 쇼펜하우어는 유행이 지난 외투를 입고 애완견을 데리고 매일 같은 시간에 산책을 했다. 칸트의 산책 이야기가 쾨니히스베르크 사람들 사이에 이야깃거리가 되었던 것처럼 애완견과 같이 산책하는 쇼펜하우어 역시 유명해졌다. 쇼펜하우어는 큰소리로 혼잣말을 하면서 걸어 다닐 때가 자주 있었기 때문에 길을 걷던 동네 주민들은 가끔 의아한 표정으로 뒤돌아보기도 했다. 쇼펜하우어는 산책할 때를 제외하고는 가능하면 집 안에서만 생활했다.

1836년에 쇼펜하우어는 자신의 학설이 자연과학으로 증명되었다는 생각을 반영한 『자연에서의 의지에 관하여』를 출판했고, 다음 해에는 칸트 전집 출판에 참여했다. 1839년에는 『인간의지의 자유에 관하여』로 노르웨이 왕립 학술원이 주는 상을 받았다. 1840년에는 『도덕의 기초에 관하여』로 덴마크 왕립 학술원상에 응모했지만 헤겔, 피히테 등을 비난했다는 이유로 상을 받지 못했다. 이에 대해 쇼펜하우어는 피히테와 헤겔을 심하게 비난한 것은 인정하지만 그들이 대단한 철학자라는 것은 절대 인정할 수 없다고 했다.

1844년에는 『의지와 표상으로서의 세계』 제2판을[51] 완성했고, 1851년에 이 책의 부록인 『여록과 보유』를 출판했다. 출판사의 예상과는 달리 이 책은 쇼펜하우어의 책들 중에서 가장 많이 팔렸다. 1854년에는 『자연에서의 의지에 관하여』의 개정판을 출간했다. 이 책에서도 쇼펜하우어는 헤겔 파벌 때문에 독일 철학계가 오염되었다고 비판하고, 대학에서 철학을 배우려는 것은 인생을 낭비하는 것이라고 주장했다. 독일의 음악가 리하르트 바그너가 쇼펜하우어에게 "니벨룽의 반지" 헌정본을 보내 쇼펜하우어가 바그너를 알게 되었다. 쇼펜하우어는 바그너를 혹평했지만 바그너는 개의치 않았다.

1857년에 쇼펜하우어에 대한 강의가 본대학과 브레슬라우대학에 개설되었고, 쇼펜하우어의 몇몇 책이 영어와 프랑스어로 번역되었다. 이후 쇼펜하우어는 점차 유명해 졌다. 베를린 왕립학술원에서 쇼펜하우어를 뒤늦게 회원으로 추천했지만 쇼펜하우어는 나이가 많다는 이유로 이를 거절했다. 1858년 일흔 살 생일잔치가 열렸을 때 쇼펜하우어의 명성은 절정에 달했다. 청년 시절 동료 철학자들로부터 무시당하기만 했던 쇼펜하우어였지만 말년에는 큰 인기를 누렸다. 일흔한 살이던 1859년에는 『의지와 표상으로서의 세계』 제3판을 출간했다.

1860년 9월 21일 쇼펜하우어는 폐렴 증세가 있었으나 평소대로 일찍 일어나 아침식사를 했다. 가정부가 환기를 위해 창문을 열어놓고 밖에 나간 후 거실로 들어온 주치의는 소파에 기대앉아 죽어있는 쇼펜하우어를 발견했다. 이렇게 해서 쇼펜하우어는 72세를 일기로 세상을 떠났다.

쇼펜하우어의 철학

쇼펜하우어의 사상은 그의 논문인 「충족이유율의 네 겹의 뿌리에 관하여」와 『의지와 표상으로서의 세계』에 가장 잘 나타나 있다. 쇼펜하우어는 『의지와 표상으로서의 세계』의 서문에서 이 책을 읽기 전에 「충족이유율의 네 겹의 뿌리에 관하여」를 읽은 후에 이 책을 읽으라고 권했다. 그것은 쇼펜하우어의 사상을 이해하기 위해서는 충족이유율이라는 개념을 이해해야 한다는 것을 의미한다.

충족근거율, 또는 충족률이라고도 번역되는 충족이유율은 어떤 것이 그렇게 될 수밖에 없도록 하는 필요충분조건을 말한다. 충족이유율을 제안한 라이프니츠에 의하면 충족이유율은 '꼭 그렇게 되어야만 하는 충분한 이유가 없다면, 어떠한 사실도 참일 수 없고, 존재할 수 없으며, 어떠한 명제도 진리일 수 없다고' 보는 원리이다.

쇼펜하우어는 인류가 오랜 시간 어떤 것이 특정하게 인식되는 이유와 인식의 원인을 혼동해왔지만 칸트에 의해 비로소 인식 이유와 원인이 정확히 구분되었다고 보았다. 쇼펜하우어는 충족이유율을 제시할 수 없는 물자체의 세계에까지 사유의 영역을 확장하려고 한 헤겔을 비롯한 당시 주류 철학자들에 의해 칸트철학의 의미가 왜곡되었다고 주장했다.

쇼펜하우어는 생성 이유율, 인식 이유율, 존재 이유율, 행위 이유율이라는 네 가지 충족이유율을 제시했다. 생성의 충족이유율과 관련하여 쇼펜하우어는 모든 것이 계속적으로 변화해가는 세상에서는 변화하지 않는 최초상태는 생각할 수 없다고 주장했다. 쇼펜하우어는 최초원인으로 신이나 절대자를 설정하는 것을 강력히 비판한다. 인식의 충족이유율과 관련하여 쇼펜하우어는 오성에 의해 만들어진 현상을 결합하는 이성의 역할은 인정했지만 실체를 인식하는 이성의 능력은 인정하지 않았다. 쇼펜하우어는 모든 인식의 재료는 감각을 통해 외부로부터 오며, 이성은 오성이 만들어낸 직관적 현상을 가공하여 개념을 만들어낼 뿐이라고 했다.

존재의 충족이유율과 관련하여 쇼펜하우어는 공간과 시간에서의 관계들은 선천적 순수직관을 통해서만 이해될 수 있기 때문에 존재의 이유는 선천적으로 주어진 직관 안에서 직접적으로 제시된다고 했다. 쇼펜하우어는 기하학적 명제가 인식 이유에 의존하지 않고, 직관을 통해 인식된 존재이유에 의해 확증된다는 것을 예로 들었다. 행위의 충족이유율과 관련하여 쇼펜하우어는 외부에서 가해지는 힘이 없으면 물체가 운동 상태를 바꾸지 않는 것처럼 행위의 결정에는 행위의 동기가 반드시 선행돼야 한다고 보았다. 쇼펜하우어는 다른 원인과 달리 행위의 동기는 내부로부터의 통찰이 가능하다고 지적했다. 자신의 의지작용을 알 수 있는 것은 동기의 작용이 다른 원인들과 같이 외부로부터 인식되는 것이 아니라 내부로부터 직접적으로 인식되기 때문이라는 것이다. 행위의 충족이유율은 인식하는 주체에 적용되는 이유율이다.

쇼펜하우어는 헤겔이 주장하는 초감각적인 절대자를 인식하는 이성능력을 강력하게 부정했다. 감각이 제공하는 재료를 개념화하고 추론하는 능력인 이성은 감각 재료를 스스로 만들어낼 수 없기 때문에 감각되지 않는 절대자를 인식하는 것은 가능하지 않다고 했다. 인식 과정에서 경험으로부터 독립적인 선천적인 것은 인식의 형식에만 관계할 뿐이라는 것이다. 시간과 공간은 우리 안에 있는 객관적 직관의 형식이고, 인과법칙은 우리 안에 있는 오성의 형식이라는 것이다. 따라서 쇼펜하우어는 경험할 수 없는 것들을 인식하는 이성은 헤겔을 비롯한 강단 철학자들이 만들어낸 망상에 불과하다고 주장했다.

쇼펜하우어는 직관이 오성의 작용이라는 것을 자연과학의 예를 들어 경험적으로 증명하려고 했다. 감각은 직관의 재료들만을 제공하며 감각이 주는 자료를 바탕으로 물체의 형태, 크기, 거리와 성질을 구성해내는 것은 오성이라고 보았다. 예를 들어 선천성 시각장애인들이 시각의 도움을 받지 않고도 공간 개념을 알고 있는 사실로부터 직관이 감각이 아니라 오성의 작용이라는 것을 알 수 있다는 것이다. 따라서 시간, 공간, 인과성은 경험으로부터 습득되는 것이 아니라 인간의 지성에 그 근원이 있다고 보았다. 오성은 감각된 결과를 인과법칙에 의해 그 원인과 관련시킴으로써 외부의 세계를 객관적으로 묘사한다는 것이다.

쇼펜하우어는 오성의 또 다른 작용은 감각기관을 통해 조금씩 다르게 감각된 것들을 종합하여 하나의 물체에서 연유하는 것으로서 인식하는 것이라고 보았다. 그는 또한 평면적으로 감각된 인상으로부터 3차원 물체를 구성하는 것도 오성의 작용이라고 보았으며, 거리에 대한 인식 역시 오성의 작용이라고 보았다. 물체가 놓여있는 방향을 제공하는 것은 감각이지만 물체까지의 거리는 오성에 의해 인과적 규정들로부터 도출될 수 있다는 것이다. 쇼펜하우어는 오성이 작용한 결과인 인과법칙은 밖에서 올 수 없다고 주장하여 인과법칙이 외부에 대한 경험에서 유래한다고 보는 경험론의 주장을 비판했다. 로크는 모든 대상의 실재성을 부정하였고, 흄은 인과관계의 실재성마저 부정했다는 것이다.

쇼펜하우어는 모든 종교가 유신론을 받아들인다고 보는 일반적인 생각은 사실이 아니라고 주장했다. 유일신의 존재를 바탕으로 하는 유대교만이 유신론과 동일할 뿐이어서 유신론은 종교의 한 종류에 지나지 않는다는 것이다. 유대교에서는 창조자인 신을 인정하지만 다른 많은 종교에는 창조자가 등장하지 않는다는 것이다. 따라서 무신론 대신에 비유대교라고, 무신론자 대신에 비유대교도라고 말해야 한다고 주장했다. 쇼펜하우어는 유교나 도교, 그리고 불교에는 창조자가 등장하지 않는다는 것을 예로 들었다. 불교에서는 이 세상이 절대자의 창조에 의해서가 아니라 빈 공간으로부터 일관성 있고 불변하는 자연법칙에 따라 생겨났다고 설명하기 때문에 세상을 창조한 초월적 존재가 있다는 학설을 가장 심각한 이단으로 간주한다는 것이다.

쇼펜하우어의 윤리학

쇼펜하우어의 윤리학은 윤리와 도덕을 무조건적 정언명령으로 본 칸트의 윤리학을 비판하는 것에서 출발했다. 칸트는 아무런 증명도 하지 않은 채 우리의 행위가 복종해야 하는 법칙이 있다고 전제하는 오류를 범했다는 것이다. 윤리학에서의 명령적 형식은 모두 신학적 도덕에서 도입되었으므로, 법칙, 명령, 당위, 의무 등 칸트 윤리학의 기본개념들도 신학적 전제를 떠나서는 아무 의미도 지닐 수 없다는 것이다. 쇼펜하우어는 절대적 당위를 의미하는 정언명령이란 있을 수 없고 이기적인 동기에 근거하는 가언명령만 있을 뿐이라고 주장했다. 그는 이기적 동기에 근거한 가언명령은 윤리의 기초개념이 될 수 없으므로 윤리의 근거는 다른 것에서 찾아야 한다고 주장했다.

쇼펜하우어는 자신의 고통을 제거하여 쾌락을 추구하는 행위는 이기적인 행위이고, 타인의 쾌락을 추구하고 고통을 제거하려는 행위는 도덕적 행위라고 보았다. 그는 이기심에 따라 행동하는 인간이 정의와 인간애를 바탕으로 한 도덕적 행위를 하게 되는 것은 동정심 때문이라고 보았다. 인간은 동정심으로 인해 타인의 고통을 제거하기 위해 자신을 희생하기도 한다는 것이다. 쇼펜하우어는 이기적인 인간이 타인을 위해 자기를 희생할 수 있는 동정심을 가지게 되는 이유를 나와 다른 사람을 동일시하는 데서 찾았다. 사람은 고통 받고 있는 다른 사람에게서 자신을 인식하므로 다른 사람의 고통을 함께 느낄 수 있다는 것이다.

쇼펜하우어는 나와 다른 사람의 동일화가 가능한 근거를 물자체와 현상을 구분하는 칸트 철학에서 찾았다. 현상적 존재는 시공간적 제약을 받는 존재로서 시공간적으로 분리된 수많은 개별자로 나타난다. 그러나 칸트가 주장한 것처럼 시공간적 존재는 감각과 지각작용이 만들어낸 현상에 불과하다. 수많은 개별자의 배후에 있는 본질, 즉 물자체는 시공간의 제약을 받지 않는 것으로서 모든 개별자에게 동일하게 존재한다. 이로 인해 나와 다른 사람의 동일화가 가능하고, 동정심으로 인해 다른 사람을 위해 자기를 희생하는 것도 가능하게 된다는 것이다. 동정심을 갖는 사람과 그렇지 않는 사람의 차이는 나와 다른 사람을 얼마나 뚜렷이 구분하는가의 차이다. 다른 사람에게서 자신을 인식하는 사람은 모든 사람 속에 살아있지만 자신 안에서만 사는 사람은 자신의 죽음과 함께 그의 세상도 사라지게 된다는 것이다.

쇼펜하우어는 도덕교육이 개인의 동정심 발달에 크게 기여하지 못할 것이라고 주장했다. 인간의 성격은 선천적으로 결정되기 때문이라는 것이다. 따라서 도덕교육은 선천적인 성격을 바꾸기 위한 것이 아니라 도덕에 대한 망상에서 벗어나 올바른 판단을 하도록 하기 위한 것이라고 보았다. 쇼펜하우어는 이것으로 윤리의 근거가 완전한 전체성과 경험적 실재성을 갖게 되었다고 주장했다.

쇼펜하우어의 사상은 철학의 주류보다는 비주류에 속한 사람들에게 많은 영향을 끼쳤다. 쇼펜하우어의 사상은 문학이나 오페라 무대에 소재로 자주 사용되었으며, 근대 심리학자들에게도 많은 영향을 주었다.

"신이란 이상화된 인간에 지나지 않기 때문에 신을 안다는 것은 인간이 자신의 본질을 아는 것에 지나지 않는다. 인간은 자기가 만들어낸 신의 노예가 되어 자기 자신을 완전히 상실했다. 인간이 자기 본질을 대상화하여 만든 신은 점점 더 인간적이 되었고, 인간은 점점 더 왜소한 동물적인 존재로 전락했다. 인간은 자기 형상을 따라 신을 창조했다."
- 포이어바흐(Ludwig Feuerbach)

"자연은 자체적으로 존재하는 것이며 인간은 자연의 일부이다. 물질적 삶의 조건이 생각과 의식은 물론 세계사에서도 결정적인 역할을 한다. 정신이 물질을 지배하는 것이 아니라 물질적 상황이 정신적 상황을 결정한다. 종교는 민중들이 내세에만 관심을 갖도록 하여 억압과 착취에 대항하지 못하게 하는 아편이다."
- 마르크스(Karl Marx)

"자본주의의 존재 조건은 임금 노동이다. 공업의 진보는 경쟁에 의한 노동자들의 고립 대신에 연합에 의한 혁명적 단결을 가져온다. 대공업의 발전과 더불어 부르주아가 생산물을 생산하는 기반이 무너진다. 부르주아의 멸망과 프롤레타리아의 승리는 피할 수 없는 일이다. 전 세계 프롤레타리아여, 단결하라!"
- 엥겔스(Friedrich Engels)

9장.

인류 역사를
만드는 것은
물질이다

프랑스 대혁명 1789　포이어바흐 1804~1872　마르크스 1818~1883　엥겔스 1820~1895　1차 세계대전 1914~1918　공산주의 혁명 1917

좌파와 우파의 분열과 유물론의 등장

헤겔은 자신 이전의 철학은 부분적 진리밖에 다루지 못했으며 절대적인 지식이 등장하기 위한 과정에 지나지 않는다고 주장하고 자신의 철학만이 절대적인 지식이라고 생각했다. 헤겔이 생존해 있는 동안에 독일에는 헤겔을 중심으로 한 헤겔학파가 형성되었다.

그러나 1835년에 다비드 스트라우스(David Friedrich Strauss)가 『예수의 생애』라는 책을 통해 기독교를 비판한 것을 계기로 헤겔학파는 헤겔 좌파(청년헤겔학파)와 헤겔 우파(노헤겔학파), 그리고 중도파로 나누어지게 되었다. 튀빙겐 대학에서 헤겔철학을 공부한 후 1831년 베를린으로 가서 헤겔학파의 일원이 된 스트라우스는 『예수의 생애』를 통해 기독교를 비판하여 종교 비판의 길을 열었다. 그는 예수의 존재는 인정했지만 신약성서에 나타나 있는 기적은 초기 기독교에서 예수를 메시아로 만들기 위해 덧붙인 것이라고 주장했다. 스트라우스의 종교 비판을 지지하고 이를 더욱 철저한 기독교 비판으로 발전시킨 사람들은 청년헤겔파, 즉 좌파가 되었고, 스트라우스의 기독교 비판을 비난하고 헤겔철학의 기독교적이고 보수적인 측면을 계승한 사람들은 노헤겔파, 즉 우파가 되었다.

좌파와 우파라는 말은 프랑스 대혁명 시기에 국민공회에서 의장석에서 보아 좌측에 급진적인 개혁을 주장하던 자코뱅파가 앉았던 것에서 유래했다. 그 후로 현실 체제를 인정하는 가운데 개혁을 주장하면 우파, 급진적인 개혁을 주장하면 좌파로 분류하는 전통이 생겼다. 그러나 프랑스 혁명 당시 왕당파의 입장에서 보면 좌파나 우파 모두 급진적이고 진보적인 개혁주의자들이었다.

처음 청년헤겔학파는 비교적 자유로운 토론이 가능했던 기독교 비판에 전념했다. 그러나 프로이센 제국이 기독교 국가를 자임하고 있었기 때문에 기독교에 대한 비판은 프로이센 제국을 향한 정치 비판의 성격을 띠게 되었다. 스트라우스가 시작한 기독교에 대한 비판을 더욱 발전시켜 예수의 역사적인 존재마저 부정하고 성서를 문학 작품이라고 주장한 사람은 청년헤겔학파의 대표적인 철학자였던 브루노 바우어(Bruno Bauer)였다. 바우어는 1840년에 발표한 『요한의 복음 비판』과 1841년에 발표한 『공관복음 비판』에서 공관복음(마태복음, 마가복음, 누가복음, 요한복음)은 저자들의 창작물이라고 주장했다. 바우어는 스트라우스보다 더욱 철저하게 기독교를 인간의 산물로 간주한 것이다. 초월적인 신의 존재를 부정한 이 저작들로 인해 바우어는 대학에서 쫓겨났다.

그러나 스트라우스와 바우어의 기독교 비판은 아직까지 헤겔 관념론의 한계 내에 있었다. 18세기 프랑스의 유물론을 계승하여 더욱 철저하게 헤겔 철학과 기독교를 비판한 사람은 루트비히 포이어바흐(Ludwig Andreas Feuerbach, 1804~1872)였다. 포이어바흐는 독일 유물론자들에게 큰 영향을 준 『기독교의 본질』을 1841년에 발표했으며, 1866년에는 『유심론과 유물론』을 출판했다. 젊은 마르크스(Karl Heinrich Marx, 1818~1883)와 엥겔스(Friedrich Engels, 1820~1895)도 한때 포이어바흐의 추종자였다.

마르크스나 엥겔스는 포이어바흐에게서 유물론을 배우고 헤겔에게서 변증법을 배운 후 변증법과 유물론을 결합하여 종래의 기계론적 유물론을 역사적 유물론이라고도 부르는 변증법적 유물론으로 변형시켰다. 기계적 유물론은 모든 현상을 자연법칙에 의한 인과관계로 설명하려고 하는 데 반해 변증법적 유물론은 역사적 유물론에 기초해 역사를 해석하려는 것으로서 유물사관이라고도 한다. 역사적 유물론에서는 세계사를 세계정신의 자기 전개 과정이라고 했던 헤겔의 역사관을 반대하고 물질에 기초한 생산력을 역사를 이끌어온 가장 중요한 요인이라고 주장했다. 마르크스와 엥겔스는 역사를 발전시키는 원동력은 인간의 의식이나 관념이 아니라 물질에 바탕을 둔 생산양식이라고 설명하고, 세계사는 계급투쟁의 역사라고 규정했다. 이러한 마르크스와 엥겔스의 역사적 유물론은 공산주의 혁명의 이념이 되어 20세기 세계 정치에 엄청난 영향을 주었다.

포이어바흐의
종교비판과 유물론

신을 지상으로 끌어내린
철학자

　　　　　독일 최초의 본격적인 유물론자라고 할 수 있는 루트비히 포이어바흐는 법학자인 파울 포이어바흐의 넷째 아들로 태어났다. 아버지의 권유로 성직자가 되기 위해 하이델베르크 대학에 입학했지만 헤겔철학에 흥미를 느낀 포이어바흐는 아버지의 반대를 무릅쓰고 베를린 대학으로 가서 헤겔철학을 공부했다. 2년 동안 헤겔이 개설한 강의를 모두 수강했던 포이어바흐는 헤겔철학에 회의를 느끼고 헤겔 좌파로 불리던 청년헤겔학파에 가입하여 활동했다. 청년헤겔학파는 헤겔철학의 기본적인 틀은 수용했지만 프로이센을 보편국가라고 주장한 헤겔에 대해 정면으로 도전하였다. 그들은 또한 자연을 잠자는 정신이라고 한 헤겔의 주장에 대해서도 비판했다. 그들은 자연은 그 자체로 존재하는 것이며 인간은 자연의 일부라고 주장했다.

포이어바흐는 1826년 에를랑겐 대학에서 자연 과학 학위를 취득한 후 사강사가 되었으나, 1830년 기독교를 비판한 『죽음과 영생의 고찰』을 출판한 후 강력한 저항에 부딪혀 대학을 떠나야 했다. 영혼 불멸에 대한 믿음을 공격했으며, 경건한 신자를 조롱한 『죽음과 영생의 고찰』은 곧 금서가 되었고 몰수되어 불에 태워졌다. 익명으로 출판된 이 책의 저자가 포이어바흐라는 것이 밝혀지자 그는 대학을 떠나 평생 재야 학자로 지내야 했다. 과거의 종교 비판 서적들에 비해 포이어바흐의 저서가 특히 심한 저항에 시달려야 했던 것은 기존의 종교 비판이 종교 내부의 부패나 일부 교리에 대한 비판이었던 것과는 달리 포이어바흐의 비판은 종교의 존재 자체를 뒤흔들만한 기본적인 것이었기 때문이었다.

대학을 떠난 포이어바흐는 『근세철학사』, 『아벨라르와 엘로이즈』 등을 발표한 후 1837년에 작은 도자기 공장을 운영하고 있던 사람과 결혼하여 뉘른베르크 인근의 브루크베르크에 정착했다. 이 시기에 쓴 『피에르 벨』과 『철학과 기독교』에서 포이어바흐는 기독교가 오래 전에 인류의 이성뿐만 아니라 인류의 삶에서도 추방되었으며 이제는 하나의 고정관념에 불과하다고 주장했다. 포이어바흐의 대표작으로 가장 널리 읽혔으며, 가장 많은 비판을 받은 『기독교의 본질』은 1841년에 출판되었다. 『기독교의 본질』의 목적은 천상에 있던 신을 지상으로 끌어내리고 종교에 있어서의 인간 소외를 지적하는 것이었다.

1848년에서 3월에 남부 독일의 자유주의자들이 하이델베르크에 모여 독일 통일회의 준비 모임을 결성한 것을 계기로 촉발되어 1849년까지 진행된 독일 3월 혁명 동안에 포이어바흐는 종교적 정통주의를 비판하여 혁명파로부터 큰 환영을 받았지만 직접 정치에는 참여하지는 않았다. 독일 국민의 기본권을 근간으로 하는 프랑크푸르트 헌법 초안을 제정하여 모든 독일인에게 평등한 시민권과 민주주의적 제반 권리를 보장하려고 했던 프랑크푸르트 국민의회 시기에 그는 하이델베르크에서 종교에 관한 강연을 하기도 했지만 의회가 해체되자 브루크베르크로 돌아가 과학 연구와 1857년에 출판된 『신족 계보학』의 저술에 전념했다.

1860년 부인이 공동으로 운영하던 도자기 공장이 파산하자 포이어바흐는 브루크베르크를 떠나 레헨베르크의 농가로 이사해 친구들의 도움으로 궁핍하게 살면서 그의 마지막 책인 『신성, 자유, 그리고 불멸』을 1866년에 출판하고, 1872년 9월 13일에 세상을 떠났다.

인간이 자신을 따라
신을 창조했다

『기독교의 본질』에서 포이어바흐는 신이란 이상화된 인간에 지나지 않기 때문에 신을 안다는 것은 인간이 자기 자신의 본질을 아는 것에 불과하다고 주장했다. 그는 또한 인간은 자기가 만들어낸 신의 노예가 되어 자기 자신을 완전히 상실했다고 주장했다. 인간이 자기의 본질을 대상화하여 만들어낸 신은 점점 더 인간적이 되어 가고 인간은 점점 더 왜소한 동물적인 존재로 전락했다는 것이다. 따라서 인간에게 중요한 것은 종교 속에서 잃어버린 인간성을 회복하는 것이라고 하였다. 그러기 위해서는 신이 아니라 인간을 종교의 중심에 두어야 한다고 주장했다.

이러한 포이어바흐의 주장을 가장 잘 나타내는 말이 "인간이 자기 형상을 따라 신을 창조했다." 라는 말이다. 이것은 "신이 자신의 형상을 따라서 인간을 창조했다"는 기독교 신학을 뒤엎는 것이었다. 인간이 자신의 본질을 추상화해서 절대적인 존재로 신격화한 것이 종교라고 보았던 포이어바흐는 종교의 주체가 신이 아니라 인간이라고 주장했다. 그렇게 되면 종교에 대한 논의는 신학이 아니라 인간 심리학이 되어야 한다. 포이어바흐는 인간의 본질을 인간의 밖에서 찾음으로써 인간을 소외시키고 있다고 종교를 비판하고, 인간의 본질을 찾기 위해서는 인간의 실존과 경험적 현실에 근거하는 유물론에서 출발해야 한다고 주장했다.

　　포이어바흐의 유물론은 인간을 물리적 존재로 간주하는 기계론적 유물론이 아니라 인간 중심적 유물론이었다. 인간 중심적 유물론에서는 신체와 감각을 가지고 있으며 시간과 공간에 의해 조건 지어지는 총체적 인간을 철학적 인식의 대상으로 삼는다. 포이어바흐는 인간의 신체와 정신, 이성 등을 총체적 인간을 구성하는 중요한 요소라고 보았다. 카를 마르크스와 프리드리히 엥겔스는 포이어바흐의 무신론에 크게 영향을 받았으나, 포이어바흐의 불완전한 유물론을 비판하고 변증법적 유물론을 제안했다. 포이어바흐는 헤겔의 관념론과 마르크스의 변증법적 유물론을 이어주는 연결고리 역할을 했다고 평가받고 있다.

마르크스와
변증법적 유물론

철학보다 정치와 경제에
관심을 둔 철학자

　　　　포이어바흐의 유물론을 비판적으로 받아들여 변증법적 유물론을 만들고, 공산주의 운동에 앞장섰던 카를 마르크스는 독일 라인주 트리어 시에서 유대교 랍비의 후예였지만 유대인은 관직을 가질 수 없다는 법령을 피하기 위해 개신교로 개종한 변호사의 7남매 중 셋째 아들로 태어났다. 마르크스는 고등학교에 다니는 동안 세 편의 소논문을 썼는데 이 중 하나인 「어느 젊은이의 직업 선택에 관한 고찰」에서는 직업 선택을 앞둔 젊은이라면 의무, 자기희생, 인류의 안녕과 같은 것에 대해 고민해야 한다고 주장했다.

　　　　트리어에서 고등학교를 졸업한 마르크스는 1835년에 대학에 진학하여 아버지의 뜻에 따라 법학을 공부했지만 법학보다는 역사학과 철학에 더 많은 관심을 가졌다. 헤겔철학에 관심을 가지게 된 마르크스는 1841년 「데모크리토스와 에피쿠로스의 자연철학의 차이」라는 제목의 논문을 제출하고 예나대학에서 철학박사 학위를 받았다. 마르크스는 베를린에서 브루노 바우어를 비롯한 청년헤겔학파가 운영하고 있던 박사 클럽이라는 모임에 참여하여 청년헤겔학파 학자들과 교류했다. 1841년에 포이어바흐가 출판한 『기독교의 본질』은 마르크스가 헤겔의 관념론에서 유물론으로 옮겨가는 계기를 제공했다. 자연주의적인 유물론의 영향을 받은 마르크스는 세계정신이 만들어 가는 세계사 대신 자연을 기초로 한 현실적인 세계사를 주장했다.

청년헤겔학파의 이러한 생각이 반체제혁명의 씨앗이 될 수 있다고 본 프로이센 정부는 청년헤겔학파의 활동을 정치적으로 탄압하기 시작했다. 이에 따라 청년헤겔학파에서 활발하게 활동하던 마르크스는 대학에 자리를 잡을 수 없었다. 프로이센 정부는 청년헤겔학파가 대학 강단에 서는 것은 물론 글을 발표할 수 있는 기회마저 주지 않으려고 했다. 마르크스는 1842년 초에 "최근 프로이센의 검열 제도에 대한 견해" 라는 글을 발표하여 정부를 비난했다.

박사과정을 마치고 고향으로 돌아온 마르크스는 1842년에 청년헤겔학파의 진보 언론인 〈라인 신문(Rheinische Zeitung)〉을 창간하고 편집인이 되었다. 라인 지방 과수원에서 일하던 노동자들의 삶을 취재하면서 경제와 관련된 문제의 중요성을 인식하기 시작한 마르크스는 관념적이며 추상적이었던 독일 철학에서 탈피하여 정치 경제적인 문제에 더 많은 관심을 가지기 시작했다. 이 시기에 마르크스는 청년헤겔학파와도 결별하였다. 반정부적인 글을 쓴 것이 원인이 되어 1843년 3월 마르크스는 〈라인 신문〉의 편집장직에서 물러나야 했으며, 신문도 곧 폐간되었다.

1843년 6월 결혼한 마르크스는 독일에서 급진좌파운동에 대한 탄압이 심해지자 아내와 함께 그해 10월 파리로 이주하여 1845년 2월까지 15개월 동안 파리에 머물면서 마르크스의 정치사상과 철학에 많은 영향을 끼친 프랑스 사회주의자들과 교류했다. 파리에서 마르크스는 독일의 시인으로 신랄한 풍자와 비판의식을 담은 시를 써 독일에서 추방된 하인리히 하이네(Heinrich Heine)와 알게 되었다. 마르크스는 1844년 2월 〈독불 연보〉를 발간하고, 여기에 두 편의 글 "유대인 문제에 대하여"와 "헤겔 법철학 비판 서설"을 실었다. 마르크스는 또한 프랑스인 노동자 조직 및 독일 망명자 노동자 조직의 지도자들과 교류했고, 노동자 모임에도 참석했다.

마르크스가 그의 평생 동지가 된 프리드리히 엥겔스를 만난 것도 파리에서였다. 두 사람은 1842년 말 영국에서 한번 만난 적이 있었지만 교류가 없다가 1844년 8월에 엥겔스가 파리를 방문하여 마르크스를 만난 후부터 본격적인 교류가 시작되었다. 엥겔스도 〈독불 연보〉를 통해 자신의 글을 발표했다.

파리에서의 마르크스의 활동을 못마땅하게 생각하고 있던 프로이센 정부는 프랑스에 압력을 넣어 마르크스를 파리에서 추방하도록 했다. 따라서 마르크스는 1845년 2월에 벨기에의 브뤼셀로 옮겼고, 프로이센의 간섭을 피하기 위해 1845년 12월 프로이센 국적을 포기했다. 이때부터 마르크스는 죽을 때까지 무국적자로 살았다. 마르크스는 1848년 초까지 약 3년을 브뤼셀에서 보냈다.

1845년 4월 마르크스는 포이어바흐를 비판하는 "포이어바흐에 관한 테제"를 발표했다. 이것은 마르크스의 사후에야 엥겔스의 『루드비히 포이어바흐와 독일 고전 철학의 종말』에 실려 세상에 알려졌다. "포이어바흐에 관한 테제"에서 마르크스는 세계를 변혁하기 위해 세계를 과학적으로 설명해야 한다고 주장했다. 마르크스는 브뤼셀에 머무는 동안 『독일 이데올로기: 포이어바흐, 바우어, 슈티르너를 대표로 하는 독일 철학에 대한 비판과 여러 예언자들의 독일 사회주의에 대한 비판』에서 유물론적 역사관의 기초를 완성했다. 600여 페이지에 이르는 방대한 내용을 담은 이 책은 엥겔스와 공저로 되어 있었다. 이 책에서 마르크스는 청년헤겔파와 결별을 선언하고, 그들과 차별성을 강조했다. 『독일 이데올로기』에서 마르크스는 유물론적 역사관을 최초로 체계적으로 서술했으며, 자본주의는 사회주의 혁명이 발발할 수밖에 없는 조건을 잉태하고 있다고 주장했다.

1845년 여름 마르크스와 엥겔스는 영국으로 가 독일 이주 수공업자들이 조직한 의인동맹이라는 노동자 조직을 이끌고 있던 빌헬름 바이틀링(Wilhelm Weitling)을 만났다. 독일의 평등주의자이며 프롤레타리아트 작가였던 바이틀링은 프랑스의 철학자이며 언론인으로 스스로를 아나키스트(무정부주의자)라고 칭했던 피에르 조제프 프루동(Pierre-Joseph Proudhon)과 함께 행동주의적, 급진적, 혁명적 성격을 가지고 있던 비밀결사체인 의인동맹을 이끌고 있었다. 당시 프로이센에 큰 영향력을 가지고 있던 의인동맹은 프랑스, 독일, 스위스, 영국 등에 지부를 가지고 있었다.

마르크스와 엥겔스는 비밀결사의 성격을 가지고 있던 의인동맹을 공개적인 조직인 공산주의자 동맹이라는 이름으로 재조직하였다. 급진적이고 비밀결사적인 의인동맹을 선호하던 의인동맹의 지도자들과 의인동맹의 주도권을 놓고 치열한 논쟁과 암투가 있었지만 결국 마르크스파가 다수파가 되어 의인동맹은 공산주의자동맹으로 탈바꿈하게 되었고, '모든 인간은 형제다.' 라고 외쳤던 의인동맹의 구호는 '만국의 프롤레타리아여, 단결하라'는 공산주의자 동맹의 구호로 대치되었다.

1848년 초 마르크스와 엥겔스는 공산주의자 동맹의 위임을 받아 『공산당 선언』을 발표했다. 프랑스 2월 혁명 직전에 발표된 『공산당 선언』은 4개의 장으로 구성되어 있는데, 제1장 부르주아와 프롤레타리아, 제2장 프롤레타리아와 공산주의자, 제3장 사회주의 및 공산주의 문헌, 제4장 반정부적 당들에 대한 공산주의자의 입장으로 구성되어 있다. 『공산당 선언』은 '모든 역사는 계급투쟁의 역사다.' 라는 명제를 통해 『독일 이데올로기』에서 정립한 유물사관을 요약하고, 계급사회는 프롤레타리아트의 승리에 따라 역사에서 자취를 감추게 될 것이라고 주장했다.

1848년 3월 벨기에의 브뤼셀에 있던 마르크스는 프랑스 혁명 정부로부터 파리로 돌아와도 좋다는 허락을 받았고, 이틀 뒤에는 벨기에 정부로부터 24시간 안에 떠나라는 추방 조치를 받았다. 브뤼셀을 떠난 마르크스는 파리에 잠시 체류하다 혁명이 발발하고 있던 독일로 돌아왔다. 1845년에 프로이센 국적을 포기했던 마르크스는 쾰른시 참사회에 거주권을 신청해야만 했다. 마르크스와 엥겔스는 1848년에서 1849년까지 쾰른에서 〈신라인 신문〉을 간행했다. 〈신라인 신문〉을 통해 마르크스는 혁명의 경험을 대중에게 전달하려 하였다.

독일과 프랑스에서 혁명이 모두 좌절된 후인 1849년에 마르크스는 가족과 함께 영국 런던으로 가서 죽을 때까지 살았다. 1850년대와 60년대에 마르크스는 정치경제학 연구에 전념했다. 마르크스는 1856년부터 집필을 시작하여 1867년에 『자본론』 제1권을 출판했다.[52] 『자본론』에서는 상품에 대한 분석에서 출발하여 자본을 중심으로 자본주의 경제가 어떻게 운영되고 있는지를 분석하고, 자본주의가 내적 모순에 의해서 붕괴될 수밖에 없다고 주장했다. 여기에는 노동 가치설, 잉여 가치와 착취, 생산 부문 간의 불균형적 생산, 실업자의 증가, 공황의 발생 등 자본주의 경제의 문제점을 분석한 내용이 담겨져 있다. 『자본론』 1권은 생전(1867년)에, 그리고 2권(1885)과 3권(1994)은 사후에 엥겔스에 의해 출판되었다.

마르크스는 1850년대 이후 계속된 정치경제학 연구와 함께 공산주의 혁명을 위한 이론적, 실천적 활동에도 관심을 가졌다. 그는 유럽 노동조합 조직인 국제노동자협회(제1인터내셔널)의 창립선언과 규약을 작성하였다. 마르크스는 1864년 9월 28일 런던에서 영국 노동조합의 지도자들과 프랑스 노동자 대표들에 의해 소집된 제1인터내셔널 창립대회에 독일 대표로 참석하였다. 제1인터내셔널에 대한 마르크스의 영향력은 1876년 미국 필라델피아에서 제1인터내셔널이 해체될 때까지 계속되었다.

말년의 마르크스는 대부분의 시간을 휴양지에서 보내면서 알제리로 여행을 다녀오기도 했다. 1881년 12월 아내가 간암으로 세상을 떠난 후 『자본론』 2권과 3권의 완성에 몰두하던 마르크스는 기관지염이 악화되어 후두염으로 발전하였고, 폐렴 진단을 받았다. 1883년 3월 14일 마르크스는 유언도 없이 국적이 없는 상태로 세상을 떠났다. 65년의 인생 가운데 반 이상을 살았던 영국에서 그의 죽음은 거의 주목을 받지 못했다. 평생 동지였던 엥겔스가 조사를 낭독한 런던 하이게이트 공동묘지에서 있었던 그의 장례식에는 겨우 11명의 조문객들만이 참석했다.

마르크스의 변증법적 유물론과
프롤레타리아 혁명론

헤겔은 인류의 역사를 세계정신이 변증법적 발전을 통해 자기를 실현해가는 과정이라고 보았다. 마르크스는 헤겔의 이러한 역사관을 반대하고 형이상학적인 정신이나 이념과 같은 관념론적인 상부구조에 의해 역사가 움직여지는 것이 아니라 경제적 생산력과 사회계층의 변화가 역사를 움직인다고 주장했다. 이는 영혼 같은 정신이나 관념 등을 부정하고 오로지 물질적인 것만이 세상을 이루고 결정한다는 유물론에 헤겔의 변증법적 발전 과정을 접목시킨 것이었다. 마르크스는 사회의 물질적인 삶의 조건이 우리의 생각과 의식은 물론 세계 역사에서도 결정적인 역할을 한다고 주장했다. 사회의 정신적인 상황이 물질적 변화를 일으키는 것이 아니라, 물질적인 상황이 정신적인 상황을 결정한다는 것이다. 이것이 변증법적 유물론을 역사변화의 과정에 적용한 역사적 유물론이다.

결국 헤겔과 마르크스의 차이는 역사를 움직이는 주체를 누구로 보느냐의 차이라고 할 수 있다. 헤겔은 세계정신과 같은 형이상학적이고 관념론적인 주체가 있어 이것이 세계역사를 움직여간다고 본 반면 마르크스는 경제적 생산력이 역사를 만들어간다고 본 것이다. 마르크스가 제시한 변증법적 유물론의 기본 개념은 역사 발전의 실체를 파악하는 것이었다.

그러나 역사의 발전 단계를 유물론적으로 해석한 역사적 유물론에서 역사 발전의 최종 단계를 모든 사람이 자기가 필요한 만큼 가져가고 능력만큼 생산하는 공산사회라고 주장하는 사람들이 나타나면서 많은 정치적 문제를 만들어냈다. 역사적 유물론이 교조주의적인 이념으로 자리 잡게 되자 공산당 이외의 다른 이념이나 정당이 존재할 이유가 없어져 공산당의 일당 독재가 출현하게 되었다. 일당 독재를 유지했던 공산국가에서는 공산당이 자신들의 정치적 행위를 역사적 유물론에 맞추어 판단하려고 했다. 이로 인해 프롤레타리아를 위한 정치가 아니라 이념을 위한 프롤레타리아 독재정치가 이루어지게 되었다. 이념이 사람을 위해 존재하는 것이 아니라 사람이 이념을 위해 존재하는 사회가 탄생하게 된 것이다.

유물사관과 함께 공산주의 이념으로 자리 잡은 또 하나의 철학적 관점은 1867년에 1권이 출판되었고, 마르크스 사후인 1885년과 1894년에 2권과 3권이 출판된 『자본론』에 실려 있는 잉여가치와 계급투쟁설이다. 마르크스는 모든 생산품과 마찬가지로 노동도 가격에 의해 그 가치가 결정된다고 보았다. 노동의 가치를 나타내는 임금도 다른 생산품의 경우와 마찬가지로 이를 생산하기 위한 비용에 의해 결정된다. 노동력을 생산하기 위한 비용은 노동자와 그 가족의 생계비이다. 자본가는 노동력을 구매하기 위해 지불한 임금을 회수하기 위해 필요한 필요노동을 초과한 잉여노동을 통해 노동자를 착취한다. 잉여노동이 생산하는 생산물의 가치가 잉여가치이다. 잉여가치가 없으면 자본가가 이익을 낼 수 없으므로 잉여가치는 생산의 불가결한 요소이다.

자본가는 잉여가치를 전부 소비하지 않고 일부분을 축적하여 생산설비를 확대한다. 자본의 축적이 진척되어 더 많은 기계와 설비가 사용되면 생산수단의 증대를 위해 투자되는 부분이 임금에 투자되는 부분보다 커진다. 따라서 사회 전체의 자본이 증대함에 따라 임금에 할당되는 비율은 오히려 감소한다. 자본가의 부의 축적은 노동자의 빈곤으로 이어지는 것이다. 노동자가 제공하는 노동 자체가 노동자 자신을 점점 더 불행하게 만들고, 반대로 자본가를 더욱더 부유하게 만든다. 자본이 지배하는 한 이 모순은 계속되고 확대된다는 것이 마르크스의 주장이다. 따라서 자본주의는 필연적으로 프롤레타리아에 의한 공산주의 혁명에 의해 공산주의 사회로 대체된다는 것이 자본론의 요지이다.

세계 최초로 노동자에 의한 공산주의 혁명이 성공한 곳은 마르크스의 예상과는 달리 자본주의가 가장 발달하지 않았던 러시아였다. 러시아 혁명을 성공시킴으로써 마르크스주의는 현실 정치의 큰 흐름으로 정착했지만 스탈린 집권 후 마르크스주의는 프롤레타리아트의 독재로 왜곡되었고, 결국 공산주의의 종주국이었던 소련이 해체되면서 마르크스주의도 현실 정치에서 종말을 고했다. 그리고 마르크스의 자본론이 출판되고 150년이 흐른 지금까지 자본주의가 발전한 나라에서 공산주의 혁명이 성공한 예는 한 번도 없었다. 그것은 자본론에서 한 마르크스의 예측이 옳지 않다는 것을 단적으로 증명하는 것이었다.

그러나 자본주의의 모순을 예리하게 비판하면서 탄생한 마르크스주의는 자본주의가 존재하는 한 학문적인 영향력을 유지할 것이다. 현대 사회를 올바로 이해하기 위해서는 자본과 노동의 관계에 대한 이론적 설명과 자본주의를 예리하게 비판한 마르크스주의를 이해하는 것이 필수적이기 때문이다. 자본주의가 발전하면서 빈부의 격차, 인간소외, 물질숭배, 생산과 소비의 과잉, 공황의 문제와 같은 마르크스가 지적했던 것들이 심각한 사회문제가 되고 있다. 자본주의가 이런 문제들을 모두 해결하지 못하는 한 현실 정치에서의 실패에도 불구하고 마르크스주의는 사람들의 주목을 받을 것이다.

엥겔스의
공산주의 운동

마르크스의 후광에 가려진
행동하는 철학자

마르크스의 평생 동지로 마르크스주의를 완성하는
데 가장 큰 영향을 끼친 프리드리히 엥겔스는 독일 라인 주 바르멘시
에서 방직 공장을 운영하던 사업가의 아들로 태어났다. 아들을 자신
같은 사업가로 키우려고 했던 아버지의 뜻에 따라 엥겔스는 김나지
움을 중퇴하고 브레멘의 한 상점에서 일했다. 이 시기에 그는 노동자
들이 겪는 어려움을 보고 지배계급을 비판하는 글을 발표했다. 1841
년 지원병으로 군에 입대한 엥겔스는 베를린에 근무하면서 철학 강
의를 듣고 헤겔철학을 배웠다. 청년헤겔학파와 교류하면서부터 포이
어바흐로부터도 많은 영향을 받았다.

1842년 군에서 제대한 엥겔스는 아버지가 경영하던 영국 맨체스
터의 공장에서 근무하면서 자본주의가 가장 발달하였던 영국 노동자

들의 비참한 삶을 경험하고, 노동 운동 지도자들과도 교류하게 되었다. 이때부터 엥겔스는 영국의 출판물들에 글을 발표하기 시작했다. 1844년에 그는 〈독불 연보〉에 사회주의 관점에서 자본주의의 사적 소유의 문제점을 비판한 "국민 경제학 비판 개요"를 발표했고, 1845년에는 『영국 노동 계급의 상태』라는 책을 출판하였다. 이 책에서 엥겔스는 물질적 생산 활동이 역사의 발전 과정에서 중요한 역할을 한다는 것과 자본주의 체제에서는 계급투쟁이 필연적으로 발생할 수밖에 없으며 따라서 프롤레타리아가 혁명에서 중요한 역할을 담당할 것이라고 주장했다. 이는 엥겔스가 마르크스를 만나기 전 이미 역사적 유물론의 기본 개념을 가졌는 것을 나타낸다.

1844년에 엥겔스는 귀국 도중 들린 파리에서 마르크스를 만나 평생 서로 협력하면서 공동 작업을 하는 사상적 동반자가 되었다. 마르크스가 경제학 연구에 전념하게 된 것도 엥겔스와의 만남이 결정적인 계기가 되었다. 1844년 11월에 엥겔스는 마르크스와 함께 청년 헤겔학파의 핵심 멤버였던 부르노 바우어의 헤겔주의적 관념론을 비판한 『신성가족, 또는 비판적 비판에 대한 비판 – 브루노 바우어와 그 일파에 대하여』라는 제목의 책을 출판했다.

1846년에는 엥겔스는 마르크스와 함께 『독일 이데올로기』를 출판하여 헤겔, 포이어바흐, 청년헤겔학파 등의 철학적 견해를 비판하고 변증법적 역사적 유물론의 기초를 닦았다. 이 책에서 엥겔스와 마르크스는 역사적 유물론의 관점에서 역사의 발전 과정을 분석하고 자본주의 사회가 공산주의 혁명을 위한 물질적 조건을 가지고 있기 때문에 프롤레타리아 계급이 주체가 되는 혁명이 일어날 수밖에 없다고 강조했다. 마르크스주의를 과학적 단계로 성숙시키는 데 기여한 이 책은 원고의 형태로 보관되다가 1932년에 소련에서 처음으로 출판되었다.

1845년에서 1850년까지는 엥겔스와 마르크스가 특히 긴밀하게 협력하던 시기였다. 엥겔스는 부친과의 연락을 끊고 마르크스와 함께 브뤼셀과 파리에서 정치활동에 전력했다. 그들의 목표는 독일 공산주의자들과 싸워 승리하는 것이었으며, 공동의 혁명적 프롤레타리아 강령에 기초하는 외국 노동자운동과 국제적인 연계를 이룩하는 것이었다. 이런 목표를 달성하기 위해 엥겔스는 마르크스와 함께 사회주의자들의 비밀 단체인 의인동맹의 주도권을 장악하고, 1847년에는 이를 공개적 혁명 조직인 공산주의동맹으로 바꾸었다. 1848년 엥겔스는 이 동맹의 강령으로 『공산당 선언』을 발표하였다. 엥겔스는 『공산당 선언』의 초안인 『공산주의의 원리』를 쓰기도 했다. "노동자들이여, 단결하라!" 라는 말로 끝을 맺고 있는 『공산당 선언』은 프롤레타리아의 계급투쟁에 대한 분석과 함께 공상적 사회주의자들에 대한 비판도 포함하고 있다. 이 책은 마르크스주의를 처음으로 대중들에게 널리 알리게 되는 계기가 되었을 뿐만 아니라 가장 많이 읽히는 공산주의 문헌이 되었다.

1849년에 라인지방과 남부 독일에서 농민들에 의한 무장투쟁이 일어나자, 군복무 경험이 있는 엥겔스는 직접 군사행동에 참가해서 작전을 지도하기도 하였다. 공산주의동맹이 붕괴된 후 얼마 동안을 런던과 스위스에서 보낸 엥겔스는 1850년 맨체스터에 정착하여 집안의 공장을 다시 경영하였다. 여기서 그는 1870년까지 머물면서 성공적으로 공장을 운영하였고, 가난에 처한 마르크스의 가족을 돕는 한편 마르크스와 함께 잡지와 신문에 기고하였다. 이 시기에 엥겔스는

『독일 농민 전쟁』과 『독일에서의 혁명과 반혁명』이라는 책을 써서 프롤레타리아 혁명에서 농민의 역할을 분명히 했다. 1864년에 엥겔스는 마르크스와 함께 국제 노동자 협회의 활동에도 적극적으로 참여하였다.

1876년에서 1878년 사이에 엥겔스는 자연 과학에 대한 연구에 전념하여 자연의 변증법적 운동을 탐구하면서 『자연 변증법』을 쓰기 시작하였다. 이 책을 통해 그는 유물론과 변증법 이론을 더욱 심화시켰으며, 역사적 유물론을 기계적으로 이해하는 것을 비판하고 경제적 조건과 개인의 역할을 설명했다. 이 책에서 엥겔스는 처음으로 유물론적 변증법의 세 가지 기본 법칙인 (1) 양의 점진적 변화는 질의 혁명적 변화를 가져온다는 질의 양화법칙, (2) 구체적 현실의 통일체는 대립물, 혹은 모순의 통일체라는 대립물의 통일의 법칙, (3) 대립물의 투쟁 속에서 하나의 대립물은 다른 대립물을 부정하고, 두 대립물을 모두 부정하는 부정의 부정의 법칙을 정식화했다. 이 책은 미완성인 채로 남겨져 있다가 1925년에 소련에서 출판되었다.

1878년에 엥겔스는 그의 대표작이라고 할 수 있는 『반뒤링론』을 출판했다. 1875년에 독일 최초로 사회주의적 노동자 운동의 통일조직인 독일 사회주의 노동당이 성립했지만 마르크스주의를 반대하는 베를린 대학 사강사 카를 뒤링(Karl Eugen Dühing) 등의 영향을 받고 있었으므로 엥겔스는 뒤링에 대한 반론을 쓰기로 했다. 뒤링의 사회주의를 반박하고 마르크스와 엥겔스의 변증법적 방법과 공산주의적 세계관을 개괄적으로 설명한 이 책은 3편으로 구분되어 있다. 1편은 마르크스 변증법적 유물론의 기본 법칙들을 설명했으며, 2편에서는 마르크스 경제학의 개념들을 해명하여 뒤링의 정치 편중을 비판하였고, 3

편에서는 유물사관을 설명하고, 자본주의 내에 사회주의 사회로 전환해야 하는 원인이 내재되어 있음을 지적하고, 사회주의 사회의 생산과 인간생활을 설명했다.

1883년 마르크스가 사망한 이후에도 엥겔스는 활발하게 이론적 작업을 하였으며 1884년에 『가족, 사유 재산 및 국가의 기원』을 출판하였다. 그는 역사적 유물론의 관점에서 원시 부족 사회를 연구하여 원시 사회로부터 노예제로의 이행 과정을 분석하였으며, 이와 더불어 사유 재산의 형성과정을 토대로 하여 일부일처제의 가족 형태 및 계급과 국가의 역사적 형성 과정과 그 성격을 규명하였다.

1888년에 엥겔스는 『포이어바흐와 독일 고전 철학의 종말』이라는 책을 썼는데 이 책에서 엥겔스는 헤겔과 포이어바흐의 철학을 비판적으로 고찰하면서 변증법적 유물론과 역사적 유물론의 핵심 내용을 명료하게 정리하였다. 마르크스가 사망한 후 엥겔스는 아직 출판되지 않았던 마르크스의 주요 저서인 『자본론』 제2권과 제3권을 마무리하여 1885년과 1894년에 각각 출판했다. 1895년 8월 5일 엥겔스는 식도암으로 세상을 떠났으며 화장된 유골은 그의 유언에 따라 해저에 수장되었다.

엥겔스는 마르크스와의 공동 작업에서 자신은 단지 제2바이올린의 역할을 했을 뿐이라고 겸손하게 말했다. 그리고 마르크스주의라는 명칭을 통해서 알 수 있는 것처럼 엥겔스의 이론적 성과가 마르크스의 명성에 의해 가려지고 있는 것은 사실이다. 그러나 엥겔스는 마르크스주의를 발전시키는 데 핵심적인 역할을 했던, 행동하는 철학자였다.

"쾌락은 선이고 고통은 악이다. 쾌락을 증대시키고 고통을 감소시키는 행위가 도덕적으로 올바른 것이다. 쾌락의 양은 강도, 연속성, 순수성 등을 이용하여 측정할 수 있다. 법과 도덕은 절대 다수의 최대 행복을 위해 봉사해야 한다."
벤담(Jeremy Bentham)

"쾌락에도 질적인 차이가 있다. 지적이고 윤리적인 쾌락이 물리적인 쾌락보다 우월하다. 만족한 돼지보다 만족하지 못한 사람이 낫고, 만족한 바보보다 만족하지 못한 소크라테스가 낫다. 사람들이 단순한 쾌락을 더 선호하는 것은 고급 쾌락을 경험할 기회가 없었기 때문이다. 표현의 자유가 사회의 진보로 이어진다."
밀(John Stuart Mill)

"자연과학적 현상의 배후에는 인간이 인식할 수 없는 형이상학적 법칙이 존재한다. 자연과학만으로는 자연 현상의 본질을 알 수 없다. 개인의 쾌락보다 사회 전체의 행복과 안녕이 우선되어야 한다. 인간 사회도 자연선택과 적자생존의 원리에 따라 쾌락과 도덕이 일치하는 방향으로 진화한다."
스펜서(Herbert Spencer)

10장

모든 사람들이
행복한 세상

벤담 1748~1832

미국의 독립선언 1776

프랑스 대혁명 1789

밀 1806~1873

스펜서 1820~1903

1차 세계대전 1914~1918

공리주의

　　19세기 영국을 중심으로 전개되었던 공리주의 (utilitarianism)는 인간 행위의 윤리적 기초를 개인의 이익과 쾌락 추구에 두고, 도덕은 최대 다수의 최대 행복을 목적으로 한다고 주장하는 사상이다. 공리주의라는 말의 의미만 보면 개인의 행복보다는 공공의 이익을 우선시하는 전체주의적 사상이라고 생각하기 쉽다. 그러나 공리주의에서 말하는 '공리'는 개인의 행복의 합을 의미한다. 따라서 공리주의에서는 개인의 행복이 우선이다. 공리주의는 개인들의 행복을 합한 전체 행복을 최대로 하는 것만을 옳은 것으로 여긴다. 따라서 다른 어떤 것을 위해서 행복을 포기하라고 강요하지 않는다.

　　19세기에 공리주의를 체계화시킨 사람은 영국의 제레미 벤담 (Jeremy Bentham, 1748~1832)이었다. 쾌락은 선이고 고통은 악이라고 보았던 벤담은 행복의 크고 작음을 도덕의 유일한 기준으로 생각했다. 그는 각자가 자신의 행복을 추구할 때 사회 전체의 행복도 최대가 된다고 주장했다. 벤담의 공리주의를 발전시킨 존 스튜어트 밀(John Stuart Mill, 1806~1873)은 벤담의 양적 공리주의를 질적인 공리주의로 발전시켰다. 행복의 양뿐만 아니라 질도 중요하다는 것이다. 이후 허버트 스펜서(Herbert Spencer, 1820~1903)는 진화론에 근거하여 공리주의를 발전시켜 진화론적 쾌락주의를 주장했다. 스펜서는 개인의 쾌락을 중심으로 했던 벤담과 밀의 공리주의 대신 사회 전체의 행복과 안녕을 우선으로 하는 공리주의를 제안했다.

무엇이 선이고 무엇이 악이며 어떻게 사는 것이 올바른 삶인지를 결정하는 문제는 오랫동안 철학자들을 괴롭혀온 문제였다. 공리주의는 선악에 대한 새로운 기준을 제시했다고 볼 수 있다. 그러나 공리주의의 비판자들은 공리주의에서 최고의 가치로 내세우는 행복이 무엇인가 하는 문제부터가 철학적으로 답을 찾지 못하고 있는 문제라는 것을 지적한다. 쾌락이나 행복은 주관적인 감정이다. 따라서 행복을 유일한 도덕의 기초로 삼는 것은 가능하지 않다는 것이다.

공리주의 비판자들은 '절대 다수의 최대 행복'도 구호에 불과할 수 있다고 지적한다. 개인의 쾌락과 사회적 공익은 서로 충돌하는 경우가 많아 개인의 행복 추구가 공공복지에 해가 되는 경우도 많다. 개인의 사익추구가 공익을 보장할 것이라고 보았던 초기 방임적 자본주의가 극심한 빈부격차와 같은 사회적 모순을 낳아 사회 전체를 불안하게 했던 것은 잘 알려진 역사적 사실이다. 양적 행복에서 질적인 행복을 주장한 밀도 사익의 추구와 사회적 공익의 조화를 어떻게 이룰 것인가에 대해서는 적절한 대답을 제시하지 못했다.

절대 다수의 최대 행복이라는 구호는 공리주의를 대표하는 구호이다. 하지만 이 구호는 행복을 계량화할 수 있고, 그 양을 측정할 수 있을 때만 의미를 가질 수 있다. 그러나 행복은 주관적인 것이어서 같은 재화나 서비스에 대해서도 사람마다 느끼는 행복의 크기가 다르기 때문에 계량화하는 것이 가능하지 않다. 더구나 벤담은 행복의 총량에만 관심이 있었지 합리적 분배나 평등에는 관심이 없었다. 벤담은 모든 사람의 평등을 추구하는 사회주의자가 아니라 자유방임적 보수주의자였다. 따라서 절대 다수의 최대 행복은 더 많은 사람의 행복이 아니라 사회 전체의 총량만을 의미했다.

이러한 비판과 자체적인 모순에도 불구하고 공리주의는 근대 시민사회의 윤리적 기준이 되었고, 영국 고전경제학과 자본주의의 사상적 기초가 되었으며, 현대 복지 국가의 이념적 바탕이 되었다. 그것은 공리주의를 대신하여 개인과 사회의 바람직한 방향을 제시하여 줄 새로운 윤리적 기준이 아직 제시되지 못했기 때문일 것이다.

벤담의 양적 공리주의

절대 다수의
최대 행복

　　공리주의의 창시자로 잘 알려져 있는 제레미 벤담은 영국 런던의 중산층 가정에서 태어났다. 어린 시절의 벤담은 마음이 약하고 겁이 많아 귀신 이야기를 들으면 무서워서 밖에 나가지 않으려고 했다고 한다. 모든 고통은 악이라는 생각은 어릴 적부터 그 마음속에 뿌리를 내린 것으로 보인다.

　　벤담은 옥스퍼드 대학에서 법학을 공부하고 변호사가 되었으나 철학에 흥미를 느꼈다. 마흔한 살이던 1789년에 『도덕과 입법의 제원리 서설』이라는 책을 출판했으나 좋은 평가를 받지는 못했다. 그러나 그때부터 저술활동에 전념하면서 여러 가지 법 제도의 개혁안을 내놓았는데 그것이 프랑스에서 『입법론』이라는 제목으로 출판되었다. 이 일로 벤담의 이름이 유럽 각국에 널리 알려졌다.

벤담이 제임스 밀(James Mill)을 만난 것은 이 즈음이었다. 제임스 밀은 벤담을 이은 공리주의자 존 스튜어트 밀의 아버지이다. 일정한 직업이 없었던 밀은 벤담의 제자가 되고 싶어 했다. 벤담의 주변에는 경제적 자유주의와 함께 정치적 개혁을 주장하는 급진적인 지식인이나 정치인이 모여들었다. 이러한 모임이 형성되는 데에는 제임스 밀의 활동이 크게 작용했다. 벤담을 중심으로 한 이들의 노력은 선거법 개정이나 경제적인 제한 입법 철폐와 같은 성과를 거두기도 했다. 벤담은 심혈을 기울였던 의회개혁 법안이 이틀 전에 의회를 통과했다는 소식을 듣고 얼굴에 만족한 미소를 지으며 1832년 6월 6일 비서에게 안긴 채 자는 듯이 세상을 떠났다.

18세기 영국의 계몽주의는 일반 국민들의 복지에 관심을 기울이기 시작했다. 이러한 사회적 분위기를 배경으로 벤담은 인생의 목적을 쾌락에 있다고 봤다. 벤담은 쾌락과 행복을 같은 것으로 간주했다. 벤담은 쾌락이 개인의 차원에 머물러서는 안 되며 사회적인 것이 되어야 한다고 주장했다. 그는 인류는 쾌락과 고통이라는 두 군주의 지배를 받고 있다고 설명하고 우리가 무엇을 해야 할 것인지를 결정하도록 하는 것은 바로 이 두 가지라고 했다. 벤담은 쾌락의 양을 측정할 수 있다고 보고, 쾌락의 강도, 영속성, 확실성, 원근성, 다산성, 순수성, 쾌락이나 고통이 미치는 사람의 수 등 일곱 가지를 기준으로 쾌락의 양을 측정하려고 했다.[53]

쾌락과 고통을 각각 선악의 원천으로 간주하는 공리주의의 입장에서 보면 쾌락을 악이라고 보고, 고통을 선이라고 보는 금욕주의자들은 가장 큰 적이었다. 벤담은 금욕주의자들을 세속적 금욕주의자와 종교적 금욕주의자의 두 부류로 나누어 대응했다. 세속적 금욕주의자는 금전이나 육체적 쾌락과 관련해서는 금욕주의적 태도를 보이지만 강한 명예욕을 가지고 있는 경우가 많기 때문에 이들은 진정한 의미의 금욕주의자라고 할 수 없다고 했다. 종교적 금욕주의자의 경우에는 현세의 행복을 추구하지는 않지만 내세의 행복을 추구한다는 점에서 벤담이 볼 때 이들 역시 쾌락주의자의 한 유형에 지나지 않았다.

벤담의 공리주의는 신이나 초월적인 존재가 아니라 우리가 일상생활에서 느끼고 경험하는 물리적 감각인 쾌락과 고통에서 윤리의 근거를 찾으려고 했다는 것이 특징이다. 유럽 역사에서 종교와 무관한 윤리이론을 주장한 것은 벤담이 처음이었다. 벤담의 비종교적 윤리이론은 그가 살아있는 동안에도 많은 비판을 받았다. 벤담의 비판자들은 인간이 단순히 쾌락만을 추구하는 존재라면 쾌락만을 추구하는 돼지와 다를 바 없다고 비난하고 벤담의 공리주의를 돼지철학이라고 비하했다.

정치적인 면에서 벤담은 급진주의를 옹호하고 당시 영국에 만연했던 보수주의적 정치와 법철학을 반대했으며 자유경제를 주장하였다. 그는 또한 정교분리와 표현의 자유, 양성평등, 동물의 권리 등을 주장하기도 했으며 법과 도덕은 쾌락을 늘리고 고통을 감소시켜야 한다고 주장했다. 벤담은 사회의 모든 분야에서 공리주의의 기본 구호인 '절대 다수의 최대 행복'에 입각하여 제도와 사상을 검토하고 구체적 개혁안을 제시했다. 그가 영국의 판례법주의를 비판하고 상세한 법전을 편찬할 것을 주장한 것도 같은 맥락에서였다.

밀의 질적 공리주의

어려서부터 영재 교육을
받은 철학자

공리를 모든 가치의 기준으로 보는 벤담의 공리주의를 더욱 발전시킨 존 스튜어트 밀은 영국 런던의 펜톤빌에서 스코틀랜드 출신의 철학자이자 역사학자였던 제임스 밀의 장남으로 태어났다. 벤담을 추종했던 아버지 밀은 아들을 벤담의 공리주의를 이어갈 후계자로 만들기 위해 어려서부터 영재 교육을 시켰다. 아들 밀은 세 살에 그리스어를 배우기 시작했고, 여덟 살 때는 라틴어와 유클리드의 대수학을 배웠으며 많은 역사책을 읽었다. 열 살 때는 플라톤의 원전을 읽었다. 아버지 밀은 1818년에 『영국령 인도의 역사』를 출판했는데 그때 열두 살이던 아들 밀은 스콜라철학의 논리학을 공부했고 아리스토텔레스의 논리학 저서들을 원전으로 읽었다. 이듬해에는 정치경제학 공부도 시작했다.

열네 살 때에 아들 밀은 벤담의 동생 가족과 함께 프랑스에서 일년을 보냈다. 밀은 프랑스에서 몽펠리에의 과학대학에서 화학, 동물학, 논리학 강의를 들었고, 개인교습을 통해 고등수학을 배웠으며, 아버지 친구의 집을 드나들면서 그곳을 방문한 파리의 저명인사들을 만나기도 했다. 그러나 아버지의 집중적인 교육은 밀의 정신 건강에 좋지 않은 영향을 주었다.

1823년 밀은 친구들과 함께 공리주의자 협회를 만들었고, 영국 국교도가 되어야만 들어갈 수 있는 옥스퍼드 대학이나 케임브리지 대학에서 공부하기를 거부했다. 대신에 밀은 아버지를 따라 동인도회사에서 1858년까지 35년 동안 근무하면서 연구와 저술에 전념하였다.

밀은 스물네 살이던 1830년에 깊고 강한 감정을 가졌고, 투철하고 직관적인 지식을 가졌던 해리어트 테일러 부인을 만나 사랑에 빠졌다. 해리어트는 이미 결혼하고 두 아이를 가진 유부녀였지만 당사자들이 이성적으로 행동하여 세간의 주목을 받지는 않았다. 1836년에 밀의 건강이 악화되어 파리로 요양갔을 때, 해리어트는 남편의 허락을 받고 두 아이들을 데리고 파리에 가서 밀을 간호하기도 했다.

1840년대에 밀은 『논리학 체계』와 『경제학 원리』를 출간했다. 1843년에 출판한 『논리학 체계』는 베이컨의 귀납법의 논리를 완성한 것으로 자연 과학 연구의 방법론을 제시한 획기적인 저술로 평가받았다. 1848년에 출판한 『경제학 원리』는 오랫동안 영국의 대학 교재로 사용되기도 했다. 그러나 책을 쓰는 일에 몰두한 밀은 건강이 다시 나빠졌다.

20년 동안이나 순수한 교제를 지속하던 밀과 해리어트는 테일러가 사망한 후 두 아이들이 증인으로 지켜보는 가운데 결혼했다. 해리어트와 결혼하고 칠 년이 지난 1858년 밀이 동인도회사를 사직하고 둘이서 프랑스를 여행하던 도중 해리어트가 아비뇽에서 폐질환으로 사망했다. 밀은 해리어트를 그곳에 묻고, 부근에 조그만 집을 사서 죽을 때까지 살았다. 밀의 대표작이라고 할 수 있는 『자유론』은[54] 해리어트가 죽은 직후에 출간되었는데, 밀은 해리어트의 영향을 받아 이 책의 많은 부분을 수정했다고 밝혔다. 『여성의 예속』에서도 밀은 해리어트의 영향이 있었음을 암시했다. 부인이 죽은 후, 밀을 돌봐준 사람은 그녀의 큰 딸인 헬렌 테일러였다.

밀은 1860년 영국 웨스트민스터 선거구에서 하원 의원으로 선출되었다. 하원에서 밀은 여성의 권리를 강력하게 옹호했으며, 비례대표제, 노동조합을 비롯한 각종 사회개혁을 주장했다. 1869년에 의회 안에서는 최초로 여성에게도 투표권을 줘야 한다고 주장한 것도 밀이었다. 그러나 3년 후 선거에서는 낙선해 정계를 은퇴했다. 정계를 은퇴한 후 사회주의에 관한 책을 쓰기 시작했으나 완성하기 전에 아비뇽에서 『곤충기』의 저자 파브르(Jean Henri Fabre)와 함께 소풍을 나갔다가 병을 얻은 후 다시 일어나지 못했다. 밀은 자신을 간호를 하던 헬렌에게 나는 내 일을 다 끝마쳤다는 말을 남기고 눈을 감았다. 그의 유해는 아비뇽에 있는 아내 옆에 나란히 묻혔다.

벤담의 친구이자 제자였던 아버지의 영향을 받아 어렸을 적부터 벤담의 후계자로 교육받았던 밀은 종교 생활을 강요받지도 않았으며 공적인 교육을 받지도 않았다. 그런 그가 벤담과 아버지로부터 독립해가던 시기에 벤담의 공리주의를 돼지철학이라고 한 비판을 접하고 큰 충격을 받았다. 밀은 돼지의 쾌락과 인간의 쾌락은 질적으로 다른 것이라는 것을 지적하고 공리주의가 돼지와 인간을 똑같이 취급한다는 비판을 반박했다. 벤담이 모든 형태의 쾌락을 동일하게 취급했던 것과는 달리 밀은 지적이고 윤리적인 쾌락이 물리적인 쾌락보다 우월하다고 주장하여 쾌락에도 질적인 차이가 있다고 했다. 밀은 행복과 만족을 구별하고 행복을 만족보다 우위에 두었다. 이러한 밀의 생각은 "만족한 돼지보다 만족하지 못한 사람이 낫고, 만족한 바보보다 만족하지 못한 소크라테스가 낫다"는 말에 잘 나타나 있다. 밀은 만약 돼지나 바보가 이런 생각에 동의하지 않는다면 그것은 그들이 다른 형태의 쾌락을 경험하지 못했기 때문이라고 했다.

밀은 높은 형태의 쾌락과 낮은 형태의 쾌락을 구별하는 기준은 두 가지 쾌락을 모두 경험한 사람이 두 가지 중 하나를 선호하는 경향이라고 했다. 밀의 이런 주장은 '단추가 주는 쾌락이나 시가 주는 쾌락은 같다'고 한 벤담의 생각에 반하는 것이다. 밀은 사람들이 단순한 쾌락을 더 선호하는 경향을 보이는 것은 고급 예술을 경험할 기회가 없었기 때문이라고 주장했다. 밀은 또한 철학을 연구하는 것과 같이 고상한 일을 하는 사람들이 낮은 형태의 쾌락을 추구하는 개인주의자들보다 사회 전체의 쾌락을 위해 더 많은 공헌을 한다고 주장했다.

밀은 공리주의자보다 자유주의자로 더 널리 알려져 있다. 밀은 정치적 자유주의를 대표하는 고전 중 하나로 꼽히는 『자유론』에서 정치적 의사 표현의 자유에 대해 네 가지 원칙을 제시했다.

첫째, 틀렸다거나 해롭다는 이유로 개인의 의사 표현을 금지해서는 안 된다.

둘째, 표현의 자유 일부를 제한하면 모든 표현의 자유가 제한되고 만다.

셋째, 표현의 자유가 무제한 허용되어야 사회가 진보할 수 있다.

넷째, 표현하는 내용에는 제한이 없어야 하지만, 표현하는 방식

에는 제한이 필요할 수 있다.

밀이 표현의 자유가 진보로 이어진다고 믿은 것은 공론화 과정의 여과능력을 신뢰했기 때문이었다. 밀은 의견을 공표하는 방식은 대중연설이나 저술이어야지 명백하게 위험을 동반하는 방법은 안 된다는 기준을 제시했다. 밀의 이러한 주장은 오늘날 전 세계 모든 자유주의 국가에서 기본적인 정치원리로 받아들여지고 있다.

스펜서의 진보적 공리주의

진화론을 주장한
생물학자 겸 철학자

영국의 사회학자이자 사회 진화론의 창시자로 알려진 허버트 스펜서는 1830년대에 철도 공사장에서 일하면서 지역 신문에 많은 글을 기고했다. 〈이코노미스트(The Economist)〉의 부편집장으로 있던 1851년에 인류가 진보할수록 사회적 상태에 적합하게 되기 때문에 국가의 역할이 감소할 것이라고 주장한 『사회 정학』을 출판했다. 이 책의 출판으로 어느 정도 명성을 얻게 되고 삼촌이 남긴 유산을 물려받아 경제적으로 안정된 생활을 할 수 있게 되자 그는 전적으로 집필에만 전념했다.

1855년에 두 번째 저서인 『심리학 원리』를 출판했는데 이 책에서 스펜서는 인간의 심리도 자연 법칙에 의해 지배된다고 주장했다. 이것은 개인뿐만 아니라 사회, 그리고 인류라는 종족 전체에도 적용된다고 주장했다. 스펜서는 진화론에도 큰 관심을 가져 1864년에는 『생물학 원리』라는 책을 저술하기도 했다. 스펜서는 진화가 우주의 원리라고 믿고, 인간이 살아가는 사회에도 적자생존의 법칙이 적용된다는 사회 유기체설을 주장했다. 활발한 저술 활동으로 스펜서는 영국에서 가장 영향력 있는 사상가 중 한 명이 되었으며, 세계적인 명성을 얻게 되었다.

스펜서의 사상은 전반적으로 벤담의 공리주의의 연장선상에 있다. 그러나 그는 최신 과학적 성과를 받아들여 자신만의 독창적인 진화 사상을 발전시켰다. 자연과학의 최신 성과를 적극 반영한 자신의 사상을 그는 종합 철학이라고 불렀다. 스펜서는 자신의 사상에 자연과학적 연구 성과를 도입하기는 했지만, 자연과학적 현상의 배후에는 인간이 인식할 수 없는 형이상학적인 법칙이 존재한다고 생각했다. 그는 자연과학만으로는 현상의 본질을 알 수 없다고 생각하고 물체, 운동, 그리고 힘은 인간이 알 수 없는 본질의 상징에 불과하다고 생각했다. 스펜서는 이런 형이상학적 본질을 제1원인이라고 했다.

스펜서의 진화론이 포함되어 있는 『진보: 법칙과 원인』은 다윈의 『종의 기원』이 출판되기 2년 전에 출판되었다. 당시 영국에서는 진화론에 대한 생각이 이미 널리 퍼져 있었다. 다윈이 오래 전부터 구상했던 『종의 기원』을 1856년부터 쓰고 있을 때 알프레드 월리스(Alfred Russel Wallace)가 다윈이 생각하고 있던 진화론과 거의 같은 내용이 담긴 논문을 다윈에게 보내왔고, 1858년에 다윈은 월리스와 공동 명의로 논문을 발표하기도 했다. 따라서 『종의 기원』보다 2년 먼저 출판되었다는 것으로 진화론의 우선권을 주장하기는 어렵지만 스펜서와 다윈이 서로 영향을 주고받은 것은 사실이다.

스펜서는 후에 다윈의 학설을 이용해서 자신의 진화 사상을 정교하게 다듬었고, 다윈은 스펜서가 먼저 사용했던 적자생존이나 자연선택이라는 용어를 『종의 기원』 개정판에서 사용했다. 스펜서의 진화 사상을 한마디로 말하면 단순성으로부터 복잡성으로 진행하는 법칙이 동물의 진화, 인류의 진화, 그리고 사회의 진화, 우주의 진화에까지 적용된다는 것이다. 스펜서는 단순성과 복잡성은 하등과 고등의 개념으로 간주할 수 있다고 하여 진화는 자연선택의 결과일 뿐 하등이나 고등의 정도와는 무관하다고 본 다윈과 달랐다.

스펜서는 진화론에 근거하여 공리주의를 발전시켜 진화론적 쾌락주의를 주장했다. 스펜서는 개인의 쾌락을 중심으로 했던 벤담과 밀의 공리주의 대신 사회 전체의 행복과 안녕을 우선으로 하는 공리주의를 제안했다. 사회를 개인의 집합체로 보지 않고, 하나의 통일적인 유기체로 보았던 스펜서는 사회의 발달 정도에 따라 개인의 쾌락과 고통이 결정된다고 주장했다. 인간 사회에서도 생물계와 마찬가지로 자연선택과 적자생존의 원리가 적용된다고 본 스펜서는 사회는 쾌락과 도덕이 일치하는 방향으로 진화한다고 주장했다. 따라서 최대 다수의 최대 행복은 진화하는 도덕법칙을 모든 사람들이 지킬 때 달성될 수 있다고 했다.

인간의 생물적인 면과 심리적인 면보다 사회적인 면을 더 중요하게 생각했던 스펜서는 인간의 행위를 규제하는 것은 종교적이거나 사회적인 것이 아니라 도덕적인 규제라고 보았다. 스펜서도 밀과 마찬가지로 개인의 자유를 중요하게 생각하여 개인의 자유를 제한하는 것은 다른 사람의 권리를 침해했을 때로 제한해야 한다고 주장했다.

언뜻 보면 그럴듯해 보이는 '절대 다수의 최대 행복'이라는 공리주의의 표어는 상당히 매력적이다. 그러나 공리주의의 비판자들은 공리주의가 윤리의 당위만 주장하고 과학적 논증은 하지 않는다는 점을 큰 문제로 삼는다. 행복과 쾌락을 윤리의 원리로 삼는다면 최소한 행복과 쾌락을 정의하고 이를 계량화할 수 있어야 하는데 그 근거를 제시하지 않는다는 것이다. 누군가 '고통이 없는 상태'를 쾌락이라고 정의할 수도 있지만, 다른 누군가에게는 '고통을 경험하고 극복하는 것'이 오히려 더 큰 쾌락이 될 수도 있다.

공리주의는 자본주의의 논리를 윤리화한 것이라고 보는 견해도 있다. 공리주의는 다양한 대상이 인간에게 주는 쾌락을 동일한 기준으로 측정할 수 있다고 전제한다. 예를 들자면 자본주의 사회에서는 음악과 빵이 일정한 가격으로 거래되기에, 이 가격이 이들이 주는 쾌락의 크기를 결정한다고 보는 것이다. 이런 관점으로 보면 '절대 다수의 최대 행복'은 사회 전체가 생산하는 재화의 양을 최대로 하는 것이 된다. 공리주의자들은 자본주의 사회에서 분배는 개인의 노력에 따라 저절로 조절되므로 큰 문제가 될 것이 없다는 전제하에 재화를 더 많이 생산하는 것이 공리주의적 인간관 실현에 맞는다고 주장하지만, 공리주의 비판자들은 재화의 총량은 사회 전체의 행복 증진에 도움을 주지 못한다는 것이 밝혀졌다고 주장한다.

"신앙은 이성을 초월하는 초자연적인 것으로 의심이 없는 신앙은 의미가 없다. 모든 사람에게 보편적이고 객관적인 진리보다 개인적인 진리가 우선한다. 신앙 은 객관적으로 증명된 신을 믿는 것이 아니라 신과 개인과의 관계이다. 불안은 실존적 진리에 도달하는 통로이다."
- 키에르케고르(Soren Kierkegaard)

"인간의 도덕에는 노예도덕과 귀족도덕이 있다. 기독교의 도덕은 자기부정을 가 르치므로 노예도덕이다. 신은 인간을 죽이고 자신이 정의라고 주장한다. 인간을 구속하고 절대 가치를 강요하는 신은 죽었다. 인간은 도덕, 신앙, 세속적 고정관 념을 뛰어넘음은 위버멘쉬가 돼서 새로운 가치를 창조해야 한다."
- 니체(Friedrich Nietzsche)

"객관적 존재에 대한 탐구만으로는 세계 전체를 인식할 수 없다. 세계를 인식할 수 있는 방향으로 이끄는 것이 철학적 세계정위(世界定位)이다. 자기 자신에 대해 이 해하려고 하는 실존해명이 철학의 과제이다. 죽음, 고통, 죄책과 같은 한계상황이 좌절하게 하지만 초월자가 제공하는 암호해석을 통해 초월자와 만날 수 있다."
- 야스퍼스(Karl Jaspers)

"유럽의 철학은 오랫동안 존재와 존재자를 구별하지 못하는 오류를 범했다. 현존 재는 자신의 선택과 관계없이 특정한 세계 안에 존재하게 된 존재, 자기 자신에 게 관심을 가지고 있는 존재, 죽음 앞에서 유한성을 실감하고 끊임없이 실존의 의미를 찾아가는 존재이다."
- 하이데거(Martin Heidegger)

"실존은 본질에 앞서며 실존은 바로 주체성이다. 도구와 같은 사물에 있어서는 본질이 존재에 앞서지만 개별적 단독인 실존에 있어서는 존재가 본질에 우선 한다. 인간은 우선 실존하고 그 후에 선택과 행동을 통하여 자기 자신을 형성해 간다."
- 사르트르(Jean-Paul Sartre)

11장.

나는 누구인가?

프랑스 대혁명 1789

키에르 케고르 1813~1855

니체 1844~1900

야스퍼스 1883~1969

하이데거 1889~1976

사르트르 1905~1980

1차 세계대전 1914~1918

실존주의

실존주의(existentialism)를 이야기하기 위해서는 우선 실존이라는 말의 의미가 무엇인지 따져 보아야 한다. 어떤 것의 일반적 본성을 본질이라고 한다. 철학의 가장 중요한 주제는 인간이었다. 그러나 철학자들이 관심을 가지고 있었던 것은 개인으로서의 인간이 아니라 인간이 가지고 있는 보편적인 본성이나 인식 능력이었다. 실존주의는 보편적인 인간의 본성이 아니라 한 개인으로서의 인간이 처한 환경, 감정, 신과의 관계 등에 관심을 가진다. 따라서 실존이라는 말은 인간의 존재, 즉 개별자로서의 인간을 뜻한다. 다시 말해 개인으로서의 너와 나가 실존이다.

그러나 실존(existence)이라는 말이 사람에 따라 조금씩 다른 다양한 의미로 사용되고 있기 때문에 실존주의를 한 마디로 정의하는 것은 가능하지 않다. 따라서 실존주의 철학자로 분류되는 사람들의 공통점을 찾아내는 것도 쉽지 않다. 그럼에도 불구하고 굳이 실존주의를 한 마디로 정의한다면 인간에 대한 본질적 관념을 설정하는 것을 거부하고 개인의 특성을 존중하는 것이라고 할 수 있다. 다시 말해 실존주의는 보편성보다 개별성을, 초월적 가치보다 개인에 내재된 가치를 존중하는 사상이다.

역사적으로 실존주의가 등장하는 과정은 분명하지 않지만 쇠렌 키에르케고르(Søren Aabye Kierkegaard, 1813~1855)나 프리드리히 니체(Friedrich Nietzsche, 1844~1900), 카를 야스퍼스(Karl Jaspers, 1883~1969), 마르틴 하이데거(Martin Heidegger, 1889~1975)와 같은 철학자들이 개인의 유일성, 신과 인간의 관계 등에 대해 연구하면서 실존주의가 서서히 윤곽을 드러내기 시작했다. 실존주의라는 말을 처음 사용한 사람은 프랑스의 철학자로 극작가이며 비평가이기도 했던 가브리엘 마르셀(Gabriel Honoré Marcel)이었다. 마르셀은 20세기 최초의 실존주의 문헌이라고 할 수 있는, 1925년에 발표한 『실존과 객체성』에서 실존주의라는 용어를 처음 사용했다. 마르셀은 인간이 모든 존재를 사물화하고 수단화하며 노예화하려는 소유욕을 가지고 있어 인격적인 존재인 타인마저도 개체화시켜 인간 대 물건의 관계로 전락시키고 결국 물질이 인간을 지배하도록 했다고 지적했다. 그는 이것을 현대 문명이 낳은 비극이라고 주장했다. 그는 신을 절대적 '너'로 인정하고 사랑과 숭경으로 대할 때 인간은 신과 진정한 존재를 나누어 갖게 된다고 했다. 성실을 희망으로 하여 신앞에 선다는 마르셀의 종교적이고 인격적인 실존은 불안을 기본적인 정서로 하는 하이데거의 실존과 대비된다.

'실존은 본질에 선행한다.' 라는 말은 실존주의의 생각을 단적으로 나타낸 말로 널리 알려져 있다. 프랑스의 대표적 실존주의 철학자인 장폴 사르트르(Jean-Paul Charles Aymard Sartre, 1905~1980)는 사물의 경우에는 본질이 실존에 선행하지만 인간의 경우에는 실존이 본질에 앞선다고 했다. 인간이라는 본질이 규정된 후에 개인이 존재하게 된 것이 아니라 개인이 먼저 존재하고 그 후에 인간의 본질이 논의되기 시작했기 때문이라는 것이다. 사르트르의 이런 생각은 인간의 본질을 규정해주는 신의 존재를 부정하는 것이어서 무신론적 실존주의라고 부른다. 이와는 달리 초월자의 존재를 인정하고 실존과 초월자의 개인적 관계를 중요하게 다룬 야스퍼스나 마르셀은 유신론적 실존주의자라고 할 수 있다.

일반적으로 실존주의의 창시자라고 알려져 있는 키에르케고르는 자유의지를 가지고 있는 인간은 신과 개인적으로 만나야 하기 때문에 외로운 존재라고 주장했다. 20세기 초반 현상학, 실존주의, 해석학의 선구자로 평가받는 마르틴 하이데거는 스스로를 실존주의자가 아니라 존재론자라고 불리기를 원했다. 하이데거는 존재자에 대한 탐구에 집중하던 종래의 철학에서 벗어나 존재라는 개념에 주목해야 한다고 주장했다. 그러나 많은 사람들은 하이데거를 실존주의 철학자로 분류하고 있다.

실존주의가 많은 사람들에게 관심을 끌게 된 것은 제2차 세계대전 후 유럽의 문학가들이 실존주의적 주제들을 다룬 작품들을 발표한 후부터였다. 『이방인』, 『시지프스의 신화』, 『페스트』 등의 작품으로 우리에게도 잘 알려진 알베르 카뮈(Albert Camus)는 제2차 세계대전 이후의 대표적 실존주의 작가로 인정받고 있다. 1942년에 발표된 카뮈의 대표작 『이방인』은 부조리한 세상에 대하여 무관심한 태도로 살던 주인

공 뫼르소가 살인을 저지르고 사형을 언도받은 다음 죽음에 직면하여서야 비로소 삶의 의미를 깨닫게 된다는 이야기이다. 뫼르소는 죽음에 임박해 그를 찾아와 죄를 인정할 것을 요구하는 신부를 위선적이라고 꾸짖고 자신의 죽음이야말로 진실되고 그것이 자신의 삶을 증명한다며 거부한다. 그는 자신이 가장 바라는 것은 처형되는 날 많은 사람들이 자신에게 증오를 퍼붓는 것이라고 이야기한다. 『이방인』에 나타난 인간의 부조리와 반항을 철학적으로 다룬 것이 『시지프스의 신화』이다. 부조리한 인간의 모습을 철학적으로 분석한 『시지프스의 신화』에서 카뮈는 다시 굴러 내려갈 것을 알면서도 산 위로 돌을 굴려 올려야 하는 시지프스처럼 인간은 부질없는 짓이라는 것을 알면서도 부조리에 반항하면서 살아가야 하는 숙명을 지닌 존재라는 것을 강조했다.

1947년에 카뮈가 발표한 『페스트』는 전운이 감돌던 1940년대 프랑스령 알제리의 작은 해안 도시 오랑에 갑자기 페스트가 유행하자 외부와 격리조치가 취해져 외부와 단절된 고립된 상태에서 많은 사람이 죽어나가는 상황이 지속되는 동안 드러나는 인간 존재의 적나라한 모습을 다뤘다. 이 소설에서는 다양한 인간들이 피할 수 없는 재난 앞에서 어떤 선택을 하는지를 잘 보여주고 있다. 실존주의 문학의 대표작으로 꼽히고 있는 『페스트』는 재난소설의 효시로 여겨지기도 한다.

키에르케고르의
불안한 실존

상처가 많아
괴로운 철학자

      실존주의의 선구자로 평가받고 있는 쇠렌 키에르케고르는 코펜하겐에서 모직물을 거래하던 부유한 상인의 아들로 태어났다. 키에르케고르의 어머니는 결혼하기 전 그 집에서 일하던 하녀였다. 신앙심이 깊었던 아버지는 어린 시절 심한 추위와 배고픔에 시달릴 때 하나님을 저주했던 일과 혼외정사로 아내를 임신시킨 것을 하나님에 대한 죄라고 생각하여 자녀들이 예수가 이 세상에 살다간 나이인 33세를 넘기지 못할 것이라고 믿었다. 일곱 자녀 중 다섯 명이 일찍 죽어 아버지의 예상이 적중하는 듯 했으나 키에르케고르와 그의 형은 33살을 넘겨 살았다. 이런 아버지의 죄의식은 키에르케고르에게도 많은 영향을 주었다.

      아버지는 막내인 키에르케고르가 신학교를 졸업한 후 개신교 목사가 되기를 원했다. 1830년에 키에르케고르는 코펜하겐 대학 신학부에 입학했다. 대학에 들어간 키에르케고르는 한동안 방탕한 생활을 하며 기독교에서 멀어져 아버지를 실망시켰다. 1836년에는 자살 시도까지 했던 키에르케고르는 그 후 안정을 되찾고 1841년 10월 20일 철학 박사학위를 받고 졸업했다.

키에르케고르의 생애에 영향을 준 또 다른 사건은 열 살 연하의 약혼녀와의 약혼을 일방적으로 파기한 일이었다. 키에르케고르는 1840년 9월 약혼녀에게 청혼했지만 곧 결혼에 환멸을 느껴 키에르케고르는 청혼한 지 1년이 채 안된 1841년 8월에 파혼을 통보했다. 키에르케고르는 일기장에 자신이 지닌 우울함으로 인해 결혼생활에 자신이 없어졌다는 말을 남겼지만 그가 파혼한 정확한 이유는 알려지지 않았다. 올센은 곧 다른 사람과 결혼했지만 키에르케고르는 끝까지 결혼하지 않았다. 이 후에 발표한 키에르케고르의 저서에서 올센과의 약혼과 파혼이 준 영향의 흔적을 많이 찾아볼 수 있다.

1843년 이후에는 『이것이냐 저것이냐』, 『반복』, 『철학적 단편』, 『불안의 개념』, 『철학적 단편에 대한 후서』, 『죽음에 이르는 병』, 『기독교에서의 수련』 등의 저서를 발표했다. 키에르케고르는 이들 저서들을 통해 참된 그리스도인이 되는 문제를 심도 있게 다뤘고, 헤겔 철학과 신학을 비판하고 주체적인 실존의 입장을 밝히게 되었다. 키에르케고르의 대표 저서 중 하나로 꼽히는 『이것이냐 저것이냐』의 대부분은 베를린에 머무는 동안에 저술되었으며 1842년 가을에 완성되어 1843년에 출판되었다.[55]

1846년에 있었던 '코르사르 사건'은 키에르케고르에게 큰 영향을 주었다. 이 사건은 풍자 주간지 〈코르사르〉의 편집인이었던 페테르 루드비히 뮐러가 키에르케고르의 『인생의 여러 단계』의 내용을 비난하자 키에르케고르가 반박문을 써서 공개하면서 본격화된 분쟁이었다. 키에르케고르는 뮐러의 비난을 반박하기 위해 "여행하는 미학자의 활동"과 "문학적 군사행동의 변증적 결과" 라는 두 편의 글을 썼는데 첫 번째 글은 뮐러의 정직성을 공격하면서 그의 비난에 대응하는 데 초점이 맞추어져 있었고, 두 번째 글은 〈코르사르〉를 정면으로 공격한 글이었다.

〈코르사르〉는 키에르케고르를 이상한 걸음걸이로 거리를 절뚝거리며 지나다니는 코펜하겐의 소크라테스라고 조롱하는 논설과 풍자만화를 9개월 동안이나 지속적으로 실어 키에르케고르에게 큰 모욕을 주었다. 이로 인해 몇 달 동안 키에르케고르는 덴마크의 거리를 다닐 때 사람들의 놀림을 받아야 했다. 이 사건을 통해 키에르케고르는 대중에게 판정을 위임한 결과 책임의 주체가 상실되어버리는 문제를 깊이 인식하게 되었다. 그는 교회 안에도 대중적 세속주의가 침투해 있다고 지적하고 기독교가 자신의 길을 잃어버렸다고 비난했다. 키에르케고르는 덴마크 국교회의 부패와 몰락을 신랄하게 비판했으며, 기독교의 어두운 이면을 사람들에게 알려야 한다는 의무감을 느꼈다. 키에르케고르는 덴마크 교회가 성서를 엉뚱하게 해석하고, 성서를 자신의 견해를 정당화하기 위한 도구로 사용하고 있다고 비판했다. 키에르케고르는 국교회의 위선을 규탄하는 소책자 『순간』을 9호까지 발간하고, 10호를 출판하기 전에 노상에서 쓰러져 병원에 입원했다. 한 달이 넘게 입원해 있던 키에르케고르는 목사에게서 성만찬을 받는 것을 거부했다. 목사가 더 이상 신의 종이 아니라 공무원에 불과하다고 보았기 때문이었다.

1855년 11월 11일 42세의 나이로 세상을 떠난 키에르케고르의 장례식에서 덴마크 국교회가 그를 교회에 안장하는 것을 허락하지 않았기 때문에 그는 뇌레브로 구역에 있는 아씨스텐스 묘지에 안장되었다.

실존이 진리다

키에르케고르의 저서들은 그의 죽음과 함께 사람들의 기억에서 멀어지는 것 같았다. 덴마크 국교회는 가능하면 키에르케고르의 책을 회피하려 했고, 덴마크어로 쓰인 그의 책들은 덴마크어 사용자가 아닌 사람들이 가까이하기 어려웠기 때문이었다. 1870년대에 키에르케고르 저서 중 일부가 독일어로 번역되었지만 키에르케고르 저서 전체가 독일어로 번역된 것은 1910년대였다. 키에르케고르 저서의 영역본이 나온 것은 1930년대였다. 이 번역본들로 인해 키에르케고르는 20세기에 독일, 프랑스, 영국의 철학자들과 작가들에게 큰 영향을 주게 되었다. 특히 카를 야스퍼스나 마르틴 하이데거와 같은 독일 철학자들과 가브리엘 마르셀을 비롯한 프랑스 사상가들에 의해 키에르케고르의 저서들이 재조명된 후 그는 현대 실존주의 철학의 선구자로 재평가되었다.

키에르케고르는 헤겔철학을 비판한 철학자이자 교회를 비판한 종교사상가였다. 신과 자신의 관계를 정립하려고 시도하는 가운데 모습을 드러낸 그의 사상은 신학에서뿐만 아니라 현대 실존철학의 기초를 마련했다는 면에서 중요한 의미를 지니고 있다. 키에르케고르는 한 개인이 신을 믿게 되는 과정을 집중적으로 조명했다. 그는 신앙은 이성적인 결정이 아니라 이성을 초월하는 초자연적인 것이라고 보았고, 신앙에는 항상 의심이 동반된다고 했다. 의심한다는 것은 인간의 이성적인 면이어서 의심이 없는 신앙은 아무런 의미가 없으며, 신을 의심하는 사람이 신을 진실로 믿는 사람이라고 했다. 키에르케고르에 의하면 기독교 교리는 본질적으로 의심스러운 것이어서, 기독교 교리에 객관적 확실성이 없다는 것을 깨닫지 못하는 사람은 신앙을 가진 것이 아니라 기독교 교리에 쉽게 속아 넘어간 사람일 뿐이다. 그는 또한 직접 보거나 만져본 후에 믿는 것은 신앙이 아니며, 보거나 만질 수 없어도 신을 믿는 것이 신앙이라고 했다

키에르케고르는 또한 자아의 중요성과 자아와 세계 사이의 관계를 강조했다. 그는 『철학적 단편에 부치는 비학문적인 해설문』에서 실존이 진리이며, 진리는 실존이라고 주장했다. 이런 주장은 모든 사람들에게 보편적이고 객관적인 진리보다 개인적인 진리가 우선한다는 것을 의미했다. 키에르케고르는 실존의 문제는 기본적으로 종교적인 문제로 간주되어야 한다고 보았다. 의심을 신앙의 요소라고 본 그는 의심으로 인해 종교적인 교리들에 대해 객관적인 확실성을 확보하는 것이 가능하지 않다고 했다. 종교인들은 교리가 진리라는 것이 논리적으로 증명되기를 바라지만, 자신이 믿는 교리가 객관적으로 증명된 보편적인 진리라고 믿는 사람은 종교적이지 않은 사람이라고 했다. 신앙은 객관적으로 증명된 신을 믿는 것이 아니라 신과의 개인적 관계이기 때문이다.

키에르케고르는 자유로운 선택을 통해서 자신을 실현해나가는 개인이 실존적 선택을 해야 하는 과정에서 겪는 기본적 정서는 불안이라고 주장했다. 실존주의라고 하면 불안을 연상할 정도로 불안이

라는 정서는 실존주의와 깊은 관계를 가지고 있다. 키에르케고르는 사유나 감각적 경험을 통해서는 실존한다는 사실에 도달할 수 없고, 불안이라는 정서를 통해서만 실존에 도달할 수 있다고 보았다. 불안은 실존적 진리에 접근하는 통로였다. 키에르케고르는 불안은 자유의 가능성이라고 말했다. 아담은 금단의 과일을 먹지 말라는 경고를 듣지만 그 경고를 통해 자신이 신의 경고를 어길 수 있는 자유를 가지고 있다는 것을 발견했다. 그러나 이 자유는 불안한 가능성이었다. 사르트르 역시 『실존주의는 휴머니즘이다』에서 선택과 관련된 정서는 불안이라고 지적했다.

키에르케고르는 실존적 인간이 선택을 통해 자신을 실현해가는 과정을 세 단계로 나누었다. 첫 번째 단계는 감성적 단계이다. 이 단계에 있는 인간은 감각이나 충동의 지배를 받는다. 이 단계에서는 선택 대신 감각적인 것들의 지배가 있을 뿐이다. 이 단계에서는 선택이 없으므로 선택이 가져올 삶의 질적 도약 역시 있을 수 없다.

두 번째 단계는 윤리적 단계이다. 도덕적 의무를 받아들이고 보편적 이성의 법칙에 따라 사는 삶이 이 단계의 삶이다. 이성의 목소리에 귀를 기울이려고 했던 소크라테스는 이 단계의 삶을 살아간 사람이다. 그러나 이 두 번째 단계는 신과 관계하는 삶, 즉 신앙적인 삶에는 미치지 못한다.

세 번째 단계가 바로 신앙적 삶이다. 신의 명령에 따라 아들 이삭을 제물로 바치려고 한 아브라함이 이 세 번째 단계의 삶을 살아간 사람이다. 두 번째 단계인 이성에 입각한 보편적 법칙의 차원에서 보면 아브라함의 행동은 지탄받아야 한다. 그러나 키에르케고르는 신과 단독으로 대면하는 절대적 관계에 비하면 윤리는 그렇게 중요하지 않다고 주장했다. 홀로 신과 마주하는 개별자가 이 세 번째 단계의 삶이다.

키에르케고르가 중요하게 생각했던 것은 개인이 직접 절대자를 대할 때 나타나는 고립감이었다. 키에르케고르는 그것을 개별자의 고립이라고 불렀다. 헤겔은 종교나 국가를 통해 이 문제를 해결하려고 했다. 그러나 키에르케고르는 인륜이나 종교라는 제도로서는 이 문제를 해결할 수 없다고 생각했다. 신 앞에 우리는 철저하게 혼자라는 것이다. 개인의 존재는 세계사의 흐름 속에서 의미를 가진다고 했던 헤겔의 주장과는 달리 우리 모두는 개인으로서 신을 만나고 있다는 것이다. 따라서 키에르케고르에게 세계의 역사는 개인보다 더 중요하지 않게 되었다. 이로서 보편적인 진리보다 개체의 특수성을 중요하게 생각하는 실존주의 사상이 그 모습을 드러내게 되었다.

키에르케고르는 많은 저서를 여러 가지 익명으로 출판했는데 이들 저서의 내용이 통일되어 있지 않아 키에르케고르의 철학이 잘 정리되어 있지 않다는 평가를 받기도 했다. 그러나 익명으로 출판한 저서의 내용은 저자로 내세운 사람의 입장에서 쓴 내용이라는 것이 밝혀지면서 그의 철학을 좀 더 잘 이해할 수 있게 되었다. 그는 또한 방대한 양의 일기를 남겼는데, 25권의 책으로 정리하여 출판된 그의 일기는 키에르케고르의 삶과 철학을 이해하는 데 핵심적인 요소가 되고 있다. 키에르케고르는 자신의 일기가 언젠가 중요한 역할을 할 것이라는 것을 예견하고 그의 생각을 꼼꼼하게 일기에 기록해놓았다.

니체의 위버멘쉬

현대 문명의 허무주의를
비판한 철학자

현대 인문학 전반에 가장 큰 영향을 끼친 철학자로 평가받고 있는 프리드리히 니체는 목사의 아들로 태어났다. 다섯 살 때 아버지가 뇌질환으로 죽은 후 할머니의 보살핌을 받으며 자란 니체는 어린 시절부터 작곡 활동이나 시를 짓는 등 음악과 언어에 뛰어난 재능을 보였다. 열 살 때 성서 구절을 다룬 무반주 악곡을 작곡하기도 했다. 사춘기에는 일시적으로 기독교에 의지하려고 했던 적도 있지만 니체는 종교에서 자신이 찾고자 했던 것을 찾지 못했다. 이 시기에 그가 쓴 시에는 슬픔에 빠진 남자가 십자가에 못 박힌 예수에게 도움을 요청하지만 예수는 끝내 십자가에서 내려오지 않았다는 내용이 포함되어 있다.

니체는 1864년 본 대학에 입학해 신학과 그리스 문헌학을 공부했다. 1867년 니체는 군에 입대하여 포병으로 1년 동안 복무했다. 1868년 3월 니체는 말을 타다가 사고를 당해 가슴을 다친 후 군에 병가를 내고 라이프치히 대학에서 공부를 계속했다. 라이프치히 대학에서 공부하던 시절에 쇼펜하우어의 책을 읽고 깊은 감동을 받은 니체는 그를 정신적 스승으로 여겼다.

스물네 살이었던 1868년에 니체는 스위스 바젤 대학 인문학 교수가 되었다. 아무런 학위도 없었던 니체를 교수로 임명한 것은 그의 인문학에 대한 뛰어난 재능을 인정했기 때문이었다. 1869년 니체는 시험이나 논문 없이 이미 출판한 저술들만으로 라이프치히 대학으로부터 박사학위를 받았다. 1870년에서 시작되어 1871년에 베르사유 조약으로 마무리된 보불전쟁 기간 동안에 니체는 의무병으로 종군했다가 병으로 귀환했다. 이후 니체는 죽을 때까지 병에 시달려야 했다.

바젤 대학 교수로 있던 시절 이웃에 살던 음악가 리하르트 바그너(Wilhelm Richard Wagner)와 가깝게 지냈다. 니체가 어려서부터 음악에 관심이 많았고, 바그너도 니체와 마찬가지로 쇼펜하우어에 심취해 있었던 것이 두 사람이 가까워지도록 하는 촉매가 되었던 것으로 보인다. 니체는 바그너보다 쇼펜하우어를 더 잘 이해하는 사람을 보지 못했다고 말하기도 했다. 아버지 없이 자란 니체는 서른한 살이나 많았던 바그너에게서 아버지의 정을 느꼈을 것이다.

그러나 니체는 바그너가 점차 기독교화되고 도덕적인 주제를 많이 사용하게 되자 바그너의 예술에 회의를 품게 되었다. 1876년 바그너가 그의 대표작이라고 할 수 있는 "니벨룽의 반지"를 발표했을 때, 니체는 바그너가 기독교에 굴복했다고 비판하고 그를 퇴폐적 예술가라고 비난했다. 니체는 1882년 바그너가 세상을 떠나기 직전에 바그너와 결별을 선언했다. 자신을 비판하는 사람들에게 적극적으로 대응했던 바그너였지만 니체의 공개적인 비판에 대해서 별다른 대응을 하지 않았다. 바그너와 결별한 후 니체는 『바그너의 경우』, 『니체 대 바그너』와 같은 바그너를 공격하는 저서들을 출간했다.

1878년 『인간적인, 너무나 인간적인』을 출판한 니체는 쇼펜하우어의 철학에서 멀어지기 시작했다. 서른다섯 살이던 1879년에 니체는 건강이 악화되어 바젤 대학의 교수직을 사임했다. 교수직을 사임한 이후 10년 동안은 유럽을 떠돌며 저술활동을 했다. 이 시기에 니체는 『즐거운 지식』, 『차라투스트라는 이렇게 말했다』[56], 『선악의 저편』, 『도덕의 계보학』과 같은 책들을 출판했다. 초기 저술들에서 니체는 소크라테스의 합리주의를 허무주의로 규정하고 디오니소스적인 것을 참다운 예술의 근원으로 보았으며, 미술적인 형식과 음악적인 내용이 예술의 원천이라고 주장했다. 『차라투스트라는 이렇게 말했다』에서 니체는 초기의 예술비판을 확장해 문명 전체를 비판했다. 특히 현대 문명의 허무주의와 퇴폐주의를 강력히 비판하고 개인은 의지를 이용하여 허무주의를 뛰어넘을 수 있다고 주장했다. 차라투스트라는 고대 페르시아에서 조로아스터교를 창시한 조로아스터의 독일식 이름이다. 이 책에는 차라투스트라가 늙은 성자와 대화를 나누다가 마음속으로 "저 늙은 성자는 숲 속에 있어서 신이 죽었다는 소식조차 듣지 못했구나." 라고 말하는 대목이 나온다.

니체는 1889년 1월 이탈리아 토리노에서 졸도한 후 정신병원에 입원한 후 생애의 마지막 10년을 정신병자로 보냈다. 니체가 정신병에 걸린 것이 매독에 감염되었기 때문이라는 주장도 있지만 근거가 없는 것으로 밝혀졌다. 현대 의학에서는 뇌종양이 원인이었을 것으로 추정하고 있다. 완전히 정신 상실자가 된 니체는 어머니와 함께 예나에 거주하다가 어머니가 죽은 후에는 누이동생을 따라 바이마르로 옮겼고, 1900년 8월 25일 바이마르에서 세상을 떠났다. 니체는 고향의 아버지 묘 옆에 안장되었다.

세속적 고정관념을
뛰어넘은 위버멘쉬

니체는 인간의 도덕을 노예의 도덕과 귀족의 도덕으로 구분했다. 니체는 기독교에서는 자기부정을 가르치기 때문에 노예의 도덕이라고 했다. 공자나 플라톤, 유대교, 불교 또한 개인의 욕망을 긍정하지 않고 욕망에 반하는 것을 말하고 가르친다고 비판했다. 『안티크리스트』에서 니체는 불교를 호평하기도 하지만 곧 기독교와 불교 모두를 퇴폐적인(데카당트) 종교로 규정했다. 겸손이나 순종과 같은 소극적인 생활을 강조하는 기독교는 노예도덕을 강요하고 있으며, 불교는 삶에 지친 노인들을 위안하기 위한 종교라는 것이다. 니체는 자기긍정을 방해하는 노예도덕과 노예도덕의 근거가 되는 도덕적 세계관을 타파해야 한다고 주장했다. 천국이나 이데아의 세계와 같은 현실 세상과 다른 세상을 근거로 하고 있는 도덕적 세계관은 지상의 삶에 아무런 영향을 주지 못한다고 했다.

니체가 한 많은 말 중에서 가장 널리 알려진 "신은 죽었다." 라는 말 역시 이런 맥락에서 이해해야 한다. 니체는 인간을 구속하는 신이나 현대 철학의 이성 중심주의와 같은 것들을 모두 인간 스스로가 만든 것들이라고 보았다. 인간이 스스로 만든 신에게 구속당하는 것을 비판했던 니체는 인간의 모든 감정이 호르몬의 작용이라고 주장하는 유물론자들도 비판했다. 그런 생각 역시 인간을 구속하는 새로운 신이라고 생각한 것이다. '신은 죽었다.' 라고 한 말에는 기독교의 신이 죽었다는 뜻뿐만 아니라 모든 절대 가치가 사라졌다는 의미도 포함되어 있다.

니체는 『차라투스트라는 이렇게 말했다』에서 신은 인간을 죽임으로서 자기 자신에게 의미를 부여하고 자신을 정의라고 주장한다고 말했다. 진리를 말살하기 위해 니체는 신을 죽였다. 신의 죽음으로 신이 만들었던 영원불멸의 시스템은 모두 폐기되었다. 니체는 신을 죽인 후에 우리 삶의 이유를 어디에서 찾아야 할 것인지를 물었다. 신이 죽은 후, 새로운 신이 된 우리는 어떻게 살아가야 할 것인가?

이 물음에 대한 니체의 대답은 위버멘쉬(Übermensch)였다. 위버멘쉬는 뛰어넘는다는 뜻의 'Über'와 인간이라는 뜻의 'mensch'를 결합하여 만든 말로 인간을 극복한다는 의미이다. 위버멘쉬는 도덕 및 신앙과 세속적인 고정관념을 모두 뛰어넘은 인간을 의미한다. 니체가 말한 위버멘쉬를 이해하기 위해서는 허무주의에 대한 니체의 생각을 알아야 한다.

니체는 허무주의를 능동적 허무주의와 수동적 허무주의로 구분했다. 수동적 허무주의는 현실을 직시하는 것을 회피하고 향락주의나 무관심한 이기주의로 공허감을 채워보려는 태도이다. 이러한 소극적인 허무주의로는 왜소한 존재로서의 인간을 극복하는 것이 가능하지 않다. 이와는 달리 적극적인 허무주의는 소모적인 현실 도피를 거부하고 허무의 원인에 적극 개입하여 현실을 극복하려고 하는 태도이다. 능동적 허무주의의 입장에서 기존의 가치나 질서가 지니는 절대적 권위를 타파해가면 새로운 가치 창조의 가능성이 열린다는 것이다. 니체는 인간을 구속해온 우상의 가면을 벗기는 도구로 허무를 내세우지만 허무를 삶의 소모 원리가 아니라 새로운 삶을 창조하는 원동력으로 삼는 능동적 허무주의야말로 바람직한 생활방식이라고 주장했다.

니체의 사상은 죽은 후 크게 왜곡되는 불운을 겪었다. 니체는 전체주의, 도덕주의, 국가주의, 종교, 실체론, 자본주의, 공산주의, 사회주의, 무정부주의를 모두 비판했다. 그러나 니체는 사후 파시즘을 옹호한 사람으로 잘못 알려졌다. 니체가 이렇게 왜곡된 것은 그의 누이동생이었던 엘리자베스 니체 때문이었다. 엘리자베스는 니체의 글들을 짜깁기하여 니체의 이름으로 『힘의 의지』라는 책을 출판하였다. 엘리자베스가 히틀러의 열렬한 지지자였고, 히틀러 자신도 니체에 많은 관심을 나타냈기 때문에 사람들은 니체를 히틀러와 연결 짓게 되었다. 니체가 반유대주의자였다는 것 역시 반유대주의 활동을 했던 사람과 결혼했던 엘리자베스로 인한 오해였다. 니체는 유대인의 노예도덕이 기독교의 근원이라는 면에서 유대주의를 비판했지만 인종적인 면에서 유대인을 비판하지는 않았고 오히려 유대인이 오랜 고난의 세월을 통해 단련된 뛰어난 민족이라고 평가했다.

야스퍼스와 실존철학

심리학자이기도 했던
철학자

　　　　하이데거와 함께 독일 실존철학을 창시했다는 평가를 받고 있는 카를 야스퍼스는 독일 올덴부르크에서 태어났다. 하이델베르크 대학과 뮌헨 대학에서 법학을 공부한 다음에는 괴팅겐과 하이델베르크 대학에서 의학을 공부했다. 대학을 졸업한 야스퍼스는 1910년 하이델베르크 대학 심리학과 조교로 있으면서 종래의 독단론을 비판하고 과학적 인식 방법을 제안한 『정신 병리학 총론』을 저술했다.

　　1913년에 하이델베르크 대학에서 심리학 교수 자격을 획득하고, 1916년 이 대학의 심리학과 교수가 되었다가 1921년에는 철학 교수가 되었다. 야스퍼스가 그의 대표적인 저서 『철학』을 저술한 것은 하이델베르크 대학의 철학 교수로 있던 1931년이었다. 그러나 1938년에는 부인이 유대인이라는 이유로 나치에 의해 교수직에서 해직되었다. 제2차 세계대전이 끝난 1945년에 대학으로 돌아온 야스퍼스는 대학을 정상화시키기 위해 노력했다. 1948년에는 스위스의 바젤 대학으로 옮긴 야스퍼스는 1961년 정년퇴직을 한 후 저술활동에 전념하다가 1969년에 바젤에서 세상을 떠났다.[57]

실존철학

1913년에 출판한 『정신 병리학 총론』에서 야스퍼스는 정신생활에 있어서 내적으로 이해되어야 할 것과 과학적 인과율에 의해 설명되어야 할 것을 구분했다. 인간이 죽음에 직면한 상황을 비교 분석하여 1919년에 발표한 『세계관의 심리학』에서는 인간이 처한 한계상황에 대한 그의 생각을 엿볼 수 있다. 이 책에서는 죽음, 고뇌, 우연, 죄책감, 투쟁 등과 같이 인간이 회피할 수 없는 한계 상황들에 의해 자기의 실존 앞에 마주서게 되는 상황을 다루었다. 이러한 의미에서 이 책은 최초로 근대 실존철학을 다룬 책이라고 할 수 있다.

1932년에 출판된 야스퍼스의 대표적 저서인 『철학』은 각각 『철학적 세계정위』, 『실존개명』, 『형이상학』이라는 소제목이 붙어 있는 세 권의 책으로 구성되어 있다. 야스퍼스는 존재를 '객관존재', '자기존재', '즉자존재'라는 세 가지 형태로 구분하고 이들의 존재 양식을 비교했다. 시간적 공간적 대상으로서 파악되는 객관존재에 대한 탐구는 과학의 과제이다. 객관존재에 대한 탐구에서는 개별적인 존재를 파악하므로 이를 통해 전체적인 세계상에 도달하는 것은 가능하지 않으며 주관적 존재인 자기존재를 파악할 수도 없다. 이러한 인식활동의 한계를 규명하고 세계 전체를 인식할 수 있는 방향으로 이끌어가는 것이 『철학』 제1권의 주제인 '철학적 세계정위'이다.

야스퍼스는 철학의 과제를 '실존개명(Existenzerhellung)'이라고 보았다. 실존개명은 과학적 사유와 대비하여 인간의 실존이 자기 자신에 관해 알려고 하는 실존적 자기 이해를 의미한다. 객관적 대상으로서는 파악할 수 없는 우리 자신의 실존에 대한 실존개명은 『철학』 제2권의 주제이다. 여기서 말하는 자신이란 대상화되지 않는 자기존재로 과학적인 방법으로는 파악할 수 없는 존재이다. 이러한 자기의 세계, 곧 참된 실존의 세계 속에서 우리는 객관적 대상으로서의 자신을 탈피한다. 이 세계는 사랑, 불안, 고독, 사귐 등의 감정이 지배한다. 실존개명은 야스퍼스의 철학적 사유의 본질을 규정하는 개념이다.

야스퍼스의 철학은 실존개명에 머물지 않고 초월자의 형이상학을 지향하고 있다. '철학하는 것(Philosophieren)'은 인간이 한계상황에 직면하여 자기의 유한성을 깨닫고 좌절하지만 그 좌절을 계기로 초월자가 제공하는 암호를 해독함으로써 '즉자존재'가 되는 것을 말한다. 죽음, 고통, 투쟁, 죄책감과 같은 한계상황은 우리가 의지에 의해 회피하거나 변경할 수 없는 것으로 현존재의 내면에 좌절과 절망을 야기한다. 그러나 이러한 한계상황은 실존적 초월을 가능하게 하는 바탕이 되기도 한다.

철학 하는 것은 객관적인 대상으로서의 객관존재와 주관적 존재인 자기존재로부터 즉자존재의 세계로 나가는 것을 말한다. 즉자존재의 세계는 역사 속에서 초월자의 암호로 나타난다. 야스퍼스는 비대상적인 초월자는 오성을 통해 인식될 수도 없고 언어로 설명할 수도 없으며 오직 실존에게만 암호로 나타날 뿐이라고 했다. 형이상학이란 절대자를 초월적 대상으로서 인식하는 것이 아니라 실존과 초월자와의 만남을 통해 실존이 초월자를 알게 되는 것이다. 인류의 가장 중요한 체험은 초월자로부터 오는 암호를 체험하고 해독하는 일이다. 따라서 야스퍼스에게서 철학은 하나의 학설이 아니라 인간의 존재의식을 근저로부터 변화시키는 것이며, 인간의 존재방식을 전환하는 것이었다. 철학을 통해서 우리가 본래적인 것을 자각하게 되면 객관존재의 세계도 더 투명하게 인식할 수 있게 된다는 것이다.

『현대의 정신적 상황』은 야스퍼스의 주저인 『철학』과 비슷한 시기에 출판된 문화 평론집이다. 야스퍼스는 이 책에서 자신의 철학이 현대의 정신적 상황과 연결되어 있다는 것을 확실히 보여주었다. 프랑스 대혁명 이후에 나타난 현대는 이성을 통해 인간의 현존재를 바탕에서부터 개조한 시대이지만 인간이 불안과 허무에 직면하게 된 시대이기도 하다. 야스퍼스는 이러한 인간의 위기가 신앙의 상실이나 산업화에 의해서 초래된 변화 속에 인간이 매몰됨으로써 야기되었다고 보았다. 그는 합리화, 기계화, 대중화, 평균화 등의 과정에서 인간이 존재를 박탈당했다는 것을 지적했다.

『현대의 정신적 상황』의 제1부에서 제3부까지에서는 가정생활과 노동현장을 비롯한 인생의 모든 영역에서 이러한 변화를 겪고 있음을 분석하고 제4부에서는 이와 같은 현대가 처한 상황은 마르크스주의나 정신분석학과 같은 현대의 사상으로는 해결할 수 없다고 주장했다. 야스퍼스는 이러한 문제를 다루는 새로운 철학으로서 실존철학을 제시했다. 제5부에서는 인간이 현대가 처한 이러한 상황에 매몰되어 자기상실의 상태로 떨어지지 않고, 적극적으로 상황을 변혁하는 길을 추구하는 방법을 제시했다. 그것은 기술화를 정지시키는 것이 아니라 인간화시키는 것이며, 인간의 존엄을 회복하는 것이다. 이 책은 야스퍼스의 실존철학이 기술화, 기계화, 대량화의 흐름 속에서 상실된 인간 자체를 회복한다는 현대사회의 문제와 관련되어 있다는 것을 보여주고 있다.

1947년에 제1권이 출판된 『철학적 논리학』에서는 자연과학적 인식과는 확실히 구별되는 독자적 논리를 추구하였으며 1957년에 출판한 『위대한 철학자들』에는 동양철학을 포함시켜 세계철학을 구현하려는 그의 의도가 잘 나타나 있다. 야스퍼스는 이 저서들 외에도 1935년에 네덜란드 흐로닝언 대학에 초청되었을 때 한 다섯 개의 연속 강의를 수록한 『이성과 실존』, 『실존철학』, 『역사의 기원과 목적에 대하여』, 『진리론』, 『철학입문』 등의 실존철학을 소개한 많은 저서를 남겼다. 야스퍼스는 철학뿐만 아니라 사회 정치문제, 대학 문제, 신학에도 관심을 가졌다.

하이데거의 존재론

나치에 호의적이던
철학자

독일의 대표적인 실존주의 철학자인 마르틴 하이데거는 1889년 9월 26일 독일 동남부 슈바르츠발트의 한 작은 마을 메스키르히에서 성당지기였던 아버지와 농부의 딸인 어머니 사이에서 태어났다. 아버지가 성당지기 일 외에 술 창고를 지키는 일도 자주 했다는 것을 보면 하이데거는 어린 시절을 궁핍하게 보냈던 것 같다. 메스키르히 초등학교를 졸업한 하이데거는 1903년에 김나지움에 입학하여 가톨릭교회의 장학금을 받으며 학교를 다녔다. 그는 1916년까지 장학금을 지원받았는데, 이는 그가 후에 가톨릭 사제가 된다는 조건으로 지급되었다.

1909년 김나지움을 졸업한 하이데거는 예수회에 들어가려고 했지만 예수회 신부가 되기에는 몸이 약하다는 이유로 부적합 판정을 받았다. 하이데거는 일반 신부가 되기 위해 1909년 프라이부르크대학 신학부에 입학하여 신학을 공부했지만 건강상의 이유로 2년 후인 1911년에 그만 두고 철학을 공부하기 시작했다. 철학 공부를 시작하고 2년 만인 1913년에 「심리주의의 판단론」이라는 제목의 논문을 제출하고 박사학위를 받았다.

1914년 제1차 세계대전이 발발한 후 독일군에 징집된 하이데거는 훈련소에서 귀가 판정을 받고 돌아와 후방에서 서신 검열 업무에 종사하면서 대학에서 야간 강의를 했다. 1917년 다시 군에 징집되었던 하이데거는 1918년 독일이 패전한 다음 프라이부르크 대학에 돌아와 현상학의 창시자인 에드문트 후설(Edmund Husserl)의 조교로 일했다. 후설의 현상학은 하이데거의 철학에 많은 영향을 끼쳤다. 1923년에는 마르부르크 대학의 정교수가 되었다가 5년 후인 1928년에 후설의 후임으로 프라이부르크 대학의 교수가 되었다. 이 때 교수 자격을 받기 위해 제출한 것이 그가 프라이부르크 대학으로 오기 1년 전인 1927년에 출판한 『존재와 시간』이었다.

철학에만 전념하면서 비교적 평탄하게 살아가던 하이데거는 1933년 나치에 의해 해임된 묄렌도르프의 후임으로 프라이부르크 대학 총장에 취임하면서 여러 가지 어려움을 겪게 되었다. 히틀러에 실망한 하이데거는 1년도 안 되어 총장직을 스스로 그만 두었지만 나치에 협조했다는 혐의로 오랫동안 시달려야 했다. 제2차 세계대전이 끝난 후 프라이부르크에 진주한 프랑스군은 나치에 협력했다는 이유로 하이데거의 모든 공적인 활동을 금지했다. 1951년 금지 조치가 해제된 후 하이데거는 다시 프라이부르크 대학으로 돌아왔으나, 한 학기 후에 은퇴하고 명예교수로 연구와 강연을 하면서 말년을 보냈다. 하이데거는 1976년에 고향인 메스키르히에서 심장마비로 세상을 떠났고, 그 곳의 공원묘지에 안장되었다.

취미 생활을 거의 하지 않았던 하이데거는 신문이나 텔레비전도 거의 보지 않고, 철학적 사유와 저술에 전념했다. 그러나 길지 않은 총장 재임 시절 나치에 부역한 사실은 그의 철학에 대한 평가에서도 중요하게 다뤄지고 있다. 철학자의 철학 사상을 그의 행적과 분리하여 평가할 수는 없기 때문이다. 하이데거가 나치즘을 옹호했다는 것은 확실하다. 1933년 프라이부르크 대학 총장에 취임할 때 그는 학생들에게 나치에 참여하라는 연설을 했고, 총장직을 사임한 후에도 1945년까지 나치 당적을 유지했다는 것이 그런 사실을 뒷받침한다. 2014년 출판된 하이데거의 비밀일기 『검은 노트』를 통해서도 그의 친나치 행적을 확인할 수 있다. 하이데거가 자신의 생각을 기록한 일기인 『검은 노트』에는 나치즘, 반유대주의, 심지어 대량학살을 암시하는 표현마저 포함되어 있어 유럽 철학계가 충격을 받았다. 하이데거가 나치즘을 옹호한 것은, 그가 니체로부터 받은 영향으로 인한 것이라고 보는 학자들도 있다. 니체는 근대성을 극복하기 위해서는 자유주의나 사회주의 같은 이념에 얽매일 것이 아니라, 오직 인간 자신의 힘과 의지를 고양하는 데 목적을 두어야 한다고 주장했고, 하이데거는 파시즘을 근대문명으로부터 인간을 해방하는 사상으로 보고 지지했다는 것이다.

그러나 하이데거의 옹호자들은 1년도 안 되어 스스로 대학 총장을 사임한 것과 총장을 사임한 후에 나치즘에 비판적이었다는 것을 들어 하이데거가 의무적으로 나치당에 가입했던 수동적 방관자(Mitlaufer)라고 주장하며 그를 비호하고 있다. 하이데거는 이 문제에 대해서 어떤 공식적 입장도 표명한 적이 없다. 가장 포괄적으로 자신의 입장을 밝힌 것은 1966년 9월 23일 독일의 시사주간지 〈슈피겔〉과 한 인터뷰였다. 하이데거의 요청에 따라 그가 세상을 떠난 후에야 공개된 이 인터뷰에서도 하이데거는 나치에 관한 분명한 입장을 밝히지 않았다. 자신의 정치적 오류를 인정했지만 그와 관련된 몇 가지 오해에 대해서는 적극적으로 해명하려고 했고, 나치에 부역했을 당시에 가졌던 정치적 견해와 철학적 입장을 옹호하는 것 같은 입장을 취했다. 그것이 강한 그의 자존심 때문이었지, 변함없는 정치철학적 소신 때문이었는지는 확실하지 않다.

존재자와 존재

　　　　　38세이던 1927년에 출판된 『존재와 시간』에서[58] 하이데거가 탐구하려고 했던 것은 존재에 대한 것이었다. 존재의 의미를 최초로 심각하게 따진 사람들은 고대 그리스 철학자들이었다. 이러한 존재의 문제를 현대 철학의 중심 과제로 삼은 철학자가 하이데거였다. 하이데거는 2,500년 전에 고대 철학자들이 물었던 존재의 의미를 다시 문제 삼았다. 하이데거는 존재에 대한 물음의 의미를 온전하게 드러내기 위해서 그의 스승이자 그에게 프라이부르크 대학 철학과 교수 자리를 물려준 에드문트 후설이 개척한 현상학을 이용했다. 현상학은 어떤 대상에 의해 의식에 나타난 현상을 물리법칙과 같은 모든 선입견을 배제(판단중지)하고 직관을 이용하여 대상의 본질을 파악(본질직관)하려는 학문으로 여러 분야의 연구 방법에 많은 영향을 주었다.

여름밤에 모기를 퇴치하기 위해 쑥으로 모깃불을 피우고 있는 사람을 예로 들어보자. 모깃불을 피우고 있는 사람을 설명하기 위해 모기, 쑥, 불과 같이 원자와 분자로 이루어진 사물과 이들 사이의 관계를 설명할 수도 있다. 그러나 이러한 물리학적 설명은 현상학적인 것이 아니다. 물리학자들은 모깃불을 피우게 된 삶의 현실에는 관심을 가지지 않고, 모깃불을 피우는 행위와 관련된 대상을 물리학적 용어를 이용하여 재구성한다. 하이데거는 세계를 단순한 물리적 대상의 총합으로 보는 것에 반대했다.

하이데거는 세계를 여러 가지 의미로 파악했다. 첫 번째는 수없이 많은 존재자들의 총체로서의 세계였으며, 두 번째는 특정한 존재자의 영역을 의미하는 세계였고, 세 번째는 인간이라는 존재자에게 적용되는 세계였다. 하이데거는 인간의 삶이 이루어지는 장인 세 번째 세계에 가장 큰 관심을 가졌다. 모기를 퇴치하기 위해 쑥으로 모기향을 피우는 현상은 물리적 분석을 통해서가 아니라, 우리가 살고 있는 구체적 삶의 세계를 고려해야 이해할 수 있는 세계이다. 하이데거는 현상학적 방법으로 세계와 직접 대면하라고 권고했다. 다시 말해 우리가 일상적인 삶 속에서 만나는 세계를 분석 대상으로 삼으라는 것이다.

하이데거는 유럽의 형이상학이 오랫동안 존재(Sein)와 존재자(Seiende)를 혼동하는 오류를 범했다고 지적했다. 과거의 철학은 통속적 의미의 존재자만 따졌을 뿐, 근원적 의미의 존재 그 자체는 아예 문제 삼지 않았다는 것이다. 오랫동안 존재 자체에 대한 물음은 결코 제기하지 말아야 할 물음, 또는 너무나 자명한 물음, 또는 내용이 텅 비어서 정의할 수 없는 물음으로 간주해 왔다는 것이다. 하이데거 철학에서 많이 등장하는 신조어들은 대부분이 존재와 존재자의 차이를 설명하기 위해 만들어졌다고 주장하는 사람들도 있다. 하이데거가 저술한 책의 공통된 주제는 존재와 존재자의 문제에 대해 2,500년 동안 서양 철학이 저지른 오류에 대한 비판이었다고 할 수 있다.

하이데거의 구분에 따르면 존재자는 눈에 보이지만 존재는 보이지 않는다. 우리가 보고 만질 수 있는 꽃, 나무, 사람 등은 구체적인 존재자들이다. 존재는 눈에 보이지도 않고, 귀에 들리지도 않고, 손으로 만져지지도 않지만 존재자를 규정하고 있다. 1952년에 발표한 『예술작품의 근원』이라는 글에 포함되어 있는 고흐의 구두에 대한 하이데거의 평가는 존재자와 존재의 의미를 잘 드러내고 있다. 하이데거는 거친 터치로 투박하게 그린 고흐의 구두 그림이 구두를 매우 충실하게 묘사했다고 평가했다. 여기서 하이데거가 의미한 것은 존재자로서 구두가 아니라 존재로서의 구두였다. 하이데거에게 구두라는 존재자와 구두의 존재는 완전히 다른 것이었다.

구두라는 존재자는 낡은 구두라는 하나의 사물이지만 존재로서의 구두는 그 구두를 신고 다녔던 사람의 삶의 궤적을 함축하고 있는 구두이다. 다시 말해 어떤 사람이 구두를 신고 다닐 때 그 구두의 존재가 구현되는 것이다. 하이데거는 고흐의 구두 그림이 구두라는 존재자가 아니라 구두의 존재인 구두 주인의 삶의 궤적을 잘 묘사하고 있다고 보았던 것이다. 하이데거는 예술작품의 핵심은 존재자가 아니라 존재를 표현하는 것이라고 보았다.

하이데거의 존재론에서 핵심역할을 하는 것은 현존재(Da-Sein)였다. 하이데거가 만든 Da-Sein이라는 단어는 '거기에'라는 뜻의 'Da'와 '존재'라는 뜻의 'Sein'을 합성하여 만든 말로 인간의 존재를 나타낸다. 하이데거가 인간을 다른 존재와 구별해 현존재라고 부른 것은 인간이 다른 존재와는 다른 특별한 존재라고 생각했기 때문이다. 인간이 특별한 존재인 것은 인간만이 자신의 존재에 대해 물을 수 있기 때문이다. 자신의 존재에 대해서 물음을 제기할 수 있는 인간은 그러한 물음을 제기할 수 없는 다른 존재자들과는 다른 차원의 존재라고 생각한 것이다.

　존재가 무엇인지 알기 위해서는 먼저 존재가 무엇인지 묻고 있는 인간 존재, 즉 현존재에 대해 알아야 한다. 현존재를 분석하는 일이 존재론의 첫 번째 과제인 것은 이 때문이다. 현존재는 세계 안에 존재한다. 인간은 자신의 선택과 관계없이 국가, 사회, 가정, 직장과 같은 특정한 상황에 처해 있다. 다시 말해 현존재는 자기의 의지와는 무관하게 특정한 세계 안에 던져져서 살아가고 있다. 인간은 존재하는 것에 그치는 것이 아니라, 끊임없이 자기를 실현하려고 한다. 따라서 끊임없이 자신의 현존재에 대해 관심을 가진다. 물론 사물이나 다른 사람에 대해 관심을 갖기도 하지만, 그런 경우에도 관심의 초점은 그 대상과 자기 자신과의 관계이다.

　현존재는 죽음을 회피할 수 없는 존재이다. 시시각각 자신에게 다가오는 죽음은 인간이 시간적으로 유한한 존재라는 것을 실감하게 한다. 그러나 죽음은 외부에서 다가오는 것이 아니라 처음부터 우리 자신이 가지고 있는 현존재의 한 속성이었다. 이 세상에 살기 시작한 순간부터 이미 죽음을 자신 가운데 가지고 있었던 것이다. 인간은 자기 자신이 죽은 후 무의 상태로 돌아가는 것에 대해 불안을 느끼지만 죽음이라는 절대적 한계가 지금 이 순간의 삶에 가치를 부여하기도 한다. 만약 인간이 죽지 않고 영원히 살아간다면 지금 이 순간의 삶이 무슨 의미를 가질 수 있을까? 하이데거는 "인간은 시간의 흐름 속에서 언젠가는 죽음에 이르게 된다는 것을 자각하고 자신의 죽음을 직시할 때 비로소 본래적인 실존을 찾을 수 있다"고 했다.

사르트르의
현상학적 존재론

행동하는
지식인

　　프랑스의 대표적인 실존주의 철학자 장폴 사르트르
는 1905년 해군 장교인 아버지와 독일어 교사였던 어머니의 아들로
파리에서 태어났다. 그가 태어나고 15개월 후에 아버지는 인도차이나
전쟁에서의 후유증인 열병으로 사망했다. 따라서 사르트르는 열 살
이 될 때까지 외가에서 외할아버지 샤를 슈바이처의 훈육을 받으며
자랐다. 샤를 슈바이처는 훗날 의료선교로 노벨 평화상을 받게 되는
알베르트 슈바이처(Albert Schweitzer)의 큰아버지였다. 그러므로 사르트
르의 어머니와 알베르트 슈바이처는 사촌 남매 사이였다. 외할아버
지는 사르트르의 학문적 탐구심을 크게 자극하였다. 사르트르는 외
할아버지의 관심을 받기 위해 글쓰기에 전념했다.

　　사르트르는 열 살이던 1915년에 파리의 앙리 4세 리세에 입학했다. 2년 후인 1917년에 어머니가 재혼하자 어머니를 따라 라로셸 학교로 전학했다. 그러나 사르트르는 라로셸 학교에 잘 적응하지 못해 좌절을 겪었다. 이를 염려한 가족들은 1920년 사르트르를 다시 앙리 4세 리세로 돌려보냈다. 1922년부터 2년 동안은 루이 르 그랑에서 국립 고등사범학교인 에콜 노르말 쉬페리에르 입학을 위한 준비반 과정에서 공부하면서 동인지인 〈무명 잡지(Revue sans titre)〉에 단편소설 "병든 사람의 천사"를 발표하였다. 1923년 입시에서는 고등사범학교에 불합격되었지만 이듬해인 1924년 입시에서는 수석 입학했다.

고등사범학교에서 철학, 사회학, 심리학을 공부하면서 1927년에는 야스퍼스의 『정신병리학 총론』을 프랑스어로 번역하기도 했던 사르트르는 1928년에 교원 자격시험인 아그레가시온 철학시험에 불합격했다. 그러나 다음 해 다시 응시하여 수석으로 합격했다. 같은 시험에 2등으로 합격한 사람은 평생의 반려자가 된 시몬 드 보부아르(Simone de Beauvoir)였다. 이를 계기로 사르트르의 집을 방문한 그녀에게 사르트르는 1929년 계약 결혼을 제안했고, 2년마다 계약을 갱신하며 51년 동안 계약 결혼 상태를 유지했다.

사범학교를 졸업한 뒤에는 군에 입대하여 기상 관측병으로 18개월간 복무했다. 군에 복무하는 동안에 독일군에게 포로로 잡히는 일도 있었으나 극적으로 풀려난 사르트르는 제대 후인 1931년 파리 근교에 있는 고등학교에서 교사가 되었다. 이때 그는 20페이지 분량의 『진리의 전설』을 집필하였는데 설득력이 부족하다는 이유로 출판이 거부되었다. 1932년 처음으로 후설의 현상학을 접한 사르트르는 다음 해에 프랑스 문화원의 장학생으로 베를린으로 유학하여 현상학을 좀 더 깊이 연구했다.

독일 유학을 마치고 파리로 돌아와 다시 교직 생활을 하면서 문학 작품을 쓰기 시작한 사르트르는 1936년 단편소설 『벽』을 발표했고, 1938년에는 소설 『구토』를 발표하여 문학계에 이름을 널리 알렸다. 제2차 세계 대전 때에는 군에 소집되어 참전했다가 1940년 독일군에 포로가 되었다. 그러나 심한 사시였던 그는 가짜로 실명했다는 증명서를 발부받아 1941년 포로수용소에서 석방되어 파리로 돌아와 독일에 저항하는 레지스탕스 단체를 조직하였다.

1943년에는 『존재와 무』를 출판하여 철학자로서의 입지를 확보했다. 레지스탕스 활동을 통해 적극적으로 레지스탕스 운동에 가담하고 있던 대표적인 실존주의 작가로 『이방인』과 『페스트』의 저자인 알베르 카뮈와 알게 되었다. 그러나 1950년대 중반 알제리 전쟁에 대한 견해 차이로 카뮈와 절교했다. 제2차 세계대전이 끝난 후인 1945년에는 〈현대(Les Temps Modernes)〉지를 창간하여 실존주의에 대해서 논하면서 소설, 평론, 희곡 등 다채로운 문학 활동에 종사하였고, 미국의 여러 곳에서 강연하기도 했다.[59]

1948년 3월에는 제3의 정치 세력을 위해 민주 혁명 연합 준비 위원회를 결성했으나 내부 분열로 1949년 11월 해산되었다. 1950년대에 〈현대〉지에 프랑스 공산당에 동조하는 글을 발표했고, 이로 인해 많은 동료들이 그를 떠났다. 1950년에 발발한 한국 전쟁 시에는 북한을 지지하여 미국이 지원하는 남한이 북침했다는 북한의 주장을 비호했다. 한국 전쟁이 북침으로 발발했다는 그의 주장은 중국의 마오이즘을 지지하고 문화대혁명을 옹호한 것과 함께 그의 경력에 커다란 오점으로 남아 있다.

1960년대에는 베트남전쟁에 반대하는 평화운동에 참여했다.

1964년 노벨 문학상 수상자로 선정되었으나 자본주의가 주는 상이라는 이유로 수상을 거부했다. 1967년에는 몬트리올에서 열리는 세계박람회에서 에드몽 자베스(Edmond Jabès), 알베르 카뮈, 클로드 레비스트로스(Claude Lévi-Strauss)와 함께 네 명의 프랑스 작가 중 한 사람으로 선정되었다.

1968년 5월에 일어난 프랑스 정부의 실정과 사회의 모순에 대한 저항 운동으로 68혁명이라고도 불리는 프랑스 5월 혁명에서 사르트르는 청년들에게 정치에 적극 참여할 것을 권했다. 이로 인해 당시 프랑스 대통령이었던 샤를 드골(Charles De Gaulle)과 나쁜 관계를 갖게 되었다. 하지만 드골은 사르트르를 체포하자는 주변의 권유를 물리치고 그를 체포하지는 않았다. 우리나라의 시인 김지하가 1974년 민청학련 사건으로 국가보안법 위반 및 내란선동죄 혐의로 체포되어 사형선고를 받았을 때는 석방 호소문에 서명하기도 했다. 김지하는 1975년 2월에 석방되었다. 이후에도 저술활동을 계속했지만 1971년 플로베르 평전 『집안의 천치』 1권과 2권을 출판한 후 갑작스러운 실명으로 문학 저술을 중단했다.

하이데거와 후설의 영향을 받은 사르트르는 그 자신의 현상학적 존재론을 전개하였다. 인간은 데카르트적 자아를 넘어서는 실존적인 존재라고 밝힌 사르트르는 실존은 본질에 앞서며, 실존은 바로 주체성이라는 명제를 제시하였다. 또한 인간의 의식과 자유의 구조를 밝히고 실존의 결단과 행동, 그리고 책임과 연대성을 강조하였다. 그는 도구와 같은 사물에 있어서는 본질이 존재에 앞서지만, 개별적 단독자인 실존에 있어서는 존재가 본질에 앞선다고 주장했다. 그는 『실존주의는 휴머니즘이다』 라는 저서에서 "인간은 우선 실존하고 그 후에 스스로 자유로운 선택과 결단의 행동을 통하여 자기 자신을 만들어 나간다."라고 설명했다.

행동하는 지식인으로 세계 평화의 문제에 대해서도 깊은 관심을 가지고 있던 사르트르는 소련 공산주의를 비판한 『유물론과 혁명』, 『변증법적 이성 비판』과 같은 저서를 출간하기도 했다.

"감각된 것만이 실재이다. 실험을 통해 확인된 것은 사실로 받아들이지만 이론적 분석을 통해 얻어진 결론은 믿을 수 없다. 원자나 분자는 학자들의 필요에 의해 만들어낸 가상적인 존재이다. 우리가 감각할 수 없는 물자체는 존재하지 않는다."
- 마흐(Ernst Mach)

"명제는 그 명제가 주장하고 있는 사실을 그리고 있는 것이기 때문에 사실과 동일한 구조를 가지고 있다. 예수의 주장은 노자나 석가가 이미 했던 주장이다. 인격적으로 볼 때 다른 성현들이 예수보다 더 성인에 가깝다."
- 러셀(Bertrand Russel)

"사진은 음영을 이용하여 실재 세계를 묘사하지만 언어는 논리적 구조를 이용하여 실재를 묘사한다. 언어와 실재 세계는 구조적 동일성을 가지고 있다. 보여줄 수 있지만 말할 수 없는 것에 대해서는 침묵해야 한다. 언어현상에는 본질이라고 할 만한 공통성은 없고 가족유사성만 있을 뿐이다."
- 비트겐슈타인(Ludwig Wittgenstein)

"참일 조건과 거짓일 조건이 명확하지 않은 명제는 무의미한 명제이다. 감각 경험을 통해 검증할 수 있는 명제만을 다루는 과학과 검증이 가능하지 않은 무의미한 명제를 다루는 형이상학을 구별하고, 형이상학에 대한 논의를 철학에서 배제해야 한다."
- 비엔나 써클(Vienna circle)

"과학적 진보는 창의적인 추론을 통해 가설을 제안하고 이 가설이 옳지 않다는 경험적 반증을 찾아내려는 노력을 통해 이루어진다. 과학과 비과학을 구분하는 것은 반증가능성이다. 비판적 연구 태도가 과학적 연구의 가장 큰 특징이다."
- 포퍼(Karl Popper)

"과학은 지식의 축적을 통해 발전하는 것이 아니라 혁명적 과정을 통해 발전한다. 과학의 발전 단계에서는 하나의 패러다임이 과학자 사이에 받아들여지는 정상과학시기, 변칙이 발견되는 위기, 기존의 패러다임이 새로운 패러다임으로 대치되는 과학혁명기, 새로운 정상과학시기를 거친다."
- 쿤(Thomas Kuhn)

12장.

과학을 다시 본다

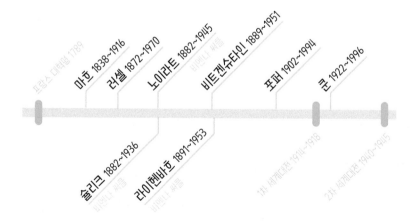

과학자의 철학노트

근대과학에서 현대과학으로

        1543년 코페르니쿠스는 죽기 직전에 출판된 『천체
회전에 관하여』를 통해 태양 중심 천문체계인 지동설을 제안했다. 그
러나 지동설이 천체 운동을 설명하기 위한 수학적 모델일 뿐이라고
밝힌 서문을 포함하고 있는 코페르니쿠스의 책은 많은 사람들의 관
심을 끌지 못했다. 1609년에 독일의 요하네스 케플러는 관측 자료를
바탕으로 행성 운동 1법칙과 2법칙을 발견하였으며, 이탈리아의 갈
릴레오 갈릴레이는 망원경으로 천체를 관측하여 지동설이 천체 운동
을 설명하기 위한 수학적 모델이 아니라 물리적 사실이라는 것을 증
명했다. 코페르니쿠스가 조용히 시작한 천문학 혁명은 케플러와 갈
릴레이에 의해 완성되었다. 16세기 중반에 시작되어 17세기에 완성된
천문학 혁명은 근대 과학이 시작되는 전환점이 되었다.

갈릴레이는 망원경을 이용하여 천체를 관측한 것 외에도 여러 가지 역학 실험을 한 사람으로도 잘 알려져 있다. 그는 무거운 물체가 가벼운 물체보다 빨리 떨어질 것이라고 설명했던 고대 과학을 부정했으며, 낙하 운동을 수학적으로 분석하려고 시도했다. 지구가 빠른 속도로 태양 주위를 돌고 있다는 지동설이 사실이라고 믿었던 갈릴레이는 빠르게 달리고 있는 지구 안에서 그것을 느끼지 못하고 살아가는 것을 설명하기 위해 관성운동의 개념과 상대성 원리를 제안했다. 상대성 원리는 등속도로 운동하는 계에서는 정지한 계에서와 똑같은 물리법칙이 성립한다는 것으로, 근대의 뉴턴 역학에서는 물론 현대의 아인슈타인의 특수상대성 이론에서도 기본 전제로 받아들이는 중요한 원리이다.

갈릴레이와 케플러가 닦아놓은 기초 위에 새로운 역학 체계를 완성한 사람은 갈릴레이가 죽던 해에 태어난 아이작 뉴턴이었다. 뉴턴은 1687년에 운동법칙과 중력 법칙이 포함되어 있는 『자연철학의 수학적 원리(프린키피아)』를 출판하여 역학혁명을 완성했다. 간단한 식으로 나타내진 뉴턴의 운동 법칙과 중력 법칙은 자연현상에 예외 없이 적용되는 자연 법칙이라는 것이 많은 실험과 이론적 분석을 통해 증명되었다. 뉴턴 역학의 성립으로 인간 정신이 세상을 어떻게 인식하는가를 다루는 철학에서는 자연법칙에 형이상학적 의미를 부여하고, 형이상학 안에 과학을 위한 자리를 만들기 위해 고심했다.

새롭게 정립되고 있던 자연과학을 철학의 체계 안에 끌어안기 위해 철학자들이 고심하고 있는 동안에도 자연과학은 철학적 논의에 구애받지 않고 빠른 속도로 발전했다. 과학자들은 우리 정신과 독립적인 물리적 세계가 존재하고, 이 물리적 세계를 지배하는 보편적인 자연법칙이 존재한다는 것을 의심하지 않았으며, 관측과 실험, 그리고 이론적 분석을 통해 얻어진 결론이 자연의 실체라고 믿었다. 그들은 과학자들이 발견한 새로운 현상과 자연법칙의 형이상학적 의미를 따지는 철학자들에게서 멀리 떨어져 자연 현상을 지배하는 자연법칙을 찾아내기 위한 자신들의 일에만 열중하기 시작했다.

1800년대 초에는 뉴턴역학에 포함되어 있지 않았던 '에너지'라는 개념이 역학에 도입되었으며, 이를 바탕으로 독일의 루돌프 클라우지우스(Rudolf Clausius)는 1850년과 1865년에 열역학 제1법칙과 제2법칙을 제안했다. 에너지는 형태는 변할 수 있어도 총량은 변하지 않는다는 열역학 제1법칙과 고립계의 엔트로피는 감소할 수 없다는 열역학 제2법칙은 열과 관련된 현상을 설명하는 데 필요할 뿐만 아니라 자연에서 일어나는 변화의 방향을 설명하는 데도 유용한 법칙이라는 것이 밝혀졌다. 그러나 열역학 법칙들이 가지는 철학적 의미에 대한 토론은 쉽사리 결론을 내리지 못하고 있었다. 더구나 오스트리아의 루드비히 볼츠만(Ludwig Boltzmann)이 원자와 분자의 존재를 전제로 하여 통계적 엔트로피를 제안하자 이런 논쟁은 더욱 격화되었다.

19세기에 이루어진 가장 위대한 과학적 발전은 전자기학의 성립이었다. 영국의 의사였던 윌리엄 길버트(William Gilbert)는 1600년에 출판한 『자석에 대하여』에서 전기와 자기가 전혀 다른 성질이라고 주장했고, 길버트로부터 그 후 200년 동안 전기학과 자기학은 독립적인 연구 분야로 인식되어 왔다. 그러나 1820년에 덴마크의 물리학자 한스 외르스테드(Hans Christian Oersted)가 전류가 자석의 성질을 만들어낸다는 것을 발견하자 인간은 전기와 자기가 모두 전하가 만들어내는 성질이라는 것을 알게 되었다.

1931년에는 영국의 물리학자 마이클 패러데이(Michael Faraday)가 자기장의 변화가 전기장을 만들어내는 전자기 유도 현상을 발견하여 전기와 자기 사이의 관계가 더욱 확실해졌다. 전류의 자기작용과 전자기 유도현상을 바탕으로 전기장과 자기장 사이의 상호작용을 정리한 사람은 영국의 물리학자 제임스 맥스웰(James Clerk Maxwell)이었다. 맥스웰은 전기장과 자기장의 성질과 이들 사이의 상호작용을 네 개의 식으로 이루어진 맥스웰 방정식으로 정리하고, 이 식으로부터 전자기파의 파동 방정식을 유도하여 전자기파의 존재를 예측했으며, 빛이 전자기파의 일종이라는 것을 밝혀냈다.

19세기에는 화학 분야에서도 큰 진전이 있었다. 화학 발전의 기초는 18세기부터 마련되고 있었다. 18세기에는 흙과 공기가 여러 가지 다른 성분으로 이루어졌다는 것이 밝혀져 더 이상 고대 그리스의 4원소론이 설 자리가 없게 되었다. 그러나 18세기의 화학계에서는 화학의 발전을 저해하는 '플로지스톤설'이 널리 받아들여지고 있었다. 연소는 물체에 잡혀 있던 플로지스톤이 물체로부터 분리되는 반응이라고 설명했던 플로지스톤설로 인해 18세기의 화학자들은 자신들이 한 화학 실험을 잘못 해석하는 경우가 종종 있었다. 그러나 라부아지에는 체계적인 실험을 통해 플로지스톤설이 옳지 않다는 것을 증명하고 연소와 산화는 물질이 산소와 결합하는 반응이라는 것을 밝혀냈다.

고대 4원소설이나 18세기에 유행했던 플로지스톤설이 사라진 자리를 메울 원자론이 등장한 것은 19세기 초였다. 1806년부터 여러 경로를 통해 원자론을 제기하던 영국의 존 돌턴(John Dalton)은 1808년에 출판한 『화학의 새로운 체계』를 통해 원자론의 자세한 내용을 발표했다. 돌턴은 세상을 이루는 모든 물질이 더 이상 쪼갤 수 없는 가장 작은 알갱이인 원자로 이루어졌다고 주장하고, 원자론을 통해 여러 가지 화학 반응을 성공적으로 설명할 수 있다고 했다.

화학 분야에서 원자론을 받아들여 분자식을 결정하기까지는 50여 년의 시간이 걸렸지만 원자론은 화학 발전에 크게 기여했다. 그러나 19세기 중반에 독일의 물리학자 로베르트 분젠(Robert Bunsen)과 구스타프 키르히호프(Gustav R. Kirchhoff)가 원자가 내는 고유한 스펙트럼을 발견하고, 러시아의 드미트리 멘델레프(Dmitrii Mendeleev)와 독일의 줄리우스 마이어(Julius Meyer)가 원소들의 화학적 성질에 주기성이 있다는 것을 나타내는 주기율표를 발표하여 원자가 더 이상 쪼갤 수 없는 가장 작은 알갱이라는 것에 의문을 가지게 했다. 원소들이 고유한 선(방출)스펙트럼을 내고, 주기적으로 변하는 화학 성질을 가지는 것은 원자가 내부구조를 가지고 있다는 증거라고 생각하는 사람들이 나타나기 시작했다.

19세기 생물학을 주도한 것은 세포생물학과 진화론이라고 할 수 있다. 현미경을 사용한 과학자들이 세포를 처음 발견한 것은 17세기의 일이었다. 그러나 식물이 개별적으로 물질대사와 에너지 대사를 하는 세포로 이루어졌다는 세포설이 확립된 것은 1838년 독일의 식물학자 마티아스 슐라이덴(Matthias Schleiden)에 의해서였다. 독일의 생리학자 테오도어 슈반(Theodor Schwann)은 1839년 동물도 식물과 마찬가지로 세포로 이루어졌다는 동물 세포설을 제안했다. 세포설의 확립으로 생물학자들은 생명 현상을 세포 단위에서 규명하기 위한 연구를 진행했다. 이런 연구로 생명체에 대한 많은 새로운 사실을 알게 되었다.

한 종이 다른 종으로 진화한다는 진화론은 1809년 프랑스의 동물학자 장바티스트 라마르크(Jean-Baptiste Lamarck)가 처음 주장했다. 자주 사용하는 기관은 더욱 발달하고 사용하지 않는 기관은 퇴화한다는 '용불용설'을 기반으로 하는 라마르크의 진화론은 널리 받아들여지지 않았다. 그러나 찰스 다윈이 1859년에 출판한 『종의 기원』을 통해 주장한 '자연 선택'을 기반으로 하는 진화론은 생물학은 물론 사회 여러 분야로부터 큰 관심을 끌었다. 진화론은 단순한 생물학 이론이 아니라 인간의 의미, 그리고 인간과 신 사이의 관계를 근본적으로 바꿔놓을 수 있는 중요한 생각의 전환이었다.

과학의 여러 분야에서 있었던 놀라운 발전과 함께 18세기 중반부터 19세기 초까지 영국을 중심으로 진행된 산업혁명을 주도한 기술의 발전은 개인의 생활과 함께 사회의 구조를 바꾸어 놓게 되었다. 특히 19세기 말부터 본격적으로 사용되기 시작한 전기와 자동차는 사람들이 살아가는 모습을 근본적으로 바꾸어 놓았다. 자연 현상에 대한 이해가 깊어지고 생활 모습이 달라지면서 사람들의 생각도 변하지 않을 수 없게 되었다.

자연과학과 기술이 개인과 사회를 변화시키는 주인공으로 부상하면서 과학은 이제 더 이상 철학이 만들어준 옹색한 자리에 만족할 수 없게 되었다. 이러한 변화를 배경으로 과학적 자연관에 바탕을 둔 새로운 세계관을 만들려는 과학철학이 등장하게 되었다.

마흐의 감각적 실증주의

물리학자, 생리학자, 실증주의자

물리학자이자 철학자로 과학 철학의 토대를 다지는 일에 앞장섰던 에른스트 마흐(Ernst Mach, 1838~1916)는 당시에는 오스트리아 영토였고 현재는 체코 공화국의 영토인 모라비아에서 귀족 가문의 가정교사 일을 하고 있던 아버지의 아들로 태어났다. 어려서는 집에서 부모에게 교육을 받았던 마흐는 열네 살에 김나지움에 입학하여 3년 동안 공부했다. 열일곱 살에 김나지움을 졸업하고 비엔나 대학에 입학하여 물리학과 생리학을 공부한 마흐는 스물두 살이었던 1860년에 전기실험에 관한 논문을 제출하고 박사학위를 받았다.

박사학위를 받은 후 마흐는 빛과 소리의 도플러효과와 관련된 실험연구를 했지만 곧 생리학에도 관심을 가지게 되었다. 마흐는 스물여섯 살이 되던 1864년에 오스트리아 그라츠 대학의 수학 교수가 되었고, 3년 뒤인 1867년에는 프라하에 있는 찰스 대학의 실험물리학 교수가 되었다. 프라하에 있던 28년 동안에 『역학의 발달』[60], 『감각의 분석』과 같은 책들을 저술했던 마흐는 쉰여섯 살이던 1895년에 과학철학 주임교수가 되어 모교인 비엔나 대학으로 돌아왔다. 그러나 1901년에는 지병이 악화되어 은퇴하고 『지식과 오류』, 『공간과 기하학』과 같은 책들을 저술했다. 1913년에는 뮌헨 부근에 있던 그의 아들 집으로 옮겨 1916년 죽을 때까지 집필활동을 계속 했다. 마흐는 일흔여덟 번째 생일 다음 날인 1916년 2월 19일 아들 집에서 세상을 떠났다.

마흐의 실증주의

사진을 이용하여 비행물체가 내는 충격파를 연구한 마흐는 음속보다 빠른 속도로 날아갈 때 총알이 만들어내는 충격파의 사진을 찍는 데 성공했다. 물리학에서는 마흐의 연구 업적을 기념하기 위해 소리의 속도보다 몇 배 빠른지를 나타내는 속도의 단위를 그의 이름을 따서 '마하'라고 부르고 있다. 마흐는 물리학에서뿐만 아니라 생리학과 심리학 분야의 발전에도 큰 공헌을 했다. 귀가 소리를 듣는 일뿐만 아니라 신체의 평형을 유지하는 작용도 한다는 것을 밝혀낸 사람도 마흐였다.

마흐는 물리학자로서보다 감각된 것만을 실재라고 믿었던 실증주의적 신념에 철저했던 과학철학자로 더 널리 알려져 있다. 마흐는 감각기관을 통해 확인되지 않은 것의 실재성을 인정하지 않았다. 마흐는 직접 볼 수 없는 원자나 분자의 존재를 부정했고, 열역학 제2법칙도 인정하지 않았으며, 에너지 보존법칙도 사람이 만들어낸 관습에 불과하다고 했다. 실험 물리학자였던 마흐는 실험을 통해 확인된 사실만을 인정하고, 이론적 분석을 통해 얻어진 결론은 받아들이려고 하지 않았다. 마흐는 실험을 통해 확인된 결과에 맞추어 이론을 바꾸는 것은 올바른 과학적 방법이지만, 이론적 분석을 통해 얻은 결론에 실험결과를 끼워맞추는 것은 올바른 방법이 아니라고 주장했다.

마흐는 물리학 이론에 경제성 원리를 도입했다. 두 가지 이론 모두가 실험 결과를 설명할 수 있을 때 더 간단하게 설명하는 이론을 택하면 된다는 것이 경제성 원리이다. 마흐가 경제성 원리를 주장한 것은 모든 이론은 관습에 불과하기 때문에 어떤 이론을 선택하느냐는 그다지 중요하지 않다고 생각했기 때문이다. 경험과 관찰만을 믿을 수 있다고 주장한 마흐의 실증주의적 신념은 논리 실증주의 과학철학의 모태가 되었던 비엔나 써클에 많은 영향을 주었다. 비엔나 써클은 "마흐 협회"를 조직하여 운영하기도 했다.

감각을 통해 직접 확인할 수 없는 원자나 분자의 존재를 인정하지 않았던 마흐는 원자와 분자의 존재를 전제로 통계물리학의 기초를 닦은 루드비히 볼츠만과 오랫동안 격렬한 논쟁을 벌였다. 두 사람 사이의 적대감은 마흐가 1895년에 비엔나 대학의 과학철학 주임교수가 되어 강의를 시작하자 볼츠만이 이 대학의 이론물리학 주임교수직을 사직하고 라이프니츠로 옮겨갈 정도였다. 1901년에 마흐가 지병이 악화되어 과학철학 주임교수직을 사직한 후에야 볼츠만은 비엔나로 돌아와 마흐의 뒤를 이어 과학철학 주임교수가 되었다.

물리학 분야에 확률의 개념을 처음으로 도입한 볼츠만은 기체 분자들의 행동은 통계적으로 취급했을 때만 물리법칙에 따른다는 것을 밝혀냈다. 시간이 감에 따라 무질서의 정도가 증가하는데도 기존의 역학법칙들은 시간에 대해 대칭적이라는 것은 역학의 가장 큰 역설 중의 하나였다. 볼츠만은 이 문제를 해결하기 위해 고립된 물리계는 시간이 흐름에 따라 최대의 엔트로피 상태를 향해 변해간다는 통계적인 열역학 제2법칙을 제안했다.

자연과학에서 수학적 분석 방법의 중요성을 잘 알고 있었던 볼츠만은 수학적 분석을 통해 단순한 감각 경험만으로는 알아내기 힘든 새로운 통찰력을 얻을 수 있다고 생각했다. 이론적 모형의 유용성을 믿었던 그는 이론적 모형이 원자의 세계와 같이 우리가 감각으로 경험할 수 없는 영역에 대한 올바른 개념을 제공할 수 있다고 생각했다.

그러나 감각된 것이 아니면 그 실체를 절대로 인정하지 않으려고 했던 마흐는 원자나 분자의 존재 자체를 받아들이지 않았다. 따라서 원자가 물리적 실체인가 아니면 물리학자들의 필요에 의해 만들어진 가상적인 존재인가에 대한 마흐와 볼츠만의 논쟁이 격렬하게 진행되었다. 뛰어난 논쟁가가 아니었던 볼츠만은 주로 출판물을 통해 자신의 주장을 피력했다. 그러나 마흐는 볼츠만과의 논쟁에 좀 더 적극적이었다. 1897년에 비엔나 제국과학대학에서 볼츠만의 발표가 끝난 후 마흐가 일어나서 큰 소리로 "나는 원자가 존재한다는 것을 믿지 않는다"고 선언한 일도 있었다. 여러 해에 걸친 마흐와의 논쟁에 지친 볼츠만은 1906년 휴가 동안에 이탈리아 트리티스 근처에 있는 두인노 만에서 부인과 딸이 수영을 하고 있는 사이에 목을 매 자살하고 말았다. 볼츠만의 죽음이 마흐 때문이라고 단정할 수는 없지만 마흐와의 논쟁으로 그의 우울증이 심하게 된 것은 사실이었다.[61]

마흐는 '절대공간' 역시 관측할 수 없다는 이유로 강하게 부정하였다. 뉴턴역학에서는 절대공간의 존재를 인정하고, 관성질량은 물체의 고유한 성질이라고 했다. 뉴턴역학에서는 또한 물이 들어 있는 양동이를 돌리면 가장자리의 수면이 위로 올라가는 것은 양동이가 절대공간에 대해 회전하기 때문이라고 설명했다. 그러나 마흐는 관성질량은 물질의 고유한 양이 아니라 우주를 이루고 있는 다른 모든 물체와의 상호작용의 결과이며, 회전하는 양동이의 가장자리 수면이 높아지는 것 역시 양동이와 전체 우주 물질과의 상호작용 때문이라고 주장했다. 따라서 우주에 아무것도 존재하지 않는다면, 관성질량도 존재하지 않고, 양동이가 회전하더라도 수면이 변하지 않을 것이라고 했다. 절대공간을 인정하지 않고, 회전운동과 병진운동 (translational motion)의 경계를 없앤 마흐의 논리는 아인슈타인이 특수상대성 이론과 일반상대성 이론을 제안하는 데 영감을 주었다. 아인슈타인은 일반상대성 이론을 제안한 논문에서 마흐의 영향을 언급했으며, 자서전에서 "마흐의 타협 없는 의심의 정신과 독립심에서 그의 위대함을 보았다"고 그를 높이 평가하기도 했다. 그러나 모든 이론에 대해 회의적이었던 마흐는 아인슈타인의 상대성 이론을 받아들이지 않았다.

인식의 기초로서 인간의 감각을 강조한 마흐는 1886년에 출판되고 1901년에 개정된 『감각의 분석』에서 우리가 세상에 대해 가지고 있는 지각과 지식은 물리적, 생리적, 심리적 감각 요소들의 복합체로 구성된다고 보았다. 때문에 마흐는 우리가 감각할 수 없는 물자체 (Ding an Sich)가 존재한다는 것을 부정했다.

색깔, 소리, 온도뿐만 아니라 외부에 존재하는 대상 모두가 감각 요소들의 복합체에 불과하다고 생각했던 마흐는 외부 세계를 구성하는 감각 요소들이 인간의 심리적인 감각 요소들을 자극하기도 하지만, 심리적 감각 요소들에 의해서 감각이 변형되기도 한다고 주장했다. 마흐의 이러한 주장을 가장 심하게 비판한 사람은 철학자가 아니라 러시아 혁명가였던 블라디미르 레닌(Vladimir Lenin)이었다. 러시아 공산당을 창설한 레닌은 1909년에 출판된 『유물론과 경험비판론』에서 지식이 감각 경험의 총체라는 마흐의 주장을 비판하고, 외부의 세계는 우리의 감각과는 무관하게 존재하는 것이며, 우리의 지각은 외부 세계에 대한 이미지라고 주장했다. 레닌은 인간이 존재하기 전부터 세상이 존재했다는 사실이 그 증거라고 했다.

러셀의 수리논리학

귀족의 특권을 버리고
평화를 외치다

버트런드 러셀(Bertrand Russell, 1872~1970)은 영국의 총리를 지낸 존 러셀 백작의 손자로 태어났다. 무신론자였던 러셀의 아버지는 영국의 철학자로 질적 공리주의를 발전시켰으며『자유론』을 저술한 존 스튜어트 밀에게 러셀의 대부가 되어달라고 부탁했다. 밀은 러셀이 태어난 이후 얼마 되지 않아 세상을 떠났지만 그가 쓴 책들은 러셀의 삶에 많은 영향을 끼쳤다.

러셀이 네 살이던 1874년 6월에 러셀의 어머니와 누나가 디프테리아로 죽었으며, 2년 후인 1876년 1월에는 아버지가 기관지염으로 사망했고, 할아버지인 존 러셀도 1878년에 세상을 떠났다. 따라서 러셀은 할머니 러셀 백작부인의 보살핌을 받으며 자랐다. 할머니는 종교적으로는 보수적이었지만 종교 이외의 부분에서는 진보적인 생각을 가지고 있었다. 다윈의 진화론을 지지했던 할머니가 좋아하던 출 애굽기 23장 2절 "다수의 사람들이 잘못을 저지를 때에도 그들을 따라가서는 안 되며, 다수의 사람들이 정의를 굽게 하는 증언을 할 때에도 그들을 따라가서는 안 된다." 라는 구절은 러셀의 좌우명이 되었다. 할머니는 공교육을 반대해 러셀을 학교에 보내지 않고 가정교사를 초빙해 가르쳤다. 이로 인해 친구를 사귈 수 없었던 러셀은 다른 사람들과의 대화를 기피하기도 했다.

청소년 시기를 고독하게 보낸 러셀의 주된 관심사는 종교와 수학이었다. 열다섯 살이 되었을 때 러셀은 기독교의 교리에 대해 많은 것을 생각한 후 무신론자가 되기로 결심했다. 열여덟 살이던 1890년에 러셀은 케임브리지 대학의 트리니티 칼리지에 장학생으로 입학했고, 1893년에 우수한 성적으로 졸업한 후, 1895년에는 연구원이 되었다.

러셀은 열일곱 살 때 퀘이커 교도였던 앨리스 페어살 스미스와 만나 사랑에 빠져, 할머니의 반대를 무릅쓰고 1894년 12월 13일 그녀와 결혼했다. 그러나 두 사람은 1901년부터 1921년까지 별거하다가 1921년 이혼했다. 러셀은 앨리스와의 결혼 직후 2년 동안 미국에서 비유클리드 기하학을 가르치기도 했고, 독일에서 경제학을 연구하며 마르크스주의를 배우기도 했다. 1896년에는 런던 정치경제대학에서 독일 사회민주주의를 강의하며 『독일 사회민주주의』를 출간했다. 이후 그는 트리니티 칼리지에서 수학의 기초 원리를 연구하여 집합론의 기초를 뒤흔든 러셀의 역설을 발견했고, 1903년에는 수리논리학에 대한 첫 번째 저작인 『수학의 원리』를 출간했다.

1907년에 러셀은 자유무역, 여권신장을 외치며 하원의원에 출마했으나 낙선했다. 여권신장을 외친 러셀에 반대하는 사람들이 많았는데 그 중에는 여성들도 다수 포함되어 있어 러셀은 큰 충격을 받았다. 당시에는 여성에게 선거권이 없었다.

1908년에는 왕립협회 회원이 되었다. 1910년에 러셀은 알프레드 화이트헤드(Alfred North Whitehead)와 함께 케임브리지 출판부, 왕립 학회, 저자들이 출판 비용을 분담한 『수학 원리』 1권을 출간했다. 어려운 수학이 가득한 이 책의 출판 비용을 모두 감당하지 못하겠다고 서로 미루었기 때문이었다. 그러나 『수학 원리』 1권은 먼저 출간된 『수학의 원리』와 함께 러셀에게 세계적 명성을 안겨주었다. 『수학 원리』 1권은 아직까지도 읽혀지고 있는 책이지만 2권과 3권은 형식적인 증명에만 주력했기 때문에 거의 읽혀지지 않는다.

1910년에 러셀은 케임브리지 대학 강사가 되었다. 케임브리지에서 강의를 하고 있는 동안에 러셀은 오스트리아의 공학도였던 루트비히 비트겐슈타인(Ludwig Josef Johann Wittgenstein, 1889~1951)을 만났다. 러셀은 비트겐슈타인이 철학을 공부하도록 격려했으며, 1922년 비트겐슈타인의 대표저작인 『논리철학 논고』를 출판하도록 권유하기도 했다.

1차 세계대전 중 반전 운동가로 활동했던 러셀은 이로 인해 1916년에 케임브리지의 트리니티 칼리지에서 해고되었고, 100파운드의 벌금형을 선고받았다. 러셀은 벌금을 내지 않고 대신 감옥에 가겠다고 버텼지만 정부에서는 러셀의 책들을 경매하여 벌금을 징수하였다. 압수된 책들은 러셀의 친구들이 구입했다. 이후 미국이 영국 편으로 참전하는 것을 반대하는 강연을 했다는 죄목으로 기소되어 6개월 징역형을 선고받고 복역하다가 1918년 9월에 석방되었다. 러셀은 1919년 대학에 복직되었으나 1920년 강사직에서 물러났다.

1920년 러셀은 1917년 러시아 혁명의 영향을 조사하기 위한 영국 대표단의 일원으로 러시아를 방문하여 블라디미르 레닌과 1시간 정도 대화를 나누었다. 후에 러셀은 자서전에서 레닌과의 만남이 실망스러웠다고 회고했다. 러셀은 이 방문을 통해 러시아 혁명에 대한 자신의 지지를 철회했다. 이후 러셀은 베이징에서 1년간 철학 강의를 했다. 러셀은 중국에 대해서는 긍정적으로 평가했다. 1921년 8월 중국에서 일본을 거쳐 영국으로 귀국한 러셀은 앨리스와 이혼하고 그 해 9월에 임신 중이었던 도라와 재혼했다. 러셀은 이 시기에 비전공자들을 대상으로 물리, 윤리, 교육에 대해 설명하는 책들을 썼다. 러셀은 1927년에 도라와 공동으로 비콘힐 학교를 설립했고, 1932년에 러셀이 학교 운영에서 손을 뗀 뒤에는 도라가 1943년까지 이 학교를 운영했다. 1931년에 형이 죽은 후 러셀이 백작 작위를 물려받았지만 그는 귀족 작위를 별로 대단하게 생각하지 않았다. 1934년 1월 도라와 이혼한 러셀은 옥스퍼드 학부생이었으며 1930년부터 아이들의 가정교사였던 퍼트리샤 스펜스와 세 번째로 결혼했다.

히틀러가 정권을 잡은 직후에는 히틀러를 패배시키는 것보다 세계 대전을 막는 것이 중요하다고 생각하여 나치 독일에 대항하기 위한 재무장을 반대했던 러셀은 히틀러가 전 유럽을 장악하는 것이 민주주의에 대한 커다란 위협이 될 것이라고 판단하고 1940년에는 생각을 바꿨다. 1943년 러셀은 전쟁은 언제나 거대한 악행이지만, 히틀러의 나치 독일 체제와 같은 극단적인 상황에서는 전쟁도 선택할 수 있는 차선책이 될 수 있다는 정치적으로 상대적인 평화주의를 주창했다.

제2차 세계 대전 종전 후, 러셀은 미국으로 건너가 시카고 대학과 UCLA에서 강의를 했으며, 1940년에는 뉴욕 시립대 교수로 임명되었지만 성적 부도덕을 옹호했다는 이유로 법원에 의해 취소되었다. 이후 러셀은 반스 재단에 가입하여 다양한 청중에게 철학사를 강연했는데, 이 강연 내용을 바탕으로 1945년에는 『서양 철학사』를[62] 출간했다. 1944년 영국으로 돌아와 다시 트리니티 칼리지의 교수가 된 러셀은 원자폭탄이 개발되자 핵무기 반대 운동과 함께 세계 평화 운동을 벌였다. 『서양 철학사』, 『나는 왜 기독교인이 아닌가』를[63] 비롯해 많은 저서를 출판한 러셀은 인본주의와 양심의 자유를 대표하는 다양하고 중요한 저서들을 저술한 공로로 1950년에 노벨 문학상을 수상했다.

1952년 러셀은 스펜스와 이혼하고, 네 번째 아내 이디스 핀치와 결혼했다. 핀치는 러셀이 죽을 때까지 함께 했다. 러셀은 1967년부터 1969년까지 세 권으로 이루어진 자서전을 출간했다. 러셀은 1970년 2월 2일 웨일스 메리오네이셔 주 펜린드래스에 있는 자택에서 독감으로 사망했다. 러셀은 고령으로 허약해지긴 했지만 사망하던 날까지 명료하고 분명한 사고를 유지했다. 러셀의 유해는 1970년 2월 5일 콜월 만에서 화장된 후 그의 유언에 따라 어떠한 종교 의식도 행해지지 않은 채 웰시 산에 뿌려졌다.

학문적 업적

루트비히 비트겐슈타인과 함께 분석철학의 창시자 중 한 사람으로 꼽히는 러셀은 1898년 당시 트리니티 칼리지의 철학자였던 조지 무어(George Edward Moore)와 함께 관념론에 반기를 들고, 경험주의적 실증주의자가 되었다. 철학자로서의 나머지 생애 동안 러셀은 철학자들이 자연의 목적이 자연 외부에 있는 것이 아니라 자연 자체에 내재되어 있다고 보는 물리적 실재론자의 입장을 견지했다. 물리적 실재론자를 보통 유물론자라고 부르기도 한다.

러셀은 철학에서 언어의 중요성을 강조했는데 이는 제자인 비트겐슈타인과 비엔나 써클의 논리실증주의자들에게 영향을 주어 분석철학이라는 새로운 분야가 만들어지는 계기가 되었다. 수학을 이용하여 논리학의 기틀을 닦은 책으로 평가되는 『수학 원리』를 화이트헤드와 공동으로 저술한 러셀은 주로 논리적 분석에 관한 연구를 통해 분석철학의 기초를 마련하는 데 기여했다. 집합론을 기초로 해서 수학을 재구성하려고 시도했던 『수학 원리』를 비롯한 러셀의 저작들은 후에 많은 비판을 받았고 스스로도 수학을 완전한 논리 위에 올려 놓으려는 목적을 달성하지 못했다고 고백했다. 그러나 그의 시도는 논리적 분석을 통해 수학을 재구성함으로써 현대수학과 논리학의 기초를 만드는 데 크게 공헌했다. 오늘날 중고등학교 수학에서 집합론을 다루는 것은 러셀의 영향 때문이라고 할 수 있다.

러셀과 화이트헤드가 공동으로 저술한 『수학 원리』를 통해 발전시킨 논리학을 기호논리학이라고 부른다. 기호논리학이라는 말은 현대논리학을 전통적 논리학과 구별할 때 사용하는 말로 수리논리학이라고도 한다. 추리 속에 포함되어 있는 관계를 기호를 이용하여 나타내는 기호논리학은 형식논리학에 비해서 추리의 범위를 확장할 수 있고, 명제 사이의 관계를 엄밀하게 분석할 수 있으며, 수학적인 조작을 통해 논리형식의 엄밀성을 기할 수 있다는 장점을 가지고 있다. 기호논리학을 시작한 사람은 라이프니츠라고 알려져 있으나 현대기호논리학의 기초를 확립한 사람은 독일 예나 대학 교수로 분석철학 발전 초기 단계에 큰 영향을 끼친 독일의 수학자 고틀로프 프레게 (Gottlob Frege)였다. 프레게는 『산수의 기초』에서 형식논리학을 바탕으로 수학의 기초를 논리학으로 환원시키려고 시도했다. 프레게에 의해 크게 발전된 기호논리학은 러셀과 화이트헤드가 공동으로 출판한 『수학 원리』에서 모든 수학명제들을 논리학의 법칙들로부터 연역하려는 시도가 큰 성과를 보임으로써 수학계와 철학계의 주목을 받게 되었다. 기호논리학에서 사용하고 있는 대표적 기호와 의미는 다음과 같다.

기호	뜻
p, q, r	명제.
$p \lor q$	p이거나 q이다.
$p \land q$	p이고 q이다.
$p \supset q$	q이면 p이다.
$\exists x$	x가 존재한다.
$\forall x$	모든 x에 대하여

논리학과 수학에서 증명이란 주어진 글자들을 허용된 규칙에 따라 바꿔서 결과를 만들어내는 과정이다. 다시 말해 증명이란 일종의 글자 조작이다. 러셀은 엄밀하게 주어진 규칙에 의존하는 증명 체계로 수학의 기초를 확립하려고 했다. 의미가 애매모호한 일상 언어는 수학과 같은 엄밀성을 요구하는 학문에는 어울리지 않는다고 생각한 러셀은 엄밀한 기호 조작이 더 도움이 될 것이라고 믿었고, 이러한 수학적 증명 체계를 논리학에서 제공할 수 있다고 생각한 것이다.

그러나 모든 수학적 진리를 논리적 증명체계를 이용하여 증명할 수 있다고 믿었던 러셀의 믿음과는 달리 논리적 증명체계는 완전한 증명체계가 될 수 없다는 주장이 제기되었다. 애매한 언어를 배제하고 기호를 이용하여 엄밀한 증명체계를 만들려고 시도했던 러셀에게 이런 문제 제기는 당황스런 것이었다. 러셀은 후에 자신의 시도가 성공적이지 못했다는 것을 인정했다.

러셀은 20대 후반이었던 1901년에 프레게가 평생에 걸쳐서 쌓아 올린 수리철학의 논리체계와 게오르그 칸토어(Georg Cantor)가 정립한 집합론에 모순이 있다는 것을 증명한 '러셀의 역설'을 제안한 것으로 유명하다. 러셀의 역설의 내용은 다음과 같다. M이라는 집합을 자신을 원소로 포함하지 않는 모든 집합들의 집합으로 정의하자. M이 이 집합의 원소이면 M은 자신을 원소로 포함하지 않아야 한다. 반대로 M이 자신을 원소로 포함하고 있지 않으면, M은 이 집합의 원소여야 한다. 따라서 "M은 M의 원소이다"라는 명제나 "M은 M의 원소가 아니다"라는 명제가 참인지 거짓인지를 판단할 수 없다.

러셀의 역설은 프레게뿐만 아니라 집합론이 완전한 논리체계라고 생각해왔던 학자들에게는 매우 곤혹스러운 일이었다. 프레게는 『산술의 기초』 2권을 끝낸 직후에 러셀의 역설이 들어있는 편지를 받고 큰 충격을 받았다. 그는 이 책의 부록에 다음과 같이 썼다. "과학을 연구하는 사람이 자신의 연구를 완성하자마자 그 체계의 토대가 흔들리는 것을 보는 것만큼 불행한 일도 없을 것이다. 나는 이 책을 완성하기 직전에 버트런드 러셀 씨의 편지로 인해 바로 그런 처지에 놓이게 되었다."

러셀의 역설로 인해 칸토어가 제안한 집합론에 모순이 있다는 것이 밝혀졌고, 집합론을 포함한 논리학으로부터 수학의 기초를 확보할 수 있다는 프레게의 논리주의도 위기를 맞게 되었다. 러셀은 이 문제를 유형론(theory of types)이라고 부르는 원소와 집합 간의 계층을 도입하여 해결하려고 시도했다. 러셀은 자신이 제안한 역설이 원소와 집합간의 계층적 차이를 인정하지 않았기 때문에 생기는 것이라고 보았다. 집합의 계층에서 가장 아래 계층에는 더 이상 집합이 아닌 개체가 있고, 다음 계층에는 개체만을 원소로 갖는 집합이 있으며, 그 다음 계층에는 이전 계층의 집합들을 원소로 갖는 집합이 있다는 것이다.

러셀의 이런 해결책은 논리원자주의(logical atomism)라고 불리는 사고방식과 밀접한 관계가 있다. 모든 명제는 쪼개질 수 있는 분자 명제와 세계를 구성하는 단순한 사실을 나타내는 더 이상 쪼개질 수 없는 원자 명제로 나누어질 수 있다. 그러나 러셀의 유형론은 모든 집합에 계층을 부여해야 하는 또 다른 문제를 만들어냈다. 러셀의 제자였던 비트겐슈타인의 『논리철학 논고』는 러셀의 역설을 해소할 수 있다는 생각에서 출발한 것이었고, 20세기 전반에 서양 철학의 가장 큰 업적 중의 하나라고 평가받고 있다. 비트겐슈타인은 러셀의 유형론과는 전혀 다른 해결책을 제시했다.

러셀은 현대 언어철학의 선구자 중 한 명이었다. 러셀은 하나의 명제는 그 명제가 주장하는 사실을 그리고 있는 것이기 때문에 명제는 사실과 동일한 구조를 가져야만 한다고 하여 구조의 중요성을 강조했다. 『인간의 지식, 그 범위와 한계』에서 러셀은 구조의 유사성 개념을 기준으로 하여 인과관계를 추론했다.

러셀은 동양철학에 대해서도 관심을 가졌지만 초기에는 동양철학에서 그다지 좋은 인상을 받은 것으로는 보이지 않았다. 『나는 이렇게 믿는다』에서 러셀은 노자의 자연사상을 구시대적 생각으로 치부했다. 러셀은 노자나 루소의 자연회귀 사상에서 자연이라고 부르는 것은 실은 익숙해 있는 것에 붙인 이름에 불과하고, 사악한 것이라고 단죄한 인위적인 것들과 다를 바 없다고 비판했다. 즉, 노자는 길이나 다리, 나룻배로 통행을 편하게 하는 것이 인위로써 자연을 거스르는 것이라고 주장했지만, 자신에게 익숙한 옷을 입거나 불로 음식을 익혀먹는 것과 같은 것은 인위로 보지 않았다는 것이다. 러셀은 노자의 철학에 대해서 공감은 가지만 동의할 수 없는 사상이라고 평가했다. 그러나 『러셀, 북경에 가다』라는 책에서는 동양철학을 호의적으로 평가했다. 러셀은 다른 철학자들이 서양 철학사를 기술하면서 철학사라는 제목을 붙였던 것과는 달리 자신의 책에 『서양 철학사』라는 제목을 붙였다. 이는 중국을 방문하고 서양 철학과는 구별되는 독자적인 철학 체계가 있다는 것을 인정했기 때문이다.

러셀은 또한 『나는 왜 기독교인이 아닌가』에서 예수의 주장이 노자나 석가모니가 이미 주장했던 사상이라는 것을 강조했다. 출판을 목적으로 하여 집필한 것이 아니라 자신의 강연이나 기존의 글들 중에서 종교에 관련된 것을 모아 편집한 이 책에서 러셀은 복음서에 나타난 예수의 인간적인 약점을 지적하면서, 인격적 측면에서 볼 때 예수보다 다른 성현들이 오히려 성인에 가깝다고 주장했다.

러셀의 학문적 자서전이라고 할 수 있는 1959년에 출판한 『나는 이렇게 철학을 하였다』에서 러셀은 객관적으로 자신의 철학을 설명했으며, 자신의 철학이 실패했다고 고백하기도 했다. 이 책에는 그와 관련이 있었던 인물들에 대한 자세한 평가도 포함되어 있는데 이를 통해 러셀이 주변 인물들을 어떻게 바라봤는지를 알 수 있다. 러셀의 본격전인 자서전이라고 할 수 있는 『버트런드 러셀의 자서전』은 자신을 전혀 미화하지 않은 채 자신의 일생을 기록한 책이다.

러셀은 일반인들에게 논리철학자로보다 반전 운동가로 더 잘 알려져 있다. 제1차 세계대전 때 반전 운동으로 수감되기도 했던 러셀은 히틀러, 스탈린주의, 전체주의를 비판했다. 1950년대와 1960년대에 러셀은 핵무장 반대와 베트남 전쟁 반대 운동에 적극 참여했다. 1955년에 발표된 핵 군축을 촉구하는 러셀-아인슈타인 성명에는 저명한 핵물리학자 11명이 서명했다. 1965년 10월 러셀은 영국 노동당이 베트남 전쟁에 군대를 파병하기로 한 결정에 격렬하게 반대했다.

죽기 1년 전인 1969년에 러셀은 미국이 베트남에서 저지른 것으로 추정되는 고문과 학살들을 조사하기 위한 국제 전쟁 범죄 위원회를 구성할 것을 UN 사무총장에게 촉구했고, 소련이 알렉산드르 솔제니친(Aleksandr Solzhenitsyn)을 소련 작가 연맹에서 제명한 것에 항의했다. 솔제니친은 1970년에 노벨 문학상을 수상했다.

비트겐슈타인의 언어철학

철학적 문제를 모두 해결했다고
생각했던 철학자

현대 과학에 대한 논리적 해석을 20세기 철학의 주류로 바꿔놓은 철학자로 분석철학의 선구자라고 할 수 있는 사람은 루트비히 비트겐슈타인이다. 비트겐슈타인은 1889년 4월 26일 오스트리아 빈에서 철강 재벌이었던 칼 비트겐슈타인의 5남3녀 중 막내로 태어났다. 유대인이었지만 개신교를 믿었던 아버지는 탁월한 경제 평론가이자 예술을 사랑하는 사람이었다. 그의 어머니 레오폴디네는 가톨릭 신자였고 음악을 남달리 사랑했으며 음악적 재능도 매우 뛰어났던 사람이었다. 비트겐슈타인의 부모는 요하네스 브람스, 클라라 슈만, 구스타프 말러, 브루노 발터, 리하르트 슈트라우스 등을 집으로 초청해 연주하게 했고, 아놀드 쇤베르크나 파블로 카잘스와 같은 음악가들을 후원하기도 했다. 비트겐슈타인가는 빈 분리파 미술가들과도 교분이 두터웠다. 구스타프 클림트는 비트겐슈타인의 막내 누나 마르가레테의 초상화를 그리기도 했다. 1913년 아버지가 세상을 떠난 뒤 유산을 물려받은 비트겐슈타인은 예술가 후원 자금으로 유산의 3분의 1을 기부했고, 이 중의 5분의 1은 시인이었던 라이너 마리아 릴케를 지원하는 데 사용했다.

이러한 집안 분위기의 영향을 받은 비트겐슈타인 형제들은 모두 음악에 탁월한 재능을 보였다. 큰 형 한스는 여러 가지 악기를 다루었고, 셋째 형 쿠르트는 첼로를, 그리고 넷째 형 파울은 피아노를 연주하였다. 특히 파울은 1차 대전에서 오른손을 잃고 왼손만으로도 피아노를 연주했던 천재 피아니스트였다. 무곡 "볼레로"를 작곡한 프랑스의 작곡가 보리스 라벨이 그를 위해 1931년 "왼손을 위한 협주곡"을 작곡하기도 했다. 하지만 파울은 이 곡의 일부분을 고쳐 연주하기를 원했고 라벨은 이를 못마땅하게 생각했다. 형제 중에서 가장 음악적 재능이 떨어졌던 루드비히도 클라리넷 연주에 탁월한 재능을 보였다. 그는 웬만한 소나타는 휘파람으로 불 수 있었다. 예술적 감수성이 남달리 깊었던 비트겐슈타인의 형제들은 가업을 잇기를 바라던 아버지와 갈등을 빚었고 이로 인해 여러 형제가 자살로 생을 마감했다.

루드비히가 열세 살이었던 1902년에는 가업을 잇기를 바라던 아버지의 강압을 견디지 못했던 큰 아들 한스가 미국 체사피크 만의 보트 위에서 실종되었고 자살한 것으로 판명되었다. 2년 뒤인 1904년에는 배우가 되기를 희망했지만 아버지가 반대하자 집에서 나와 베를린에서 혼자 살고 있던 셋째 아들 루돌프가 베를린의 한 술집에서 자신이 신청한 "나는 버림 받았네(Verlassen, Verlassen, Verlassen bin ich)"를 들으며 청산가리를 먹고 자살하였다. 제1차 세계대전 말기였던 1918년에는 장교로 근무하던 둘째 아들 쿠르드가 자신이 지휘하던 부대의 병사들이 자신의 명령에 따르지 않자 비관하여 총으로 자살하였다.

비트겐슈타인은 당시 부유한 집안 자녀들과 마찬가지로 열네 살까지는 가정교사로부터 교육을 받았다. 비트겐슈타인은 다른 형제들과 달리 기계에 남달리 관심을 보였다. 그는 모형 비행기와 재봉틀을 만들어 주위 사람들을 놀라게 하기도 했다.

비트겐슈타인은 다른 부유층의 자녀들과는 달리 김나지움에 가지 않고 린츠의 실업학교에 진학했다. 이는 사업을 물려받기를 원했던 아버지의 바람 때문이었던 것으로 보인다. 린츠의 실업학교에서 비트겐슈타인은 가정환경의 차이로 인해 다른 학생들과 잘 어울리지 못했다. 재벌가 아들로 말을 더듬었으며, 벌레를 심하게 무서워했고, 다른 학생들이 사용하지 않던 격식 있는 말투를 사용하는 비트겐슈타인을 동급생들은 공공연히 따돌렸다. 비트겐슈타인도 다른 학생들을 다른 세상 사람들처럼 느꼈고, 이로 인해 학교생활을 싫어하게 되었다. 비트겐슈타인은 그 시절에 자신이 불행했다고 회상했다.

이 시기에 아돌프 히틀러도 이 학교를 다녔다. 그러나 같은 학교에 다녔다는 것 외에 실제로 둘이 접촉했다는 기록은 남아있지 않다. 비트겐슈타인과 아돌프 히틀러가 같은 학교에 다녔다는 것 때문에 히틀러와 나치의 반유태주의가 비트겐슈타인에게서 느낀 열등감 때문이라고 주장하는 이들도 있다. 그러나 비트겐슈타인은 그 시절에 중간 정도의 성적을 내는 평범한 학생이었으며, 학교에서 두 사람이 서로를 알고 지냈다는 증거도 남아 있지 않으므로 신빙성 없는 주장이다. 다만 히틀러가 학교에서 이상한 유대인을 만났다고 말한 적이 있는데 만약 그 이상한 유대인이 비트겐슈타인이었다면 다른 학년이었던 히틀러한테까지 이상하다는 소리를 들었으니 많은 학생들로부터 이상한 사람 취급을 받았던 것이 분명하다. 비트겐슈타인과 히틀러가 같이 찍었다는 사진이 남아있는데 이 사진에 나타난 사람이 히틀러인 것은 확실하지만 다른 한 사람이 비트겐슈타인인지는 확실하지 않다.

1906년 린츠의 실업학교를 졸업한 비트겐슈타인은 아버지의 뜻에 따라 오늘날 베를린 공과대학의 전신인 베를린-샤를로텐부르크 기술전문대학에 진학하여 기계공학을 공부했다. 기계공학 공부를 마친 후에는 1908년에서 1911년까지 영국 맨체스터 공과대학에서 항공공학을 연구했다. 그는 대기 중에 연을 날려 대기 상태를 알아보는 실험을 하기도 했고, 제트 엔진 설계에 관한 연구를 하기도 했으며, 프로펠러 설계로 특허를 취득하기도 했다. 그러나 그의 관심은 서서히 항공공학에서 유체 역학 이론으로 바뀌었고, 자연스럽게 응용 수학과 순수 수학에 관심을 가지게 되었다. 비트겐슈타인이 러셀의 『수학 원리』를 접하게 된 것은 이 시기였다.

러셀은 비트겐슈타인과의 만남을 다음과 같이 회고했다. "처음에 그는 기술자가 될 생각으로 맨체스터로 갔다. 수학 책을 읽다가 수학의 원리에 흥미를 느끼고, 수학 분야에 누가 있는지 맨체스터 사람들에게 물어보았다. 누군가가 내 이름을 거론하자 그는 케임브리지로 짐을 싸 들고 왔다. 그는 정열적이고 심오하고 강렬하고 지배적이라는 점에서 전통적인 의미의 천재의 완벽한 표본이라고 할 수 있었다." 비트겐슈타인이 러셀을 만나 논리학을 배우기 시작한 것은 1911년 가을이었다.

11월 말에 러셀은 비트겐슈타인에게 겨울 방학 동안 철학과 관련된 글을 써오라고 했다. 1912년 1월 비트겐슈타인의 글을 받아본 러셀은 비트겐슈타인에게 철학적 재능이 있음을 인정하고 철학을 공부하도록 격려해주었다. 러셀은 비트겐슈타인의 비범한 능력과 열정에 깊이 매료되었다. 러셀은 비트겐슈타인을 만난 것이 자신의 일생에서 가장 충격적인 경험이었다고 회고했다.

케임브리지에서 비트겐슈타인은 러셀 이외에도 케임브리지의 대표적인 철학자로 지각된 것만을 존재로 보던 관념론을 반대하고, 대상이 있고, 이것이 지각되는 것이라고 주장하는 신실재론을 주장했던 조지 에드워드 무어(George Edward Moore)를 비롯해, 자유방임주의를 반대하고 정부의 공공지출의 중요성을 역설한 경제학자 존 메이너드 케인즈(John Maynard Keynes) 등과 교류하면서 공부를 했다. 그러나 비트겐슈타인의 케임브리지 생활은 3년 만에 끝났다. 과민한 성격 탓에 복잡한 대학 분위기를 견딜 수 없었던 비트겐슈타인은 혼자서 조용히 논리학 연구에 전념하기 위해 1913년 10월 노르웨이의 스키올덴에 있는 오두막에 칩거했다. 1914년 1차 세계 대전이 발발하기 전까지 그는 그곳에서 비교적 안정적으로 연구에 전념했다.

비트겐슈타인은 1914년 7월에 아버지의 유산을 예술가들에게 배분하는 문제를 마무리하기 위해 잠시 오스트리아에 머물렀는데 이때 오스트리아-헝가리 제국이 세르비아에게 선전포고를 하여 제1차 세계 대전이 발발했다. 비트겐슈타인은 탈장으로 병역 면제 판정을 받은 상태였지만 오스트리아가 러시아에 전쟁을 선포한 다음 날 오스트리아 군에 자원입대하여 처음에는 사병으로, 그리고 2년 후에는 장교 훈련을 받고서 장교로 참전했다. 그러나 1918년 8월 그는 이탈리아 군의 포로가 되어 10개월 동안 포로수용소에서 수감생활을 했다.

비트겐슈타인은 삶과 죽음의 경계를 넘나드는 전쟁이라는 상황에서 자신의 체험을 일기 형식으로 기록했을 뿐만 아니라, 케임브리지에서 러셀 등과 논의했던 철학적 생각들을 발전시켜 기록해 나갔다. 전쟁터에 있는 동안에 그는 그의 전기 철학을 대표하는 『논리철학 논고』를 완성했다. 그는 이 원고를 러셀과 프레게에 보낸 후 이로써 철학의 문제가 모두 해결되었다고 생각하고 철학 연구를 그만 두기로 했다.

『논리철학 논고』를 통해 철학적 문제들을 모두 해결했다고 믿었던 그는 철학 연구보다 더 쓸모 있는 일을 하기 위해 1919년부터 2년 동안 초등학교 교사 연수과정을 수료하고 1920년에 오스트리아 동북부 시골마을 트라텐바흐의 초등학교 교사로 부임했고, 후에는 하스바흐, 푸흐트베르크 등에서 1926년까지 교사로 일했다. 그러나 그의 열정과 소명의식에도 불구하고 그의 교사생활은 성공적이지 못했다. 비트겐슈타인은 1926년 수업 중 체벌했던 하우트바우어라는 학생이 쓰러지는 사건을 계기로 교사직을 사직했다.

비트겐슈타인이 교사생활을 하고 있던 1921년에 『논리철학 논고』가 〈자연철학 연보(Annalen der Naturphilosophie)〉 마지막 권에 독일어로 게재되었다. 그러나 이는 저자와의 상의 없이 게재된 것이어서 오류가 많았다. 『논리철학 논고』는 1922년, 프랭크 램지와 찰스 오그던에 의해 영어판으로 개정되어 재출판 되었다(『논리철학 논고』는 『논고』라는 이름으로도 널리 알려져 있다).

교사직을 그만두고 비엔나로 돌아온 비트겐슈타인은 휘텔도르프에 있는 정원의 헛간에서 3개월 동안 야영을 하면서 수도사들과 정원사 일을 한 후 건축가 파울 엥겔만과 함께 셋째 누나 마르가레테의 집을 짓는 일을 도와 주기도 했다. 그는 주로 천장의 높이, 창문, 문, 자물쇠, 라디에이터, 벽 등을 설계하는 일을 맡았다. 그러나 비트겐슈타인의 누나는 그 집이 "나같이 보잘것없는 인간보다 신들을 위한 숙소처럼 보였다. 그 집을 보고 아주 감탄하긴 했지만, 거기서 살고 싶지도 않고 또 살 수도 없겠다고 생각했다."고 했다. 이 집은 현재 주오스트리아 불가리아 대사관의 문화관으로 사용되고 있다.

비트겐슈타인이 누나의 집을 짓던 시기에 비엔나 써클의 멤버들과 만남이 이루어졌다. 1920년대 새로운 논리학과 과학적 세계관에 관심이 많던 학자들을 주축으로 이루어진 비엔나 써클은 비트겐슈타인의 『논리철학 논고』를 매우 중요하게 생각했다. 1927년 2월 비엔나 써클을 주도했던 모리즈 슐리크(Moritz schlick, 1882~1936)가 비트겐슈타인을 찾아왔고, 이 해 여름에 비엔나 써클의 구성원이었던 루돌프 카르납(Rudolf Carnap, 1891~1970), 헤르베르트 파이글(Herbert Feigl, 1902~1988), 프리드리히 바이스만(Friedrich Waismann, 1896~1959)이 비트겐슈타인을 만났다. 이들과의 만남을 통해 비트겐슈타인은 자신의 저서가 러셀은 물론이고 많은 철학자들에 의해서 오해되고 있음을 알게 되었다.

그는 특히 영국의 수학자로 비트겐슈타인의 영향을 받아 토폴로지 이론을 발전시켰고, 『논리철학 논고』를 영어로 번역해 출판하는 일에 참여하기도 했으며, 비트겐슈타인의 친구이기도 했던 프랭크 램지(Frank Plumpton Ramsey)와의 대화를 통해 『논리철학 논고』에서 전개한 자신의 견해에 대한 확신이 흔들리게 되어 다시 철학계로 돌아갈 생각을 하게 되었다. 수학 기초론과 관련된 라위트전 브라우어르(Luitzen Egbertus Jan Brouwer)의 강연은 그가 다시 철학계로 돌아오게 된 직접적인 계기가 되었다. 브라우어르는 수학도 인간 사고능력의 산물이라고 하는 직관주의를 주장했다. 수가 인간 외부에 존재한다고 보는 플라톤의 수학적 실재론과 달리 수도 인간의 직관에 의해 존재한다고 보는 직관주의는 비트겐슈타인의 후기 철학에 많은 영향을 주었다. 브라우어르는 러셀을 비판하면서 수학이 논리학에 기반을 둘 수 없고, 수학이 본질적으로 일관성을 가지고 있는 것은 아니라고 주장했다. 비트겐슈타인은 수학이 사실들의 체계가 아니라 인간 정신이 구현해낸 것이라는 것에 동의했고, 이는 『논리철학 논고』 비판의 계기를 제공했다. 이렇게 해서 비트겐슈타인의 철학적 방황은 1929년에 끝났다.

1929년에 케임브리지로 돌아온 후, 비트겐슈타인은 1947년까지 대부분의 시간을 케임브리지에서 보냈다. 1929년 6월 18일 이미 세계적인 학자였던 비트겐슈타인이 러셀과 무어 앞에서 박사학위 취득을 위한 구두시험을 치렀다. 러셀은 후에 이를 두고 평생에 이런 말도 안 되는 경우는 처음이었다고 회고했다.

1930년대 전반에 비트겐슈타인은 강의와 연구에 전념했다. 그는 『논리철학 논고』의 오류를 비판하는 것에서부터 시작했다. 『철학적 고찰』, 『철학적 문법』, 『비트겐슈타인과 비엔나학파』는 『논리철학 논고』에 대한 반성과 비판이 포함되어 있는 저작들이다. 1933년부터 1934년까지 몇 명의 학생들로 하여금 자신의 구술을 받아쓰도록 하여 만든 『청색책』에는 후기 철학의 초기 형태가 나타나는데 이 책에 가족 유사성 개념이 처음 등장했다. 1934년부터 1935년에는 같은 방식으로 다른 책을 출판했는데 이 책이 후에 『갈색책』이라고 불리게 되었다. 독자에게 읽히기 위해 쓴 책이 아니어서 읽기가 쉽지 않은 이 책에는 언어게임을 다양한 예시를 들어 설명했다. 두 책을 합한 것이 『청갈색

책』이다.『수학의 기초에 관한 고찰』,『심리 철학에 관한 고찰』를 통해서 새로운 사유의 윤곽을 제시했다. 이러한 노력은 사후에 출판된『철학적 탐구』에 집약되어 있다.

철학 교수가 아닌 노동자로 살아가기를 바랐던 그는 1935년에 소련의 레닌그라드로 갔다. 비트겐슈타인은 소련에서 집단 농장의 노동자가 되기를 원했지만 당국은 이를 허락하지 않고 대신 카잔 대학의 철학 과장직과 모스크바 대학의 철학 강사직을 제의했다. 이에 실망한 그는 케임브리지로 돌아왔다.

1936년 봄 연구원 임기가 끝난 후에는 다시 노르웨이의 오두막에 칩거하여『철학적 탐구』의 제1부를 쓰기 시작했다. 그러나 비트겐슈타인은 1937년 케임브리지로 돌아왔고, 케인즈의 도움으로 케임브리지의 강사직을 얻었으며, 1939년 6월에는 영국 국적을 취득했다. 같은 해에 그는 미국으로 가기로 되어 있던 무어의 후임으로 케임브리지의 철학과 교수로 임용됐다. 그러나 1939년 9월 3일, 영국이 독일에 선전포고하자 교수직에 취임하는 것을 미루고, 병원에서 약국의 배달부 일을 하기도 했고, 1944년 2월까지 피부과에서 쓸 연고를 조제하는 일부터 쇼크에 대한 연구, 호흡과 맥박 사이의 관계를 보여줄 수 있는 기계를 고안해 만들어내는 등 여러 가지 일을 했다. 비트겐슈타인이 고안한 기계는 종래의 것보다 성능이 좋아서 함께 연구한 연구자들은 비트겐슈타인이 철학자가 아니라 생리학자였으면 더 좋았을 것이라고 말했다.

비트겐슈타인은 1944년에 케임브리지로 돌아오고 얼마 되지 않아 휴직을 신청하고 웨일스의 스완지로 가서『철학적 탐구』를 완성하기 위해 저술에 전념했으며, 1947년 여름에 집필에 전념하기 위해 교수직을 사직하고 아일랜드의 더블린으로 갔다. 1949년 7월에는 미국에 사는 제자의 가족을 방문했다가 건강에 이상이 있다는 진단을 받았다. 그는 다시 영국으로 돌아가지 못할까봐 걱정했지만 병세가 호전되어 10월 말에 런던으로 돌아갈 수 있었다.

그 해 11월 25일 비트겐슈타인은 전립선암 진단을 받았지만 암에 걸렸다는 말보다는 잘 치료하면 6년 정도를 더 살 수 있다는 말에 놀랐다고 한다. 1951년 2월 비트겐슈타인은 노르웨이의 스키올덴 오두막이나 수도원에 가려고 했지만 건강 때문에 포기하고 케임브리지에 있는 자신의 주치의 베번 박사의 집에 머물렀다. 4월 29일 배번 박사가 친구들이 도착할 것이라고 전하자 비트겐슈타인은 "멋진 삶을 살았다"고 친구들에게 전해줄 것을 부탁했다. 4월 29일 친구들이 지켜보는 가운데 세상을 떠났고, 4월 30일 케임브리지에 있는 성 자일스 교회에서 가톨릭 의식으로 장례식이 거행되었다.

비트겐슈타인의 철학[64]

비트겐슈타인의 철학은 전기 철학과 후기 철학으로 나눌 수 있다. 케임브리지에서 러셀의 제자로 철학을 시작하던 시기부터 1차 세계대전 이후 초등학교 교사생활을 할 때까지를 전기 철학으로 구분하는데 이 시기의 비트겐슈타인의 철학을 대표하는 책은 『논리철학 논고』이다. 교사생활을 마치고 다시 케임브리지로 돌아온 후 사망할 때까지의 후기 철학 시기를 대표하는 책은 사후에 출판된 『철학적 탐구』이다. 전기와 후기의 비트겐슈타인 철학을 관통하는 기본적인 생각은 철학의 문제는 대부분 언어의 오해로 인한 것이어서 언어분석을 명료하게 하면 해소될 수 있다는 것이다. 다시 말하면 철학은 언어 분석을 통해 문제를 해소하는 활동이라는 것이다.

비트겐슈타인의 전기 철학을 대표하는 『논리철학 논고』는 러셀의 서문, 모토, 머리글, 본문으로 구성되어 있다. 이 책은 각 단락에 소수점을 이용하여 1, 1.1, 1.11……처럼 번호를 매겨 놓았다. 『논리철학 논고』의 내용은 학자들에 따라 다르지만 1~2.063: 존재론, 2.1~3.5: 그림이론, 4~4.2: 철학론, 4.21~5.641, 6.1~6.13: 논리론, 6.3~6.372: 과학론, 6.373.~6.522: 신비주의, 6.53~7: 철학 방법론과 『논리철학 논고』의 지위로 분류할 수 있다.

『논리철학 논고』의 핵심적인 사상이라고 할 수 있는 그림이론을 한 마디로 말하면 언어는 실재의 논리적 그림이라는 것이다. 사진이 음영을 이용하여 실재세계를 묘사하는 것처럼, 언어는 논리적 규칙을 이용하여 실재를 묘사한다는 것이다. 비트겐슈타인은 언어가 실재세계를 묘사하는 논리적 그림일 수 있는 것은 언어와 실재세계가 구조적 동일성을 공유하기 때문이라고 주장했다.

세계는 사실들의 총체이고, 사실들은 원자사실들의 결합이며, 사태는 대상들의 결합이다. 이와 마찬가지로 언어는 복합명제의 총체이고, 복합명제는 원자명제들의 논리적 결합이며, 원자명제는 이름들의 결합이다. 이렇게 대상과 이름 사이에, 사태와 원자명제 사이에, 사실과 복합명제 사이에는 구조적 동일성이 존재한다. 이러한 구조적 동일성으로 인해서 실재를 명제와 비교할 수 있기 때문에, 명제가 참인지 거짓인지를 결정할 수 있다는 것이다. 즉 명제가 사실과 일치할 때 그 명제는 참이 되고, 사실과 일치하지 않을 때 거짓이 된다.

즉, 사태(원자사실)와 일치하는 원자명제는 참이고, 일치하지 않을 때는 거짓이다.

그러나 원자명제와 사태 사이에 그림관계가 적용될 수 있다고 원자명제들을 논리적 연결사로 결합한 복합 명제가 실재세계를 직접 묘사하는 것은 아니다. 그렇다면 복합명제에 포함되어 있는 '그리고', '또는'과 같은 논리적 연결사는 실제 세계의 무엇을 묘사하는가? 비트겐슈타인은 논리적 연결사에 대응하는 논리적 대상은 없다고 주장했다. 복합명제에 포함된 논리적 연결사가 어떤 대상도 묘사하지 않는다면 복합명제의 진위는 어떻게 결정할 수 있을까? 비트겐슈타인은 모든 복합명제의 진리 값은 그 복합명제를 구성하는 요소명제의 진리 값에 의해서 결정된다는 진리함수론을 주장했다.

비트겐슈타인은 보여줄 수는 있지만 말할 수는 없는 영역이 있다고 주장했다. 대부분의 철학적 명제들은 참이나 거짓으로 판별할 수 없는 것들이다. 언어를 초월한 초월적 세계에 대하여 말하는 순간 그 말은 아무런 의미를 가지지 못한다. 형이상학, 윤리학, 종교, 예술 등은 말할 수 없고 단지 보여줄 수 있을 뿐이다. 비트겐슈타인은 "말할 수 없는 것에 관해서는 침묵하지 않으면 안 된다." 는 문장으로 『논리철학 논고』를 마무리했다.

비트겐슈타인은 일상적인 언어를 사용하는 철학은 언어의 혼동에서 오는 오류로 가득하기 때문에 이런 오류를 피하기 위해서는 논리적 문법을 충실히 반영한 기호언어를 사용해야 한다고 주장했다. 따라서 『논리철학 논고』에서는 기호논리학을 주로 사용했다.

비트겐슈타인이 죽고 2년 후에 앨리자베스 앤스콤과 러시 리스가 공동 발행하고 앤스콤이 번역하여 출판한 『철학적 탐구』에는 비트겐슈타인의 후기 철학을 대표하는 내용이 실려 있다. 『철학적 탐구』는 모토, 머리글, 그리고 제1부와 제2부로 되어 있는 본문으로 구성되어 있다. 『논리철학 논고』의 경우와 마찬가지로 각 단락에 번호를 매겼지만 소수점 이하의 숫자로 표기된 상세한 설명은 없다.

『논리철학 논고』에서 언어의 본질은 실재를 묘사하는 데 있다고 주장했던 비트겐슈타인은 후기에 와서 자신의 주장을 철회했다. 『철학적 탐구』에서 그는 모든 개별적인 언어현상에 본질이라고 할 만한 공통적인 성질은 없다고 주장했다. 모든 게임이 공통적인 특징을 가지고 있지 않은 것처럼 언어에도 본질이라고 할 만한 공통적인 특징은 없고, 단지 가족유사성(family resemblance)만 있을 뿐이라고 주장했다. 가족유사성이란 가족 구성원들 사이에 존재하는 유사한 특성을 일컫는다. 아버지, 어머니, 아들, 딸의 네 명으로 구성된 가족이 있을 때, 아빠와 아들은 키와 얼굴 모습이 닮았고, 엄마와 딸은 눈매와 표정이 닮았으며, 아들과 딸은 성격과 지능이 닮았을 경우, 네 명 모두에게서 발견되는 공통점은 없지만 서로 교차해서 닮은 유사성으로 인해 그들이 한 가족이라는 것을 알 수 있다. 이런 유사성이 가족유사성이다.

비트겐슈타인은 『철학적 탐구』에서 일상 언어에 대한 기술적 분석에 심혈을 기울였다. 그는 언어에 관한 일반적인 이론을 제시하기보다는 철학적으로 문제가 되는 언어가 일상에서는 어떻게 사용되는지를 면밀하게 검토했다. 다시 말해 그는 철학적 언어들이 일상적 문맥 속에서 어떻게 쓰이고 있는지를 검토함으로써 전통적인 철학의 문제를 명확하게 해명하려고 시도했다.

이를 위해서 중요하게 사용한 개념이 '언어놀이(language game)'였다. 그는 언어와 관련 있는 활동 모두를 언어놀이라고 했다. 『철학적 탐구』에는 단순한 형태에서 복잡한 형태에 이르는 다양한 언어, 어린이가 학습을 통하여 언어를 배우는 과정, 인간의 의사소통 행위에 대한 자세한 분석이 포함되어 있다. 언어놀이에는 언어 자체, 언어와 관련된 행동, 그리고 삶의 조건과 상황도 포함된다. 그는 단어의 의미는 그 단어가 사용되는 언어놀이의 맥락에서만 파악될 수 있다고 했다. 단어가 언어놀이의 일부로 사용될 때 비로소 의미를 가지게 된다는 것이다.

언어를 인간의 활동 또는 행위로 본 것은 언어가 사용자인 인간의 조건과 상관없이 독자적으로 그 성격이 규정되는 것이 아니라 사용자의 조건에 의해서 규정되기 때문이라는 것이다. 비트겐슈타인은 언어를 규정하는 인간의 삶의 조건을 '삶의 형식(form of life)'이라고 했다. 즉 언어는 인간의 삶의 현장에서 진정한 의미가 드러난다. 그런데 언어가 사용되는 현장을 검증해 보면 언어의 의미가 고정적인 것이 아니라 문맥에 따라 다양한 형식으로 나타난다. 전통적인 많은 철학적인 문제는 그러한 언어의 사용에 주목하지 않음으로써 생기는 것이다. 그러므로 철학적 문제에 올바로 접근하기 위해서는 일상 언어가 우리의 삶 속에서 드러내는 다양한 용법을 받아들이는 데서 시작해야 한다는 것이다. 따라서 언어의 의미를 명료하게 이해하기 위해서는 다양한 언어놀이에 참여하면서 단어와 문장들이 어떻게 사용되는지를 살펴보아야 한다고 주장했다.

비엔나 써클과 논리실증주의

토론 모임에서 시작된
철학자 그룹

우리나라에서는 비엔나 써클을 비엔나학단이나 비엔나학파라는 이름으로 부르기도 한다. 하지만 다양한 학문적 배경을 가진 30여 명의 학자들이 모여 여러 가지 철학적 문제에 대해 토론을 진행하던 비엔나 써클을 한 가지 생각을 공유하는 학파라고 보기는 어렵다. 따라서 굳이 우리말로 번역하지 말고 그냥 비엔나 써클이라고 부르는 것이 이 모임의 성격을 전달하는 데 더 적절할 것이다.

비엔나 써클의 중심인물은 에너지 양자의 개념을 제안하여 양자물리학의 기초를 제공한 막스 플랑크(Max Planck)의 지도를 받으며 물리학으로 박사학위를 받은 후 철학을 공부한 모리츠 슐리크였다. 비엔나 써클은 1922년에 슐리크가 비엔나 대학의 자연철학 교수로 부임하는 것을 계기로 전환점을 맞이했다. 일반적으로는 슐리크가 비엔나로 온 이후 비엔나에 있었던 학술토론 모임을 비엔나 써클이라고 부른다. 그러나 비엔나 써클의 모태가 되는 독서 토론 모임은 그 이전부터 있었다.

수학을 공부했으며, 정치학 및 통계학과에서 박사학위를 받은 철학자 겸 사회학자였던 오토 노이라트(Otto Neurath, 1882~1945)의 주도로 물리학자 겸 철학자였던 필립 프랑크(Philipp Frank, 1884~1966)와 수학자였던 한스 한(Hans Hahn, 1879~1934)이 중심이 되어 과학철학에 대해 활발하게 토론을 벌이던 모임이 1900년경부터 존재했는데 이 토론 모임을 1차 비엔나 써클이라고 부르고, 슐리크가 비엔나에 온 이후의 토론 모임을 2차 비엔나 써클이라고 부르기도 한다. 1차 비엔나 써클의 정신적인 지주는 과학 연구는 철저하게 감각경험을 바탕으로 해야 한다고 주장했던 에른스트 마흐였다.

1차 비엔나 써클에서는 마흐 외에도 헤르만 헬름홀츠(Hermann Helmholtz), 푸앵카레(Jules-Henri Poincaré), 피에르 뒤헴(Pierre Duhem), 아인슈타인을 비롯한 과학자들과 러셀이나 프레게 그리고 비트겐슈타인과 같은 철학자들의 저술들을 읽고 이에 대한 토론을 통해 20세기 초에 이루어진 과학 분야에서의 발전이 지니고 있는 철학적 의미에 대해 탐구했다. 제1차 비엔나 써클은 프랑크가 아인슈타인의 후임으로 이론물리학과 교수로 부임하기 위해 프라하로 떠난 후 활동이 정지되었다. 한은 제1차 세계대전이 발발한 1914년에 비엔나를 떠났다가 1921년에 다시 비엔나로 돌아왔다.

1921년 비엔나로 돌아온 한은 수학자였던 쿠르트 라이뎀마이스터(Kurt Reidemeister)와 함께 비트겐슈타인의 『논리철학 논고』와 러셀과 화이트헤드의 『수학 원리』에 대해 토론하는 세미나를 조직했다. 한의 도움으로 비엔나 대학 자연철학 교수가 된 슐리크는 비엔나에 도착한 직후 한이 조직한 세미나에 참석하던 수학자들을 중심으로 하여 토론 모임을 조직했다. 이 모임은 1924년 겨울학기부터 정기적인 토론 모임으로 발전했다. 이 모임에는 슐리크가 개인적으로 초청한 인사들이 참여하였는데 참석자들 중에는 저명한 과학자, 수학자, 철학자도 있었지만 젊은 학생들과 박사과정을 밟고 있던 사람들도 있었다. 1926년에 슐리크와 한은 독일의 철학자였던 루돌프 카르납을 비엔나 대학의 사강사로 초청했고, 이를 계기로 비엔나 써클에서는 카르납의 기호 논리학에 대한 토론이 심도 있게 진행되었다. 1927년부터 슐리크, 카르납, 파이글과 같은 비엔나 써클의 멤버들이 비트겐슈타인과 개인적인 접촉을 가졌지만 비트겐슈타인은 이 모임에 참석하지 않았다. 파이글은 비엔나 대학에서 슐리크로부터 물리학과 철학을 배운 후 비엔나 써클의 주요 구성원이 된 사람이었다.

1928년에는 슐리크를 회장으로 하는 "마흐 협회"가 창립되었는데 이 학회의 목적은 대중을 대상으로 하는 강연을 통해 과학적인 세계관을 확산시키는 것이었다. 1929년에 카르납, 한, 노이라트의 이름으로 발표된 『세계에 대한 과학적 파악: 비엔나 써클』이라는 선언적 글에서 비엔나 써클이라는 명칭이 처음 사용되었다. 슐리크에게 헌정된 이 선언서를 통해 이들은 경험에 근거하지 않고 본질에 대해 무의미한 논쟁을 일삼는 형이상학을 반대하고, 과학 지식에 기반을 둔 철학을 옹호한다고 선언했다. 슐리크도 이에 대해서는 적극적으로 공감하였다. 그러나 비엔나 써클이 학술적 토론 모임이기를 원했던 슐리크는 철학 연구에 정치 사회적 의미를 부여하는 것에 대해서는 탐탁하게 생각하지 않았으므로 철학적 작업이 사회의 긴박한 문제들과 깊은 연관성을 가진다는 선언서 내용에는 불편해했다.

이 선언서는 1929년 가을에 마흐 협회와 독일의 철학자 라이헨바흐(Hans Reichenbach, 1891~1953)가 중심이 된 베를린의 경험철학협회가 공동으로 주최한 학술회의에서 발표되었다. 1930년에 비엔나 써클과 베를린 학회는 〈철학 연대기(Journal Annalen der Philosophie)〉를 넘겨받아 논리 실증주의의 공식 학술 잡지인 〈인식〉을 발간하여 논리실증주의를 확산시키려고 노력했다.

비엔나 써클은 독일에서 파시즘이 대두되면서 빠르게 활동이 위축되었고, 오스트리아가 독일의 영향력 아래 들어가자 대부분의 비엔나 써클 참가자들이 정치적 이유나 유대인이라는 이유로 비엔나를 떠나거나 세상을 떠나면서 빠른 속도로 해체되었다. 1931년에는 카르납이 프라하 대학으로 옮겨갔고, 1934년에는 한이 수술 도중 세상을 떠났으며, 정치적인 이유로 마흐 협회가 해체된 후 유대인이었던 노이라트는 네덜란드로 망명했다. 그리고 1936년에는 비엔나 써클의 중심인물이었던 슐리크가 비엔나 대학 계단에서 이 학교 철학과 졸업생인 요한 넬뵈크에게 피살당하면서 비엔나 써클은 실질적으로 끝나게 되었다. 슐리크가 사망한 후에도 비엔나에 남아 있던 사람들을 중심으로 비정기적인 모임이 계속 되었지만 1938년에 나치 독일이 오스트리아를 합병하면서 오스트리아에서의 비엔나 써클 활동이 완전히 중단되었다.

그러나 영국이나 미국으로 이주한 비엔나 써클에 속해 있던 인사들에 의해 논리 실증주의의 국제화가 진행되었고, 이는 현대 분석철학 발전에 큰 영향을 주었다. 미국으로 망명한 카르납, 파이글 등은 그들의 생각에 호의적이었던 미국 철학자들의 도움을 받아 영향력을 확장해 갔다. 그러나 이 과정에서 미국의 실용주의적 철학 풍토에 어울리지 않았던 많은 부분이 사장되거나 변형되었다. 현재 우리에게 알려져 있는 논리실증주의는 비엔나 써클의 생각이라기보다는 미국화 과정에서 변형된 논리실증주의라고 할 수 있다. 미국에서 이들의 생각은 널리 받아들여진 견해라는 뜻으로 '수용된 견해(received view)'라고 불리기도 했다. 미국의 과학 사학자 토마스 쿤(Thomas Kuhn, 1922~1996)의 과학 혁명 이론은 수용된 견해에 대한 반론이라고 할 수 있다.

네덜란드를 거쳐 영국으로 망명한 노이라트는 영국에서 지속적으로 통일과학 운동을 전개하면서 『통일과학 국제 백과사전』의 출판을 주간했다. 비엔나 써클의 철학이 잘 나타나 있는 『통일과학 국제 백과사전』에는 실업이나 가난과 같은 사회적이고 정치적인 문제의 해결을 위해 다양한 학문이 서로 협동해야 한다는 메시지가 포함되어 있다. 실증주의라는 말에 불만을 가졌던 사람들 중에는 논리실증주의 대신 논리경험주의라는 말을 선호하는 사람들도 있다.

논리 실증주의

비엔나 써클에 속했던 학자들의 공통 관심사는 과학 분야에서 이루어진 혁신적 변화를 반영하는 과학 철학을 정립하는 것이었다. 이들이 추구했던 논리실증주의는 에른스트 마흐의 감각적 경험론과 러셀과 프레게 그리고 비트겐슈타인에 의해 체계화된 논리학의 영향을 많이 받았다. 논리실증주의의 핵심 내용은 "명제의 의미는 그 명제를 검증(verification)하는 방법과 동일하다"라는 말에 잘 나타나 있다. 이것을 검증가능성 원리라고 부른다. 검증가능성 원리에 의하면 참일 조건과 거짓일 조건이 명확하지 않은 명제는 그 명제가 의미하는 것이 확실하지 않고, 의미가 명확하지 않은 명제는 무의미한 명제이다. 예를 들면 "신은 존재한다." 라는 명제는 참인지 거짓인지를 검증할 방법이 없으므로 무의미한 명제이다. 윤리적 명제 역시 참인지 거짓인지를 검증할 방법이 없으므로 사실의 명제가 아니라 몸짓과 비슷한 행위의 명제라고 보았다.

논리실증주의자들은 감각 경험을 통해 검증될 수 있는 명제만을 다루는 과학과 검증이 가능하지 않는 무의미한 명제를 다루는 형이상학을 구별하고 형이상학에 대한 논의를 철학에서 배제하려고 했다. 논리실증주의자들이 형이상학을 부정한 것은 형이상학이 잘못되었기 때문이 아니라, 무의미한 명제를 다루고 있기 때문이었다.

비엔나 써클이 추구한 또 하나의 목표는 통일과학이었다. 19세기 이후 세분화의 길을 걸어온 여러 과학 분야를 통일하여 형이상학적 세계관과는 다른 과학적 세계관을 만들려고 시도한 것이다. 개인의 감각적 경험을 기초로 하는 통일 과학을 만들려고 했던 그들의 노력은 개인의 경험이 가지고 있는 주관적인 성격으로 인해 과학이 객관성을 잃게 되는 것 때문에 어려움을 겪어야 했다. 이러한 문제를 해소하기 위해 슐리크는 경험의 내용과 구조를 구별하려고 시도했지만 성공하지 못했다.

마흐와 러셀의 영향을 많이 받았던 초기 논리실증주의는 인식의 직접적인 원천이 물체가 아니라 감각이라는 입장을 견지했다. 그러나 이렇게 되면 과학적 진리가 보편적인 진리가 아니라 개인적인 것이 되는 데 불만을 가진 노이라트는 과학의 명제는 감각언어가 아니라 사람 이름, 물건 이름, 장소, 시간과 같은 사물언어로 구성되어 있어 검증이 가능한 명제여야 한다고 주장했다. 이런 입장을 물리주의라고 부른다.

비엔나 써클의 또 다른 특징은 기호논리학을 중시했으며, 그들 자신이 논리학 발전에 공헌했다는 것이다. 러셀과 비트겐슈타인의 영향을 받아 현실세계의 구조가 논리적이라고 생각했던 그들은 수학 분야에서 받아들여지던 공리주의를 중시하여, 물리학을 비롯한 다양한 과학 분야에서도 공리주의를 수용하려고 했다. 논리 실증주의자들은 과학 이론을 논리적으로 분석하여 과학적 설명의 본질을 파악하고, 경험적 증거를 통해 과학 이론이 수용되는 과정을 이해하려고 노력했으며, 비트겐슈타인이 탐구했던 언어의 논리적 구조를 철학적 분석 도구로 하여 세계에 대한 지식의 논리적 구조를 이해하려고 했다. 그런 노력은 카르납의 저서 『세계의 논리적 구조』에 잘 나타나 있다.

포퍼의 반증주의

자존심이 강한
과학철학자

과학철학자 중에서 과학자들에게 가장 널리 알려진 사람은 오스트리아 태생의 영국 철학자 칼 포퍼(Karl Popper, 1902~1994)일 것이다. 비판적 연구 태도를 과학의 특징이라고 주장한 포퍼는 1902년에 오스트리아 비엔나에서 유대인 변호사의 아들로 태어났다. 사회적 문제에 많은 관심을 가지고 있던 아버지의 영향을 많이 받은 포퍼는 1918년부터는 비엔나 대학에서, 그리고 1925년부터는 비엔나 교육 연구소에서 철학, 수학, 물리학, 심리학을 공부하고 1928년에 철학 박사학위를 받았다.

대학을 졸업하고 고등학교에서 수학과 물리학을 가르치던 포퍼는 1935년에 『탐구의 논리』를 출판했다. 후일 『과학적 발견의 논리』라는 제목으로 영국과 미국에서 다시 출판되어 널리 읽혀진 이 책은 포퍼 자신도 예상하지 못했던 큰 주목을 받았다. 이 책에서 포퍼는 심리학, 자연론, 귀납주의, 논리실증주의를 비판하고 과학과 비과학을 구분하는 기준으로 '반증 가능성'을 제시했다.

나치즘의 등장으로 1937년에 오스트리아를 떠난 포퍼는 뉴질랜드의 캔터베리 대학에서 철학을 가르쳤다. 캔터베리에 머무는 동안에 포퍼는 정치철학 분야에 큰 영향을 준 『열린사회와 열린사회의 적』을 저술했다. 제2차 세계대전이 끝난 1946년에 포퍼는 런던 정경대학의 논리학과 과학 방법론 교수로 부임했다. 과학철학을 공부했던 포퍼가 런던 정경대학에 부임하게 된 것은 사회과학도들도 과학 방법론을 공부해야 한다고 믿고 있던 경제학자이자 당시 정경대학 총장이었던 해롤드 로빈스의 영향 덕분이었다.

3년 후인 1949년에 포퍼는 런던 대학의 논리학 및 과학 방법론 교수로 부임하여 1969년 은퇴할 때까지 그곳에서 학생들을 가르쳤다. 1958년부터 1959년까지 2년 동안은 아리스토텔레스 협회 회장으로 일하기도 했던 포퍼는 은퇴한 후에도 활발하게 철학 관련 연구 활동을 계속했다. 포퍼는 92세였던 1994년에 폐렴과 신장 질환으로 세상을 떠났다.

자존심이 무척 강했던 포퍼는 사람들에게 인간적으로 호감을 주는 사람은 아니었다. 다른 사람의 견해에 대해서는 직설적인 비판을 서슴지 않았으면서도 자신의 견해를 다른 사람들이 비판하는 것은 참아내지 못했다. 이는 자유로운 토론과 합리적 비판을 강조했던 철학자에게는 어울리지 않는 모습이었다.[65]

반증주의

포퍼는 마르크스주의와 정신분석학을 겪었던 젊은 시절의 경험을 통해 과학적 태도와 그렇지 못한 태도의 차이를 실감하게 되었고, 이는 그의 과학철학의 핵심인 반증주의를 탄생시키는 토대가 되었다. 포퍼는 비엔나 대학에 재학 중이던 1919년에 사회주의학생동맹에 가입하여 마르크스주의자로서 활동했지만 오래지 않아 탈퇴했다. 포퍼는 마르크스주의자들이 파시즘을 공산주의로 이행해 가는 단계로 보고 이를 용인하는 것 같은 태도를 보인 것에 크게 실망했다. 포퍼가 마르크스주의에 실망한 또 하나는 공산혁명이 자본주의의 문제점이 크게 부각되는 자본주의가 발달한 나라에서 일어날 것이라는 마르크스주의자들의 예언과 달리 자본주의가 아직 발달하지 않은 러시아에서 최초의 공산주의 혁명이 일어났다는 것이었다. 올바로 예측하는 데 실패한 마르크스주의는 자신들의 이론에 문제가 있다는 것을 인정하고 새로운 이론을 개발해야 한다는 것이 포퍼의 생각이었다. 그러나 마르크스주의자들은 기존 이론에 적당한 보조 가설을 첨가해 문제를 무마하려 했고, 포퍼가 보기에 이는 비과학적인 처사로 보였다.

또한 포퍼는 한 때 정신 분석학의 창시자인 지그문트 프로이트(Sigmund Freud)와 알프레드 아들러(Alfred Adler)의 심리학에 심취하기도 했다. 그러나 무엇이든 설명할 수 있는 모호한 정신분석학 이론에 실망했다. 포퍼가 보기에 정신분석 이론은 어떤 경험적 사실로도 결코 무너트릴 수 없는 난공불락의 요새와 같았다. 어떤 이론이 과학적이기 위해서는 경험적 사실에 의해 수정되거나 반박되는 일이 가능해야 한다. 하지만 이론이 의미하는 것이 어떤 경험적 사실인지가 분명하지 않으면 수정이나 반박이 가능하지 않다. 경험적으로 서로 상반되는 두 가지 다른 현상과 일치하는 이론은 무엇이든 설명할 수 있는 만능 이론처럼 보이지만 과학적 주장과는 다른 모호한 주장에 불과할 뿐이다. 이로 인해 포퍼는 마르크스주의와 정신분석학 이론을 과학과 비슷해 보이지만 과학이 아닌 '유사과학적 이론'의 대표적인 본보기로 생각하게 되었다.

포퍼는 마르크스주의나 심리학과는 달리 아인슈타인의 상대성 이론은 과학 이론이 갖추어야 할 특징을 갖추고 있다고 보았다. 아인슈타인의 상대성이론은 뉴턴역학과는 다른 시공간 이론을 제안했고, 이는 실험을 통한 검증이 가능한 것이었다. 포퍼는 아직 실험적 검증이 이루어지지 않은 단계에서 자신의 이론이 맞을 경우에 예상되는 결과를 예측한 아인슈타인의 태도는 과학적인 방법의 전형을 보여주는 것이라고 생각했다. 아인슈타인의 이런 과학적 태도는 편법을 이용하여 경험적 반증으로부터 자신들의 이론을 지키려고 했던 마르크스주의나 정신분석학과 극명한 대조를 보이는 것이었다.

포퍼는 한때 비엔나 써클에 속한 학자들과도 교류했다. 그러나 포퍼는 논리 실증주의자들이 경험적 사실의 축적을 통해 과학이 진보한다고 생각하는 것에 반대했다. 포퍼도 경험이 지식의 근원이라는 것은 인정했지만, 경험적 사실의 축적을 통해 일반 원리를 귀납해 나가는 방법으로는 과학이 진보할 수 없다고 믿었다. 아무리 많은 경험적 사실이 축적된다고 해도 그것으로부터 일반적인 원리를 유도해 내는 것이 가능하지 않다고 생각한 것이다.

예를 들면 물체들 사이에 작용하는 중력의 크기와 물체 사이의 거리를 측정하는 것으로는 "중력은 거리 제곱에 반비례한다"는 중력에 대한 일반적인 법칙을 발견할 수 없다는 것이다. 모든 물체 사이에 작용하는 중력을 측정하는 것이 가능하지 않을 뿐만 아니라 우주 모든 곳에서 중력을 측정하는 것도 가능하지 않기 때문이다. 경험적 실증 가능성을 과학적 명제의 기준으로 제시했던 논리 실증주의에 대한 이런 비판으로 인해 포퍼는 비엔나 써클의 주요 멤버였던 노이라트로부터 비엔나 써클에 대한 공식적 반대자라는 평을 듣기도 했다.

포퍼는 과학적 진보는 과학자들이 창의적인 추론을 통해 가설을 제안하고, 이 가설이 옳지 않다는 경험적 반증을 찾아내는 방법을 통해 진보한다는 반증주의를 주장했다. 다시 말해 "중력이 물체 사이의 거리에 반비례한다"는 것은 추론에 의한 가설이고, 과학자들은 끊임없이 이 가설이 옳지 않다는 반증을 찾아내기 위한 연구를 한다는 것이다. 반증이 발견되기 전까지 이 가설은 사실로 받아들여지지만 일단 반증이 발견되면 이 가설은 폐기되고 중력을 설명하는 다른 대안을 찾아야 한다는 것이다.

아무리 많은 경험적 사실도 과학 법칙의 정당성을 증명할 수는 없지만 단 하나의 반증도 가설이 옳지 않다는 것을 증명하는 데 충분하다. 포퍼는 과학적 주장과 비과학적 주장을 구별하는 기준은 검증 가능성이 아니라 반증 가능성이라고 주장했다. 어떤 가설이 실험이나 경험을 통해 반증 가능하면 과학적 주장이지만 반증이 가능하지 않은 주장은 비과학적 주장이라는 것이다.

포퍼는 기존 이론의 문제점을 발견하기 위해 지속적으로 노력하다가 문제점이 정말로 발견되면 즉각 기존 이론을 폐기하고 새로운 대안을 찾는 연구 태도를 '비판적 연구'라고 규정했다. 포퍼에 따르면 비판적 연구 태도는 과학적 연구 방법의 가장 큰 특징이다. 비판적인 태도를 견지하는 과학자는 모든 편견으로부터 자유롭게 경험적 사실과 그로부터 연역될 수 있는 논리적 추론을 통해 과학 연구를 수행한다. 포퍼는 비판적인 태도로 진리를 탐구하는 과학자의 삶에 일종의 도덕적 숭고함까지 부여하려고 했다. 많은 과학자들이 포퍼의 과학관에 호의적인 것은 이 때문이다.

포퍼는 과학이론이란 참이냐 거짓이냐에 의해 평가되는 것이 아니라 기구나 도구를 이용하여 자연의 변화를 올바르게 예상하는 데 유용한가에 의해 평가되어야 한다는 닐스 보어(Niels Bohr)의 도구주의에 반대했다. 덴마크의 물리학자로 양자 물리학에 관한 코펜하겐 해석을 이끌어내 양자물리학을 완성시킨 보어는 과학이론을 미래의 자연현상을 예측하는 도구로 보았다. 포퍼는 사물, 구조, 메커니즘으로 이루어진 실재가 존재하며, 과학의 목적은 그것을 밝혀내는 것이라고 주장했던 아인슈타인의 실재론을 지지했다. 아인슈타인은 원자 단위에서 일어나는 현상을 확률을 이용해 설명하는 양자역학을 끝까지 받아들이지 않았다.

반증 가능성을 과학적 사실의 기준으로 본 포퍼의 주장은 간단한 산술에서 어려움을 겪게 되었다. 예를 들어 "1+1=2"가 옳지 않다는 것을 증명하는 방법을 제시할 수 있을까? 반증 가능성이 없다면 이것은 과학적 사실이라고 할 수 없고, 이것이 과학적 사실이 아니라면 이것이 어떻게 실제 세상에서 일어나는 일들을 설명하는 데 이용될 수 있을까? 포퍼는 이 문제를 설명하기 위해 "한 개의 사과에 한 개의 사과를 더하면 두 개의 사과가 된다." 라는 명제에는 두 가지 의미가 포함되어 있다고 설명했다. 하나는 이것이 논리적으로 반박의 여지가 없이 옳다는 것이고, 다른 하나는 경험적 사실로 반증 가능하다는 것이다. 다시 말해 순수 수학에서 "1+1=2"는 항상 참이지만 이 것을 실제 세상의 사과에 적용하면 반증 가능하다는 것이다.

포퍼는 과학철학뿐만 아니라 정치철학 분야에도 많은 영향을 끼쳤다. 포퍼는 전체주의와 역사주의를 비판하고 사회를 구성하는 개 개인의 자발적 선택을 바탕으로 한 열린사회가 바람직한 사회라고 주장했다. 사회가 개인들의 합 이상의 의미를 가진다고 주장했던 전 체주의에서는 미래의 정치적 발전 양상을 과학적으로 예측하고, 그 러한 예측을 바탕으로 바람직한 미래사회를 위한 정책을 정부 주도 로 수립하여 시행해야 한다고 주장했다. 포퍼는 전체주의가 근본적 으로 잘못된 전제를 바탕으로 하고 있다고 비판했다. 전체주의는 역 사적 사실을 정확하게 분석하면 역사에 적용되는 일반적인 법칙을 발견할 수 있다는 역사주의와 밀접한 연관을 가지고 있다. 포퍼는 미 래사회에 영향을 주는 변수가 매우 많고, 이런 변수들의 조합 역시 매 우 다양하기 때문에 미래 예측이 가능하지 않다고 주장했다. 포퍼는 미래 사회는 개인들이 하는 수많은 결정들이 복잡하게 상호작용하여 이루어지는 것으로 이는 많은 과학자들이 독립적으로 다양한 가설을 경험적 증거를 이용하여 반증하면서 계속적으로 대안을 추구해가는 과정과 비슷하다고 했다.

개인들의 자발적 참여를 바탕으로 사회제도를 조심스럽게 시험 하는 방식으로 미래 사회를 만들어나가는 사회를 포퍼는 열린사회라 고 불렀고, 이를 소수의 정치 지도자들이 설정한 구도에 따라 일률적 으로 미래를 만들어나가는 닫힌 사회와 비교했다. 포퍼는 전체주의 와 역사주의라는 잘못된 전제에 기반을 둔 소련의 사회주의는 비판 과 반증이 자유로운 과학보다는 비과학에 가깝고, 개인들의 자유로운 결정에 기반을 둔 열린사회라기보다는 닫힌 사회라고 비판했다. 열린사회에 대한 포퍼의 정치철학은 반증 가능성을 과학적 명제의 기준으로 본 그의 과학철학과 밀접한 연관을 가지고 있다.

포퍼의 반증주의는 60년대 이후 패러다임의 변화를 통한 혁명적 발전을 통해 과학이 발전한다고 주장한 미국의 과학철학자 토머스 쿤의 도전에 직면했다. 가설을 제시하고 그 가설에 대한 반증을 조사해가는 과정을 통해 과학이 발전한다는 포퍼의 반증주의와 대다수 과학자 사회가 경쟁적인 두 패러다임 중 하나를 선택하는 혁명적 과정을 통해 과학이 발전한다는 쿤의 과학 혁명 이론이 다른 만큼 두 사람은 담배를 대하는 태도도 그에 못지않게 달랐다. 담배를 피우지 않는 것은 물론 담배를 피운 사람과 같은 방에 있는 것도 참을 수 없어했던 포퍼와는 달리 쿤은 줄담배를 피워대는 골초였다. 두 사람이 만나 논쟁을 벌일 때 쿤이 계속 담배를 피워대는 바람에 포퍼는 제대로 자신의 의견을 말하지 못했다고 한다. 쿤은 과학혁명이론으로서가 아니라 담배로 포퍼의 비판을 잠재울 수 있었다.

쿤과 과학혁명

과학의 발전을 새로 조명한
과학사학자

패러다임과 과학혁명이라는 새로운 개념을 이용하여 과학 발전 과정을 설명하여 과학에 대한 이해를 새롭게 한 미국의 과학사학자 토마스 쿤은 1922년 미국 오하이오 주의 신시내티에서 태어났다. 고등학교 시절 한 때 사회주의 운동에 참여하기도 했던 쿤은 하버드 대학에 진학하여 물리학을 공부했다. 1943년에 학부과정을 마친 쿤은 대학원에 진학하여 고체의 성질에 대한 연구로 1949년 물리학 박사학위를 취득했다.

박사학위 논문을 준비하면서 과학사에 흥미를 가지게 된 쿤은 당시 널리 받아들여지던 논리실증주의의 과학 발전 과정에 대한 설명이 실제의 과학 발전 과정을 제대로 설명하고 있지 못하다는 것을 알게 되었다. 1947년 쿤은 화학자이면서 교육학자로 당시 하버드 대학 총장이었던 제임스 코난트(James B. Conant)가 개설한 비자연계 학생을 위한 자연과학개론 강의를 돕게 되었다. 강의 준비를 하는 과정에서 아리스토텔레스의 『자연학』을 읽게 된 쿤은 다른 분야에서는 날카로운 이론을 전개한 아리스토텔레스와 같은 뛰어난 철학자가 운동에 대해서는 매우 잘못된 설명을 하고 있다는 것을 알고 놀라게 되었다.

쿤은 아리스토텔레스와 뉴턴이 역학에 대해 논의를 했지만 그들은 역학에 관한 가장 기본적인 개념을 다르게 사용했다는 것을 알게 되었다. 다시 말해 그들이 역학적 현상을 설명하기 위해 사용한 용어는 그 의미가 전혀 달랐던 것이다. 이를 계기로 그는 과학사를 본격적으로 공부하기 시작했다. 1948년부터 1951년까지 쿤은 하버드 대학의 연구원인 주니어 펠로우(Junior Fellow)로 선정되어 과학사를 중심으로 철학, 언어학, 사회학, 심리학 등의 인접 분야에 관한 자료들을 조사하고 연구했다. 이를 통해 그는 물리학뿐만 아니라, 인문학과 사회과학 분야까지 관심을 넓힐 수 있었다. 후에 그는 『과학혁명의 구조』 2판의 머리말에서 하버드 대학에서 주니어 펠로우로 있던 3년이 그가 물리학에서 과학사와 과학철학으로 전공을 바꾸게 하는 데 결정적인 역할을 했다고 회고했다.

그 후 쿤은 1956년까지 하버드 대학의 교양과정 및 과학사 조교수로 지냈다. 이 시기에 쿤은 코페르니쿠스에 대한 연구를 통해 과학 발전 과정에 대한 자신의 생각을 더욱 정교하게 가다듬었다. 쿤은 1957년에 코페르니쿠스가 새로운 천문체계를 정립하는 과정에서 보여주는 혁명적인 모습과 보수적인 모습에 대한 분석을 담은 그의 첫 번째 저서 『코페르니쿠스 혁명』을 출판하여 물리학자가 아니라 과학사학자로 학계의 주목을 받게 되었다.[66]

『코페르니쿠스 혁명』을 출판하기 한 해 전인 1956년에 버클리 대학으로 옮겨 철학과와 사학과에서 강의했고, 1961년에 버클리 대학의 과학사 교수가 되었다. 과학 발전 과정을 새롭게 조명하는 과학혁명 이론을 정립한 것은 버클리 대학에 있던 1958년에서 1959년 사이였다. 과학의 발전 과정을 패러다임과 과학혁명을 이용하여 설명한 그의 『과학혁명의 구조』는 1962년에 영국에서 비엔나 써클의 일원이었던 노이라트가 출판을 주관했던 『통합과학 국제 백과사전』 시리즈의 일부로 처음 출판되었고, 시카고 대학 출판부에 의해서도 출판되었다. 『코페르니쿠스 혁명』의 출판으로 학계에서 과학사학자로서의 능력을 인정받았던 쿤이 혁신적인 내용을 담은 『과학혁명의 구조』를 출간하자 이 책은 과학사와 과학철학 분야에 큰 충격을 주었다. 책이 출간되고 얼마 되지 않아 이 책의 내용을 주제로 한 학회가 여러 곳에서 열렸다는 것만 보아도 이 책이 준 충격을 짐작할 수 있다.

『과학혁명의 구조』를 출판하여 명성을 쌓은 쿤은 1964년부터 1979년까지 프린스턴 대학의 과학사 교수를 역임하면서 1972년부터 1979년까지는 프린스턴대학 구내에 있던 프린스턴고등연구소의 연구원을 겸임하기도 했다. 『과학혁명의 구조』에서는 주로 20세기 이전의 과학 발전 과정을 사례로 들었기 때문에 현대 과학의 발전 과정을 설명하는 데는 미흡한 감이 있었다. 이를 보완하기 위해 쿤은 프린스턴에 있던 시기에 에너지 양자 개념을 도입한 독일 물리학자 막스 플랑크를 중심으로 한 양자 역학의 형성 과정을 연구하고 1978년에 『흑체이론과 양자적 불연속』을 출간했다. 이 책에서 쿤은 플랑크의 흑체복사 이론을 『과학혁명의 구조』에서 제기했던 공약불가능성(incommensurability)의 좋은 예로 설명했다. 프린스턴에 있던 시기인 1977

년에 쿤은 과학사와 과학 철학에 대해 보다 이론적인 수준에서 써두었던 글들을 모아 『본질적 긴장』이라는 제목으로 출판했다.

이후 1979년에 MIT의 언어학 및 철학과로 자리를 옮겨 1991년 은퇴할 때까지 그곳에서 록펠러 교수로 재직했다. 1991년에 은퇴한 쿤은 1996년에 폐암으로 74세를 일기로 세상을 떠났다. 그가 죽고 4년이 지난 2000년에는 1970년부터 1993년 사이에 발표했던 철학 논문들과 대담을 모은 『구조 이후의 도정』이 출간되었다. 쿤은 물리학자로 학계에 발을 들여 놓았지만 과학사와 과학철학자로서 뚜렷한 업적을 남기고 세상을 떠났다.

과학은 혁명적 과정을 거쳐 발전한다

쿤은 1962년에 출판한 『과학혁명의 구조』에서 과학은 지식의 축적을 통해 점증적으로 발전하는 것이 아니라 그가 패러다임의 전환이라고도 부른 혁명적 과정을 통해 발전한다고 주장했다. 쿤의 과학혁명이론에서 핵심적인 역할을 하는 말은 패러다임(paradigm)이다. 패러다임이라는 말은 사례, 예제, 실례 등을 뜻하는 그리스어 'paradeigma'에서 따온 말로 쿤은 한 시대의 과학자 사회에 널리 받아들여지는 이론, 관습, 관념, 가치관 등이 결합된 개념을 지칭하는 말로 사용했다. 다시 말해 과학자 집단이 받아들이는 모범적인 틀이 패러다임이다. 쿤의 과학혁명 이론을 비판하는 사람들은 쿤이 패러다임이라는 말을 너무 광범위하게 정의하여 패러다임이 의미가 모호하다고 지적했다.

쿤은 과학의 발전을 몇 가지 단계로 나누어 설명했다. 대다수의 과학자들이 받아들이는 패러다임이 아직 존재하지 않는 시기를 쿤은 과학 전단계(prescience stage)라고 했다. 예를 들면 빛의 본질이 무엇인가를 놓고 논쟁을 벌이던 뉴턴 이전 시기가 광학에 관한 한 과학 전단계이다. 이 단계에서는 빛의 본질을 입자로 보는 입자설과 파동으로 보는 파동설, 액체로 보는 광액이론 등이 서로 경쟁하게 된다.

이러한 과학 전단계 다음에는 지배적인 패러다임이 등장해서 대부분의 과학자들이 이 패러다임의 테두리 안에서 연구 활동을 하게 되는데 이런 단계가 정상과학 시기이다. 주도적 패러다임이 존재하는 정상과학 시기에는 패러다임 자체에 대한 검증이나 반증에 대한 연구는 배제되고, 기존의 패러다임을 정교하게 하거나 패러다임의 응용 범위를 넓히는 것과 같은 연구에 집중하게 된다. 따라서 정상과학 시기의 연구에는 기존 패러다임에 대한 도전의 정신이 희박하다. 이것은 과학을 과감한 추론에 의한 가설과 그 가설에 대한 반증의 연속으로 파악했던 포퍼의 반증론과는 크게 다른 것이었다. 따라서 포퍼는 정상과학 시기에 행해지는 과학 연구에 대한 쿤의 이런 설명을 과학에 대한 모독이라고까지 생각했다.

쿤은 정상과학 안에서 이루어지는 연구는 그림 조각을 맞추어 전체 그림을 완성해가는 퍼즐 풀이와 비슷하다고 설명했다. 주어진 규칙을 이용하여 미리 정해진 그림을 맞추어가는 퍼즐 풀이와 주어진 패러다임의 테두리 안에서 예상된 해답을 찾아가는 과학 연구가 유사하다고 본 것이다. 퍼즐풀이를 하는 사람들이 그 문제에 답이 있고, 노력하면 그 답을 찾을 수 있을 것이라는 사실 때문에 더 재미를 느끼고 문제 풀이에 몰두하는 것처럼 정상과학 시기에 연구를 수행하는 과학자들도 패러다임의 태두리 안에서 예상하고 있는 답을 얻을 수 있을 것이라는 확신 때문에 더욱 과학연구에 매진하게 된다는 것이다.

정상과학 시기에도 일반적으로 받아들여지는 패러다임에 모순되는 변칙(anormaly)이 발견되지만 연구자들은 이러한 변칙을 패러다임에 대한 반증으로 인정하지 않으려고 한다. 어떤 패러다임도 모든 자연현상을 설명할 수 없으므로 변칙이 발견될 때마다 과학자 사회의 기반이 되는 패러다임을 포기할 수는 없기 때문이다. 실제로 변칙이라고 생각했던 문제들이 후에 패러다임 안에서 해결된 예도 많았다.

그럼에도 불구하고 발견되는 변칙의 수가 증가하면 일부 과학자들을 중심으로 새로운 패러다임을 모색하게 되는데 이 시기를 쿤은 정상과학의 위기라고 설명했다. 위기의 단계에서는 전통적 패러다임과 새로운 패러다임이 경쟁하게 되는데 이때 새로운 패러다임이 더 많은 지지를 획득하게 되면 새로운 정상과학이 탄생하게 되는 '과학혁명(scientific revolution)'이 성공을 거두게 된다. 다시 말해 과학혁명은 하나의 패러다임이 다른 패러다임으로 전환되면서 완성된다. 따라서 과학혁명은 패러다임의 전환이라고도 할 수 있다.

패러다임의 전환은 과학자들이 이해하려는 대상인 자연 자체가 변하는 것이 아니다. 자연이 바뀌는 것이 아니라 자연을 바라보는 방법이 변하는 것이다. 다시 말해 자연을 바라보는 관점이 변하는 것이다. 새로운 패러다임을 통해 바라보는 자연의 모습은 이전의 패러다임 안에서 바라보던 자연의 모습과는 다른 모습이다. 쿤의 이러한 설명은 과학 지식의 발전에 대한 이전의 설명과는 크게 다른 것이다. 이전에는 자연을 보는 우리의 관점은 항상 같은 것이라고 생각했다. 다만 자연에 대한 지식이 증가하면서 잘못 이해하고 있던 자연의 모습을 좀 더 정확하게 이해하도록 발전해 간다는 것이다.

쿤은 『과학혁명의 구조』에서 경쟁하는 패러다임 중에서 과학자 사회가 하나의 패러다임을 선택하게 되는 과정에 대해서도 자세하게 다루었다. 쿤에 의하면 서로 경쟁하는 패러다임들은 어떤 패러다임이 다른 패러다임에 비해 우수한지를 따질 공통 기준을 가지고 있지 않다. 패러다임 사이의 이런 특징을 '공약불가능(incommensurate)'하다고 한다. 공약불가능성으로 인해 두 패러다임 사이에 합리적인 의사소통이 불가능하고, 두 패러다임을 같은 척도로 비교할 수도 없다. 패러다임 사이의 공약불가능성은 패러다임이 단순히 주어진 문제들을 어떻게 풀 것인가에 대한 방법론만을 제시하는 것이 아니라, 자연현상을 이해하는 방식, 그런 이해를 바탕으로 문제를 구성하는 방식, 문제에 대한 해답의 형태 등에 대해 포괄적으로 규정하고 있기 때문이다.

쿤은 경쟁하는 두 패러다임의 공약불가능성으로 인해 두 경쟁하는 패러다임 중에서 하나의 패러다임을 선택하는 과정은 논리적이라기보다는 오히려 종교적 개종과 유사한 면이 많다고 주장했다. 패러다임의 선택에는 철학적, 제도적, 사상적 요소들과 같은 과학 외적인 요소들도 중요한 역할을 한다는 것이다. 패러다임 선택 과정에 대한 이러한 설명으로 인해 쿤은 과학의 합리성을 무시한 상대주의자라는 비난을 받았으며, 과학 이론의 선택을 군중심리 정도로 비하했다는 비난도 들어야 했다. 쿤은 이러한 비판에 대해 패러다임의 선택이 항상 비합리적인 과정이 아니라 정확도, 일관성, 포괄하는 범위, 단순성, 그리고 풍부함과 같은 기준에 의해서 이루어지는데, 이 기준이 과학자들의 주관에 따라서 다른 의미를 갖는다고 설명했다.

쿤은 자신의 과학혁명 이론을 정당화할 수 있는 많은 예를 들었는데 그런 예 중의 하나가 프톨레마이오스의 지구 중심 천문체계가 코페르니쿠스의 태양 중심 천문체계로 바뀐 천문학의 혁명이었다. 천동설이라고도 불리는 프톨레마이오스의 천문 체계를 버리고 지동설이라고도 불리는 코페르니쿠스의 천문체계에 선택한 것은 지동설이 천동설보다 이론적으로 우수했기 때문이 아니었다. 코페르니쿠스 체계에서도 천체는 원 운동을 해야 한다는 고대의 역학 원리를 고수했기 때문에 천체 운동의 예측에서 프톨레마이오스의 천문체계보다 정밀하지 못했다. 따라서 프톨레마이오스 체계보다 코페르니쿠스 체계가 합리적이어서 코페르니쿠스의 체계를 선택했다고 보는 것은 옳지 않다는 것이다. 코페르니쿠스 체계를 선택하게 된 것은 이 체계가 가지고 있는 몇몇 특징들이 갈릴레오나 케플러, 그리고 뉴턴과 같은 후세 과학자들에게 미적으로 강한 매력을 주었기 때문이라는 것이다.

1970년에 쿤은 『과학 혁명의 구조』 제2판을 내면서 그 의미가 명확하지 않다는 비판을 받은 패러다임을 보다 분명하게 정의했다. 쿤은 패러다임을 넓은 의미의 '전문분야 행렬(disciplinary matrix)'과 좁은 의미의 '모범사례(examplar)'로 나누었다. 넓은 의미로서의 패러다임인 전문분야 행렬은 형이상학적 모형, 가치, 기호, 모범사례 등으로 구성되어 있지만 좁은 의미의 패러다임은 과학자들이 해결하는 문제의 유형을 제공하는 모범사례라고 했다. 교과서에서 다루는 연습문제나, 특정 연구 분야에 잘 알려져 있는 고전적 문제와 그에 대한 표준적 해법이 모범사례에 해당된다. 모범사례를 바탕으로 연구자들은 어떤 것들이 도전할 가치가 있는지, 어떤 형식의 답이 그러한 문제에 대한 정답으로 여겨지는지를 판단하게 된다. 패러다임을 중심으로 하는 쿤의 과학혁명 이론은 자연과학이 자연에 대한 지식의 축적을 통해 진리에 접근해가는 활동이라고 믿어왔던 과학에 대한 고전적인 생각을 크게 바꾸어 놓았다.

과학 발전 과정에 대한 새로운 관점을 제시한 쿤은 과학적 사료를 읽는 방법이 과학의 발전과정을 이해하는 데 매우 중요하다고 강조하기도 했다. 쿤이 초기에 강의 준비를 하기 위해 고대 과학 사료들을 읽을 때 주의를 기울인 것은 현대과학을 기준으로 하여 과거의 과학자들이 자연현상을 얼마나 정확하게 이해하고 있었는가 하는 점이었다. 현대과학의 관점에서 보면 자연현상에 대한 고대 철학자들의 이해는 매우 한심한 것이 대부분이었다. 쿤은 그 이유가 과거 과학자들이 작성한 사료들이 우리와는 다른 형이상학적 바탕 위에서 다른 목적을 위해 기술되었기 때문이라는 것을 깨닫게 되었다. 따라서 과거 과학자들의 사료를 읽을 때는 현대과학의 입장에서가 아니라 당시의 관점을 바탕으로 읽어야 한다고 제안했다.

쿤은 과학 교육에서 사용하는 교과서들이 과학연구의 본질에 대한 올바른 이해를 방해할 수 있다는 것을 지적하기도 했다. 교과서들은 정리된 상태의 개념을 학습자에게 제시하려고 할 뿐 과학연구가 역사적으로 어떻게 진행되어 왔는지에 대해서는 정확한 설명을 하지 않는 경우가 많다는 것이다. 예를 들어 A라는 연구가 이루어진 후에 수많은 시행착오적인 연구들이 진행되다가 B라는 의미 있는 연구가 이루어진 경우 교과서에서는 A연구 다음에 이를 이어받아 B연구가 이루어진 것으로 서술하는 경우가 많다는 것이다. 이런 방식으로 서술된 교과서는 연구가 이루어지는 방법을 잘못 이해하게 할 가능성이 많다. 대부분의 과학 연구는 연구 방법에 대한 다양한 의견이 존재하는 가운데 이루어진다. 이런 다양한 문제제기의 가능성과 연구의 복잡성을 무시하면 과학연구는 창조성이 결여된 기계적인 작업처럼 보일 수 있다는 것이다. 쿤은 교과서에서 사용되는 서술 방식이 과학지식을 전달하는 데는 유용하고 효율적이라는 것은 인정하면서도 과학 연구의 본질에 대해서는 잘못된 생각을 갖게 할 수 있다고 경고했다.

부록.
주석과 참고문헌

주석

1   데이비드 스튜타드 지음, 박지훈 옮김, 『고대 그리스 역사』, 시그마북스, 2015

2   디오게네스 라에르티오 지음, 전양범 옮김, 『그리스 철학자 열전』, 동서문화사, 2008

3   디오게네스 라에르티오 지음, 전양범 옮김, 『그리스 철학자 열전』, 동서문화사, 2008

4   투키디데스 저, 천병희 옮김, 『펠로폰네소스 전쟁사』, 숲, 2011

5   플라톤 저, 최명관 옮김, 『플라톤의 대화편』, 창, 2008

6   크세노폰 저, 최혁순 옮김, 『소크라테스의 회상』, 범우, 2015

7   플라톤 저, 황문수 옮김, 『소크라테스의 변명』, 문예출판사, 1999

8   플라톤 저, 전헌상 옮김, 『파이돈(정암당 플라톤 전집 15)』, 이제 북스, 2013

9   플라톤 저, 최광열 옮김, 『플라톤의 국가』, 아름다운날, 2014

10 플라톤 저, 박종현 옮김, 『플라톤의 향연 파이드로스 리시스』, 서광사, 2016

11 플라톤 저, 박종현 외 옮김, 『티마이오스』, 서광사, 2008

12 박종현 저, 『플라톤의 법률』, 서광사, 2009

13 에드워드 C. 헬퍼 저, 이영환 옮김, 『아리스토텔레스의 형이상학 입문』, 서광사, 2016

14 윌리엄 닐 저, 박우석 옮김, 『논리학의 역사. 1』, 한길사, 2015

15 D. J. 앨런 저, 장영란 옮김, 『아리스토텔레스 철학의 이해』, 고려원, 1993

16 레온 골덴 저, 최상규 옮김, 『아리스토텔레스의 시학』, 예림기획, 2002

17   윤진 저, 『헬레니즘』, 살림, 2003

18   사이먼 베이커 저, 김병화 옮김, 『로마의 역사』, 웅진 지식하우스, 2008

19   에피쿠로스 저, 오유석 옮김, 『쾌락』, 문학과지성사, 1998

20   루크레티우스 저, 강대진 옮김, 『사물의 본성에 대하여(대우고전총서 29)』, 아카넷, 2012

21   장바티스트 구리나 저, 김유석 옮김, 『스토아주의』, 글항아리, 2016

22   마르쿠스 아우렐리우스 저, 이현우 옮김, 『아우렐리우스의 명상록』, 소울메이트, 2013

23   세네카 저, 이경직 옮김, 『영혼의 치료자 세네카』, 동녘, 2001

24   에픽테토스 저, 김재홍 옮김, 『왕보다 더 자유로운 삶』, 서광사, 2013

25   섹스투스 엠피리쿠스 저, 오유석 옮김, 『피론주의 개요』, 지식을만드는지식, 2012

26   섹스투스 엠피리쿠스 저, 오유석 옮김, 『피론주의 개요』, 지식을만드는지식, 2012

27   피에르 아도 저, 안수철 옮김, 『플로티누스 또는 시선의 단순성』, 탐구사, 2013

28   김영철 저, 『안셀무스: 기독교에 이성을 접목한 사상가』, 살림, 2006

29   아우구스티누스 저, 김희보, 강경미 옮김, 『고백록』, 2016

30   아우구스티누스 저, 성염 옮김, 『신국론 제1~10권』, 『신국론 제11~18권』 분도출판사, 2004

31   박승찬 저, 『토마스 아퀴나스(새길 에큐메니칼 문고 4)』, 새길, 2012

32   르네 데카르트 저, 최명관 옮김, 『데카르트 연구 : 방법서설 성찰』, 창, 2010

33   스피노자 저, 황태연 옮김, 『스피노자 선집』, 비홍출판사, 2016

34   토마스 쿡 저, 김익현 옮김, 『스피노자의 에티카 입문』, 서광사, 2016

35   박제철 저, 『라이프니츠의 형이상학(서강학술 총서 49)』, 서강대학교 출판부, 2013

36   프란시스 베이컨 저, 진석용 옮김, 『신기관(한길그레이트북스 143)』, 한길사, 2016

37   토마스 홉스 저, 최진원 옮김, 『리바이어던(월드북 72)』, 동서문화사, 2009

38   존 로크 저, 이재한 옮김, 『인간 오성론』, 다락원, 2009

39   조지 버클리 저, 문성화 옮김, 『인간 지식 원리론』, 계명대학교 출판부, 2010

40   데이비드 흄 저, 이준호 옮김, 『오성에 관하여(인간 본성에 관한 논고)』, 서광사, 1994

41   장세용 저, 『몽테시키외의 정치사상』, 한울, 1995

42   장 자크 루소 저, 김종웅 옮김, 『에밀: 인성교육의 진원지가 된 자연주의 교육서』, 미네르바, 2012

43   카울바하 저, 백종현 옮김, 『칸트 비판철학의 형성과정과 체계』, 서광사, 2013

44   로타 엘라이 저, 백승훈 옮김, 『피히테, 쉘링, 헤겔』, 인간사랑, 2008

45   피히테 저, 황문수 옮김, 『독일 국민에게 고함』, 범우사, 1998

46   https://en.wikipedia.org/wiki/Friedrich_Wilhelm_Joseph_Schelling

47   헤겔 저, 조홍길 옮김, 『기독교 정신과 그 운명』, 지식을만드는지식, 2015

48   헤겔 저, 김양순 옮김, 『정신 현상학』, 동서문화사, 2016

49   로즈 저, 이종철 옮김, 『헤겔의 법철학 입문』, 서광사, 2015

50   이서규 저, 『쇼펜하우어 철학 이야기』, 서광사, 2014

51   김진 저, 『쇼펜하우어의 의지와 표상으로서의 세계 읽기』, 세창미디어, 2013

52   벤 파인, 알프래도 새드-필호 저, 박관석 옮김, 『마르크스의 자본론』, 책갈피, 2006

53   피세진 저, 『제레미 벤담의 공리주의와 윌리엄 제임스의 실용주의』, 박이정, 2017

54   존 스튜어트 밀 저, 정영하 옮김, 『존 스튜어트 밀의 자유론』, 산수야, 2015

55   키에르케고르 저, 최혁순 옮김, 『키에르케고르 선집』, 집문당, 2014

56   프리드리히 니체 저, 정동호 옮김, 『차라투스트라는 이렇게 말했다』, 책세상, 2000

57   윌래프 저, 정영도 옮김, 『야스퍼스의 철학 사상』, 서문당, 1997

58   박찬국 저, 『하이데거의 존재와 시간 읽기』, 세창미디어, 2013

59   로널드 애런슨 저, 변광배, 김용석 옮김, 『사르트르와 까뮈』, 연암서가, 2011

60   에른스트 마흐 저, 고인석 옮김, 『역학의 발달』, 한길사, 2014

61   펠레 유어그라프 저, 곽영직, 오채환 옮김, 『괴델과 아인슈타인』, 지호, 2005

62   버트런드 러셀 저, 서상복 옮김, 『러셀 서양 철학사』, 을유문화사, 2003

63   버트런드 러셀 저, 송은경 옮김, 『나는 왜 기독교인이 아닌가』, 사회평론, 2005

64   K. T. 판 저, 황경식 외 옮김, 『비트겐슈타인의 철학은 무엇인가?』, 서광사, 1989

65   신일천 편, 『포퍼(사상신서 4)』, 고려대학교 출판부, 1990

66   토마스 S. 쿤 저, 김명자, 홍성욱 옮김, 『과학혁명의 구조』, 까치, 2013

이 책을 쓰며 참고한 서적과 웹사이트

고사까 슈우헤이 저, 방준필 옮김, 『철학사 여행』, 간디서원, 2011

브라이언 매기 저, 박은미 옮김, 『철학의 역사』, 시공사, 2016

요한네스 힐쉬베르거 저, 강성위 옮김, 『서양 철학사(상권): 고대와 중세』, 이문출판사, 2015

요한네스 힐쉬베르거 저, 강성위 옮김, 『서양 철학사(하권): 근세와 현대』, 이문출판사, 2015

앨런 차머스 저, 신일철 외 옮김, 『현대의 과학철학』, 서광사, 1985

곽영직 저, 『과학 2500년 역사』, YBM, 2016

서울대학교 철학사상연구소 philinst.snu.ac.kr

위키피디아 한국어판 ko.wikipedia.org

위키피디아 영어판 en.wikipedia.org

나무위키 namu.wiki

네이버 지식백과 terms.naver.com

과학자의 철학노트

철학이 난감한 이들에게

초판 1쇄 인쇄 2018년 2월 12일
초판 3쇄 발행 2021년 11월 2일

지은이 곽영직
펴낸곳 (주)엠아이디미디어
펴낸이 최종현
편집 최종현
디자인 · 일러스트 김현중
경영지원 윤 송

주소 서울특별시 마포구 신촌로 162 1202호
전화 (02) 704-3448   **팩스** (02) 6351-3448
이메일 mid@bookmid.com   **홈페이지** www.bookmid.com
등록 제2011 - 000250호
ISBN 979-11-87601-59-3 03160

책값은 표지 뒤쪽에 있습니다. 파본은 바꾸어 드립니다.